大学精品资源共享课程系列

（第2版）

中国传统文化史

ZHONGGUO CHUANTONG WENHUASHI

周晓光　裘士京　主编

北京师范大学出版集团
安徽大学出版社

图书在版编目(CIP)数据

中国传统文化史/周晓光，裘士京主编．—2版．
—合肥：安徽大学出版社，2014.6
（大学精品资源共享课程系列）
ISBN 978－7－5664－0779－5

Ⅰ.①中… Ⅱ.①周…②裘… Ⅲ.①文化史－
中国－高等学校－教材 Ⅳ.①K203

中国版本图书馆 CIP 数据核字(2014)第 137037 号

中国传统文化史（第2版） 周晓光 裘士京 主编

出版发行：	北京师范大学出版集团 安 徽 大 学 出 版 社 （安徽省合肥市肥西路3号 邮编 230039） www.bnupg.com.cn www.ahupress.com.cn
印　　刷：	合肥远东印务有限责任公司
经　　销：	全国新华书店
开　　本：	170mm×240mm
印　　张：	24
字　　数：	318千字
版　　次：	2014年6月第2版
印　　次：	2014年6月第1次印刷
定　　价：	34.80元

ISBN 978－7－5664－0779－5

策划编辑：朱丽琴	装帧设计：李　军　金伶智
责任编辑：王娟娟	美术编辑：李　军
责任校对：程中业	责任印制：陈　如

版权所有　侵权必究

反盗版、侵权举报电话：0551－65106311
外埠邮购电话：0551－65107716
本书如有印装质量问题，请与印制管理部联系调换。
印制管理部电话：0551－65106311

目 录

导 论 ·· 001

第一章 原始社会:中国传统文化的源头 ·· 013

第二章 先秦风华:传统文化的肇始 ·· 026
  第一节 突破与初创:社会制度文化的演变 ·· 026
  第二节 先秦哲学的艰辛历程与成就 ·· 031
  第三节 文史艺术殿堂的初创 ·· 042
  第四节 先秦时期的学校、教育及人才选拔 ·· 053
  第五节 青铜时代的科技成就 ·· 060
  第六节 市井情趣:平民社会的大众生活 ·· 071
  第七节 大中华文化圈的孕育与形成 ·· 081

第三章 秦汉雄风:制度文化的新纪元 ·· 088
  第一节 制度文化的构建与完善 ·· 088
  第二节 儒学独尊与宗教 ··· 094
  第三节 秦汉的文化艺术 ··· 102
  第四节 秦汉的学校教育 ··· 112
  第五节 渐趋成熟的传统科技 ·· 116

第六节　社会生活 ··· 129
　　第七节　文化交流与碰撞 ································· 135

第四章　魏晋南北朝：乱世中的变革与融合 ··············· 141
　　第一节　从乱到治：制度文化的变化 ···················· 142
　　第二节　无序世界里的纷乱与自由：宗教与哲学 ········ 145
　　第三节　乱世中的文学、史学及艺术 ···················· 151
　　第四节　学校教育及九品中正制 ························· 162
　　第五节　传统科技的进一步发展 ························· 166
　　第六节　生活方式的多样性选择 ························· 172
　　第七节　文化的冲突与交流 ······························ 178

第五章　隋唐五代：盛世风范　烂漫恢宏 ················· 184
　　第一节　制度文化的架构与创新 ························· 184
　　第二节　宗教和哲学的多元与激荡 ······················ 189
　　第三节　文史艺术之恢宏壮丽 ···························· 201
　　第四节　选举制度的历史性转折——科举取士 ········· 216
　　第五节　科技华光 ·· 220
　　第六节　社会百象 ·· 226
　　第七节　吸纳与辐射：唐代的中外文化交流 ············ 231

第六章　两宋：适时应变　精致内敛 ······················· 235
　　第一节　制度文化的适时应变 ···························· 235
　　第二节　宗教与哲学的时代风貌 ························· 238
　　第三节　文史艺术的雅致风韵 ···························· 245
　　第四节　教育和科举的普及与开放 ······················· 256
　　第五节　科技发展的高峰 ································· 259
　　第六节　宋人的风俗习惯 ································· 266
　　第七节　对外文化交流 ···································· 271

第七章　辽夏金元：冲突震荡　汇聚交融 ·········· 275

- 第一节　制度文化的震荡和更新 ·········· 276
- 第二节　宗教与哲学的兴盛和发展 ·········· 281
- 第三节　文史艺术的曲折发展 ·········· 287
- 第四节　科技新篇章 ·········· 297
- 第五节　空前开畅的文化交流格局 ·········· 306
- 第六节　社会风俗 ·········· 314

第八章　明清：气象万千　新旧杂存 ·········· 321

- 第一节　制度文化的因循与专制 ·········· 321
- 第二节　哲学新气象 ·········· 328
- 第三节　文史艺术的绚丽风采 ·········· 338
- 第四节　科举教育的畸形发展 ·········· 348
- 第五节　科技新成就 ·········· 352
- 第六节　"靡然向奢"社会风气的形成 ·········· 358
- 第七节　中华文化的自身融会与对外交流 ·········· 364

主要参考书目 ·········· 372

后　记 ·········· 374

导 论

随着中国的迅速崛起,对中国文化和中国文化史的研究从20世纪末开始呈现出一片繁荣的景象,研究的成果相当丰硕。从当前世界文化发展的总趋势看,全球意识下的文化多元化发展趋势越来越明显。在破除了"欧洲中心论"以后,东方文化——尤其是中国的传统文化,越来越受到西方学者和普通民众的青睐。中国传统文化源远流长、博大精深、绚丽多彩,随着时代的进步而不断发展丰富,体系也不断地充实完善。在漫长的古代,中国传统文化曾像一座灯塔照亮世界的东方,影响世界文明的进程,对人类文明作出过举世公认的贡献。在我们全力以赴进行有中国特色的社会主义现代化建设时期,如何正确地对待"传统与现代",如何取其精华、剔除糟粕,发扬传统文化中有生命力的内涵,继承中国文化中的优良传统,如何在新的历史条件下,在不断攫取和融摄中完善中国文化,是摆在我们面前的重要课题。

一、中国传统文化史研究的内容

中国传统文化,是我们勤劳智慧的祖先在往昔的沧桑岁月中创造、积累起来的文化宝藏,记录着五千年华夏文明的发展历程,展示了中华民族曾经有过的辉煌和博大精深。这是祖先留给我们后人,也是留给世界的丰厚遗产。

"文化"是中国古已有之的一个词汇,成文于战国的《易传》曰:"观乎天文,以察时变;观乎人文,以化成天下。""文"字最初是指纹理,以后逐步演绎为包括语言文字在内的各种象征符号,进一步引申为典章制度、礼乐制度等人为加工、修饰、规范的内容。"天文"指天道自然规律,"人文"指人类规范社会的人伦秩序、道德规范,并以此来"化成天下",即改造、教化天下。以人伦秩序教化世人,使之自觉按规范行动是中国早期"文化"的基本含义。随着历史的衍化和时代的进步,"文化"与许多学科的基本概念一样,在深度和广度上都有了许多变化,其含义已相当的宽泛,据统计,各国学者对"文化"的定义可罗列一百多种。我们认为文化是人类所特有的一种创造,有了人才有文化,人类在改造自然、认识社会和世界的实践中所创造的物质和精神产品被称之为"文化"。文化有狭义和广义之分,狭义文化主要指观念形态文化,包括知识、信仰、艺术、道德、法律、风俗等属于上层建筑的复杂共同体,习惯上又称为"精神文化"。广义文化包括人类创造的全部物质和精神文明成果及其创造的手段、规则、制度、习俗等,通常学者把广义文化规范为三部分内容:物质文化、制度文化和精神文化。从文化结构层次上看,三者呈金字塔形,物质文化处于文化结构的底层,制度文化处于文化结构的中层,精神文化——特别是其中的意识形态处于金字塔结构的上层。精神文化不仅具有相对的独立性,而且是整个文化系统的主导,它决定着物质文化、制度文化建设和发展的方向,并在实践中转化为物质文化和制度文化。

物质文化是整个文化系统的基础,它是人们物质生产及其产品的总和,是人们为满足自己的物质需要从事生产劳动创造的物质成果。物质文化的特征是可感的、有形的,是以器物具体形态表现的文化,包括传统技艺文化、传统服饰文化、传统饮食文化、传统建筑文化等。制度文化是人们改造社会和处理各种社会矛盾、调节人与人的社会关系而制订的各种规范、准则、法律等,是以社会制度形式呈现的文化现象。具体包括政治制度、经济制度、礼乐制度、法律制度、婚姻制度等等，还应包括约定俗成的习惯、礼节、风俗，这些制度与礼俗时时刻刻影响和制约着人们的生活和行为，是整个传统文化系统的关键所在。人类社会通过适合时代发展规律的合理制度（其中首要的是政治制度），来保证物质文化和精神文化的协调发展。精神文化是人们在实践中逐渐形成的社会心理和意识形态。它们对社会存在较为间接的反映，是经过提炼加工后形成的思想意识和道德观念，具体表现为哲学、法律、宗教、道德、信念等。

三种文化之间相互制约、相互作用，组成一个完整的文化有机体。这个有机体不是一成不变的，它的运动轨迹就是传统文化发展的历史。概言之，中国传统文化史概论是以中国传统文化的发展进程为研究对象，它是历史学的重要组成部分，它研究的是中国文化的发展运动轨迹。世界各国的历史学都经历了一个研究领域逐渐扩大的过程，很长时期内，史学皆以政治史、军事史的内容为主，经济史、文化史、科技史等仅偶有记载，且大多过于简略。将史学扩大到文化史、经济史、科技史等领域是近200年以来的事，在中国则是20世纪才刚刚开始的。中国传统文化的研究方兴未艾，随着历史研究的深入和社会的发展，必将日臻完善。

传统文化应该属于广义文化，它不只涵盖了哲学、文学、史学、教育、医学、音乐、绘画、书法以及伦理、道德、社会习俗、宗教信仰等方面的内容，同时还包括诸如农业、手工业、商业、建筑、交通乃至饮食、服饰等外显或内隐的行为特征和现象。中国传统文化是中华民族在以往各个历史时期中创造能力的积累和整合，它贯穿于中国人生活、生产的各个方面，渗透到中国人的血脉之中，代代相传，生生不息。

本书对物质文化的叙述仅限于社会生活层面（主要是饮食、服饰、居住、交通等），制度文化突出政治体制、教育制度、选举制度，精神文化着重于宗教、哲学、文学、史学、艺术等方面。此外，每一时期还安排专门的篇章叙述科学技术和中外或国内不同民族间的文化交流。

二、中国传统文化独特的生态环境

中国文明与西亚两河流域文明、北非尼罗河流域的埃及文明、南亚印度文明在五六千年前大放异彩,文字的发明、金属工具的使用等一系列新事物的勃兴,使人类终于迈过野蛮时代而跨进文明时代的门槛。中国与这几个文明古国远隔万水千山,因而,中国文明的进程是在几乎完全独立的条件下创造出来的。从此,在世界东方这块神奇的土地上,我们的祖先在漫长的历史发展中,创造出独具风格、绚丽多姿的古代文明,形成世界上仅见的延绵不绝、高峰迭起、不断推陈出新的文化系统。中国传统文化的孕育、发展、兴旺和延绵,有着与其他文明古国不相同的生态环境。

无论哪个民族或国家都离不开地理环境所提供的生存条件、活动舞台和发展基础。任何一种文化的生存和发展都受某一民族或国家的自然环境、经济环境和社会组织三个方面因素的制约,中国文化当然不能例外。

中华民族栖息繁衍于相对闭塞的东亚大陆,大海、沙漠、高山等自然屏障,使东亚大陆与其他文明隔绝,但由于中国幅员辽阔,有广阔的回旋余地、适宜的气候、丰富的自然资源,这一切构成了中华民族创造独具特色的历史与文化的基本因素。中国地理环境的另一个特点是地势西高东低,气候复杂多样,腹地纵深。高山、高原和大型内陆盆地主要分布在西部,构成西高东低、落差显著的地貌特征。中国处于北半球的温带、暖温带,最南和最北的小部分地区深入热带和亚寒带,大部分地区属温带、暖温带,气候适宜,为人类的生存和发展提供了较为良好的外部环境。黄河流域和长江流域更宜于人类的生活与生产,遂成为文明的发祥和繁盛之地。世界上其他文明古国大多崛起于北半球的相当纬度之内,所不同的是中华文明的滋生与繁衍不是仅仅依托于一个气候带,一条或两条流域有限的河流,而是扎根于黄河流域和长江流域两个气候带,气候、土壤等自然因素差异颇大,自然和人文的互补性强,文化面貌更加丰富多彩。

多样性气候为以农业经济为主的多种经济发展创造了条件,东部地区成为著名的农耕区,以秦岭—淮河为界,其北部形成了以小麦、粟、稷等为主要作物的旱地农业区;其南部则是以水稻为主要作物的水田农业区,西部和长城以北气候偏冷、雨量稀疏,自古即为游牧区。这些也是中国文化自发生之日起就呈现出多元性特征的原因。辽阔的疆域、复杂的地理环境不仅提供了文化多样性发展的可能,而且为文化的交融和转移、发展和创新提供了条件。

中国地理环境的上述特点是其他文明古国所不能比拟的,中国文化的创造和发展建立在恢弘的地基之上,它幅员广大,腹里纵深,回旋余地大,经得起坎坷跌宕和大风大浪,形成了延绵不断而始终未曾中断的特点。而曾经辉煌一时的古埃及文化、巴比伦文化、印度哈拉巴文化、美洲玛雅文化都曾经历过毁灭或为外来文化所取代。它们所创造的文化虽也曾光耀四方,却在后来被蒙上了阴影。

中国文化主要建立在农耕与游牧两种经济活动的土壤里,北起大兴安岭西坡,沿西辽河上游和燕山山脉,斜穿河套、长江上游,直抵雅鲁藏布江河谷,这就是400毫米等降水量线,以这条线为界,中国被划分为温湿的东南和干寒的西北两大区域。前者数千年来在农业经济发达的前提下,典章制度完备、文明昌盛,在相当长的历史时期居于世界前列。后者除小块绿洲与河谷小平原的农业区外,民众多以游牧为生。一般而言,游牧民族的经济文化处于较原始的阶段,文化程度低于农耕民族,往往具有强大的军事突破能力,攻城略地,甚至出现游牧民族入主中原,君临中华数百年的局面。农耕区和游牧区的各民族长期以迁徙、战争、互市、和亲为中介,彼此交往融合,互相取长补短,逐渐形成并不断丰富了以汉族为主体的中国文化。农耕民族与游牧民族之间的斗争贯穿了整个中国历史的全过程,他们共同创造了中国文化。

农业被誉为文明之母。中国在夏商时期就形成了以农业立国的发展模式,战国时列国重本抑末,奖励耕战,确立了以一家一户为单位男耕女织的传统模式。秦汉以降,小农经济进一步发展。无论是汉族地主阶级建立的政权,抑或如元朝、清朝游牧民族建立的大一统帝国,都把农业立国作为国策。修建水利工程、刊行农书、设立专门机构管理农业、推广农业新技术是历朝历代的大事。朝廷把劝课农桑、祈天求雨、祭祀社稷作为国家正常运转的象征。近代在商品经济得到充分发展以前,中国生产方式的主体是农业自然经济。

文化是一种人类现象,而人类只有组成一定的社会结构,方能创造并发展文化。中国古代社会在相当大的程度上,都依赖建立在宗法制度基础上的伦理观念而加以维系。高度重视伦理道德学说,并将伦理道德渗透到意识形态的各个分支中去,渗透到人们的社会生活、思想意识和行为规范中去,这种现象直到近代才有所突破。究其原因,是因为由血缘纽带维系的宗法制度及其遗存在中国长期保存并影响甚大。当人类向文明社会迈进时,发生了社会组织关系由血缘向地缘的转变,但各民族在转变的方式和程度上存在着差异。所谓"宗法",是指一种以血缘关系为纽带,尊崇共同祖先以维系亲情,在宗族内部区分尊卑长幼,并规定继承次序以及宗族成员各种不同的权利和义务的法则。宗法制源于原始社会父系家长制家庭成员之间的亲属血缘联系,夏商时期这种关系基本保持,西周时与社会政治等级、社会权力密切交融,形成较完整的宗法制度。西周灭亡后,姬姓贵族血缘纽带攀联而成的统治体系土崩瓦解,秦汉以降,郡县制取代了分封制,官吏选拔以"贤贤"取代"亲亲"已成主流,军功、荐举、察举直至科举盛行,在很大程度上打破了世卿世禄制,但帝王继统仍由皇族血缘确定,嫡长子继位法长期延续,宗法关系渗透到社会生活的各个方面,深刻影响了中国社会的发展。中国人的国民性格、社会心理、伦理观念和中国文化的诸多方面都与此有密切关系,并直接导致专制政体的早熟和长期延续。

宗法制度特别强调对祖先的崇拜,强调尊祖敬宗,宗族有严格的宗庙祭祀制度,历代君主十分重视宗庙的营建,并将其与社稷并重,作为国家权力的象征,王宫前左宗(太庙)右社(社稷坛)的建筑格局一直延续到明清时期。在民间则普遍建有祠堂、家庙,为家族祭祖之地。中国家庭具有超稳定性,往往跨越朝代而不绝如缕,家族制度的基础就是宗法制度,它依赖祠堂、家族制度而得以维系,依族规而得以巩固。对祖宗的崇拜和对父的崇拜是一致的,并由此延伸为对"君"的崇敬;对家族、对家的热爱,则扩大为对国的忠诚,在中国"忠"、"孝"是相通的,对个人而言,忠孝不能两全时,忠为重,对国家则"求忠臣于孝子之门",在家尽孝,在外尽忠。在组织结构方面,家庭—家族和国家具有共同性,都是以血亲—宗法关系来统领,存在着严格的父家长制,这就是所谓的"家国同构",家族是家庭的扩大,国家则是家族的扩大和延伸。宗法制度特别注重血缘亲情,其继统法是血缘至上,且强调嫡庶分明,长幼有序。随着宗法观念的深化,国家成为家族化的国家,一系列维护宗法观念的信条、意识、规范成为人人必须遵循的法则。中国的伦理道德逐渐与法律相并列而根深蒂固。在中世纪,许多国家和民族都以宗教作为维系社会公德的精神支柱,为信仰的差异和教义的冲突而不惜诉诸武力。中国却始终没有出现全社会的宗教狂热,也没有形成本民族真正意义上的宗教,但中国的宗法意识和伦理道德学说曾长期起着准宗教的作用。

三、中国传统文化的基本特质

特定的生态环境铸就了中国传统文化的诸多特征,半封闭的地理环境、经济生活中农业自然经济为主体以及宗法家族制度和专制政体等特点,使中国传统文化的特征清晰显现,中外学者对此多有论述,可谓见仁见智。本书则是从最基本的几个方面来加以总结,这应该是绝大多数学者都赞同的。

第一,中国文化是世界上"连续性文化"的典范,具有延绵不绝、体系完备的特点。中国文化基本上是独立发生发展的,又始终未曾中断,其优良的、合理的文化内核不断壮大,形成传统。在世界文明古国中,诸文明民族创造的文化大都经历过较大的起伏。曾经辉煌一时的古埃及文化、巴比伦文化于两千年前遭毁灭性打击而趋于黯淡；曾雄踞南亚印度河流域的哈拉巴文化被雅利安人摧毁；美奂绝伦的希腊文化、罗马文化也曾因外族入侵而毁灭殆尽；创造过绚丽多姿文明的玛雅文化也被掩埋于中美洲的丛林中。唯独中国文明是个例外。究其原因，首先是因为中国文化所产生的农业—宗法社会具有坚韧的凝聚力量，伦理型范式具有强大的习惯势力，坚守自身传统和体系，使之不断调节发展轨迹，顺应时势变迁并吸纳其他文化精华而进步，因此，中国文化具有无与伦比的延续性。其次，中国文化特别重视传统，这一特征，使其越积越丰厚，文化的底蕴非常宽广，博大精深。由于历时久远，文化的各个门类分支成就斐然，体系完备。各文化门类的发展保持着完整连续的阶段性形态，这在世界文化史中是少见的。以史学为例，各朝各代在史学理论与方法、史学体例与编撰方法等方面均有变化，由编年体到纪传体、纪事本末体，到数种体例并用；又如文学，先秦诗经、楚辞、散文、汉赋、魏晋骈文、唐诗、宋词、元曲、明清小说，各代均有奇峰异境，各领风骚数百年。

第二，中国文化是以孝为核心的"伦理型"文化。完善而严密的宗法制度特别强调尊祖敬宗，尊重传统，在儒家思想占统治地位的古代，中国文化的伦理型特征得到进一步强化。伦理道德教育人们把个人的品格修养和个人对社会的义务置于主要地位，强调人的伦理义务，子对父尽孝，妇对夫尽顺，兄对弟尽悌，弟子对师长尽敬，臣对君尽忠，整个社会形成惩恶扬善、仁爱忠孝、尊君重民的风气。相比之下，法律的作用和威力显得不那么突出。中国文化的各个分支都被伦理观念所支配，无不体现着孝亲、尊祖、敬宗、忠君等伦理性观念。中国哲学讲阴阳之道，从伦理上将男女、夫妇关系与政治上的君臣、治乱、兴衰相联系；文学上强调教化功能；史学"寓褒贬，别善恶"，"惩恶扬善"；教育则"首孝悌，次见闻"。对传统极端尊重，往往具有保守知足、厚古薄今的一面，同时也使传统文化增强了延续力，文化的积淀越来越丰厚。统治阶级治国特别注重道德感化的威力，强调劝善惩恶、见贤思齐。这种"伦理型"文化教育人民为"理想"而献身,颂扬高尚的情操和名节。每当国家民族危机之际,总有一批志士仁人慷慨赴国难"舍生取义"。"精忠报国"的岳飞、"留取丹心照汗青"的文天祥、"闻鸡起舞"的祖狄、不辱君命持节牧羊的苏武等就是其中的典范,他们都曾从传统思想中吸取积极的思想营养,他们是民族的脊梁、彪炳千秋的民族英雄。尊祖敬宗、尊重传统的特点有利于文化的传承和积淀。

第三,中国传统文化具有崇尚务实和中庸协和的特征。在农业文明的熏陶下,逐渐培养出了中国人勤恳务实、吃苦耐劳、善于处理各种关系、调和矛盾的能力。务实是农人的基本特点,不务实则无以收获,在文化上自然强调实用,与生产生活直接有关的学科受重视而发达,如农学、天文学、医学等,人文科学方面如历史、文学、教育等,比实用更深层次的探求,纯科学性的玄想则很薄弱。中庸之道是以平和稳定为旨趣的农人和农业自然经济的产物。中庸尚调和,主平衡,反对走极端,提倡择两用中。中庸之道被认为是中国式的智慧特征,体现在政治上裁抑豪强、平均权力和田产,体现在文化上,则是在多种文化相汇时,能异中求同、求同存异。中国文化扎根于自给自足的农业经济土壤,这对民族心理、思维方式的形成产生了深远的影响。农人注重实际,一分耕耘一分收获,中国古代圣哲一向提倡"君子务实",久而久之,民族性格重实际而黜于玄想。

第四,中国传统文化具有重人事轻宗教、重现实轻来世的特点。中国农业民族务实的精神和性格体现在许多方面,文化上重人生、讲入世的人文传统尤为重要。中国人虽然敬宗祭祖极为隆重,宗法制度极为严密,但对鬼神则保持敬而远之的态度,对于古代宗教,中国文化兼收并蓄,在百余种曾经流传过的各式各样的宗教中,佛教与道教是古代中国宗教的主体。与许多地区和国家不同的是,宗教并没有主宰中国的一切,中国始终没有出现全社会的宗教狂热,纯宗教性的冲突和战争几乎没有发生过。中国的宗法意识和伦理道德学说曾长期起着准宗教的作用,"民为邦本"的民本思想时有体现。在世界文明发展史上,宗教无疑起了巨大的作用,它促进了文化的进步和社会的发展,但彼此不相容的某些宗教相互攻讦,彼此仇视,乃至兵戎相见,血流成河的现象史不绝书,由此而造成的破坏、灾难和毁灭也是人类司空见惯的。

　　第五,中国传统文化具有旺盛的生命力,它包容性很强,既个性突出,又广收兼蓄,既强调传统,又不乏创新开拓精神。在农耕民族与游牧民族的长期交往中,通过迁徙、和亲、互市等方式,互摄互补,彼此交融。中国历史上不仅有汉族贵族建立的政权,也有少数民族建立的大一统政权。历史上,除通过"互市"、"榷市"等进行物资交换外,还通过相互间的贡纳和回赐方式以满足双方的经济需要,马匹和其他畜产品成为农耕经济的重要补充,而粮食、丝绸、布匹和茶叶又为游牧民族所必需,这种经济上的交换,不仅数量大,而且达到互相依赖的程度。工艺和技术、思想和文化方面的传播与交流源远流长。中国文化在某种意义上是农耕人和游牧人共同创造的。中国文化在古代长期领先于周边地区和国家,中国文化中的精髓,如汉字、儒学经典、典章制度、礼法制度以及农业手工业技艺等都曾久远地影响周边地区,东亚与东南亚许多国家都被纳入"汉字文化圈"或"汉文化圈"的范畴(又称"儒学文化圈"),这种文化上的"高势位"并不影响对外来优秀文化的吸收,这种吸收不仅是有选择的,而且被吸收的外来文化终将改造成"中国式"的变化。中国文明对外来文化具有宽厚的受容性,故能及时地吸收为我所用,而不至于为外来文化所同化。

　　我们应该看到,恋土重迁的生活方式和习性,尊重祖先传统的思维模式,使农人习惯于在小片土地上周而复始地春耕夏耘秋收冬藏,追求生活的稳定和安定。就文化心态而言,文人学士所向往和颂扬的多是对和平宁静的田园式生活的企望,歌颂孝慈仁爱,鞭笞暴虐苛政,反对穷兵黩武,容易滋生强烈的本位文化精神,对本民族所固有的文化守而勿失,以不变应万变,难以产生强烈的创新和开拓欲望,具有一定的保守性。久而久之,难免滋长盲目自大、自我陶醉的思想,甚至孤芳自赏、夜郎自大,进而导致闭关锁国、自我禁锢局面的出现,这也是一个泱泱文明大国到近代衰落的重要原因之一。

近代中国文化是整个中国文化的组成部分,它是在西方文化和中国传统文化互相冲突而又会通融合的过程中形成的。中国传统文化没有在自己的社会内在发展中走向近代化,而是在西方文化的冲击下发生了巨变。由于两种文化的模式和形态截然不同,冲突是不可避免的,时而表现得特别激烈。从洋务运动到戊戌维新、从创建共和到"五四"新文化运动,中西文化的冲突规模更大、范围更广泛,影响也更深刻。中国人对西方文化的认识也由抗拒、盲目反对发展为"师夷长技",进而主张"采西学"、"制洋器",再发展为"中学为体,西学为用",先进的中国人为之探索奋斗了一百多年,才在中西文化的会通融合中找到一条比较正确的路。中国近代文化的核心是科学和民主,这是"五四"时期提出的口号,是长期思想启蒙对封建文化的荡涤、对新思想吸收传播的结果,科学、民主这两面大旗至今仍需要我们高高举起。中国近代文化的发生发展是被动的,是在遭到外国资本主义的侵略,在西方列强枪炮的威胁下被迫应战接受的。从最初的"师夷制夷"到提出以科学救国、教育救国、实业救国,再进一步提出改造社会、"陶铸国魂"、"改造国民性"、变革社会,是近代文化发展的必然。在被侵略、受亡国灭种威胁的中国近代,其文化的发展从一开始就同政治、救亡图存密切结合在一起。因此近代文化具有强烈的爱国主义特点。从整体上说,近代文化比古代文化丰富复杂,但又肤浅、粗糙,没有完整的体系。

在世界文明发展史上,得到公认的有着悠久传统文化的国度并不多,中国当之无愧。中国文化是世界几大原生文化之一,它独立起源时间之早、文明发达之盛、延续年代之绵长、对周边文化的影响之久远,都是其他文明古国所不能比拟的。在漫长的历史衍化中,中国传统文化中的许多内容,包括制度、器用、思想、观念、农业与手工业技艺、汉字、儒学、律令、中国化佛教等方面几乎无一不对周边各国产生了巨大影响。东亚、南亚的日本、朝鲜、韩国、越南等毫无争议地被纳入到以中国为中心的"汉文化圈"（或称"儒学文化圈"）范围之中。中原王朝与周边方国，还有更荒远的地区和国家建立起臣服或贡纳的关系，他们与中原交往并受到中国文化的熏陶和影响。

汉代开通"丝绸之路"，从此中西交通日盛，使者相望于道，中国文化传播到中亚、西亚，并通过它们进一步西传北播，中国的丝、丝织品、钢铁等物品以及冶炼铸造、掘井开河、农业耕作、纺织丝麻、瓷器烧制等工艺技术西传；中亚、西亚、南欧的农、畜、手工艺品也传入中原。这种联系和相互影响断断续续延绵了两千余年。唐宋以后，中国先进的造纸、纸币、活字印刷术、指南针和火药制造术等传至西方，为西方经济和文化的发展，也为资本主义战胜封建制度提供了武器。马克思曾对中国的这些创造和贡献，作过总体性的精辟论述。中国对世界文化的贡献还远不止四大发明，仅在制度层面，中国的官吏制度、考试制度、俸禄制度、兵制、岁时历法制度（包括天文学和阴阳历法）、赋役制度，甚至货币、度量衡制度都对西方产生过影响；在精神文化的各个领域，包括文学、史学、哲学、艺术的众多方面丰富了世界文化宝库。中国传统文化中的精华为西方近代文明的崛起提供了必要的条件。

中国传统文化的上述特点形成于数千年的漫长岁月，具有超强的稳定性。在近代外来文化的冲击下虽不断在变化，但仍将影响当今和未来。在建设中国特色社会主义的今天，不论中国传统文化或西方文化，只要取其精华、弃其糟粕并加以改造和消化吸收，定能有利于社会主义现代化事业的顺利发展。

第一章

原始社会：中国传统文化的源头

文化是人类有意识的创造，自从有了人，也就有了文化，开始了人类的历史。中国文化的最初历程是在原始社会度过的。这里所说的"原始社会"指的是从人类诞生之日起，至文明曙光初现的夏代止。原始社会被称为人类的"摇篮期"，它的时间跨度最长，占据了整个人类历史99％以上的时间，同时它又是人类历史中最艰难的时期，我们的祖先执着而坚定地向前跋涉，创造出悠远而质朴的原始文化，这就是中国文化的源头。

一、中国人的起源和文化的源头

人类是怎样诞生的？这个问题一直萦绕在人们的心头。种种传说、猜测以神话的形式流传下来，不同的民族、地区可能有相同或相异的说法，于是有了中国盘古开天地，女娲抟土造人的传说；有了中国的"亚当"和"夏娃"——伏羲与女娲的传说；有了在一些民族中颇为流行的熊、猫、鸟等是人祖的猜测；在国外则有伊甸园里亚当和夏娃创世说、有上帝创世说等等，这些都反映了人类对自身起源的探索。但是猜测和传说并不代表科学。人类起源的种种疑问需要靠正确思想指导下的科学发掘。现代考古资料表明，东亚大陆是古猿类、古人类化石的重要发现地之一。在中国的云南多次发现古人类的共同祖先——森林古猿、腊玛古猿和南方古猿的遗骸，自20世纪20年代末以来早期人类的遗物和化石屡被发现,为中国人的起源提供了大量的实物资料。其中最主要的发现有:安徽繁昌人字洞古人类活动遗址、重庆巫山人、云南元谋人、陕西蓝田人、北京人、郧县人、和县人、广东马坝人、陕西大荔人、山西丁村人、许家窑人、广西柳江人、北京山顶洞人等,他们代表了从约200万年前的早期猿人到早期智人、晚期智人的发展历程,表明中国是古猿完成向人类演进的主要地区之一,是原始人类生活的重要摇篮。目前,在中国境内已发现的原始时期古人类活动遗址遍布全国。可以毫不夸张地说,中国是世界古人类和远古文明的重要发源地之一。

人猿相揖别之时就是人类创造文化之始,最初的阶段是在漫长的原始社会度过的。从年代上来说,原始社会大致从距今两三百万年到公元前21世纪左右,占据了人类历史进程的绝大部分时间。处在襁褓中的人类,在不断地认识和改造自然的同时,不知不觉地改造了自己,创造出了充满荒莽、淳朴与神秘气息的原始文化。

人类在劳动实践中不断增长才干,变得越来越聪明。劳动是人猿揖别的关键,是人区别于一切动物的根本特征。从人能进行有意识、有目的的劳动开始,人类就脱离了一般动物的范畴。有明确意识地制造工具,使之帮助人类获取劳动果实、改善生存条件,也就开始了人类改造自然、创造财富、创造文化的新时代。只不过肇始阶段一切都显得非常简单。

原始人类最早制造的工具只能是对现有自然物的加工,这些自然物有木、骨、牙、石等,在漫长的岁月中,只有石质工具最易保存下来,考古学上将这段时期称之为"旧石器时代"。依石器制作的加工技术与精细程度,又有早、中、晚不同的分期,分别与人类体质的三个发展阶段相对应。在元谋人、蓝田人化石出土的地层中发现的石器,制作技术简单,器形不规则,大多未经二次加工。北京人时期的石器已有进步,已稍作修整。到丁村人阶段,类别分明,二次加工痕迹明显。到新人阶段,石器已较细小,可适应加工精美的装饰品、钻孔等需要。以山西峙峪人为例,发现的石器细小精致、类型清楚,且有小型雕刻器、石镞,表明可能已有弓箭。在许多骨片上有刻画的痕迹,使我们联想到"契木为文"的传说。工具的不断改进反映了社会生产力的进步,折射出人类创造文化能力的提高。在使用木石工具的同时,人类很早就学会和掌握了火的使用。火的使用和保存既是一种技能,又可作为一种武器,从而提高了人类生存能力和生活质量,人类告别了茹毛饮血的时代。当学会钻燧取火时,人类又向前迈进了一大步。这一系列的进步改变了此前的原始群居状态,人类开始排除血亲婚配,向氏族社会过渡,从而人人促进了人类自身体质向更健康、更完善的方向发展。

当中石器时代作为漫长的旧石器时代和兴盛的新石器时代的一支间奏曲而结束时,在距今一万年左右的我国母系氏族开始呈现出一片繁荣的景象。此后人类明显加快了前进的步伐,仅仅四五千年就迈入了文明社会。新石器时代又被称之为"新石器时代革命",出现了以农业的发明与养畜业的产生、石器的磨制与钻孔以及陶器的烧制为标志的三大成就,人类改造自然、创造文化的水平有了新的提高。近百年来,中国境内发现的新石器时代遗址遍及现今中国领土的所有省区,其中比较典型的新石器时代文化有仰韶文化、河姆渡文化、红山文化、大汶口文化、龙山文化、良渚文化、石峡文化等。

农业的发明为人类稳定的生活、财产的积累提供了可能,这就为私有制的萌发创造了条件。世界文明发达最早的国家或地区无一不是以农业的发展为基础的。古代埃及、两河流域美索不达米亚、古代印度、中美洲玛雅文明的发展都说明了这一点。一些从事畜牧业或以狩猎为生的民族由于不具备农业民族的优势,而处于相对落后状态。新石器时代晚期,伴随着农业生产和手工业生产的发展,男子在生产活动中的作用加大,逐渐取代妇女而成为主要劳动力,妇女则以纺织、家务为主,从而逐渐失去了原有的崇高地位,父权制最终取代母系制是历史的必然。在父系氏族社会,农业生产出现了原始的犁耕,石器厚重锋利、陶器普遍轮制、人们的生活水平提高、剩余产品出现、私有制发展,这一切都表明冲破原始社会桎梏的力量正在迅速增长。到了距今五千年前后,部落、部落联盟之间的战争频繁发生,掠夺财富和人口使少数部落首领的权力与资产膨胀,"天下为公"的大同世界到禹时终于为"家天下"所取代。

以农业经济为主导的中国新石器时代的遗址犹如满天星斗,散布于黄河上下、大江南北、长城内外、塞外海岛,总数已达七八千之多。已经发掘的有四百多处,以文化性质和地区分为若干个文化圈(也称"文化区系"),这些文化系列的发展水平不尽相同,有的还有较大的差异,但都有自己的特色,创造这些文化的先民们共同缔造了中国的原始文化。

二、原始宗教——远古时代的主流文化

在生产力水平十分低下的原始社会,人类的祖先对自然界的种种现象都难以理解,也无力控制,于是自然而然地产生了对大自然的恐惧和崇拜心理,对人本身的来源以及生老病死也充满了疑惑。人们普遍地认为,人死亡后只是肉体的终结,灵魂将在故里或另一个神秘的世界中复活,已故的祖先对现实生活中的后代仍会有较大影响,因此灵魂不灭、祖先崇拜的观念也早已存在,原始宗教的萌芽在不知不觉中滋长。冯天瑜认为,宗教作为一种特殊的意识形态,是对自然和社会的曲折反映,并与人们的终极关怀密切相连。在本能与文化间起联络作用,在人的精神需要中起主观自足作用,故原始宗教曾经是原始时代的主流文化。[①] 经过漫长岁月的积累,原始宗教问题变得越来越庞杂,原始宗教包括自然崇拜、灵物崇拜、巫术、神话、禁忌和图腾崇拜等等。我们认为,原始宗教与人类求生的愿望密切相关,一方面通过各种崇拜以及诸如巫术、祭祀、舞蹈等活动,企图取悦鬼神来满足人们的生存需要;另一方面反映了人们的恐惧心理,"恐惧创始神",渴望创造出来的神保佑人类的繁衍康泰。

---

① 冯天瑜等:《中华文化史》,北京:高等教育出版社,2005年,第38页。

(一)从自然崇拜和灵物崇拜到图腾崇拜

宗教最初始于原始人的自然崇拜和灵物崇拜。所谓"自然崇拜",是认为自然物和自然力具有生命、意志以及伟大力量的信念。中国原始人的自然崇拜和灵物崇拜主要有对日、月、星辰、山、石、火、水、土地、天以及自然现象风、雨、雷、电、洪水等的崇拜。新石器时代墓葬采取头东足西或头西足东的埋葬方式,表明当时人已有对日出日落现象的某种信仰。陶器上的太阳纹、日、月、山等形象,应是自然崇拜物的图像。灵物崇拜的对象主要是一些早期人类有所接触或想象中的动物,如鸟、熊、鱼、龙、凤等,有的则化为图腾成为传说中氏族的祖先。自然和灵物崇拜的对象与生活方式相联系,生活在渔猎阶段的原始人,经常与动物相伴;生活于农耕阶段的先民对自然力产生普遍的膜拜;而到工艺技术时代,许多自然神便会变成文化英雄。

对自然物的崇拜以后又抽象为对图腾的崇拜。"图腾"源于印第安人土语,意为"他的亲族"。原始社会人相信本氏族与某种动物或植物保有亲密的关系,或认为是本氏族的祖先,这种动植物的名称或图画即为图腾。图腾往往被视作族徽,是本氏族的保护神。在中国,图腾的文献记载和考古发现较多,有黄帝为有熊氏、太昊氏姓风(凤),商族以玄鸟为图腾,周族以天鼋为图腾等记载,还有以鸟、虎、狼、狗、鱼、龙等为图腾的氏族或民族。在河姆渡遗址发现的象牙雕刻常有鸟形图案,半坡遗址的陶盆上有人面鱼纹,良渚文化的陶器上常见鸟纹,还见蛇形纹,可能是越人龙图腾的遗留。伏羲、女娲在汉画画像石上作人首蛇身的形象,属变形图腾。中国的图腾文化非常丰富,在何星亮先生的《中国图腾文化》一书中有较深入的研究。图腾崇拜被认为是母系氏族社会的一大特征,但其遗留和影响却很久远。

(二)灵魂不灭和神灵崇拜

灵魂不灭的观念是原始人朴素的生死观,他们相信万物有灵。在山顶洞人的遗址中,发现了有意识的埋葬遗迹,遗骸周围撒有象征生命意义的赤铁矿粉,以石器、装饰品、骨针随葬,这显然表现了对人死后生活的某种设想。新石器时代墓葬这种现象更普遍,对死者头向、面向、葬式的安排和随葬品的放置,表示人们相信存在着另一个世界,人死后灵魂是不灭的,后来发展到杀殉杀祭,也同样受这一思想的支配。神灵崇拜源于对血亲先辈的敬仰,并在此基础上产生了祖先崇拜、生殖崇拜。母系氏族社会盛行女性祖先崇拜,传说中炼石补天、抟土造人的女娲就是女权时代的崇拜对象。父权制确立后,男性祖先备受尊崇,传说中开天辟地的盘古,创造八卦、教民嫁娶的伏羲,创造华夏文明的炎、黄二帝,便是父权时代的崇拜对象。母系和父系氏族文化遗址中均发现有象征生殖崇拜的遗物、遗迹。中国最早的人神是带有始母色彩的女神,而早期的男性祖先均为"英雄时代"的造物主,他们在后人的心目中也就成了英雄和圣贤。对祖宗的崇拜在中国尤其受到重视,构成了中国人传统观念的重要部分。原始时期众多的崇拜信念,成为神话最丰富的源泉,灵魂不灭、祖宗崇拜和神灵信仰等思想长期延伸。在经历漫长的岁月后,作为对客观存在虚幻的、歪曲的反映的原始宗教,就逐渐形成了。在一些新石器时代的遗址中,发现有与祭祀活动有关的建筑遗迹,如在辽宁喀左东山嘴发现的石砌祭祀建筑基址、辽宁建平牛梁河女神庙等。

(三)沟通阴阳两界的巫术

与原始宗教信仰相伴随的是宗教行为,这种行为以谋求控制自然力、沟通鬼神为目的,久而久之形成了一定的仪式,这就是巫术。巫术的基本目的无非是祈求借助神的力量来达到免灾祛病、保障安全,以保证丰衣足食、子孙繁衍昌盛等。据研究,巫术的方式有祈求、诅咒、占卜等多种。在原始宗教初期,还没有专门的巫师,也没有专门的祭司,仪式通常由部落中的长老来主持。后来,随着原始宗教的进一步专业化、精致化,分化出一些专门人员,由他们负责和神秘的超自然的神交往,他们被称为"法师"、"巫师"、"祭司"或"萨满"。这些人主要从事最初的文化活动:记史、占卜、疗病等,是知识人的前驱。《国语·楚语下》载：颛顼时，"命南正重司天以属神，命火正黎司地以属民。""南正重"指善于观察天象通晓巫术的巫师之类的人物，"火正黎"由部落首领担任，专管地上的"民事"，神事与民事的分离，标志着国家权力和政府机构雏形的出现。在河南淅川下王岗仰韶文化晚期遗址里，发现有卜骨，龙山、齐家文化的许多处遗址中也发现有用羊肩骨或牛、猪、兽骨占卜的卜骨，类似的发现多有报道，应该是原始祭祀活动的遗物。

原始宗教经过长时期的发展、演变，到原始社会末期，成为一种稳定而顽强的文化力量，对后世文明具有极大的影响，而专门从事巫术活动的人，可能就是最早的知识人。

三、原始文字与艺术的创造

(一)记事符号和图像符号

在长期实践中，原始人类早就学会了用结绳和刻木的方法帮助记忆和记事。我国古代就有"结绳记事"和"刻木为契"的传说。西安半坡出土的陶器，其口沿上有100多个共约32种刻画符号；以后又在陕西姜寨发现120多个40多种刻画符号；在大溪文化的湖北宜昌杨家湾遗址发现刻符50多种；在安徽蚌埠双墩遗址发现600多个200多种刻符。在大汶口和良渚文化的陶器上，都发现有笔画整齐、规则的图形符号，被认为是中国早期的图像文字。这些刻画得较为复杂的带有图画性质的符号是人们有意识刻画的，代表一定的意义，许多学者都认为可能是文字，或是我国古代文字原始形态之一。在乐都柳湾马家窑文化的晚期墓葬中，发现有多片骨质记事工具。

中国自古就有黄帝之臣仓颉造字的传说，殷墟甲骨文被发现后，经过数十年的研究，一般学者多以为甲骨文应是中国文字(汉字)的流而不是源。他们推测从文字发端至甲骨文，其间必经过漫长的发展历程。对于仰韶文化陶器上的刻画符号，郭沫若先生以为，无疑是具有文字性质的符号，如花押或者族徽之类。认为这就是中国文字的起源,或是中国原始文字的孑遗,这一论断似乎已被学术界普遍接受了,但细加推敲仍有值得商榷之处。

仰韶文化和其他新石器时代文化遗址中发现的刻画符号简朴而且不太规范,一般一器一符,极少见数符连刻的。它可能是一种有意刻下的帮助记事的符号,有学者从民族学资料论证半坡等地的陶符,认为这可能是标明个人所有权或出自制作时的某种需要而刻画的,并无确定含意,它与传说中的契木为文、结绳记事相类,属于原始记事范畴,或在一定范围内具有约定符号的性质,这些符号像其他原始记事方法一样,对后世文字的发明具有一定的影响,但本身绝不是文字。这些符号在当时的意义尚无法揭晓,可能具有记事的功能。大汶口、良渚文化图画符号可能更接近早期的文字。

相传伏羲氏"仰则观象于天,俯则观法于地,观鸟兽之文与地之宜,近取诸身,远取诸物,于是始作八卦。"一直有学者把八卦视为文字,实际上可能是早期人类沟通神明、天地并以此解释社会、自然万事万物的一种方式,反映了人类思维的发展。

(二)原始艺术之花

石器时代,我们的祖先在长期的生活生产实践中,逐步培养起造型技能,逐渐萌发出爱美、审美观念,这一时期艺术的明显特征是艺术与实用的结合。先民们在长期的生活生产实践中,在不断丰富物质资料、改善生活的同时,也培植出质朴的精神文明之花,改善和美化了人们的生活,为以后文化和艺术的发展奠定了基础。

1. 绘画、岩画。古籍关于初民绘画的记述,如《吕氏春秋·勿躬篇》的"史皇作图",《路史》的"颛首作画",都说明绘画古已有之。母系氏族公社繁盛时期,彩陶上的植物、动物和几何形装饰性图案已十分匀称美观,既有写实性的,又有抽象装饰性的图案。新石器时代的绘画艺术,主要体现在彩陶的装饰纹样上,尤其是仰韶文化和马家窑文化的彩陶图案,更是具有独特的艺术魅力。仰韶文化的彩陶图案除了简单的几何纹样外,还有相当准确的动物图案,有着浓厚的绘画意味。例如人面鱼纹彩陶盆,盆上画的人像有着圆圆的脸、三角形的鼻子,眉毛和眼睛细长,有的耳边画出两条鱼,有的嘴边衔着两条鱼,人面像常与网纹相伴,与某种原始信仰有关,具有神秘色彩,是仰韶文化的绘画杰作。马家窑文化彩陶多具有构图繁密、回旋多变的特点,色彩丰富强烈,内壁绘彩更是马家窑彩陶的一大特色,例如舞蹈纹彩陶盆,在接近盆口的内壁上画有三组舞蹈纹饰带,每组两边用内向弧线分隔,两组弧线间还有一条斜向的柳叶形宽线。每组五人,皆腰系兽皮,携手起舞且面向一致,头上有辫子,人的手臂外侧有两道线,好像表示舞蹈动作的意思,特别值得注意的是在每个人的脚下有四道水平圆圈线,似乎是人们在水边舞蹈的情景,富有诗情画意,这是马家窑文化彩陶艺术的精品。

史前的岩画也是当时艺术的一个重要门类,史前时期的岩画多为敲凿而成,题材广泛,形象古拙生动,特别值得指出的是在连云港市郊将军岩发现有一处岩画,这一岩画刻在长22.1米、宽15米的平整而光亮的黑色岩石上,主要内容为人面像、农作物、兽面纹以及各种符号。人面多为尖顶形头饰,花纹上下相对成菱形的复线三角纹、弦纹、网纹。其中最大的人面纹高90厘米、宽110厘米,头饰与附近的新石器时代遗址出土的陶鼎纹相一致。此外还有各种兽面纹以及类似太阳、星象的图案。兽面纹的构图和山东、苏北地区龙山文化中玉锛上的兽面纹饰相比较,显得十分简略、粗糙、古拙。这是中原地区首次发现的原始社会岩画,这一重要的艺术创造,直接反映了四千多年前东方沿海地区的经济和文化发展面貌。

2. 陶器工艺。陶器的出现是新石器时代的标志之一,不仅丰富了生活用具,也使人类的审美意识得到了提升。在新石器时代晚期,制陶的技术已经发展到很高水平,能制作出较为复杂的"彩陶",这种彩陶是指用天然矿物质颜料在打磨过的陶胚上画上装饰花纹,再入陶窑去烧制,烧后形成具有黑色或深红色美丽图案的陶器。彩陶的装饰多以几何纹的形式出现,这种装饰图案是原始人对与生活有直接联系并具有深刻影响的事物,如山、水、动物等,从写实到高度概括,再到抽象性表现,这种形式感所产生的装饰效果,体现了原始人的审美趣味。彩陶分布很广,不同地区不同文化的彩陶工艺,有着不同的艺术特色,其中黄河中上游最为发达。在彩陶工艺后期,山东的龙山又兴起了黑陶文化,黑陶是在烧制结束时,从陶窑顶慢慢加水,木炭熄灭后产生浓烟,使陶器渗碳而成,它具有黑、薄、光的特点,造型也比彩陶丰富多样。我国新石器时代的陶器工艺是原始手工业的重要门类,彩陶和黑陶则是我国美术创造的第一次高峰,在技术上、造型上都为青铜器的出现做了准备。

3. 雕塑艺术。我国迄今发现最古老的装饰品,是距今28940年峙峪人制作的一件石墨装饰品,该物呈扁平椭圆形,中央有穿孔,可系绳配挂,充分说明了生活在旧石器时代晚期的先民已经有了审美创作活动,并且峙峪人的装饰品,呈现出成熟的钻孔技术,这在雕刻史上具有重要意义,钻孔冲破平面,它是三度空间的第三空间,是雕塑造型的基本因素,是中国立体装饰的开始。从大汶口出土的透雕象牙梳和象牙雕筒,可以看出先民已有较高的雕刻艺术。象牙雕筒是用整段的象牙切削雕镂而成,筒身周围布满剔透的花瓣纹,十分精美。

陶雕艺术与制陶工艺几乎是同时产生的,在仰韶文化遗址、马家窑文化遗址以及大汶口文化遗址中都出土了大量的陶塑作品。扶风姜西村发现了男人面部浮雕;黄陵出土了男人头部雕塑;乐都柳湾发现了彩陶壶雕—男性裸体像。在湖北天门石家河遗址中,集中发现了成批红陶捏塑的小动物,数量丰富,品种多样,形象真切,有长尾鸟、猪、牛、羊、象、龟,还有鸡、狗、猴、鼠等。尤其值得一提的是20世纪80年代在辽西建平、凌源两县交界的牛河梁村发现的一座"女神庙"和几十处积石冢群,以及发现较多的陶塑人像残片,多为裸体,充分体现了女性的特点,其中有因年龄差异而发育不同的乳房、圆润的肩膀、肉感极强的修长手指,还有一些是孕妇形象。在陶塑残块中有体型较大的主神,有一尊基本完整的女性头像,大小与真人相当。头像面部的艺术刻画既强调外形轮廓的美观柔和,又追求内在神态的流露。眼珠是用晶莹碧绿的玉球镶嵌而成,堪称五千年前中国的"维纳斯"。在积石冢墓中,出土了数量较多雕刻精细的璧、环和龙、虎、鸟、鱼、蝉、猪形玉器。

我国发现最早的圆雕,是在河北武安磁山遗址出土的一件石雕人头,五官造型极其夸张。当石器工具逐渐被金属工具代替时,玉器工艺就渐渐成为独立的工艺种类发展起来,在大汶口、龙山和良渚文化都发现了大量的玉石制品,运用浅浮雕与阴线刻相结合的技法,雕出神人与兽面组成的神徽图案,形象生动威武。

这一时期的绘画、雕塑艺术来自实践,其题材多与现实相结合,体现了艺术性和实用性的结合,极大地影响了后世中国艺术的发展。

4. 音乐、舞蹈。对原始社会音乐和舞蹈的认识,我们只能根据史书记载、出土乐器和一些原始绘画来了解,还可以辅之以部分民族志的资料。声乐是人们表达思想的重要形式,可惜无法具体了解,从现代尚存的一些原始民族来看,歌唱的内容非常简单,往往是一句呼声或号子连续重复,节奏强烈,带有舞曲性质,这是因为音乐与舞蹈有着密不可分的关系。器乐保存下来的极少,鼓应是大多数民族都有的,其制作容易,声音远扬,敲打方便,《世本》称"夷作鼓",可惜无法保存。《路史》称,"庖牺灼土为埙","伏羲削桐为琴","伶伦造磬",埙、磬等古乐器时有出土,证明这些传说并非向壁虚造。

《礼记·乐记》中说:"诗,言其志也;歌,咏其声也;舞,动其容也;三者本于心,然后乐器从之。"许多出土文物和远古壁画上,都有描绘舞蹈的图画,青海大通县上孙村出土的一件彩陶盆上,便有3组15个跳舞的人的形象,他们手拉着手,摆动着发辫和尾饰,生动地再现了舞蹈的韵律和节奏。原始人的舞蹈活动很频繁,舞蹈的功能十分繁多,它既是宗教仪式中重要的组成部分,又是各种庆典、狂欢活动的重要内容。舞蹈的动作多是模仿动作,许多是模仿动物的动作,也有的把狩猎的动作节奏化、规范化。还有大量的是爱情动作,而且带有强烈的性诱惑感。舞蹈是带节奏的人体动作,它表达了先民们纯真的情感和欢乐的情绪。

四、源自生活的原始科学技术

原始社会阶段,科学存在于技术之中,处于萌芽状态。这些技术和知识主要是适应生存的需要,在与物质生活与生产有关的领域开始的。其进步性表现在工具的改进、房屋的建筑、生活器具的制造工艺等方面。经长期的积累,到阶级社会形成了技术与科学的分化。

从旧石器时代到新石器时代,为满足狩猎、农业和日常生活的需要,石器制造技术有了很大的改进。从大量出土的农业、手工业和渔猎工具看,类型趋于明确,用途专一,使用和携带方便;从石料的选择、打制、切割、磨制、钻孔、雕刻等工序来看,井然有序,有条不紊,蕴含有力学和矿物学、地质学知识的萌芽。弓箭的发明与使用是旧石器时代晚期人类的重要发明,我国最早在山西朔县峙峪村遗址发现有石镞。弓箭由弓背、弦、箭组成,是一种复合型工具,其本身制作需要多种零件的组合,每一部分又都制作得较为精巧,而且要组合成适用的具有杀伤力的工具或武器需要长时期的经验积累,它的发明提高了人们征服自然的能力。

生产生活实践中人们认识了某些自然现象,发现其中的一些带有规律性的现象,如天气的冷暖寒暑交替、日月星辰的出没变化、动植物生长规律,以及一些生产技艺方面的知识。例如在原始采集、狩猎、农业中,包含着对野生动植物生长规律的认识和人工栽培、人工驯养的尝试,久而久之,人们学会了原始农业、动物饲养,增强了生存的能力。在长期的火的使用以及后来的制作陶器过程中,人们不仅制造出大批精美而又实用的生活用器具,满足了人们生产、生活的需要,而且在这一过程中积累了塑造实用物体、器具的经验,了解了一些控制火候、化学方面的知识,为冶炼铜矿和铸造青铜器技术的产生打下了基础。许多陶器制作不仅考虑到造型的美观实用,而且符合科学的原理,如仰韶文化遗址中常见的小口尖底瓶是一种汲水器,汲水时重心下垂,空瓶子自动倾斜盛水,水多后瓶子自动垂直,便于提水。人类的科学知识及技艺就是在长期的生产、生活中得到积累和发展的。

第二章

先秦风华:传统文化的肇始

先秦时期指的是被称为"远古三代"的夏、商、周这一段历史时期,时间上为公元前21世纪到公元前221年,历时约两千年。在这一时期中国早期文明获得了蓬勃发展的基础。很多在以后的历史长河中流传久远、对中华民族的发展历程起过重要作用的文化元素,都是在此时产生和发展起来的。

先秦文化凝聚了更多的中华古老的文明因素,其中锐意进取的气质和积极旷达的生命精神,奠定了中华文化的基本格调。在这幅波澜壮阔、逶迤瑰丽的历史长卷中,古老的华夏民族初步形成、奴隶制王朝相继更迭,并经春秋战国古今罕见的巨大变革,使得大中华文化圈孕育形成,封建制度得以最终确立。这些都显示出中华民族经历了文化涤荡与锤炼,正以前所未有的激情与活力展现出光彩夺目的风华。

第一节 突破与初创:社会制度文化的演变

一、商周时期的宗法结构和礼乐制度

宗法制度和礼乐制度是贯穿中国古代社会的重要制度,它们基

本形成于商周时期,对中国传统文化的深化与发展起了关键的作用。

(一)宗法结构

宗法制度是在父权家长制的基础上不断扩大和发展起来的,这一制度萌芽于父系氏族社会晚期,至商代晚期已经有不严格的嫡庶之制,宗法制度初步形成;而西周宗法进一步严格化、完整化,形成了周密有序的宗法制,包括立子立嫡之制、庙数之制、同姓不婚之制,其核心内容是在维护父权的基础上,确定嫡长子继承的世袭特权,使权力早有归属,以免争夺残杀。宗法制度确定了贵族的亲疏、等级、分封和世袭的关系,解决了统治阶级内部诸子、诸弟的继承权争端,成为巩固分封制的重要手段。

依据宗法制度的组织形式,周王既是普天之下最高的统治者,又是全体姬姓宗族的"大宗",即最大的族长。他既代表社稷,又主持宗庙的祭祀,掌握全国最高的政权和族权。周代在宗庙或陵寝中,实行所谓的"昭穆之制",将先祖按照辈次排列为左右二列,始祖居中,左昭右穆,以等级轮流配享。祖庙为全国规模最大、地位最高的祭祖之地,称为"太庙"。只有天子及其嫡长子有这种祭祀始祖和历朝先主的权力。天子由嫡长子继承,世代保持天下大宗的地位,按照宗法制"立嫡以长不以贤,立子以贵不以长"(《公羊传·隐公元年》)的基本原则,嫡长子的继承权得到了维护。

与宗法制密切相联系的是分封制。周天子按照宗法的等级秩序将诸子、功臣授封为诸侯或任为王室官尹,即所谓的"授爵授民授疆土",其目的是"封建亲戚,以藩屏周"。诸侯在所封国内建立政权和相应的宗庙,称之为"别子"。相对于周王来说,是为"小宗"。这样,宗法制就与分封制相结合,使族权和政权合一,形成完善的等级制度。这一制度同样适用于异性贵族,通过姬姓贵族和异性贵族之间的婚姻结成亲戚之国,加强彼此之间的联系。周王室前后分封了一百多个诸侯。作为"小宗"的诸侯对"大宗"周天子必须按期纳贡、朝见,应召出兵助王征伐,而内政自主。这种按宗法制原则世袭的分封制,盛行于西周,东周渐式微,秦汉以降被郡县制所取代。

(二)礼乐制度

当周朝开始建国的时候,相传周公曾制礼作乐。我们认为所有礼乐的形成不可能全是周公的功绩。周朝的礼乐沿袭夏、商而来,不过是在周初由以周公为首的一批大贵族陆续加以修订、增补、汇集,渐渐成为法定的制度而已。周人原为商朝的属国,按照礼乐是不能反抗或推翻商朝的,但在他们翦商成功后,用礼乐来对付自己的反抗者显得特别重要,这就是周人反复强调"殷鉴"的道理。

礼乐制度体现了奴隶主贵族的阶级地位和等级特权,规定了君臣、父子、兄弟、夫妇、朋友之间的上下尊卑关系。因此,特命贵族的视、听、言、行都必须合乎礼乐制度,这种敬德的精神,使他们的政权得以保住。相传周朝的礼有以下五类:吉礼(祭祀鬼神,祈求福祉)、凶礼(哀忧患,多属丧葬凶荒之类)、宾礼(会同亲附,多属朝聘迎宾)、军礼(兴师动众,征讨不服)、嘉礼(宴饮婚冠等吉庆活动),这些制度涵盖并浸透到贵族社会生活的各个层面。每个贵族从出生到死亡、从人事到祭祀、从日常生活到政治活动,都享受应有的特权,处在与其身份相适应的礼乐之中。这些"礼"通过一定的规则、典礼仪式以及表示身份的舆服旌旗、宫室器用,体现宗法等级制度,故"礼者,贵贱有等,长幼有差,富贵轻重皆有称者也"(《荀子·富国》)。到了周代,礼乐的规范、刑政的强化,使国家走上了相对稳定的道路。所以有学者认为,夏代是服从命定的"尊命文化",殷代是崇尚鬼神的"尊神文化",周代则是礼乐刑政目标合一的"尊礼文化",这种思想文化的发展,从一个侧面反映了时代的进步。

二、变革之会、"士"阶层的壮大

从公元前770年周平王迁都洛邑,到公元前221年秦始皇统一全国,这是中国历史上的东周时期,即春秋、战国时期。这是古往今来公认的我国历史上的一个大变革时期,被称为"古今一大变革之会"。在政治方面,随着各诸侯国经济、政治、军事力量的强大,形成了诸侯争相割据称霸的局面,"礼乐征伐自天子出"被"礼乐征伐自诸侯出"所代替。随着周王室势力的日趋衰弱,诸侯间争土地、扩城池,兼并战争连绵不断,最终导致诸侯国日益减少,形成赵、魏、韩、楚、燕、齐、秦七国并立的局面,史称"战国七雄"。它们彼此征战,且战争的规模越来越大,最终由秦完成了中国历史上的第一次大统一。

在这个历史时期,许多周边民族加入到逐鹿中原的斗争中来,逐渐成为华夏民族的一部分,中国的疆域也得到了扩大和巩固,从而基本奠定了中华民族在先秦时期活动的疆土区域。这个时期社会经济得到长足发展,以铁制工具的使用、牛耕的推广为标志的生产力水平获得显著发展。各个社会生产部门的生产经验和生产技术得到大面积的推广和传播。手工业和商业的发展繁盛,促进了城市经济的兴起。井田制逐渐瓦解,土地的自由买卖日益盛行,诸侯国赋税制度的改革风起云涌。于是,在政治变革和新的社会经济环境的双重因素作用下,诞生了新的社会阶层——这就是新兴地主阶层。与以往的分封、宗法、礼乐制度密切相关的世卿世禄制逐渐瓦解,继而出现了"礼乐征伐由大夫出"和"陪臣执国命"的现象。一批从旧贵族中蜕化而来的、从社会下层上升而来的,以及因战功卓著而崛起的新兴地主阶层登上了政治舞台,随着经济地位的变化,他们对政治权力提出了迫切要求。在鲁国,叔孙、孟孙、季孙夺取了鲁国的政治经济大权;在齐国,以田桓子为代表的田氏家族执掌了齐国大权;在晋国,赵、魏、韩三国瓜分晋国,形成三个各自独立的封建政权。最终,新兴的地主阶级在各国夺取了政权,为代表历史前进方向的封建经济文化的进一步发展铺平了道路。

春秋战国时期的土壤与环境为人才的脱颖而出和传统文化的发展创造了良好的条件。这一时期是我国历史上第一个学术活跃、思想解放的时期,旧的思想观念、旧的礼乐制度在崩解,新的思想观念在形成发展中。这种新旧势力的消长、对立和斗争,极大地开阔了人们的眼界,使知识分子——士阶层活跃起来,社会需要使他们大有用武之地,传统文化的整理和发扬光大因此而成为可能。

士是中国古代"四民"士、农、工、商中一个很特殊的阶层,士在商周时代既泛指包括诸侯在内的各级贵族,又专指贵族中的最低等级,在许多时候主要指政府部门的中下级官吏,是一个处于分化之中的阶层。士可食田,多为武士,为卿大夫家臣,或为自由职业者。宗法制动摇后士阶层发生了很大变化,他们大多受过礼、乐、射、舆、书、数等六艺教育,有一定的文化知识。春秋战国时,士队伍扩大的主要来源有两个方面:一方面是旧贵族及其子弟在社会变革中门庭衰败,他们中有的发奋攻读、积极投入到新的社会变革中,如商鞅、韩非、苏秦、公孙衍等;也有的消极厌世,独处不仕,对现实持不合作的态度,庄周就是典型的代表。另一方面来源于庶民阶层或地位更低的众、皂、隶等,他们通过"积文学,正身行"(《荀子·王制》)而上升为士,如淳于髡就是由赘婿而为稷下名士;虞卿原为干粗活的苦力,后来成为赵国的上卿。这样的例子不胜枚举。这时期的士特别活跃,他们与以往的士不同,较少受宗法关系的束缚,行动比较自由,思想比较解放,时代为他们的大有作为提供了舞台,创造了条件。

士人中大部分专门从事政治文化活动,一般都具有相当的知识或某一方面的专长,思想比较敏锐,善于思索,敢于作为。"高岸为谷,深谷为陵"的自然和社会运动,打破了传统的生活观念,使他们中的许多人跃跃欲试,寻找机会施展才华,游说就成了他们求官干禄、谋取荣华富贵的主要途径。此时,各大国都面临着内政和外交的一系列新问题,在空前复杂的斗争中,如何保存自己、发展自己,如何削弱以至消灭敌国,是各国关心的共同问题。一些励精图治、雄心勃勃的国君逐渐认识到人才和谋略的重要性,争相招揽贤士,组织决策智囊团,出现了"主卖官爵,臣卖智力"(《韩非子·外储说右下》)的局面。有才能的士人为谋官求职,为兜售自己的政治主张,游说于各国,他们朝秦暮楚,合则留,不合则去,有较大的回旋余地。这样,游说和招贤相结合,形成了春秋战国历史的一大特色,使这一时期的历史更加生动,演出了一幕又一幕惊心动魄的外交政治斗争的历史剧。斗争历来不仅是物质力量、军事实力的较量,同时也是智力和谋略的较量。游说之士要赢得君主的赏识,首先必须对各国间冲突有明确的认识,有自己一整套治国安邦的措施,以其谋略在国君面前展示出一幅美好的前景。既不能好高骛远,使人望而生畏,也不可高深莫测,使人感到迂阔而不合时宜,否则都很难成功。

士的崛起为春秋战国这一动荡的年代注入了活力,使历史变得生动。礼崩乐坏的社会变动,使士人从沉重的宗法枷锁中解脱出来,他们不再像巫师那样全然依附王室,而是赢得了相对的人格独立。与过去的巫师和同时代的其他阶层相比,士阶层在一定程度上挣脱了身份羁绊,形成了新的品格。这些品格包括:博大胸怀和以天下为己任的开放心态;强烈的政治参与意识;以先知觉后知、以先觉觉后觉的社会责任感以及严格的道德自律。[①] 时代呼唤人才,人才推动社会发展。春秋战国时代才俊辈出,思想家如老聃、孔丘、墨翟、孟轲、庄周、邹衍、荀况、韩非;政治家如管仲、子产、晏婴、商鞅;军事家如孙武、吴起、孙膑;外交家如蔺相如、苏秦、张仪;史学家如左丘明;诗人如屈原、宋玉;论辩家如惠施、公孙龙;医家如扁鹊;水利家如李冰、郑国;天文学家如甘德、石申等等,可谓群星璀璨,蔚为大观。这是一个需要巨人的时代,而时代又造就了巨人。在世界古代史上,就学术人才出现的密集度和水平之高而论,大约只有古希腊的群贤可与之媲美。就其对中国历史的影响而论,无论怎样估计都不为过。

第二节　先秦哲学的艰辛历程与成就

一、重天敬鬼到重民轻天的转变

(一)从重天敬鬼到敬德保民

殷商时期,迷信的氛围特别强烈,事无巨细,每事必卜,且一卜

---

① 冯天瑜等:《中华文化史》,上海:上海人民出版社,1990年,第346页。

多问、一事多卜。殷人信仰的神灵很多,主要有上天、祖先和包括鬼神、星辰、山川在内的自然神,他们非常小心地侍奉各种神灵,是因为他们确信在冥冥上界,祖先的亡灵时时刻刻都在监视着人间的事务,随时随地准备予以训诫和惩罚。殷人尚鬼,成为一大特殊的文化现象。日常起居,诸多禁忌,神经紧张,疑神疑鬼,诚惶诚恐,几乎到了无处不拜、无神不祭的程度,动辄生怕得咎神灵,这在甲骨卜辞中随处可见。但即使这样,他们的祖宗和神灵并没有保佑商朝千秋万代,反而被周人所灭亡。

周人的思想体系和礼乐制度因袭于商代,宗教思想占据着支配地位,以"帝"或"上帝"为最高神。周人逐渐用人格化的"天"来称呼"帝"并代替"帝"的概念,周人把天奉为有意志的人格化的至上神,这有别于商人。周王宣称自己是上天的儿子,是受了"天命",取代商朝而统治天下的。但是,周人在关于天的思想上有一个很大的进步。他们只是在政策上继承商人关于天的思想,把宗教思想当作一种愚人的工具。他们从商的覆灭中认识到"天命靡常"的道理,懂得"受禄于天"的必要前提条件,不在于祭物的丰厚和礼拜的虔诚,而在于统治者是否施惠于民。于是周人又提出了一个"德"的概念来。"德"从字面上看来是从"值"(直)从"心",意思是把心思放端正,不要胡思乱想。周人提出"皇天无亲,唯德是辅",(《左传·僖公五年》)从政治、个人修养上,要求达到德的境界。"敬"字的意思是警,要人时常警惕自己,不要有丝毫的疏忽和懈怠。他们提出"敬天法祖"、"敬德"的思想,其标准是当时的礼乐制度,其最终目的是保王、保社稷。同时提出了"民之所欲,天必从之"(《左传·昭公元年》)的民本思想,开启了春秋战国时期民本思想的先河。周人还提出了"孝"的思想,对天命而言有德,对祖先而言有孝,两者结合更有利于统治。周人的这些统治思想影响中国古代甚为久远。

(二)由神本到人本的变化

春秋战国时期社会的大变动与思想领域的变化相辅相成,周天子的衰落标志着天的权威的动摇。这是神、天地位沉沦,士阶层崛起,人被重新认识和力量大迸发的时期。从重民轻天到民贵君轻,标志着民本思想的真正形成。

殷商到西周,天道、鬼神的观念已发生了明显的变化。但是,历史一进入春秋时期,一个有目共睹的政治事实是:周王室衰败了,原来神圣不可动摇的天——周天子已徒有天下共主的虚名,天下大乱,礼崩乐坏。现实动摇了人们对于神圣天道的崇拜。周内史叔兴曾发表过"吉凶由人"(《左传·僖公十六年》)和"妖由人兴"(《左传·庄公十四年》)的见解;鲁闵子马也提出了"祸福无门,唯人所召"(《左传·襄公二十三年》)的论点;郑子产说得更加透彻,他说:"天道远,人道迩,非所及也。"(《左传·昭公十八年》)主张把人事与天道分开,力求脱离天的羁绊。在一些人心目中,天神已远非凌驾一切之上的神灵,而是处于人的附属地位。"夫民,神之主也"(《左传·桓公六年》);"神……依人而行"。虢国的史嚚就有"国将兴,听于民;将亡,听于神"(《左传·庄公三十二年》)的论调。季梁曾谏议随君"先成民而后致力于神"(《左传·僖公十九年》)。天神必须按照人的意志行事的思想,以及人神关系的颠倒,确是一大进步。

这一时期民本思想的重点之一是在人类与自然的关系上,突出人的地位。战国时荀子认为自然界的日月星辰、四时寒暑、阴阳万物等都有自己的规律,指出:"强本而节用,则天不能贫;养备而动时,则天不能病;修道而不贰,则天不能祸。"但如果"本荒而用侈,则天不能使之富"(《荀子·天论》)。这种"天人相分论",第一次从理论上把人与神、自然与社会区分开来,是对天命论的有力批判。他还提出"制天命而用之"的光辉思想,强调人在认识自然、改造自然中的主观能动作用。

民本思想的另一表现是强调民的作用。重民与轻天是一个问题的两个方面。春秋战国时期,从君主到一些大臣对民的认识都有了提高。战争的胜负不仅取决于财力和军事实力,而且取决于民心的向背。一些王国的兴起和衰落都与民心的向背有着直接的联系。田氏在齐国的崛起并最终取而代之,其重要手段就是收买人心,搞大斗出贷,小斗收进。结果"得齐民心",民众"归之如流水"(《左传·昭公三年》),甚至连采野菜的老妇人都"归乎田成子"了。三家分晋、鲁国三桓之争的成败都与民心的向背密不可分。历史展现出的"民唯邦本,本固邦宁"的道理,经过士阶层的阐释、鼓吹,成为春秋战国时期一股强大的思想潮流。老聃认为"圣人无常心,以百姓心为心"(《老子·第四十九章》);孔丘进而提出"节用而爱人,使民以时"(《论语·学而》),"修己以安百姓"、"因民之所利而利之"的"仁政学说";墨翟则代表"贱人"的意愿而大声疾呼,主动地要求民的地位、民的权利,谴责王公大人的骄奢淫逸,主张兼爱、非攻、非乐、节用、节葬。儒学大师孟轲继承老聃、孔丘以来的"重民"思想,又从新的时代环境中吸取营养,使其主旨更明确。孟轲首先提出"民为贵,社稷次之,君为轻"(《孟子·尽心下》),他又提出君主必须"爱民"、"利民",如果像夏桀、商纣那样"虐民"、"残民",就不成其为君主,国人可共讨独夫民贼。他的名言是:"残贼之人,谓之一夫,闻诛一夫纣矣,未闻弑君也。"(《孟子·梁惠王下》)

孟子还要统治者给民以"恒产"、"恒业",使民能安居乐业,使五十岁的人可以衣帛,七十岁的老人仍有肉吃。他还提出轻刑薄税、听政于民、与民同乐的思想。法家虽主张严刑酷法,强化君权,但也提出过"使民以力得富,以事致贵"(《韩非子·六反篇》)。

二、《道德经》和《论语》

(一)老子及其《道德经》

老子,即老聃(约公元前580～公元前500年),相传为楚国人,曾是周守藏史。其思想保存在《老子》(又称《道德经》)一书中。老子提出了一个超绝一切的虚无本体,叫作"道",又叫"大"。"道"是老子哲学思想的核心,认为"道"是万物的初始源头,世间的一切事物都是从"道"派生出来的,所谓"道生一,一生二,二生三,三生万物"(《老子》第四十二章),即"道"是"万物之宗"。这里的"一",是原初的物质,比原初物质更早的"道"则是一种"视之不见"的精神。老子还提出"天下万物生于有,有生于无"(《老子》第四十章)。"无"比"有"更根本,是万物产生的根源,"无"即是"道"。很显然,这里的"道",是一种看不见、摸不着、玄妙虚幻的超感觉的精神状态。

老子的社会政治和人生主张是"无为",认为"无为"方可"无不为",倡导无为而治,崇尚自然,道家以"自然"为最高范畴,"人法地,地法天,天法道,道法自然"(《老子》第二十五章)。老子认为,儒家的仁义礼智是虚伪的,主张"绝圣弃智"、"绝仁弃义",复归于人的本性,回归"自然"。

在老子的心目中,理想的社会形态是"至治之极"的小国寡民,在这个社会里,人们远离争斗,"邻国相望,鸡犬之声相闻,民至老死,不相往来"(《老子》第八十章)。这实际上是一幅被老子美化过的、保留有原始公社遗迹的早期奴隶社会的画卷。

今天看来,《老子》中的精华应是它所包含的朴素辩证法思想,它揭示了世界上的事物包含有对立的两个方面,它们互相依存、相反相成。同时又指出,独立双方的矛盾在一定的条件下可以相互转化,即所谓的"祸兮,福之所倚;福兮,祸之所伏"(《老子》第五十八章),这是非常可贵的。

(二)倡导"仁者爱人"的孔子及其思想

孔子(公元前551～公元前479年),名丘,字仲尼,祖先原为宋国贵族,后避难于鲁国。孔子幼年丧父,家道中落,曾做过管理仓库的"委吏"和看管牛羊的"承田"。中年后,担任过鲁国的中都宰、司空、司寇等职。去职后周游卫、宋、郑、陈、蔡、楚等列国,到处游说。晚年回到鲁国,致力于教育讲学。其言论与主张,保留在由其弟子整理成的《论语》一书中。

孔子生活的春秋晚期,"礼崩乐坏",孔子以维护周天子的一统天下和重建文武周公事业为己任。他主张"天下有道,则礼乐征伐自天子出"(《论语·季氏》),应结束诸侯、大夫、陪臣僭越、擅权的现象,天子的权威必须恢复。要达到这个目的,就必须"正名",即正名分。要求君、臣、父、子各安其位,遵守自己的本分,不越位、不僭越、不作非分之想,从而使西周以来的奴隶制国家秩序和等级制度得以恢复和维护。而"正名"就要实现"德治"(礼治),所以他提出把"德"和"礼"作为首要的统治手段,要求人们以礼约束自己,"非礼勿视,非礼勿听,非礼勿言,非礼勿动"(《论语·颜渊》)。对于如何实现"德治"(礼治),孔子指出,必须倡导"仁"学,即通过人的内心修养,形成"仁"这一美德。

"仁"是孔子最高的理想境界,是儒家伦理思想的核心,孔子从不同的角度对"仁"进行了解释:"仁者爱人"、"克己复礼为仁"、(《论语·颜渊》)"孝悌也者,其为仁之本欤"(《论语·学而》)等等。孔子认为,作为一个仁者,在消极方面,要"己所不欲,勿施于人"(《论语·卫灵公》);积极方面,则要"己欲立而立人,己欲达而达人"(《论语·雍也》),要求统治者做到"因民之所立而立之"(《论语·尧曰》)。孔子提出的"爱人"思想,反映了对人的重视,有着一定的进步意义。当然,孔子提出"仁"的目的在于"克己复礼",即克制自己的行为举止,使一切行为和规范符合周礼的要求,才算有了仁德。孔子将伦理范畴的"仁"与政治范畴的"礼"紧密结合在一起,形成了不可分割的统一体。

孔子相信"天命",认为在"天命"面前,人是无能为力的,要求人们不要怨天尤人,要听从"天命"的安排。但是却怀疑鬼神的存在,主张"敬鬼神而远之"(《论语·雍也》)。

孔子的思想,经过历代学者的发扬、整理,最终成为我国古代封建社会的正统思想,波及整个华夏文化圈,影响极其深远。孔子大半生精力都用于从事教育活动,是中国古代最伟大的教育家。他提出和倡导的一系列重要的教育思想和主张,至今还散发着无穷的生命力。在教育过程中,孔子系统地整理、编修了《诗》、《书》、《礼》、《乐》、《易》、《春秋》等古代文献,并以此作为教材。这些文献至今还是研究古代典章制度和社会政治、经济、文化状况的宝贵资料,孔子整理和保存古代文化遗产的功绩不可磨灭。

三、中国的"轴心时代"——百家争鸣

战国时期的各个学派,人们总称为"诸子百家"。各派各家都著书立说,议论政治,既互相影响,又互相批判,在思想战线上出现了"百家争鸣"的局面。参加争鸣的主要有儒家、墨家、道家、阴阳家、法家、名家,还有农家、纵横家、杂家、兵家等。西汉司马谈曾归纳为六家,即阴阳、儒、墨、法、名、道(《史记·太史公自序》)。百家争鸣对于当时的社会变革及文化发展起了促进作用。百家争鸣之所以在这一时期出现,是因为:社会历史的巨大变动、旧的思想观念的打破,需要思想理论上的重新认识,诸子百家之间的争鸣是思想领域对种种历史的、现实的问题斗争的反映;各个国家的政治变革与相互竞争也需要理论指导;"学在官府"局面的打破使聚徒讲学之风大盛,自由的学术风气使各个学派得以发表自己的政见和主张;自然科学——特别是数学、天文学的发展,对社会科学提出了更高的要求,也为其提供了新的材料和论据,使得思想认识进一步深化。

从世界范围看,正如德国历史学家卡尔·雅斯贝尔斯在《历史的起源与目标》一书所提出的,以公元前500年为中心,前后延伸300年,即公元前800年~公元前200年间,人类文明曾大放异彩,进入了理性思维的新时期,即所谓的"轴心时代"。人类的精神基础同时或独立地在中国、印度、波斯、巴勒斯坦和希腊开始奠基,这一基础至今仍为人们所称道。在这被称之为"轴心时代"的数百年间,世界发生了许多不平常的事件,尤其是思想文化方面,创造了人们今天仍信仰的世界性宗教,如佛教、伊斯兰教等,在中国诞生了孔孟、老庄、墨等学派,其影响超越时空,深远而持久。

(一)"兼相爱、交相利":墨子和墨家

墨翟是墨家的创始人,其生活年代约在春秋战国之际。墨翟早年曾研读儒家思想,后抛弃儒学,创立了墨家学派,成为儒学最强劲的反对派。墨家与儒家在先秦同为"显学",墨家学说载于《墨子》。墨子代表社会下层民众的利益。他们不满殷周以降的等级秩序,猛

烈抨击维护这种等级秩序的儒家。墨子最主要的思想是"兼爱"和"非攻"。他既反对"大攻小，强执弱"的兼并战争，又反对强凌弱、富欺贫、贵傲贱等阶级压迫，企图把"兼相爱、交相利"的原则作为救世药方。这反映了小生产者要求平等、厌恶战争、希望安居乐业的愿望。但这种不分任何阶级的"统一的爱"是不存在的，是一种不切实际的幻想。墨家"兼爱"的思想与儒家爱有差等、亲疏有别和贵贱有序的思想是根本对立的。

墨子又提出"尚贤"、"尚同"的主张，建议打破等级局限，选举贤能的人当君主和各级官吏，"虽在农与工肆之人，有能则举之"（《墨子·尚贤》）。他们相信"官无常贵，民无终贱"，这些都具有进步意义。墨家的思想还有"节用"、"节葬"、"非乐"、"非命"、"天志"、"明鬼"等，有的具有积极意义，有的则是消极的。墨子在认识论上提出了判断是非的三项标准，其知识论重实证，其逻辑思想开辟了中国逻辑史的先河。"墨辩"与希腊形式逻辑、印度因明学相并列为世界古典逻辑的三大流派。《墨子》还记载了科学技术知识，在几何学、光学、力学等领域多有卓见。

墨子的思想在当时影响很大，被儒家学者视为洪水猛兽。墨子身后，其后学者分为许多流派，影响也很有限。直到晚清，其平等要求和科学实证精神才又再放异彩。

(二)行仁政，重修养：孟氏之儒和孙氏之儒

孔子之后儒家分为八派，较重要的是"孟氏之儒"和"孙氏之儒"。儒家以重血亲人伦、重现世事功、重实用理性、重道德修养而独树一帜。儒家以继承和发展西周的礼乐传统为己任，尤其推崇文、武、周公，言必称尧舜。

孟轲，战国中期人，子思的学生，他的思想保存在《孟子》一书中，是孔子学说的直接继承人，被后人尊称为"亚圣"。孟子思想的主要内容是"兴王道"，行"仁政"，力主"法先王"。他提出"性善论"，并以此作为仁政学说的人性论的基础，认为人皆有是非善恶之心，只要努力，"人皆可以为尧舜"，从本性上否定了平民与贵族间天生

的界限。孟子发挥了古代的民本思想,倡言"民贵君轻",是西周以来"重民轻天"思想的进一步发展。

荀况,战国中后期人,著有《荀子》,他的思想集百家之大成,又对百家都有批判,主要糅合了儒法两家的思想。他提倡儒家的礼治、孝悌、任贤思想,又融合了法家君权、法后王、统一等思想,力主"性恶论"。荀子学说中最精华之处是对天道的论述,他的思想奠定了秦汉文化的基石。

(三)"虚己以游世":庄子与道家

庄子,战国中后期人。他承袭了老子的思想,对老子所讲的"道"作了进一步的说明,认为人通过修炼可以得"道",得了"道"就可以与"道"同体,"天地与我并生,而万物与我为一"。(《庄子·齐物论》)更进而导向虚无和相对主义,并在老子"出世"的基础上,倡导"超世"、"顺世"、"游世",认为"虚己以游世"是人生的最高境界,而"心斋"、"坐忘"则是达到这种境界的修炼办法。他竭力想逃避现实,去追求一种精神上的绝对自由,庄子的这种消极、颓废、只求精神上自我解脱的思想,对后代的知识分子有较大影响。庄子的学说载于《庄子》。道家的"出世"与儒家的"入世"共同构筑了战国时士人的人生态度,士大夫进可"入世",治国平天下;退可"出世",归隐林泉。统治者既可用儒家学说求得文治武功,又可用道家学说确保休养生息。"儒道互补",构成了中国文化的基本框架。

(四)法、术、势结合:韩非子与法家

法家起源于春秋的管仲、子产,前期的代表为战国初期的李悝、吴起和商鞅,其思想的主题是"变法",力主以今法取代古礼,主张"治世不一道,便国不必法古"(《商君书·更法》)。法家与儒、墨、道所崇奉的先王观明显不同,倡导的是历史进化论。后期的代表为战国末年的韩非子,他是荀子的学生,又继承了老子的法术和前期法家的刑名法术之学,提出以法为本,法(政令)、术(策略)、势(权势)三者结合的"南面术",以充作"帝王之具",并辅之以赏(德)罚(刑),使帝王能利用众智、众力,集大权于一身,"操杀生之柄"。韩非主张的是极端的君权主义思想,比较适应当时的形势需要。据《史记·韩非列传》载,秦王嬴政读韩非书,感叹道:"寡人得见此人,与之游,死不恨矣。"而中国第一个统一帝国——秦王朝,就是以法家代表作《商君书》和《韩非子》提供的专制主义君主集权政治为蓝图建造的。汉代以降的各王朝,虽因法家赤裸裸地宣布专制,而不便公开张扬其旗帜,但法家的"法"与儒家的"礼"同样为历代帝王所用。两汉以降帝王的典型形象是一手捧着儒家经典,宣示教化;一手高举法家利剑,厉行专制。

(五)其他学派

除上述四家外,先秦还有一些学派也很有建树。

阴阳学派发展了原始五行学说,主张五行相生相克,把人间的一切事情都和阴阳五行作比附,以确定吉凶祸福。齐人邹衍用"五行相胜说"来解释朝代的变更,创立了"五德终始说"。名家,又称"刑名家",其代表人物是公孙龙、惠施。他们讨论的是名(概念)与实(事实)的关系,主张"离坚白",强调事物的差异性;或主张"合同异",强调事物的同一性,具有思辨的色彩。名家在探索一般与特殊的逻辑关系上有积极贡献。

战争是政治的延续,也是解决列国间矛盾的最高形式,数百年间涌现出了一批军事家(兵家)和军事著作。据《汉书·艺文志》记载,有孙武、孙膑、吴起、尉缭子等,他们均有著作问世,其中最为著名的是《孙子兵法》《孙膑兵法》。其丰富的谋略思想和充满辩证法的战略战术原则对后代影响至深,被尊称为"百世兵书",时至今天仍是世界各国竞相研习的"中国智慧"。

战国之际,游说之士遍及天下,张仪和苏秦是其中的代表人物,且这两人进行合纵、连横活动的游说词为游说之士争相传习。所以这类游说之士被合称为"纵横家"。纵横家的言论大量地被记载在《战国策》《战国纵横家书》等书中。

秦相吕不韦当政时,召集手下的门客编成了《吕氏春秋》一书。书中糅合了阴阳五行家、道家、儒家、兵家、墨家的部分学说,所以班固将其称为"杂家"。此书收辑了一些珍贵的历史资料,对研究古代天文、农业生产等有重要的参考价值。

农家主张每个人都应该以自己的劳动果实来维持自己的生活,反对不劳而获。农家的代表人物是许行。他带领其弟子及信其道者,都穿着劳动人民的衣服,以编草鞋、织席来维持生活。农家的主张反映了农民对一个没有剥削、人人劳动的理想社会的迫切要求和愿望。

先秦诸子争鸣是中国学术史、思想史上值得大书特书的一页。各家在春秋战国特殊的条件下,对历史、现实和未来的种种问题做了多角度、全方位的研究,不迷信盲从古人,也不因学派不同而封闭排斥。冯天瑜先生的《中国文化史》总结道:"先秦诸子各有性格,如儒的醇厚、墨的谨严、道的超逸、法的冷峻、名的致密、阴阳的流转,绝无雷同,各自独步千古;然而,诸子又并非各不相及、自闭门户,它们遵循和而不同的路线,广采博纳,在融通的基础上攀登新的学术高峰"。① 荀子以孔子儒学为主宗,吸纳法家思想,批判诸子各派,礼、法兼治,王、霸并用,成为古代思想的综合者;韩非子师承荀子,改造老子学说,综合前期的法家思想,而集其大成;以《吕氏春秋》为代表的杂家"兼儒、墨,合名、法";成书于战国晚期的《易传》更综汇儒学各派,又吸纳道、法、阴阳诸家,全篇洋溢着儒家的刚健有为精神,又蕴含着墨家、法家式的冷静和道家、阴阳家的辩证思维,体现了"天下同归而殊途,一致而百虑"(《易·系辞下》)的一与多的统一。

四、唯物主义思想的萌芽与发展

商周时期的生产力发展水平还十分有限,但随着人们对自然和自身认识的不断深入、随着科学文化的不断进步,也产生了十分珍贵的朴素唯物主义和辩证法的思想火花。

《尚书·洪范》将水、火、木、金、土等五种物质称为"五行",人们认识和利用了它们各不相同的属性,并充分发挥它们的作用,希企

---

① 冯天瑜等:《中国文化史》,北京:高等教育出版社,2005年,第21页。

使整个世界就能够在物质相生相克的秩序中发展前进。值得注意的是,"金"的提出表明,我国古代矿冶业的发达水平和金属工具的普遍应用。这种五行观念是我国较早的朴素唯物主义思想的萌芽。

商周时期的盛行占卜,以其预测凶吉。《周易》就是关于占卜的记录,它依据当时人们的生产生活和社会实践来解读占卜所得的"卦爻",因而含有一定的科学思想因素。八卦,即八种基本的卦相,来源于自然界中的天、地、雷、火、风、泽、水、山等八种自然物质或自然现象,作为万物的起源,而天、地两者又是总的根源。同时这两者又被抽象化为阴、阳两个基本的范畴,这一对相对的力量相互斗争、变化,从而产生了整个世界。这是一种关于万物诞生的十分质朴、自然的朴素唯物主义观念。同时,人们认为,一切事物的发展变化又有其自身的历史进程,一旦超越某种极限,就会发生物极必反的现象,从而转变为它的对立面,具有朴素的辩证法思想。当然,《尚书·洪范》和《周易》里的朴素唯物主义思想因素和辩证法观念,还没有摆脱神学思想体系的束缚。但这些科学思维的萌芽,对后世哲学的发展具有积极、深远的影响。

到了春秋时期,随着对天和神信仰的动摇,朴素唯物主义思想获得了新的发展。西周末年,伯阳甫以阴阳二气失调来解释泾、渭、洛三川发生的地震(《国语·周语上》)。晋国史官蔡墨提出了"物生有两"的命题,明确指出事物是由相互对立的两个方面组成的;引用"高岸为谷,深谷为陵"的诗句,得出"社稷无常奉,君臣无常位,自古以然"的结论,包含了难得的朴素辩证法的因素。

第三节　文史艺术殿堂的初创

一、中华文明的"名片":汉字

(一)文字的发明与应用

文字的发明及其应用于文献记录是文明社会的标志之一。我国古代有"仓颉作书"(《吕氏春秋·君守》)的记载,相传仓颉是黄帝史官。文字的发明与一般器物如陶器、铜器、铁器的创制不同,也有异于那些具体物品如弓箭、舟车、锄镰等的发明,它必须有约定俗成的过程,并在此基础上由一个凌驾于人民群众之上的强力机构,使之固定化、法律化,然后逐步传播开去,加以推广,发挥其效用。在此过程中,文字不断繁衍、滋生,形成了一套语言文字的法则和体系。文字的这种约定俗成的过程,不可能由广大人民群众来完成,而必须出少数人来实施,这少数人就是阶级社会里统治阶级中的贞人、巫师之类的知识人,是脱离体力劳动的专门从事脑力劳动的一群人。他们垄断祭祀、卜筮,秉承国君的意志,充当人与天神的"使者",自然也需要有记录语言的符号——文字,用以组织事务交际、记录宗教仪式、制定法律等。因此,文字的产生是时代的需要,是由少数人约定俗成而创造的。

这些人在创造文字的过程中,一方面,充分发挥了他们的集体智慧,并把丰富的想象力与敏锐的观察力糅合在一起;另一方面,可能也借鉴流行于民间的一些刻画符号、图画符号,并赋予每一个他们所创造、所借鉴的符号以"形"、"义"之外固定的"音",从而构成真正意义上的文字。因此,我们认为所谓的仓颉不是一个人,而是一群人,是他们共同创造了文字。

文字是由统治阶级中的极少数人创造出来的提法并不排除这样一个事实:即文字在其创造的过程中,曾收集、整理过民间流传的有些符号或图像,更不排除文字在以后发展中曾吸收过更多的来自于群众的创新和简化。但这一切并不表示文字是由人民群众最早创造的,也不能想象是由人民群众来约定俗成的。学术界有人认为文字起源于新石器时代晚期陶器上的刻画符号和图画符号,我们认为这些符号仅具记事性质,两者之间有联系,但区别更大,不能混为一谈。

我们认为,中国正式的古文字,最初发现于商代,有甲骨文、金文、陶文和玉石铭文等类型。自殷商起,中国历史方开始有直接的原始文字文献可考。这是因为，文字的产生是社会生产力发展到一定阶段的产物，当人们还生活在极小的圈子里，过着"鸡犬之声相闻，民至老死不相往来"的生活时，当习惯法还占有统治地位并具有绝对权威时，人们并不需要公文往来，也不需要记载史实的文字。人们口耳相传结绳或契木以记事，世代相袭并不觉得有什么不便，况且当时也不存在一个脱离生产劳动的群体来从事文字的创造。然而，一旦生活分裂成两大对抗的集团，出现了凌驾于众人之上的国家机器时，用以组织事务交际、制定法律、发布政令、记录宗教仪式等就成为统治阶级的必需了。这时仅仅依靠语言和习惯法就显得很不够了，于是创造文字提上了议事日程。文字的出现是时代的需要，是国家产生以后统治阶级的需要。因此我们认为，文字的真正产生是人类进入阶级社会以后的事，而不像有些人所主张的是阶级社会出现的标志。换言之，人类进入阶级社会后，经过数十年乃至数百年才创立了文字，那种认为一进入阶级社会就有文字的观点是值得重新研究的。中国古文字可能创制于商代或更早些。从世界其他文明古国如埃及、两河流域的巴比伦文字出现的情况来看，也具有相同的特点。

（二）甲骨文、金文

甲骨文是指刻在占卜用的龟甲、兽骨上的文字。写而不刻的字在甲骨上也有所发现，但数量很少。在已发现的甲骨文里，最重要的是殷墟甲骨文。殷墟甲骨文发现于商代后期王都的遗址——殷墟（河南安阳市西北），绝大部分是这一时期商王室的占卜记录，即研究者所说的甲骨卜辞。从清末发现以来，在殷墟已经出土了十多万片刻有卜辞的甲骨（绝大多数是碎片），这是研究商代文字最重要的资料。在殷墟也发现了刻有跟占卜无关的文字的兽骨和骨器，但数量不多。在商代，占卜已成为贵族进行统治的重要手段之一。商人"每事必卜"，卜问的对象除自然神以外，更重要的是"上帝"和被神化的先公、先王。卜问的内容无所不包，国家大事、私人生活皆有，如祭祀、年岁、征伐、天气、祸福、田猎、疾病、生育等。当时设有专掌卜事的卜官。卜官的政治地位很高,他们可以代神发言,指导国家大事和国王的行动。殷墟出土的带字甲骨约有16万片,约6000单字,现代能认识的约1500字。

20世纪50年代以来,在山西、北京和陕西的一些地方陆续发现了一些西周时代的甲骨卜辞,其中以周原的发现最为重要。1977年在陕西岐山县凤雏村周原遗址西周前期宫室废墟的窖穴里发现了大量卜甲碎片,其中有近300片刻有卜辞,是用微雕法刻在甲骨上的。据研究,有一小部分卜辞的时代早到周灭商之前。1979年在同属周原范围的扶风县齐家村一带也发现了一些刻有卜辞的西周时代甲骨。甲骨文的字形结构,已出现了后世汉字的六种造字方法,其中以象形字为多,还有会意字、形声字、指事字、假借字、转注字。甲骨文是一种比较成熟的文字,它的发现对研究商周的历史和中国文字的发展有着至关重要的作用。

古代称铜为金,金文即铜器铭文。商前期(盘庚迁殷以前)的铜器极少有铭文;商后期带铭文的铜器也不多见,即使有铭文,一器物也只有一两字,多者几字,最多30余字。金文到周代方发达起来,一铜器铭文洋洋百余字的并不稀奇,最长的《毛公鼎》铭文达497字。西周是铜器铭文全盛时期。春秋战国时期铭文已不如西周时多见,但其史料价值仍很重要。金文是王室大事的铭记,内容多为歌功颂德、作器缘由以及希望子孙保有器物之类的话,由于金文多铸于礼器"鼎"和乐器"钟"上,所以又称"钟鼎文"。周代的金文比盛行于商代的甲骨文单字增加很多,其造字法以形声字为主,表明汉字形声化的发展趋向。

早期文字资料除上文所说的甲骨文和金文外,还有陶文、玉石文、简牍文、帛文等。

(三)中国汉字的意义和影响

世界上最早的文字符号有三种:埃及的图画文字、苏美尔人和巴比伦人的楔形文字以及中国的象形文字。这三种文字都由图画发展而来,如今前两种文字早已成为历史陈迹而被拼音文字所取代,唯作为象形文字的汉字独存,长时期为它的国家和邻邦所使用,显示出顽强的生命力,相对稳定地保持着自身的特色。汉字这种长期稳定的特征,对中国文化产生了深远的影响。

  从文化学的角度来看,每一个汉字都蕴涵着一个故事,生动地再现了中国人的文化心态,昭示着历史演进的轨迹。细加玩味,就可以从汉字形体走进古人动态的文化意识圈中去。汉字作为一种象征符号,其概念意义可分为两个层次,一是表现一般的概念意义,即通过视觉符号直接表现概念;二是蕴涵于其中的深层意念,它是特定的社会文化心理的表现。在这深层的文化沉淀中,有来自于政治、道德、宗教、艺术等多种文化外在因素的影响,又受到人们的行为方式、价值取向、思维模式、认识方式等深层文化心理的制约。汉字的深层表意功能所蕴涵的文化学意义旁及文化结构的多种形态,以至帕默尔说"汉字是中国文化的脊梁"。汉字作为一种交际工具,它一经创造并被社会认可,就在运载传播文化中发挥重要的作用。汉字传播着文化,文化又不断向汉字内部渗透。这首先取决于汉字自身的特点,作为运载文化的工具,汉字在传播中能够吸收文化信息,同时,又为这种文化的沉积增加了内容。其一,我国古代形成了一种独立的学科——文字学,这在世界上是绝无仅有的,文字学又叫"小学",原是古代童蒙的必修课程,为"六艺"之一。它既促进了汉字的普及运用,又为汉字的文化移入创造了一个好的前提。其二,汉字是一种单音缀的孤立语,在很大程度上字即是词。这种迥异于其他语言文字的特征决定了人们在运用它时较少注意词汇,而集中在汉字的分析诠释上。这种以字为本位的诠释方式也体现了它的文化学构成。其三,汉字使用区域广袤、时代久远、尤其是它的寿命似乎还没有哪一种文字可以跟它相比。在这种广延的时空中,其文化积淀自然会更加丰富。其四,汉字具有"意美以感心"、"音美以感耳"、"形美以感目"的特点,具备激活人们思维的魅力。其五,汉字在使用过程中,不仅保持了自身的超稳定性,而且也体现出了它的神秘性和尊严性。这种神秘性和尊严性,一方面使人们视汉字为天书,视造字者仓颉为神人;另一方面又对人们的心理起着刺激作用,加深了人们对它的迷信和崇拜。在这当中,无疑凝结了丰厚的文化内涵。几千年来,汉字不仅世世代代充当着人们文化交际的媒体,使人类的科技文化超越了时空,而且一直到今天仍在发挥着巨大的作用,被联合国确定为少数几种国际通用的官方文字。随着中国的崛起和影响的扩大,许多国家已掀起了学习中文的热潮,且经久不衰。有的学者认为,21世纪将是中国的世纪,也将是中文更加流行和普及的一个世纪。

二、诗以言志

艺术的多样性在春秋战国时期表现得尤为突出。艺术冲破官府的牢笼走向民间,呈现出美观性与实用性相结合、灵巧与精美相统一的新气象。

(一)诗歌始祖:《诗经》

在我国古代文学史上,诗歌的传统非常悠久,标志这方面成就的是我国最古老的一部诗歌总汇——《诗经》。《诗经》收录了我国自西周初至春秋中叶大约五百年间的305篇作品,俗称"诗三百"。其中的《周颂》、《大雅》、《小雅》和《国风》中的《周南》、《召南》以及其他部分篇章,是西周时期的作品。这些篇章,有的是王室用于庙堂的颂歌,有的是贵族们的欢乐和怨忧之声,而《国风》中的大部分篇章则是下层庶民的真情流露和对贵族统治者的愤怒控诉,比较全面地反映了当时的社会生活面貌和阶级斗争的实际情况。这是当时社会经济发展的产物,也是文化进步的重要表现。

诗歌和音乐是结合在一起的,《诗经》中"十五国风"的大部分和"小雅"中的一部分作品,原本是流传在民间的民歌,各有不同特点的声调和风格,"颂"和"雅"都能配乐歌唱,组成一定的乐章。这些乐章是国家制定的礼乐的重要组成部分,不仅国家祭祀、朝会等重大典礼需要鼓乐齐鸣,而且一般贵族社会交往的宴享也要演奏一定的乐章。

(二)楚辞和散文勃兴

诗歌在战国时期有重大突破,楚国诗人吸收南方民歌的精华,融会古代神话与传说,创造出新体诗——"楚辞"。楚辞的出现是我国古代诗歌的一次大解放。它打破了《诗经》四字一句的死板格式,采用三言至八言参差不齐的句式,形式活泼多样,适宜于表达丰富的思想感情,篇幅和容量可根据内容的需要而任意扩充。楚国伟大的诗人屈原是楚辞的创始人和代表作者。

《离骚》是屈原最成熟的作品,全诗373句、2490字,是我国古代最宏大的一篇抒情诗。诗人把自然现象、历史人物、神话传说糅合在一起,编织成瑰丽的浪漫主义艺术形象,达到了思想性与艺术性的高度结合。鲁迅在《汉文学史纲要》中称赞屈原:"被谗放逐,乃作《离骚》。逸响伟辞,卓绝一世。"《天问》是一篇奇特的长诗,这是屈原在放逐以后,忧郁彷徨,精神上发生激烈的动荡,旧信仰完全崩溃,因此对自然现象、古代遗闻、宗教信仰以及社会的传统思想都产生了怀疑,通过疑问,诗人尽情宣泄了自己政治生活中的矛盾和痛苦。《九歌》则是屈原吸取楚地的民间传说和神话故事,并利用民间祭歌的形式写成的一组风格清新优美的抒情诗。屈原的作品在文学史上有着重大影响,他的诗篇是中国古代文化的瑰宝,也是全世界艺术宝库中的宝贵遗产。他的高尚品质以及他的爱国精神更是后世的宝贵遗产。

春秋战国时期的散文可分为两类:一是以议论、说理为主的论说散文,又称"诸子散文";一是以记述历史人物思想、活动、历史事件为主的历史散文。诸子差不多都是优秀的散文家,他们大量吸收民间语言,思路开阔,语言丰富,文辞多彩,议论风生。其中以孟、庄、荀、韩四家的文学价值最高。孟子的议论语言犀利,善于辩论;庄子的文章汪洋恣肆,想象丰富;荀子的文章峻峭尖刻,锋芒毕露。诸子都善于用寓言故事阐明自己的思想和主张,如《庄子》中用河伯"望洋兴叹"的故事,讽刺见识少而又自高自大的人;《韩非子》中引用"守株待兔"的故事,讽刺政治上的保守派,文笔生动活泼,很有说服力。孔子的言论集《论语》是以记言为主的散文,是一部语录体的著作。其特点是吸收和灵活运用大量的口语虚词,把说话人的语气、性格逼真地表现出来,且语言简练、含意丰富,是诸子散文的早期代表。

历史散文和诸子散文都是学术著作,前者注重记史,后者侧重论理,但由于这些著作者们在记事或说理时,往往极注意对人物语言技巧的描绘,注意逻辑、修辞,有时还调动许多形象化手段来谋篇构思,因此这些著作具有双重性质,既是史学、思想或政论著作,又具有一定的文学价值。例如这一时期出现的历史著作《左传》和后来汇编而成的《战国策》,在记叙历史事件和历史人物时,都能对某些历史场面做出具体描绘,注重刻画人物形象。不少篇章,情节生动,很有故事性;而所写人物也栩栩如生,具有个性。

三、中国古代史学的开山之作——《春秋》

中国的史学,源远流长,为举世所公认。甲骨文既记事又记言,朝廷已有了记史的官吏。铸刻在青铜器皿上的金文也记录了相当重要的历史信息。

一般认为,主要记载古代帝王言论的《尚书》是我国最早的政典之书,具有很高的史料价值,但并不能称之为真正的史学著作。中国史学的开山之作应是《春秋》。《春秋》记载的是鲁国的历史,起于鲁隐公元年(公元前722年),迄于鲁哀公十四年(公元前481年),叙述了以鲁国为主的242年历史。《春秋》创立了一种史学体例,即编年体。所谓编年体是"以事系日,以日系月,以月系时(指四季),以时系年"。(杜预《春秋左传集解·序》)《春秋》有明确的写作目的,那便是"惩恶而劝善"。(《左传·成公十四年》)孔子作《春秋》"寓褒贬,别善恶",使那些"乱臣贼子惧",所以中国真正的史学著作当首推《春秋》。《春秋》到汉代被定为五经之一。

《春秋》用简洁而谨严的格式,朴素而精确的语言记载了历史,但过于简单。到战国时鲁国人左丘明作阐释《春秋》的《左氏春秋》

（简称《左传》）。该书对东周王室和各主要诸侯国的盛衰兴亡，以及几次有影响的大型战争都有比较详细的记载。此外还保存了一些早期社会的传说，文字优美，刻画人物细致、生动，是难得的史学佳作，堪称我国古代最早的一部史学和文学名著。

《竹书纪年》是战国时魏国的编年体官史，因原本写于竹简而得名。该书久埋于地下，直到279年的西晋，汲郡人盗发魏襄王墓时才被发现。记有上起夏代，下迄魏襄王二十年（公元前299年）的历史。该书到宋代已经散失，现在所看到的是王国维编成的《古本竹书纪年辑校》，它已成为研究上古史的重要资料。汉人所传《战国策》是一部关于战国时代游说之士策谋和权变之事的汇编，也有一些战国史事的记载，按国别划分，是战国时代最基本的史料。长沙马王堆汉墓中出土的《战国纵横家书》，可以订正传世《战国策》中的部分错误。此外还有《国语》，这是一部国别史，以记言为主，从史学和文学的角度看，其价值远不如《左传》。

四、建筑工艺的改进

夏代时，房屋的基址已经采用夯筑技术。河南偃师二里头遗址发现了宫殿遗址、作坊遗址、陶窑、水井和墓葬等。其宫殿遗址虽不及后世的宫殿华丽，但其主要建筑坐北朝南和布局封闭，以及高筑的基台、木架结构等特征，都为后世所沿用。

商代的都邑建筑，规模宏大，布局结构较为规则。其中较为著名的有偃师尸乡沟、郑州和安阳殷墟商城遗址。殷墟的宫殿遗址大多建筑在夯土的台基上，有范围宽阔、笔直的版筑遗迹。或以卵石为基，或以铜作柱础，竖立木柱，再安梁上架，覆盖草顶，安装门户。这种建筑方法，奠定了我国传统建筑的基本格式。其大型台基长46.7米，宽10.7米，正东南向，与周围建筑一道形成了一个有周密布局的建筑群。此外，湖北黄陂盘龙城发现的商代中期城址，有城墙残基和一座大型宫室遗址。这座宫室的台基东西39.8米，南北12.3米，四周有回廊，中央有中室，顶为四坡重檐，全木结构，顶盖茅草,为一座大型寝殿。这些遗迹都反映了当时的建筑技术水平。商周时期城市建筑的特点很鲜明:宫殿是城市中最主要的建筑物,以中轴对称的原则排列设计,成为统治者居住和执政的居所;手工作坊成为建筑物中不可缺少的组成部分;一些较大的城市都筑有城墙,城墙外有人工挖掘的壕沟,这些城市都是当时的社会文化中心。

中国古代建筑的最大特点就在于它以土木结构为主体。瓦是覆盖建筑物屋顶的材料,瓦又分板瓦与筒瓦两种,瓦当则是筒状瓦的瓦头,由瓦当心和边轮构成。它可以有效地保护屋顶檐部的椽头免受风雨侵蚀而延长建筑物的使用寿命;同时还是美化房檐的一种装饰构件。在陕西岐山凤雏村歧周宗庙遗址中就发现有少量带有瓦钉或瓦环的绳纹瓦,这是发现较早的瓦的实物。当时的屋瓦还只用于铺设屋脊和天沟。西周中期时,宫室宗庙的屋顶已经全部铺瓦,有板瓦、筒瓦,并逐渐出现了瓦当。这显示出建筑技术的重大进步。

春秋末期,在建筑机械方面出现了一位杰出的鲁国工匠公输般(又名"鲁班")。他不仅能建造"宫室台榭",而且在攻伐征战频繁的年代,曾造"云梯"、"钩拒"等攻城、舟战的器械。相传他发明了"机关备具"的"木车马",以及磨子、碾子等设备,被后人誉为"机械之圣"。鲁班对后世有巨大影响,被奉为木工、石工、泥瓦工等行当的祖师爷。

五、先秦雕塑、绘画艺术和音乐

(一)雕塑

雕塑是这一时期很有特色的艺术种类。主要有陶塑、青铜雕塑和玉石雕塑三种形式。在二里头文化、二里岗文化中都发现了陶塑的人像、龙、羊、龟和鱼等艺术品。晚商时期,陶塑艺术品的种类更加复杂多样。商代的青铜器造型体现了商代雕塑艺术已达到了极高的水平,尤其值得重视的是四川广汉三星堆祭祀遗址出土的大型青铜雕像,其中有一尊青铜立人像,该像身高181厘米,通底座高262厘米,头戴华冠,浓眉大眼,身着饰有云龙纹的长袍,右臂上举,左臂平举,整个造型生动精美,气势逼人。这尊雕像铸造于3000多年前,重达500公斤,是迄今我国发现的最大的青铜雕像,具有独特的艺术魅力。在三星堆还出土了20多件青铜人面像,同青铜人头像一样都为浓眉大眼高鼻阔嘴,形象粗犷生动,这些都足以说明3000多年前的能工巧匠们对青铜冶铸技术的掌握和运用,显然已经达到了高超的地步。在玉石雕刻方面,其种类有平面浮雕和浅雕,有半立体的动物形雕像,也有立体的雕像和塑像。其主要特点:一是造型简洁,讲究对称,立体感很强;二是圆雕、浮雕通常与线刻紧密结合;三是题材广泛,宗教色彩较浓。在殷墟武官村大墓出土的虎纹大石磬是石雕中的珍品。妇好墓中发现的玉石雕刻品有几百件之多,有几十个动物种类,其中有龙、虎、熊、鹿、象、牛、马、兔、怪鸟、凤、鹦鹉、鹅、鹤、鹰、燕、蛙、鳖、蝉、蚕、螳螂、猴、狗、龟,另外还有玉人等。西周时玉雕特别发达,《诗经》有"如切如磋,如琢如磨"的描写。玉器在商周时主要制成礼器和装饰品,不同的种类有不同的用途,可分为琮、璧、圭、璋、璇玑、璜等。这些玉器既是精美的工艺品,也是贵族等级名位的标志。

(二)绘画

先秦绘画以人物肖像画为主,寓有兴衰鉴戒、褒功挞过之意,为封建礼教服务。我国传世最早的帛画是在湖南长沙出土的战国楚墓的三幅帛画,一幅四周画有奇异的动植物图案;另一幅称为《人物龙凤帛画》,画有一长袖细腰女子,侧身向右,合掌而立,上有搏斗的凤、龙形象;第三幅称为《人物御龙帛画》,画一高冠长袖的男子,侧身握剑,驾驭一巨龙,龙尾站立一仙鹤。后两幅帛画都体现了战国肖像画的特点:人物皆为正侧面的立像,通过衣冠服饰表现其身份;比例均匀,仪态肃穆;勾线流利挺拔,设色采用平涂与渲染兼用的方法,格调庄重典雅。

(三)音乐

商代已有成组的演奏乐器,现已发现的有陶埙、石磬、铜铃、铜铙、鼓等。如安阳武官村大墓出土的大石磬,长84厘米,高42厘米,浮雕表面呈瞪目张牙的虎形,纹饰与器物浑然一体,是迄今我国发现最早的一件大型打击乐器,同时是一件杰出的艺术雕塑作品。

西周时期音乐的发展,除表现在与礼乐制度的完美结合上,"乐"不仅指歌、舞、乐曲,而且包括与礼制相偕配的所有艺术程式和行为规范;还表现在乐器的种类增多和音乐理论的发展上,当时的乐器除编钟、编磬和大小不同的鼓等打击乐器以外,还有琴、瑟、笙、竽等弦、管乐器,考古发掘中青铜编钟、石编磬多有出土。我国古代宫、商、角、徵、羽五声,即五个音阶,可用上述乐器演奏出和谐动听的音乐。后来五音发展为十二个音,即十二律,十二律分六律六吕,所以称之为"律吕"。当时的贵族教育就很重视对贵族子弟诗和音乐方面的教育。

春秋战国时期,我国音乐有了重要发展。河南淅川县一号楚墓出土了春秋末年九件编钟(纽钟),每个钟都能发出两个乐音。改变了过去人们认为中国只有1、2、3、5、6五声音阶的传统看法。在湖北随县曾侯乙墓出土的成套乐器,有编钟、编磬、鼓、瑟等,其中编钟六十五件、编磬三十二件。编钟完好地分三层悬挂在铜木结构的钟架上,经过实测,每件钟均可敲出两个音阶,整套编钟音阶结构和现代C大调七个音阶同一音列,音域广阔,共跨五个八度,中心音域具备十二个半音,可以旋宫转调,至今仍能演奏各种曲调,包括贝多芬交响曲。编钟的发音与淅县编钟相同,说明在春秋战国时代,中国音乐已达到了相当高的水平。

第四节 先秦时期的学校、教育及人才选拔

一、教育下移与"学在私门"的兴起

相传夏商时期已有"庠"、"序"、"校"三种学校,对贵胄及其子弟

进行礼乐和军事训练,使之"明君臣之义"、"明长幼之序"。周时学校分为国学和乡学两种,国学又分为小学和大学两个阶段。殷商和西周都是官学时代,即由官府与贵族垄断学校教育。春秋时期,原为周王室服务的文化官员都各奔前程,有的贵族还带着图书出奔,或为保全文献而转移外地;一些贵族降为士庶,他们掌握的文化科学知识随之下移到民间;有些庶民为了提高自己的政治地位,要求掌握文化知识,他们通过拜师求学成为有文化的士人;一些士人致力于学术研究,培养出一批学生来继承和发展自己的思想学说,或建立学派以实现其政治意图,扩大社会影响。文化教育不再为极少数贵族所垄断。这一时期教育的最大特点是:学在官府的局面被打破,学术下移,促使了政与教的分离、官与师的分离,从而使教育成为一门专业,教师成为一种职业,这无疑为教育的发展创造了良机。

"稷下学宫"以设在临淄稷门(西边南首门)附近而得名。刘向《别录》说:"齐有稷门,齐之城西门也。外有学堂,即齐宣王立学所也。"断定它始创于宣王执政时期。据《史记·田齐世家》说:"(齐)宣王喜文学、游说之士……是以齐稷下学士复盛,且数百人。"故被誉为"稷下风流"。可以说,它是世界上创建最早、规模最大的官立学校和学术研究机构。著名的学者尹文、慎到、环渊、邹衍、淳于髡、孟轲、荀况等都在此讲过学,其中不少人还被封为上大夫。稷下学宫成为东方学者集中之地,堪称为当时人才开发的中心。

私学兴起以后,一些私学大师在实践中探讨教育的规律,形成了自己的教育方法和教育指导思想,其中孔子的教育思想和方法对后代影响最大。孔子的教育原则主要有:博学笃志、因材施教、循序渐进、启发诱导、学思结合、知行合一等。关于教师,孔子提出学无常师、教书育人、诲人不倦、互教互学、严慈并济等思想。孔子的教育思想和实践是中国教育学的一份宝贵财富,对后代产生了巨大影响,是值得继承和不断发展的历史遗产。除孔子外,墨子、老子、庄子、孟子、荀子在教育方面也都有过许多论述,比较著名的如荀子强调后天学习的重要性,作《劝学》,倡"青出于蓝而胜于蓝"。

从教育史上看,当时教育发展的趋势是由"学在官府"转为"学在四夷",人才培养和选拔的范围逐渐扩大,孔子顺应时代的发展,提出"有教无类",意味着教育不受阶层、职业、族类、地区等的限制,凡愿意来学习且有拜师之礼的人,都可到孔子门下受教,这无疑是历史的一大进步。孔子提出:"十室之邑,必有忠信如丘者焉。"在私学中受教育者已不再限于贵族及其子弟,人才的选拔也突破了旧的框框。《吕氏春秋·有度》曰:"孔墨之弟子徒属,充满天下。"其成分不可能尽为贵族,其中也有平民、商人,甚至贫穷百姓。孔子倡导并实践"有教无类",弟子三千,贤人七十二,他们出身各异,这也从一个方面反映了孔子教育人才思想的进步性。

二、商周时期乡兴贤能与贡士考察

(一)乡兴贤能和贡士考察

世卿世禄是夏商周选用人才、任用官吏的主要方式,高级贵族大都世代相袭。此外,商周时期还采取"乡兴贤能"和"贡士考察"等办法在贵族中选拔一些低级官吏。各地的诸侯有责任向上级直至朝廷推荐符合一定标准的人才。乡大夫的职责之一就是教化地方,并且在他们统辖的地区内考核乡民的德行和技艺,选拔出贤德多才之士,担任地方官吏。这里的"德行"最初主要指孝、悌这两种品德,以后泛指其他优秀品德;"道艺"指射、御两种技艺,这是古代男子必须具备的作战本领,选拔出来的人一般担任伍长、乡吏等低级官吏。王室有专门的官吏负责人才的初选、复选和考核,且程序繁复,逐级选拔考核取士也已存在,只是还不完备。

除此之外,周代还有诸侯进贡人才于天子的贡士制度。诸侯每三年一贡士,大国三人,小国一人。贡举后,再经过考试以定优劣。《礼记·射义》中规定:"诸侯岁献贡士于天子,天子试之于射宫,其容体比于礼,其节比于乐,而中多者,得与于祭。"其考察的内容是举止行为是否合于礼,其节奏步伐是否合于乐,成绩优异者得参与祭祖,方可得到一定的官职。作为上古部落尚武精神的遗留,习武比射是这一时期选士的重要手段。上述周代贡士和贡士选拔的记载显然带有后人修饰和加工的痕迹,或掺杂了儒家理想主义的色彩。

(二)任贤使能

商周最高统治者中的贤明之君往往沿袭上古的做法,通过一定形式的考察,破例把出身低贱,但确有真才实学,具备治国治军才能的人吸收到自己阵营中来,对有的还授予高官,委以重任。商汤时任用有莘氏之女的陪嫁之臣伊尹为相,他辅佐成汤攻灭夏桀建立商朝,汤去世后,又辅佐外丙、中壬,立太甲,为商政权的巩固发展做出了贡献。武丁时,国势衰败,"思复兴殷,而未得其佐"(《史记·殷本纪》),后假借神灵托梦,使百工求之于野,得版筑奴隶傅说,遂擢拔为相,经数十年的治理,商朝空前强大,成为殷商最强盛的时期。周文王曾亲自寻觅治国兴邦的贤才,后终于在渭水之阳发现了穷困潦倒的姜尚,与姜尚交谈后大悦,号之曰"太公望",载与俱归,立为师。姜尚倾心辅佐文王与武王,在翦商大业中发挥了重要作用,被封为齐国国君。周公旦第二次东征后,周王将殷原统治区封给康叔(周文王少子),周公惧康叔年少,曾告诫康叔:"必求殷之贤人君子长者,问其先殷所以兴,所以亡,而务爱民。"(《史记·卫康叔世家》)这表明周公不仅善于总结经验,而且对包括敌国贤人君子长者在内的人才也颇为尊重。

尽管以上是任贤使能方面极个别的例子,但也说明商周时期选贤任能的古风犹存,这已成为统治者巩固自己统治、笼络人心的一种手段,统治阶级也因此而网罗了一大批优秀人才。

三、春秋战国时期的招贤、养士与察能

春秋战国时期一些励精图治、雄心勃勃的诸侯国君主争相招揽贤才,组织决策智囊团。他们通过招贤察能、举贤考核、奖励军功、养士等多种形式和途径,网罗各种人才,重用才学之士。春秋战国的历史生动地表明:经济发展促进社会变革,社会变革呼唤人才,人才推动社会变革的不断深化。

(一)春秋时期的招贤、察能与考绩

综观这一时期君主招贤的标准,对能治国安邦,出奇计救国家于危难的相才;或是善于运筹帷幄、决胜千里的统帅;或是有三寸不烂之舌周旋于列国的外交人才,大多委以重任。在动荡多变的年代,更加注重实际,注重对人才实际才能的考核和政绩的考核(考绩)成为这一时期招贤任贤的特点。

春秋时期最早打破常规任用贤才的是齐桓公。管仲在帮助公子纠与公子小白(即齐桓公)争夺王位中,险些射杀小白,因而沦为罪隶。鲍叔牙认为,齐国欲称霸,非管仲不可,遂力荐管仲为相。齐桓公捐弃前仇,亲自迎之于郊,并当面请教。管仲大谈"王霸之业",两人竟夕畅谈,桓公拜管仲为相。"管仲既用,任政于齐,齐桓公以霸,九合诸侯,一匡天下"(《史记·管晏列传》)。早期选贤往往先当面长谈,这实际上是察能的一种形式,是更加直截了当的考核。秦穆公从战败国俘虏中求得已沦为奴隶的百里奚,与之"语三日,穆公大悦,授之国政"。百里奚又引荐蹇叔,穆公厚币迎之,以为上大夫。其后秦穆公用计从敌国戎狄挖走贤相由余,使之为己所用。秦穆公时期益国十二,开地千里,终于称霸西戎,并开秦国任人唯贤、尤其重用别国贤能之士之风气。

孙叔敖是楚国才学之士,虞丘(今安徽临泉一带)相将其荐之于楚庄王以自代,三月而为楚相。他辅佐庄王,使楚国一度强盛,邲之战大败晋国后,相传曾在期思、雩娄(今河南商城东)兴建水利工程,开凿芍陂(今安徽寿县安丰塘),蓄水灌田,功垂后世。齐人孙武善为兵法,幽居不仕,不为世人所知,伍子胥知其善于统兵打仗,遂积极向吴王阖闾推荐,孙武将所著十三篇兵法一一呈上,每陈一篇,吴王"不觉口之称善"。后被任为将军,率吴军攻破楚国。孙武所著《孙子兵法》成为我国古代最早最杰出的兵书。

由以上数例可知,春秋时期选贤任贤还没有形成一定的制度,远没有成为君主们的自觉行动,它仅仅是贵族世卿世禄制度的一种补充。这一时期招贤和察能联系在一起,察能的主要方式是引荐人介绍和当面交谈,一旦为国君所赏识,随即委以重任。由于"学在官府"的局面刚刚被打破,私学才兴起,士阶层尚在形成之中,所以,选贤的范围有限,主要还是在贵族中物色。春秋时期对官吏的考绩尚未形成一整套完善的制度。

(二)战国时期的礼贤、招贤

与春秋时期相比,战国时的礼贤、招贤显得更为主动,在一定程度上已成为某些国君的自觉行动。最早立志改革图强、礼贤下士的君主是魏文侯,他先后用魏成子、翟璜、李悝为相,优礼田子方、卜子夏、段干木等社会名贤,任用军事家吴起为西河守,善于治水的西门豹为邺令,开战国礼贤、任贤之风。李悝进行卓有成效的社会变革,实行"食有劳而禄有功"的军功爵禄制,从而奠定了魏国在战国前期的霸业。文侯时期人才济济,国势强盛,诸侯畏惧,以至"秦兵不敢东向,韩赵宾从"。

礼贤、招贤方面做得最出色的是秦国。秦孝公痛感"诸侯卑秦,丑莫大焉"(《史记·秦本纪》),公开下求贤令。公孙鞅与孝公第三次面谈,孝公"不自知膝之前于席也,语数日不厌"。公孙鞅两次收效甚巨的变法,使秦国一跃成为七雄中最强大的国家,成为六国闻而生畏的"虎狼之国",从此无敌于天下。惠王时任用张仪,散六国之纵;昭王时用范雎之谋,废穰侯,逐华阳四君,强公室,杜私门,远交近攻,蚕食诸侯;秦王政在统一前更是豁达大度,他博采众议,任人唯贤,几乎集中了当时天下最优秀的文臣武将为其所用。与山东六国人才外流、人才遭贬杀、人才枯竭的情景形成鲜明对照的是,秦国人才济济,可谓谋臣如云,良将如雨。秦最终统一全国,在某种意义上,可以说是秦一以贯之的任人唯贤、唯才政策的成功。秦国任贤政策最突出的两点是:首先,秦国历来重视并大胆使用六国宾客。仅就秦王政时代而言,就网罗了李斯、尉缭、王翦、蒙恬、茅焦、王离等一大批精英,这些人皆非秦国人。其次,秦国有一套保证人才得到利用的制度。商鞅变法后,秦国有了明确的军功爵定等级的官僚体制,奖励军功,做到"功赏相长"。可见尊重士人、接纳并信任士人是秦国的基本国策之一,也是秦最终能够吞灭六国的重要因素之一。

(三)养士之风大兴和奖励军功

战国中期以后,六国出现了争相招聘士人、蓄养士人的现象。比较著名的有齐国的孟尝君、赵国的平原君、魏国的信陵君、楚国的春申君、秦国的吕不韦,所养之士各三千。其他养士数百上千的当然还有不少。战国前期齐国的稷下学宫和秦国的客卿制度实际上是由国家来养士。这种争相招纳智囊人才的现象是战国七雄斗争的继续,也是更大规模斗争的前奏。

这些士经人引荐、自荐到权相或贵戚家为客,有的"为之谋",有的"通其意"(指传递消息情报,相与串通),有的"制其兵",有的著书立说。养士者由于众多才学之士的加盟和帮助,入则可以威胁所在国的国君,出则可以威胁邻国的安危,成为了社会上的一股特殊势力。所蓄之士中确有不少人有真才实学,但由于不需要通过严格考试就被接纳,不免良莠混杂,其中也不乏不学无术、滥竽充数者,有的纯粹是混饭吃的庸才或鸡鸣狗盗之徒。私人养士是战国前期尊贤任贤的发展和继续,但私人养士的大兴,大批士流入私门,成为个人牟利的工具,真正为国家兴亡出谋划策的士人少了,所以四公子所在的国家并没有因此而振作起来,反而王权削弱,国势颓败。秦国吕不韦难以被强化集权的嬴政所容,必欲铲除之而后快。汉代以后,私人养士同样为历代封建王朝所严令禁止。

奖励军功,是根据战功的大小(实绩)封官晋爵,这是古已有之的选拔人才的方法,战国时以制度的形式确定下来。主要考察在战争中的功过得失,并以此作为官吏奖惩徙黜的重要标准。考察战争中的表现,给予奖励或惩处易为大多数人所接受,也便于实施。商鞅变法明确规定,国君的宗室无军功不能名正言顺地列入宗族的簿籍,一般贵族更是如此。商鞅还具体规定了二十等爵制,把军功的大小与爵位的高低相联系,并与享受的政治待遇、经济特权挂钩,逐渐形成了一整套军功爵禄制度。这一制度在秦国得到了较好的贯彻,使秦异军突起,无敌于天下。李悝和吴起变法都有奖励军功的内容,其他各国也都不同程度地推行奖励军功,但各国奖励军功远不如秦国规范、严格,其收效也因而不太显著。

奖励军功在战国这一较为特殊的时期确曾为列国选拔了一批可用之才,培植了大批军功地主,沉重打击了旧贵族和世卿世禄制。但也应该看到,对一个国家而言,军功仅仅是臣下众多建功立业类型中的一项,如果奖励主要局限于军功,必然会产生一定的副作用。

第五节　青铜时代的科技成就

一、钟鸣鼎食:商周青铜文化

青铜器的使用已被历史与考古学家们公认为是与文字发明、城市出现、礼仪性建筑兴建齐名的古代文明标志性要素。中国早期的阶级社会是与青铜时代相一致的。这一时期,青铜成为制造礼器、工具、用具和武器的重要原料,所以这一时期人们创造的文化又被称之为"青铜文化"。美籍华裔考古学家张光直先生曾指出:已经发现的中国青铜器的数量,相当于世界出土青铜器数量的总和;已经发现的中国青铜器的种类,也是世界出土青铜器种类的总和。中国青铜时代的辉煌延续了1500年,约占整个中国文明发展历程的1/3。

青铜文化在世界各地的发展是不平衡的。中国在公元前2000年左右的龙山文化晚期和齐家文化就出现了小型的青铜器,到公元前5世纪,青铜器被铁器所取代,前后经历了约1500年的时间。其间,大约在西周晚期开始向早期铁器时代过渡。青铜是红铜加锡或铅的合金,其锈呈青绿色,故名,青铜器出现以后很快取代了红铜器,并在很多生产、生活领域里取代了石器。这是因为青铜器具有熔点低,较易冶炼;硬度大;绝少气孔,易铸造等优点,是人类利用最早的金属。

在距今 4000 年左右的二里头文化遗址,发现有镞、爵、铃、戈、刀、钩等小型青铜器,表明其已进入了青铜时代。商周时期青铜冶炼技艺达到了非常高的水平,不仅有大规模的铸造作坊,能够铸造各式各样的复杂器物,大如司母戊鼎(875 公斤),小至数克重的箭镞,而且器物类型复杂,纹饰凝重繁复,数量众多。更重要的是战国时期成书的《周礼·考工记》所载的商周以降的青铜合金比例,即"六齐(剂)"——六种铜锡合金比例的记载是世界的首创,表明当时青铜铸造技术已有了理论指导。

中国的青铜时代在夏、商、西周经历了滥觞期和勃兴期,即第一个高峰;到春秋战国发展至开放和新式期,即第二个高峰;以后逐渐走向衰落。商周时期青铜器的用途可分为工具、礼器、乐器、兵器、车马器等。在礼器内又可分为饪食器、酒器、水器等几类。这一时期的青铜器从制式到纹样都反映了时代的精神风貌。从器形到纹饰给人印象最深的是那虚拟的饕餮纹饰,它凝聚了多种动物纹饰,具有狰狞恐怖的面孔,让人本能地感受到一种神秘、庄严、恐怖、威慑的力量,象征着统治阶级雄踞社会之上的威严、权势和暴力。随着西周末期崇德、疑天思想的兴起,理性的、现实的观念日益滋长,青铜器皿也失去了神圣的光圈和威慑力量,云雷纹、饕餮纹几乎绝迹,到春秋中后期,纹饰、造型开始转向灵巧、多变和实用,中国的青铜时代渐趋终结。

在中国,中原地区的青铜铸造业最发达,其他地区的青铜冶炼铸造遗址及遗物也时有发现。比较重要的发现如四川广汉三星堆遗址出土了大量青铜器物,有青铜兽面、大型人面像、人头像、车形器、青铜树枝、树干、树座、尊等,反映了古代蜀国的祭祀规模和祭祀内容,同时也展示了古代蜀国的青铜文化水平和青铜艺术特点。此外,安徽屯溪和江苏宁镇地区、赣江流域的江西新干大洋洲、湘江流域的湖南宁乡等地也集中出土了大量富有浓郁地方特色的青铜器,成为与中原地区遥相呼应的青铜文化。

制作青铜器必须经过炼矿、制范、熔铸等过程,要铸造一件好的器皿,诚如《荀子·疆国篇》所言,必须"刑范正,金锡美,工冶巧,火齐得"。商周青铜铸造工艺非常发达,青铜器造型丰富。在青铜工艺的创造中,显示了工艺美术的基本装饰原理和美学法则。三条足的鼎,不只是为适应实用的要求,也给人以安定感。青铜工艺除平面的纹样外,还出现了不少立体的雕塑装饰,如盖的钮做成鸟形,觥的盖做成双角兽形,还有的器物整体构造成动物形,如鸟尊、牛尊、象尊、双羊尊等。商周青铜装饰艺术的特点还有图案的对称性,主纹与地纹相结合。商周青铜工艺反映了一种神秘、威严、庄重的气氛。春秋战国时期的青铜工艺经历了中国青铜时代的第二个高峰。造型轻巧、形制轻便适用且多样化。除铸纹外,还出现了精细的鎏金纹和刻画纹,并广泛运用了镶嵌、镂刻等装饰技法,即使一些小国工艺水平也相当发达。如北方的中山国、湖北随县的曾国均出土了制作精美的青铜器。镶嵌技术的运用使铜器产生了优美华丽的艺术效果。

二、铁器的推广应用和农业生产技术的发展

(一)铁器的推广

商代时已出现了用陨铁加热锻成的铁刃铜钺,说明商代已初步认识并使用了铁,据文献记载,西周初期可能已经开始使用铁制农具。

到春秋时期,铁制工具大量出现,各诸侯国都普遍使用铁器,冶铁业有了明显进步。在较低温度下还原铁矿石的技术已被掌握,可以炼出较为纯净的铁块,再经锻打,便可制成铁器。表明当时不仅能锻造"熟铁",还能冶铸"生铁"和制造早期的钢制品,这是冶金史上的一项重大成就。河北燕下都战国墓曾出土淬火农具和钢剑。铁这种新的生产力因素的广泛使用,对加快认识和开发自然、促进社会生产的发展,乃至加速社会变革,都起到了十分重要的作用。自战国中期开始,铁制农具空前广泛流行。铁器的铸造技术方面,出现了层叠铸造法。冶铁业的发展为封建生产的勃兴提供了坚实的物质基础。战国时期铁器的使用不仅在七国境内推广普及,而且在边缘地区的巴蜀、新疆、两广也勃勃而兴。

(二)农业生产

农业生产到商周时已达到较高水平,成为当时具有决定性作用的生产部门。这可以从商周甲骨文中众多关于农事的占卜和记录中看出来。当时人们已经开始注意对农田的修整,普遍使用的基本农具是耒耜。商时可能还出现了牛耕,周时较普遍的是三人协力、三耒共耕的耕作方式。

商代的农具仍以石、骨、蚌制成的斧、刀镰等器物为主,此时的农作物有黍、稷、粟、麦(大麦)、来(小麦)、秕、稻、菽(大豆)等,不但南方种稻,北方水源充足的地方也可种稻,《诗经·豳风·七月》中就有"八月剥枣,十月获稻"的诗句。而且粮食产量迅速增加,大量的黍、稷等被用来酿酒,此外,为贮藏剩余的粮食,修建了许多粮窖和仓廪。林木蔬果的生产也很发达,蚕桑业有了新的发展,卜辞里常见圃、囿、果、树、杏、栗,以及蚕、桑、丝、帛等字。

西周时期的农业生产采用休耕制,生产规模扩大,一大批生地被开辟整治成熟田。耕作中开始使用绿肥和制造堆肥,并对防止病虫害有一定的认识,农作物的品种和产量也有了增加。春秋战国时期牛耕已经在许多地区出现。牛不再是宗庙之牺,而成为了畎亩之勤。西周时对水利灌溉有了初步的认识,已在修整过的田地中开挖灌溉用的沟渠,还有遂、沟、洫、浍等类型的小型水利工程的兴建。

春秋时期,随着劳动工具的改进,水利灌溉事业有了更大发展。郑国大夫子驷曾做过兴建田间水利的努力("为田洫"),但遭到了贵族的强烈反对;后来子产执政,使"田有封洫"(《左传·襄公三十年》),即一面整顿井田的封疆,一面开挖灌溉沟渠,取得了显著成效。人们赞之曰:"我有田畴,子产殖之。"楚国令尹孙叔敖主持修建了著名的水利工程"芍陂",至今依然在农业生产中发挥着重要作用。灌溉工具则使用了"桔槔",改变了过去那种"抱瓮而出灌"(《庄子》)的方式,使得"民逸而利多",(《淮南子·泛论训》)大幅度提高了工作效率。

战国时代水利灌溉事业取得了较大发展。堤防的修建规模更大、更加坚固,齐、赵、魏三国相继在黄河沿岸修建长堤抵御洪水。以筑堤闻名的水利专家魏相白圭在实践中认识到了"千里之堤,以蝼蚁之穴溃"。魏国开凿了连接黄河与淮河、围绕大梁城的"鸿沟",在黄淮平原上形成了一个以鸿沟为主干、以自然河流为分支的完整的运河网络系统。秦蜀郡首李冰修建的都江堰位于成都平原的岷江中游,是一个防洪、灌溉、航运综合水利工程。李冰采用的是中流作堰的方法,将岷江水一分为二,使成都平原从此成为旱涝保收的"天府之国"。在关中,韩国派水工郑国到秦国设计引泾水入洛水的工程,以作"疲秦"之计,秦国"将计就计"花费十年之工完成了这一工程,这就是著名的"郑国渠",它长近150千米,灌溉面积达40000多顷,水中的淤泥使含卤性的土壤得以改善,促进了农业生产的发展。

三、流光溢彩:陶瓷、漆器工艺的发展

(一)陶瓷

河南偃师二里头遗址出土的夏代陶器以泥制灰陶和夹砂灰陶为主。商代的陶器烧制业有较大发展,出现了专门为王公贵族烧制精美陶器的作坊。最具代表性、工艺水平最高的陶器,是采用高岭土(瓷土)烧制的刻纹白陶和印纹硬陶。白陶质地硬,表面有饕餮纹、夔纹、云雷纹和曲折纹等精美的花纹图案。烧成温度在1000℃左右,其形制和纹饰都仿照青铜器皿,是和青铜器同样名贵的工艺品,主要出土地是安阳殷墟。印纹硬陶的特点是质地坚硬,无明显的吸水性,敲击声清脆,表面拍印有以几何形图案为主的纹饰,烧成的温度也在千度以上。由于所含铁量较高,颜色多呈紫褐色、红灰褐色,纹饰常见有云雷纹、叶脉纹、方格纹、曲折纹和回纹等。几何印纹陶主要分布在长江以南和东南沿海一带,黄河中下游地区发现

较少,使用的时间跨度从商代一直到战国秦汉之际。

原始瓷器的出现在我国陶瓷发展史上具有划时代的意义,它是中华民族对人类文明的又一重大贡献。在河南郑州、江西清江吴城、安徽屯溪、湖北黄陂盘龙城等地,都出土了用瓷土制胎烧制的原始瓷器。这些原始瓷器烧制的火候在1000℃以上,器身表面涂有一层薄釉,釉色多青绿,敲击有金属声;胎质灰白,质地紧密,吸水性弱,已经具备了瓷器的基本特点。西周原始瓷器以皖南、苏南和浙江等南方地区最为典型,如安徽屯溪西周土墩墓共出土文物102件,内有原始瓷器71件,计有碗、豆、罐、尊、盘、盂等,表面施有光泽的青绿色或豆绿色的釉层,工艺上达到了比较成熟的地步。战国以后,进入早期青瓷阶段,其特点是成型方法由原来的泥条盘筑变为拉坯成型,器壁厚薄均匀,器形规整,胎质坚硬,造型多仿照当时的青铜器。

(二)漆器

距今7000多年的余杭河姆渡新石器时代遗址曾出土了一件刷有红漆的木漆碗。到商代,髹漆工艺除用于小件器物上外,还被用在大型木棺椁、车具等器物之上。河北西村商代遗址发现了几十片漆器的残片,有的在花纹中间还镶嵌了绿松石,或贴以金箔,这种金箔,厚不到0.1厘米,可见当时的制漆水平及相应发展的各种镶嵌装饰技术已经达到了相当的水准。制作技巧上,已经出现雕花和镶嵌绿松石、玉石或螺钿工艺。到战国中期后,饮食器具、日用容器、乐器、武器乃至棺木,都出现了髹漆,漆器制造业已成为一个独立的手工业部门。漆器有多种类型,大多是木胎,也有竹胎、夹苎胎(也称"脱胎",先用木或泥做成器物的胎模,然后用麻布或丝绸一层一层地黏附于胎模上,再涂上厚厚的漆汁,等麻布或丝绸干实后去掉胎模,就成了脱胎。它质薄体轻,结实耐用,是我国漆器工艺中的独特创造)。

髹漆不但可以增强器物的防腐性能,还可以美化器物。其中楚国的漆器工艺在列国中独树一帜,成就最高,可视为春秋战国漆器的代表。如湖北江陵望山一号楚墓出土了大批漆器,其中一件彩绘漆器木雕小座屏,在宽51.8厘米、通高15厘米的座屏上,以透雕与浮雕相结合的艺术手法,雕出了凤、龙、鹿、蛙、蛇等动物51个,形象逼真,栩栩如生,整体匀称而富于变化,构思十分巧妙,是同类漆器中的代表作品。漆制镇墓兽是楚国的独特器物,兽作跪坐状,兽头上有鹿角,眼圆而大,瞪目,张口,吐舌,遍体髹漆,彩绘有鳞状纹饰。当时,除政府有官营漆器制造外,私营手工业作坊也进行商业性生产,漆器已成为商品交易的对象了。

四、天文历法的进步与丰富的地学知识

(一)天文历法

农业民族对天文历法一向都非常重视,因为这关系到他们的切身利益。实际上,在农业发明之前,人们在狩猎、采集和迁徙过程中就观察了许多天象,发现了许多带有规律性的如日出日落、月有圆缺、气候有寒暑交替等自然现象,积累了最初步的天文历法知识。农业逐渐发展,天文历法知识更向深度广度拓展,古籍中有庖牺氏"仰则观象于天,俯则观法于地"(《易·系辞》)的记载,也有容成用历、羲和作占日、常仪作占月、后益作占岁的种种传说,这些都说明了我国很早就有了熟悉天文、制定历法的专职人员。

春秋鲁国太史援引《夏书》"辰不集于房"(《左传·昭公十七年》)的记载,意思是说在某年某月朔日发生在房宿位置上的一次日食,这被公认为是世界上最早的日食记录。又如《竹书纪年》称夏桀十年"夜中星陨如雨",如果记载属实,就意味着最迟不过夏末我国就有了流星雨的观测记录。夏代末期的君主都以天干为名:孔甲、胤甲、履癸(桀)等,可见当时以天干作序数已较为普遍。夏代的历法有了新进展,出现了备受后人称赞的我国最早的历法——"夏历"。关于夏历,《史记·历书》曰:"夏正以正月。"即以正月以岁首,根据北斗星旋转斗柄所指的方位来确定月份。汉人编辑的《大戴礼记》中收有《夏小正》,这是一篇谈农时的文章,也是我国最古老的一篇述农之文,其中提到了干支以及天上星象与季节的关系,还有草木鱼虫的生长与四时农作物相宜的内容。据考证《夏小正》是周人追记而成,颇能代表夏代的历法水平,有较高的可信度。

商代十分重视天象的观察,殷墟卜辞有许多关于天象的记录。除常见的风、雨、雷、云、启(天晴)、易(多云,阴天)、晦(阴沉欲雨)等外,还有关于日食、月食、新星、彗星等的记载。商代历法是一种阴阳合历,出现了闰月和大小月之别,大月30天,小月29天,而把太阳历与太阴历相差的天数合并到 月时,就在这一年的年终增加一个"第13月",称之为"归余于终",这是闰月设置的开始。同时用干支记日,60天周而复始。

周代有关星座的记载很多。以28个星座作为标志,即"二十八宿",并以此来确定天体和天象的位置,后来的《甘石星经》就是在此基础上编写而成的。我国还有最早的有确切日期的日食记载,《诗经·小雅·十月之交》:"十月之交,朔月辛卯,日有食之,亦孔之丑。"发生的时间是周幽王六年十月初一日,即公元前776年9月6日。此时已开始用我国最早的天文观察仪器——土圭,来测量日影以确定时节。《春秋》一书对日月食的记录非常翔实,在242年间,记录日食37次,其中有35次已证明是准确的。最早的一次是鲁隐公三年二月己巳日(公元前720年2月22日)的日全食,比西方的记录早了135年。《春秋》鲁文公十四年(公元前613年)秋七月记"有星孛入于北斗",天文学家公认这是世界上有关"哈雷彗星"的最早记录,比欧洲的记载早了670多年。

战国时期,对天体运行有了进一步的研究,出现了许多专门观测星象、研究天文的学者和著作,著名的如齐国的甘德著《天文星占》8卷,魏国的石申著《天文》8卷,后人把这两部著作合为一部,叫《甘石星经》。他们观测了金、木、水、火、土5个行星的运行,发现了这5个行星出没的规律。我国科学家席泽宗研究证明:甘德已发现木星的三号卫星,比意大利伽利略和德国麦依耳的同一发现早近2000年。甘德、石申测定的恒星记录,是世界上最早的恒星表。书中记有120颗恒星的位置,以现在的观察结果看,还是比较准确的。它比欧洲第一个恒星表希腊伊巴谷的星表早约200年。

战国时的历法确定,一年为365又1/4日。为了调整年与月的差距,已采用19年7个闰月的置闰方法,这就是后来所谓的"四分历"。这时历法上的最新成就是"月令"的出现,人们已经测知一年有二十四节气,并知道根据气节的变化来安排农业生产。

(二)地理学知识

传说大禹治水时,曾"左准绳,右规矩,载四时,以开九州,通九道,陂九泽,度九山"(《史记·夏本纪》)且"相地宜所有以贡",这里的"准"是测量方向与物体水平距离的工具;"绳"是测量长度的辅助工具;"规"则是绘圆的工具;"矩"是曲折成直角,用以绘垂直线的工具。从这些工具的分工可以看出,在与洪水作斗争的过程中,人们对地理环境的认识能力、对地理地势的观察和测绘能力已达到了一个相当高的水平。

商周时期,"地理"的概念业已出现,《周易·系辞》记载"弥纶天地之道,仰以观于天文,俯以察于地理",这个概念的内涵中已经包含有对地理、地形以及分布规律的认识。这是古人在地理学认识上的一大进步。

《尚书·禹贡》是一篇古老的区域地理著作。《禹贡》以天然的江、河、湖、海为界线,将全国的地理概貌划分为冀州、兖州、青州、徐州、扬州、荆州、豫州、梁州和雍州等九大区域,这就是将华夏称之为"九州"的原因,它对几千年来中国的传统地理观念和民族心理都产生了深远的影响。《禹贡》一书对当时人们所能认识到的疆域内的地理地貌、经济区域划分、水陆交通网络等作了全面系统的总结,从中传递出一种朴素的大一统政治理念。《山海经》可谓是一部"旷世奇书",全书3.1万多字,记载了古代的地理、历史、神话、民族、动植物、矿产、医药、宗教等诸多内容,其中不乏看似荒诞不经的奇闻逸事。全书共记载山460座、河流260多条,同时记录了112种动物和140多种植物以及大量的矿产资源,称得上是一部古代自然资源方面的百科全书式的著作。

五、医学等科技成就

春秋战国时期,生产力水平显著提高,思想界的解放、列国间战争的需要等都为自然科学的发展提供了动力和条件,所以自然科学取得了显著的进步。

(一)医学

古人在与疾病作斗争的长期实践中,丰富和发展了古代的医药学。《周礼》上有食医、疾医(内科)、疡医(外科)、兽医等我国最早的医学分科的记载,已经初步形成了中医的理论基础。同时还提出要注意饮食和清洁卫生,有了预防疾病的观念。这些都反映了西周时期医学的发展已为我国传统医学的前进开辟了广阔的道路。

春秋时已知切脉、望色、听声、写(观)形等方法。(《史记·扁鹊传》)著名的医生有医缓、医和两人。两人俱为秦国人。医缓曾为晋景公治病,诊断发现景公已是"病入膏肓",指出"(药物)攻之不可,达之不及"(《左传·成公十年》)。不久,景公果然不治身亡。医和为晋平公治病,诊断认为,平公的重病不是饮食引起,也不是鬼怪缠身,而是贪恋女色、纵欲过度的结果,已经无药可救了,结果被他言中。医缓与医和都被誉为"良医"。医和指出阴、阳、风、雨、晦、明六气的不调和是招致疾病的原因(《左传·昭公元年》)。这一理论后来发展成为风、寒、暑、湿、燥、火六气,成为医学名著《内经·素问》的重要依据之一。此外还有齐国人扁鹊,是战国时的名医,他不仅精通内科,而且熟悉妇科、小儿科、五官科,有关他的医疗事迹一直为后人所传诵。

战国时医生已懂得人体解剖的基本知识,知道内脏、血管和血液循环的情况。治病已有较多的分科,如内科、外科、妇科、小儿科等。诊断方法已懂得望、闻、问、切。医疗器械有"针"、"石"、"熨"等。留传下来的有《黄帝内经》中的《素问》和《灵枢经》等医学专著,从马王堆汉墓中出土的《足臂十一脉灸经》、《阴阳十一脉灸经》、《脉法》等都大体成于战国时代。

(二)数学、物理学

数学方面,早在商代的时候,人们已经采用了十进位制。商代的陶文和甲骨文中,记有一、二、三、四、五、六、七、八、九、十、百、千、万13个数字。虽然计数文字的形状和写法随着时代的不同而有所变化,但这种计数方式一直沿用至今。十进位制计数法是古代世界中最先进、最科学的计数法,对世界科学和文化的发展有着不可估量的作用。商周时期,四则运算已经出现在人们的日常生活当中,到春秋战国时期整数和分数的四则运算已相当完备。春秋时期已出现正整数乘法口诀"九九歌",这是古代数学普及和发展的基础之一,《管子》、《荀子》等著作中都有运用九九诀的例句。与此同时,人们发明了特有的计算工具和方法,即用"算筹"进行计算。"筹"是一些粗细、长短一致的小棍子,以木、竹或骨制成,以筹进行计算,即为"筹算"。此时人们已能较熟练地运用数学知识进行土地测量、城市建设、赋役征收和其他计算。在实际生产中,数学知识的运用更为广泛,战国时期人们在制造农具、车辆和兵器等实践中已有了角度的概念,《考工记》中就有多种角度的名称。《墨子》中已经出现了点、线、面、方、圆等几何概念。

战国时期人们发现了光是沿直线传播的。《墨子》对光的"直进律"作了精辟的分析,并解释了光穿过小孔成影为倒立的影像原理(《墨子·经说下》)。墨子已经认识到:力×力臂=重×重臂的杠杆原理。此外,对"力"、"运动"、"静止"、"时空"等概念也有精辟的论述。战国末年,在长期的生产劳动实践中,人们发现了磁石的指南性,并且利用磁石的这一特性制成了一种正方向、定南北的仪器,称为"司南"。据考证,司南的形状如同一把汤匙,有一根长柄和光滑的圆底,放置在刻有方位的盘子中。将柄轻轻一转,静止时长柄所指的方向便是南方。这是世界上最早的指南仪器,后来逐步发展成指南针。

第六节　市井情趣:平民社会的大众生活

一、多姿多彩、形式多样的服饰

我国是世界上最早养蚕缫丝的国家,商代时丝织业已经比较成熟。丝织品成为贵族们主要的衣着原料。一些商代墓葬出土的青铜器表面,常常粘附有丝绸残片或布麻织物痕迹。当时不仅能织造出各种平纹组织的绢帛,而且还使用比较高级的提花技术织成菱形花纹的暗花绸,以及绚丽的刺绣。

先秦时代的服饰可分为三类:头衣类、上衣类、下衣类。

(一)头衣类

先秦头衣主要有冠、冕、弁三类。先秦贵族男子戴冠。戴冠时要先用发笄把发髻绾住后再用冠套住头发。先秦时中原蓄长发,而蛮夷留短发。《左传·哀公七年》谓吴人"断发纹身",《哀公十一年》说"吴发短",《史记·越世家》亦谓越人"文身断发",可知长发与短发是区别华夷的标志之一。先秦时的冠并不像后世帽子那样把头顶部全部盖住。而是冠圈两旁有缨,是两根小丝弁的总称。冕为黑色,是最尊贵的礼冠。最初天子、诸侯大夫在祭祀时皆可戴冕。冕的形制与一般的冠不同。冕上面是一个长方形的版,叫"延";延的前面吊着一串小玉珠叫"旒"。后世只许帝王戴冕,"冕旒"遂成帝王的代称。弁也是一种比较尊贵的冠,有两种:一种叫爵弁,是一种没有旒的冕;一种叫皮弁,是用白鹿皮做成的尖顶皮帽。先秦时庶人没有戴冠弁的权利,只能用布巾裹在头上。这种头巾发展到后来便是幞头。

(二)上衣和下衣

先秦时上衣称衣,下衣叫裳。衣与裳的分别是十分清楚的。但裳是裙子而不是裤子,先秦时还没有连档式的裤子。衣与裳连在一起叫做"深衣"。先秦时中原地区的衣襟向右开,而蛮夷上衣的衣襟向左开,此为华夏与蛮夷上衣的重要区别。先秦时冬天人们穿裘与袍,贵族与富人穿裘,而庶人与贫民只能穿袍。先秦时代人们穿裘衣,毛是向外的,目的是要人看到裘毛的色泽。袍是长袄,里面铺有乱麻。先秦的纺织品有布和帛,这里的"布"不是棉织品,而是麻织品或葛织品,因当时人还不懂得种棉花。帛是丝织品,帛是高级衣料,是贵族和富人所穿的衣料。庶人只能穿麻织品,因此"布衣"是庶人的代称。

先秦时期有裳而没有有档的裤子。裳是裙子,当时男女服装的区别不甚大,男女皆穿襦裙。先秦时的人常用一块布斜裹在小腿上,叫"斜幅"或单称"幅"。先秦时的鞋名有屦、屣、屐、履、舄等。冬天穿皮屦,夏天穿葛屦。一般的屦由麻编成,《孟子·滕文公》上谓许行之徒"捆屦织席以为食",可知屦是编捆而成。舄是屦的别称,一般说来,单底为屦,复底为舄。履是动词用作名词而代指鞋的。屣是草鞋,屐是木板鞋。

二、饮食趋于丰富

古往今来,饮食是人们生活的第一要事。我国自古以来就比较讲究烹调技术与饮食花样,先秦人们的饮食可以分为粮食类、肉食类、酒食类、蔬菜类。

(一)粮食

粮食作物在史籍中有所谓的"五谷"、"六谷"和"百谷"之说。五谷是指稷、黍、麦、麻、菽,六谷是在五谷之上再加上稻。至于百谷则是泛指,是指多种谷类植物。

黍、稷是农作物中最主要的两类。黍稷有耐干旱、抗贫瘠等多种优点,适合黄河流域的气候地理环境,成为人们赖以生存的主食。黍即今天北方的黍子,因色黄而又称"黄米",稷即今日的小米,又称"谷子"。甲骨卜辞占卜黍的很多,《诗》、《书》则黍稷常常连用,正因为黍稷为主要农作物,而稷最耐干旱且为种植最早的农作物,故被尊为"谷神"。古代以"社稷"代表国家,社即社神,稷即谷神。《白虎通·社稷》曰:"王者所以有社稷何?为天下求福报功。人非土不立,非谷不食……五谷众多,不可一一祭也……稷,五谷之长,故立稷而祭之也。"这正说明稷在人民生活中具有十分重要的作用而被尊为神。麦子在殷代也已经有了,但麦子在殷周时代的地位不如黍稷,大概是因为其产量不高所致。

菽即豆,即大豆,后为豆类作物的总称。从《诗》中可知,西周时已有菽豆的种植了。在春秋战国时代,菽豆种植则十分普遍了。菽豆耐旱,可在贫瘠的土壤上生长,《战国策·韩策》述张仪为秦以连横之术说韩王曰:"韩地险恶,山居。五谷所生,非麦而豆。民之所食,大抵豆饭藿羹;一岁不收,民不餍糟糠。"由此可见在先秦时代,豆饭藿羹、啜菽饮水,即成了贫民的主要用食。麻指麻子,又称"苴",也是一般贫民赖以充饥的食物。稻即稻谷,是南方人的主食。但先秦时北方也有稻子。殷代甲骨卜辞中有此字,依《说文》应是一种野生的旱稻。西周春秋时代,已广泛种植稻谷了。

(二)肉食

肉食类有家养与野生禽兽两大类。先秦家养禽兽以牛、羊、猪为主,其次是狗、鸡等。先秦以牛羊豕为三牲,有太牢、少牢之说。依殷墟甲骨文,牢是牛,少牢是羊和豕,圈养数月才称"牢",因此可知牛最珍贵。《礼记·王制》说:"诸侯无故不杀牛,大夫无故不杀羊,士无故不杀犬、豕,庶人无故不食珍。"《国语·楚语下》观射父说:"天子举以大牢,祀以会;诸侯举以特牛,祀以太牢;卿举以少牢,祀以特牛;大夫举以特牲,祀以少牢;士食鱼炙,祀以特牲;庶人食菜,祀以鱼。"可见在等级十分森严的西周时期,所食所祀各有严格规定。士平时可吃炙鱼,庶人平时可吃菜,祭祀时才用鱼,这种现象一直延续到春秋战国时期。故以"肉食者"为贵族的代称,庶人食肉是一种奢望。

野生的禽兽鱼类则主要靠渔猎获取。《诗经》中的《南有嘉鱼》、

《楚茨》、《鱼藻》、《旱麓》等篇均有把禽兽鱼鳖作为美味佳肴的确切记载。渔猎之获有时多有时少,多的时候或把所获鹿、羊之类圈养起来,或把多余的禽兽之肉加工成肉脯、肉干。

(三)酒食和蔬菜

我国酿酒的历史源远流长。《史记·殷本记》谓殷纣王"以酒为池,县(悬)肉为林","为长夜之饮"。可见当时制酒业已较为发达了。《书·酒诰》指出:殷人亡国主要是因酒而导致的,周公告诉康叔,如果有人聚群饮酒,就要全部捉拿起来押送到周都,将他们杀掉。可见周人鉴于殷人群饮丧国的教训,禁酒的态度和决心十分坚定、严厉。从考古发现看,殷人的酒器很多,如壶、尊、卣、爵、觚、觯等,均是酒器。周代虽有禁酒之令,但并非不让人喝酒,而是禁止贪酒群饮,主张有限制地饮酒。在《周礼》一书中,有酒正、浆人、大酋、酒官等掌管酿造的职官。1974年,在河北平山县战国中山国墓葬中出土了两壶陈酒,酒香犹存。据初步鉴定,这酒是一种曲酿酒,其中除了酒精外,还有糖和脂肪10多种成分。表现了战国时代我国酿酒业的发展水平。

先秦时代的蔬菜,有野生的,也有人工培养的。人工栽培蔬菜可能始于殷商时代,甲骨文中有"圃"字,圃就是种植蔬菜瓜果的地方。《论语·子路》中提到的"老圃",也就是专门种植蔬菜瓜果的老农。据考证,春秋战国时期人工栽种的蔬菜已有瓜、瓠、菽、韭、葱、蒜、葵、蔓菁、菱、荷、芹、笋、姜等十五六种。先秦时代野生的蔬菜瓜果也是人们生活资料的重要来源。在《诗经》中见到的野菜就有荼、苣、卷耳、蕨、薇、莼、荇菜等多种。郑玄注《周礼·冢宰》中"蔬材"谓"百草根实之可食者"。从这些记述可知,采集野菜在先秦时代人们的生活中有很重要的作用。

三、初步发展的交通

夏商周三代,是我国古代道路的开拓与初期发展阶段。传说中"禹抑洪水十三年,过家不入门。陆行载车,水行载舟,泥行蹈毳,山行即桥"(《史记·河渠书》),反映的就是夏商时期交通的情况。春秋战国时期,社会经济较为发达,诸侯争霸盛行车战,道路建设得到了进一步发展。

（一）陆路

随着商业行旅逐渐成为人们生活中的一项重要内容,道路也因之延伸和拓展。到了西周时期,便初步形成了都市和邑镇之间的道路网络。《诗·小雅》中有"周道如砥,其直如矢"的描述。周王城城内道路与城外道路相通,城外道路称"野涂",与"野涂"相通的是乡村道路。所以,有学者认为"至迟出现于西周的这种以街道为骨架的市镇和以道路将都城和市邑联系起来的陆路交通格局,标志着城镇设施趋于完善,陆路交通网络开始形成"。春秋时期,陆路建设有了新的进展,太行山、秦岭等崇山峻岭都已有路通行,而且以陆路为主体的交通设施是否修整齐备,已经成为评价政府行政能力的一项重要标准。如周定王时,单襄公自宋前往楚国,途经陈国时,见道路不修,馆舍不整,便预言陈国将要灭亡。因此,各国都很注重在建设交通干道的同时,健全相应的交通设施。至战国时期,争霸诸国更注重道路建设,交通条件得到进一步改善。《战国策·魏策一》言及魏国地方不到1000里,与诸侯国四面相通,无山川阻隔,从郑到魏都大梁,直通大道不足百里;从陈到大梁,行程不过200里,若纵马疾驰,还没感到劳累时就已到达。

（二）水路

中国古代在建设陆路交通的同时,也重视对水路的利用与建设。《易经·涣》曰:"利涉大川,乘木有功。"早在原始社会,浮木就被作为渡河工具开始使用,人类从此便有了舟楫之利,开始了水运的历史。随着人类文明的进一步发展,水运从利用天然河道通航发展到人工开凿运河,使不同水系的河流相互沟通,在更大范围内改善了地区间的交通条件。商朝末年,武王伐纣,率领部队在孟津渡黄河,更是具有船队性质的大规模水上活动。

春秋战国时期,战火四起,各国利用黄河及其支流的航运而发动的水上战争更为频繁,天然河道上的水运进入了发展的新时期。晋惠公四年(公元前647年),晋国发生饥荒,秦援助其粮食,这批粮食从渭河入黄河,再溯黄河而北入汾河至绛城。"秦于是乎输粟于晋,自雍及绛相继。命之曰:泛舟之役"(《左传·僖公十三年》)。泛舟之役是中国历史上一次重要的远距离船队运输活动,以其航路长、规模大而著称于史。南方楚、吴、越等国的水上活动更为频繁,舟船之战时有发生,有时规模甚大。楚国鄂君启车节、舟节的发现,使我们对战国时期利用舟车进行商业运输的规模、时间、路线等有了全新的认识。

春秋战国时期,在天然河道水运发展的基础上,各诸侯国为进一步称雄争霸,纷纷开凿运河。吴王夫差十年(公元前486年),吴国开邗沟,开创了人工开凿运河的新纪元。

四、悠然自得的闲暇生活

(一)歌舞与杂技

我国古代先民对大自然的酷爱、对爱情的渴望、对友情的珍惜和对神灵的礼赞,常常通过歌舞音乐表达出来,歌舞音乐成了古代民众娱乐生活的重要内容。西周和春秋战国时期是中国歌舞艺术较为发达的时期。西周设置有乐舞机构,制定了繁琐的礼乐制度,严格规定了不同等级使用舞队的规格。随着旧制度的崩溃,维护旧贵族统治的礼乐制度也随之瓦解,代之而起的是清新活泼的民间乐舞。商代时期,人们信鬼神,产生了娱神的巫舞;春秋战国时期,巫舞已有娱神和娱人的双重目的。楚国巫风最盛,伟大的浪漫主义诗人屈原在民间祭歌的基础创造了大型乐舞《九歌》。

我国的杂技,滥觞于先秦时期,并由实用演变为娱乐。当时已形成了一些竞技性较强的杂技项目,其中较常见的有跑狗、技击、踢球、轻功、爬杆、球上累珠等。在杂技表演中,丑角表演颇具特色,如楚人优孟、齐人淳于髡,都堪称滑稽表演的鼻祖;又有乌获、孟说能举鼎,熊宜僚善弄丸,朱亥能伏虎,养由基善射;还有幻术亦很突出,像燕太子丹能使乌头白、马生角,钟离春通遁术;而孔子的门人公冶长善鸟语,开启了后世口技之先河。

(二)棋戏与酒令

棋戏是一种包括围棋、象棋等在内的娱乐活动。围棋又称"弈"。它起源很早,到了春秋战国时代,已出现了《孟子》中记载的"弈秋"那样举国闻名的高手。象棋古代称"象戏"。关于它的起源,历来众说纷纭,莫衷一是。根据象棋的制局和规则,中国象棋的起源当与战争有着密切的关系。英国著名学者李约瑟在其《中国科学技术发展史》一书中指出,象棋是中国人民的创造,是中国古代人民模拟战争而创造的一种游戏。周朝时期,战争频仍,人们仿照军队的编制、布阵遣将的方法而创制了一种新的棋游戏,这当是象棋的最初形式。我们看到,象棋中除了"象"、"炮"外,"将"、"帅"、"车"、"士"、"卒"、"马"都符合周代兵制,所以象棋似应产生于周代。

酒令是我国古代独有的饮酒时助兴取乐的游戏。它滥觞于西周时期,不过,那时的酒令并非是用来助兴劝酒的,而是辅助酒礼,劝人少饮酒的。因为酒在古代是与礼紧密结合"成礼"的饮料,"无酒不成礼",无礼仪也就无从饮酒。特别是西周时期对饮酒的礼仪规定得十分严格而具体。为此,还专门设置了监督饮酒仪节的酒官,其职责是下达"酒令",奉劝人们少饮酒。春秋战国时期,礼崩乐坏,帝王权贵饮酒、嗜酒成风,绝大多数酒官行酒令的目的也发生了戏剧性的变化,即由责人少饮变成使人尽兴,过量而饮了。他们用来责人多喝酒的各种办法、手段,就是我们今天所称的真正意义上的"酒令"的前身了。

五、重视礼仪的婚嫁

婚嫁,对当事男女双方来说,是人生的大事;对社会来说,也是增丁添口、组成新的最基本社会细胞的重要事件。因此古往今来人们对婚嫁都十分重视。

先秦时期的婚姻注重礼仪,首先要通过媒人的介绍。《诗·齐风·南山》说:"取妻如之何? 匪媒不得。"先秦时代,媒人在婚姻中的作用很大。在婚礼举行前,男女多数没有见过面,全靠父母之命、媒妁之言来决定婚事,而当事人则无权决定自己的婚事。先秦婚礼要经过六礼。据《仪礼·士婚礼》载:六礼是纳采、问名、纳吉、纳征、请期、亲迎,即贵族的婚姻一般要经过这六个步骤。纳采:纳即交纳,意即交纳彩礼,以示求婚。用雁为礼。因雁是候鸟,用来表示婚姻情爱贞忠不渝。问名:纳采之后,男方求婚得到同意,又派人带上礼物到女方家问名。纳吉:男方问名之后,便去宗庙占卜,如果得到吉兆,仍要带礼物去向女方家报告,这叫"纳吉"。纳征:男方派人送礼物给女家表示订婚,女方答应婚事后,便收下礼物,婚约便正式确定下来。请期:订婚之后,男方占卜婚日,确定婚日后,派人带上礼物去女方家商量婚期。亲迎:亲迎就是新郎带人亲自去把新娘接回家里。《诗·大雅·大明》说:"文定厥祥,亲迎于渭。"就是说周文王占卜确定吉祥后,亲自到渭河之岸去迎接太姒。

殷代尚无严格的同姓不婚制,只禁止在五世之内的亲族内通婚。殷商时代不仅同姓可通婚,而且亲族只要是在五世之后皆可通婚。周代实行同姓不婚制,《太平御览》卷五四〇引《礼外传》说:"夏殷五世之后则通婚姻,周公制礼,百世不通。"《礼记·曲礼》说:"娶妻不娶同姓,故买妾不知其姓,则卜。"说明周代实行严格的同姓不婚制。不娶同姓,首先是因为伦理的要求,《仪礼·家礼》载:"不娶同姓者,重人伦,防淫佚,耻与禽兽同也"。其次是优生的要求,"男女同姓,其生不蕃"(《左传·僖公二十三年》)。后一理由符合遗传学的科学道理,这是人们总结了人类在长期繁殖中的经验后得出的正确认识。再次就是政治上的原因,异姓联姻好处极大,"异姓则异德"(《国语·晋语》),要扩大本宗族的力量,就要加强和异姓宗族间的联结。到春秋战国时期,这种同姓不婚制开始遭到破坏。

夏商周实行一夫一妻制,但对以王为首的统治阶级和贵族阶级来说,则实行的是一夫多妻制。周天子与诸侯王公大夫的婚姻盛行媵妾制度,是一夫多妻制的典型表现。实际上实行严格的一夫一妻制的只有庶人。《白虎通·爵》篇说："庶人称匹夫者,匹,偶也,与其妻为偶,阴阳相成之义也。一夫一妇成一室,明君人者不当使男女有过时无匹偶也。"到战国时期,平民庶人只要有一定的经济实力,也同样会置媵纳妾。《韩非子·内储说下》说:"卫人有夫妻祷者而祝曰:'使我无故得百束布!'其夫曰:'何少也?'对曰:'益是,子将以买妾'。"可知这个卫人之所以守一夫一妻制,是因为没有钱财,只要有了钱财,也会纳妾的。可见,置媵立妾是先秦时期贵族和富人的一种特权。

六、等级森严的丧葬、祭祀制度

(一)丧葬

人类学和考古学的资料表明,丧葬礼俗不是人类一诞生就有的。在原始社会,人们还没有能力去探寻死亡的奥秘,也没有意识到对死者尸体加以可意的处理,只是抛之荒野或草草掩埋。史载:"上世尝有不葬其亲者,其亲死,则举而委之于壑。"(《孟子·滕文公上》)或是"厚衣之以薪,葬之中野,不封不树。"(《周易·系辞》)丧葬礼俗的出现是历史发展到一定阶段的产物,是在人类灵魂不灭观念形成和确立后产生的。大约在旧石器晚期人类逐渐开始有意识、有目的地去安置死者的尸体,随着时代的推进,灵魂不灭观念日渐加强,在此基础上,日益繁衍出一整套关于丧葬的习俗和礼仪。

丧礼经长时期的演变,到西周时日趋复杂。人初死必先有招魂复魄之举,由人持死者衣物,登屋三呼死者名字招魂,以免假死而被葬。确定死了之后才举办丧事。其步骤是:先沐浴死者,以米及贝蒲填死者口中,称为"含饭",天子和贵族则口含玉器、珠宝等,以示尊贵。此后小殓,为死者备衣物,陈尸于堂前,待亲友来吊唁,再大殓入棺、椁。凡此过程都有哭诵和献祭事物之举。丧礼过后,死者亲属必须身着丧服为其守丧。据《仪礼·丧服》载,丧服有斩衰、齐衰、大功、小功、缌麻五种,俗称"五服"。以与死者血缘关系亲疏为基础,越亲服制越重,依次为3年至3个月。棺、椁依身份有明确的规定,天子九重棺、椁,诸侯五重,大夫三重,士二重,庶人有棺而无椁。埋葬的时间、方位等也依礼而定,西周盛行宗族的公共墓地制,墓地有"公墓"和"邦墓"之分,前者为王侯墓地,后者是各个家族墓群,埋葬同一家族不同身份的人。考古工作者在河南浚县辛村、三门峡上村岭和北京房山黄土坡等处发现有卫、虢、燕诸国"公墓"性质的墓群,在陕西宝鸡鸡台、长安沣西张家坡的墓地则为"邦墓"性质的墓群。春秋战国时期丧礼繁琐而严格,主要程序仍属西周之遗制,并出现了丧礼上的僭越现象。

(二)祭祀

《春秋》记载有郊、大雩、尝、日月、星辰、风云、社稷、五祀、四望山川、先农等祭祀典礼,与《周礼·春官·大宗伯》所言基本吻合。综括可分为三类,即对天神、地祇、人鬼的祭祀典礼。各类祭祀都有严格的等级区分,必须按所处地位祭祀相应对象,一定的祭祀资格是一定的政治权力的体现,如《礼记·曲礼》言,只有天子才有资格祭天地。周代以"圜丘祭天",古人认为天为圆形,故取圜丘为天的象征。正祭时间在每年冬至之日,地点在国都南郊的圜丘,天子主祭,群臣陪祀。祭毕,天子将祭祀用的牲肉赐给宗室、臣下,称作"赐胙",以示恩宠。以"方丘祭地",取地方之意。正祭祀时间为每年夏至之日,地点在国都北郊水泽中的方丘,并将牺牲及其他祭品埋入土中,以供大地品尝。供奉和祭祀祖先的地方称为"宗庙",又称"太庙"、"祖庙",被视为国家的象征,与社稷一样重要。祭祀分四时,祭品也依等级地位而定,如天子用"会",相当于三个"太牢";诸侯牛、羊、猪并用,称为"太牢";卿用一牛,称为"牲牛";大夫羊、猪并用,称为"少牢";士用猪;庶人用鱼。

第七节 大中华文化圈的孕育与形成

文化的发展因生态环境的不同而各异,不同的地区有不尽相同的生态条件,其文化发生、发展的道路、状况、趋向就可能大相径庭。因周代大肆分封,经数百年的发展,文化的共同因素在增加,但文化的地域性差异仍非常突出,语言、习俗、民风、民情、思想等多有不同。《诗经》中的《国风》按 15 个地区汇编诗歌,显示各地风土人情之异。《史记·货殖列传》按地区分述物产、经济、民情等方面状况,反映各地同中有异、异中有同的面貌。文化的生态环境对诸子思想的产生和传播范围有直接的影响。儒、墨都以鲁国为中心,儒家传播于晋、卫、齐,墨家则一度在楚、秦产生影响;道家源于南方的楚、陈、宋,后北上于齐;法家则源于三晋,成就于秦;阴阳家发端于燕,在齐流行;兵家盛于齐、魏、秦;周、卫则产纵横家。文化的发展具有延续性,在吸收其他文化因素的同时,其主要倾向也会发生变化,因此区域文化的格局是在不断变化中形成和发展的。

春秋战国时期形成的地域文化主要有以齐鲁文化、三晋文化、秦文化为代表的中原文化和以楚、吴、越为代表的南方文化。另有一些曾相当发达的区域性文化,如巴蜀文化、燕文化等,后来或衰落或主要因素被改变。

一、浑厚雄奇:齐鲁文化、三晋文化、秦文化

(一)齐鲁文化

齐是东方大国,自周初吕尚受封以降的数百年间,一直是雄居东方的大国。其封疆东至于海,西至于河,南至于穆陵(山东沂水县北穆陵关),北至于无棣(山东无棣县北),在列国中有着举足轻重的地位,对于违抗王室的诸侯国,齐国具有征伐的特权。鲁国受封之初享有高规格的礼遇,分有"祝、宗、卜、史,备物典策,官司彝器",具备周王室的各种文物制度,成为代表王室镇抚徐、淮夷及僻远和"海邦"的大国。齐鲁是殷的故地,所以备受周王室的重视。上溯到原始社会,这一地区是东夷的居住地,曾创造过较为发达的大汶口——龙山文化,是中国文明发达最早的地区之一。商周时期仍为经济文化发达的地区,春秋时,王室衰微,华夏文化中心东移至齐鲁。其突出表现有三:其一,周礼为代表的文化典章制度在齐鲁保存最完整,"周礼尽在鲁矣"(《左传·昭公二年》);其二,以"克己复礼"为己任的儒家产生于鲁,光大于齐鲁;其三,齐鲁大地成为最早的各家思想的荟萃之地,前有管仲、孙武、墨翟,后有孟轲、邹衍等思想文化界巨匠诞生于齐鲁,先后活跃在这一地区的巨子更多,齐稷下学宫集中了儒、墨、道、法、名、兵、阴阳、纵横诸多学派的学者争辩切磋,这在其他各国都未曾有过。正如冯天瑜等所著《中国文化史》中所言:"稷下多辩士,邹鲁产圣人。齐文化兼有阴阳家的空灵和儒家、法家的注重功利,鲁文化则呈现周孔之学肃穆、理智的风范,以后弥盖中原,被及百代,成为中华文化的正宗。"齐鲁在中国传统文化发展中具有特殊的地位。

(二)三晋文化

"三晋"即韩、赵、魏三国,故地是原周初分封的晋国,其地居中原,包括今山西及河南中北部、河北中南部。晋始封时设置有"职官五正"的国家体制,既适应诸夏之政令,又兼顾到诸戎的习俗。春秋时期,晋国一度称霸诸侯,在百余年间成为中原的马首,经济文化都非常发达。较早使用铁器和铸铁技术,率先铸刑鼎,较早奖励博学的贤士为大夫。三家分晋后,魏文侯最早任用贤才,起用李悝实行变法,使魏国成为战国初年最强大的一个国家。晋铸刑鼎"著范宣子所为刑书焉"(《左传·昭公二十九年》),这是我国成文法的第一次公开。强调法制是三晋的传统,魏之李悝、吴起、商鞅,赵之慎到,韩之申不害均具法家思想,且皆是法家思想的实践者,韩国的公子韩非子更是法家的集大成者,倡言法、术、势结合,强化君权。同时三晋中韩魏又是列国的咽喉之地,历来为兵家必争之地,故兵家、纵横家多出于此。

三晋文化实为周文化在河东的重要发展,只是更多地吸收了夏、诸戎的文化因素,使之更有生命力。战国时期三晋中偏北的赵国与胡人为邻,民风强悍,赵武灵王"胡服骑射",使游牧民族的骑射之术为中原民族所掌握。秦汉以后,三晋文化中的精髓与齐鲁文化、秦文化、楚文化共同凝聚整合为华夏文化。

(三)秦文化

秦人的祖先原是黄河下游夷人的一支(也有学者以为是西戎嬴姓部落的后裔),西周时迁到西部的黄土高原。周宣王时,其先人因功受封为"西垂大夫"。平王东迁时,秦襄公护送有功,始封为诸侯,划歧、丰之地作为封地。歧丰之地原是周的发祥地,有丰厚的文化底蕴,可惜为相对落后的戎狄所占。秦用了100多年的时间,与戎狄反复争夺,至秦穆公时(公元前659~公元前621年),国势强大,开疆拓土,于是"开地千里,遂霸西戎",秦始转强大。秦地以今陕西关中、汉中为核心,西达甘、青地区,以后又西南包罗巴蜀。秦文化融周文化、西北诸戎狄的多种文化于一体,注重实用,强调功利。其地民风古朴,对农垦、攻伐、徕民等关系存亡发展的问题非常重视,不讲究礼乐。当时人称秦为"虎狼之国"、"贪狼强力,寡义而趋利",只要有利于国家,秦人就不择手段,没有太多条条框框的约束。需要之时,可以打破常规。以用人为例,突出地反映秦的功利主义色彩。秦国的用人政策有两点特别值得重视:其一,秦国逐渐建立了一套保证人才得到任用的制度。自商鞅变法以后,有了明确的军功爵定等级的官僚制度。对于军功者有相应的经济待遇,使"宗室非有军功论,不得为属籍"(《史记·商君列传》)。立军功者则"各以差次名田宅",同时规定"有功者显荣,无功者虽富无所芬华"。秦被认为是"上首功之国",做到"功赏相长",所以秦军比其他国家的军队勇敢善战。其二,秦国缺乏严格的宗法制度,旧贵族势力相对薄弱,这为任用才学之士创造了条件。秦国历来重视任用山东的人才,坚持接纳、使用宾客的政策,重要的良将辅臣如百里奚、商鞅、张仪、公孙衍、范雎、吕不韦、尉缭、王翦、李斯、蒙恬等几乎均非秦国人,但都为秦所重用。

在物质文化方面,秦国由于重视耕战,在许多方面并不比山东六国落后。比如战国时期两项大规模的水利设施都江堰和郑国渠均由秦国兴建,秦国的铁器使用也相当普遍,秦国还招徕山东的游民为其垦荒,使其农业生产和家庭手工业处于稳定发展状态。在精神文化方面,文学艺术似乎并不发达,也不擅长哲学的玄思,而是注重功利色彩特别浓烈而又励精图治的法家,比较当时的社会发展趋势可知,法制思想虽然兴起于三晋,但却在秦国得到重视并加以推广,使之成为统一的思想武器。

二、瑰丽灵巧:楚文化、吴越文化、巴蜀文化

(一)楚文化

楚文化因楚国和楚人而得名,是周代的一种区域文化。它与东邻吴越文化和西邻巴蜀文化一起,曾是盛开在长江流域上的三朵上古区域文化之花。早在商周之际,楚的先祖鬻熊在今湖北荆山一带立国,就与中原发生了密切联系。鬻熊之孙为熊丽,熊丽之孙熊绎在周成王时被封,立"楚"为国号,其时楚尚不为中原列国所重视。春秋以降,王室衰败,偏居南方的楚国日渐强大,积极参与争夺土地和人口的争霸战争。一度饮马黄河,问鼎之轻重,在很长时期与晋国平分霸业。楚国据有今湖北、湖南、河南、安徽大部,灭越后又占有今江浙一带,其势力远达五岭以南,几乎控制了整个南中国。战国时与秦、齐同为举足轻重的大国,是统一全国的最有力竞争者。

楚文化最初只是糅合了中原文化的末流和荆蛮文化的余绪,特色还不多,水平也不高。春秋中期以后,楚文化异军突起,标新立异,与中原文化并驾齐驱,在某些方面竟有后来居上之势。至此,"华夏文化就分成了南北两支:北支为中原文化,雄浑如触砥柱而下的黄河;南支为楚文化,清奇如穿三峡而出的长江。这北南两支华

夏文化是上古中国灿烂文化的表率,而与时代大致相当的古希腊和古罗马文化遥相辉映"。① 人们对楚文化的认识随着考古资料的增加而不断加深,以前人们只知道楚人信巫鬼,重淫祀,长于幻想玄思,所以哲学上的老、庄和文学上的庄、骚都产于楚地,它的玄妙、多辩、虚无、神奇、浪漫,无不给人以启迪。

20世纪30年代以来,一系列重大考古发现如安徽寿县李家孤堆楚幽王墓、长沙子弹库战国楚墓、郢都纪南城所在地湖北江陵的张家山、马山、望山等墓地的发掘,以及大量珍贵文物如青铜器、漆器、帛画、丝织品等的重见天日,改变了也深化了对楚文化的认识。张正明先生提出楚文化的六个非常突出的文化要素:其一,是青铜器的冶铸工艺;其二,是丝织工艺和刺绣工艺;其三,是髹漆工艺;其四,是老子和庄子的哲学;其五,是屈原的诗歌和庄子的散文;其六,是美术和乐舞。② 对楚文化的研究正方兴未艾,对楚文化的全面认识、楚文化与中原文化的关系、彼此交融的状况,以及楚文化对秦汉文化的影响,乃至对整个中国文化发展的影响,都是研究的重点。

(二)吴越文化

吴越是春秋战国时代崛起于东南太湖流域的两个毗邻的国家。吴在北面,建都于姑苏(今江苏苏州),越国偏南,建都于会稽(今浙江绍兴),两国在春秋以前尚很少见于史籍,后在晋、楚等大国的扶持下迅速崛起,参与春秋后期的争霸。吴国曾五战五捷,攻克楚都郢(今湖北江陵纪南城),后一度灭越,北上争霸。越国利用吴内部的矛盾,二十年卧薪尝胆,最终覆灭吴国,北上称霸诸侯,直到战国中期才被楚国吞并。

吴越文化起源于石器时代太湖钱塘江流域的古文化。该地区气候温和,土地肥沃,水网密布,雨量充沛。得天独厚的自然环境为古吴越地区先民的物质与文化创造提供了理想的舞台。与中原地

---

① 张正明:《楚文化史·导言》,上海:上海人民出版社,1987年,第1页。
② 张正明:《楚文化史·导言》,上海:上海人民出版社,1987年,第3页。

区以粟、稷旱粮作物为主的农业不同,春秋战国时代,吴越地区的水稻种植已达到相当发达的水平。考古发掘证明,良渚文化时期,家蚕已驯化成功。春秋战国时代,吴越已成为丝绸之乡。吴越地区的铜矿采冶和青铜铸造技术堪称一绝,某些技艺甚至为列国之首。如制作青铜兵器剑、戈时采用不同部位不同的合金比例和特殊的防锈处理,使之锋利无比。考古发掘出土了多把吴王、越王的剑或戈(如吴王光剑、越王勾践剑),在地下埋葬了2000多年至今仍寒光闪烁、锋利依旧,这是其铸技高超的实物证据。其实,史料上有关江南盛产铜锡和铸技高超的记载很多,如《周礼·考工记》载:"吴越之金锡。"《史记·李斯列传》:"江南之金锡。"并盛赞吴越兵器之精美。庄周以为吴越之剑是"宝之至也",只可"柙而藏之,不敢用也"(《庄子·刻意》)。它"肉试则断牛马,金试则截盘匜"(《战国策·赵策三》)。近些年来,在安徽皖南地区的铜陵、南陵、青阳、繁昌等地发现多处先秦时期铜矿采冶遗址,包括矿井、支架、炼铜炉和大量的矿渣等遗迹遗物。学者认为,中国青铜器的冶铸、技艺、形制等方面都存在着来自南方的影响,吴越青铜工艺为古老的青铜业注入了新的生机,是春秋战国之际中国青铜业中兴的主要原因。

吴越文化的其他方面与中原文化有相当大的差异,如遍布苏、皖、浙的平地起封,外形宛如馒头的"土墩墓",盛行几何印纹硬陶和原始瓷器,崇奉鬼神的习俗,"断发文身"的习俗。在语言上,形成了自己的方言——吴语。在文字上,虽使用汉字,但在笔画上却附加鸟形装饰,即所谓的"鸟虫书"。

(三)巴蜀文化

巴蜀指以今四川为中心,包括陕南、鄂西及云贵的一部分地区。巴、蜀既是族名,又是地名,也指以巴族和蜀族为主分别建立的巴国和蜀国,春秋战国时代巴蜀地区已经形成了有别于中原地区的区域文化。大约从殷代开始,巴、蜀就进入了青铜时代。从一开始,其青铜器形、冶炼技术、纹样风格等就具有浓厚的地方色彩,与商周青铜文化有很大的差异。关于这一时期最重要和最有影响的是四川广汉三星堆遗址的发掘,1980年以来,已多次对这一遗址加以发掘,发现了数以万计的陶、石、玉、骨、青铜器和雕花漆木器等,还发现城墙遗迹和大量的房屋、墓葬、窑等遗址。其中,两个祭祀坑中还出土了青铜兽面、青铜神树、大型人面像、人头像、车形器、金手杖等。据研究,这是古代蜀族的祭祀遗迹和遗物,距今3000多年。这表明巴蜀已有相当发达的青铜文化,且并非完全受中原影响。

据传蜀王杜宇、开明时期就有许多发明,当地农业发达,物产丰富,很早就学会酿酒、织锦。春秋时巴蜀为秦所并,遂成为秦国的后方物资供应地。战国时,蜀守李冰父子率众兴修水利,筑都江堰,变水患为水利,巴蜀地区加快了发展的步伐。巴蜀由于长期处于相对封闭的状态,其习俗与中原迥异,当地盛行船棺葬和崖葬。在巴蜀文化的青铜器上常见特殊文字的铭文和玺印,被认为是春秋战国时的巴蜀文字,目前尚无法释读。

第三章

秦汉雄风：制度文化的新纪元

公元前221年，秦王嬴政灭六国，建立起一个疆域空前辽阔的统一的多民族中央集权的封建大帝国，但很快灭亡。在历经两汉400多年的曲折发展后，中国传统文化也获得了一个极佳的发展契机。秦汉时期国家的大统一，使先秦多元文化熔于一炉，焕然一新的中华文化共同体初步形成，造就了中国古代历史上一座文化高峰，形成了新的更加成熟和更加生机蓬勃的发展态势。这主要表现在政治层面的制度文化全面建立；不同哲学思想的用弃更替高潮迭起、宗教思想的更新与重构前所未有；文史艺术在继承中发展；学校教育及人才选拔在更大范围引向深入；传统科技渐趋成熟；国内外的文化交流空前繁荣……它们无一例外地体现出秦汉时期文化的基本特征：务实雄健、蓬勃豪迈的精神气质和傲视人生、张扬进取的精神内核，恢弘的气势、兼收并蓄的文化精神。

第一节 制度文化的构建与完善

何为制度文化？史学界通用的制度是指政治制度、经济制度、军事制度、选举制度等等。制度本身就是一种文化或文化现象，同时它又直接影响甚至决定着文化各方面的发展。制度文化的建立是秦汉文化的特点之一,它标志着国家的强盛、政治走上成熟、社会相对稳定、人们生活不同程度地提高。各项制度的建立为社会的正常发展注入了活力,也为精神文化的发展增添了催化剂。国家统一,使先秦多元文化得以统一,在整合的过程中,文化的整体地位加强了,水平提高了。整合后的统一文化具有更强的凝聚力和向心力,又反过来促进和维护了国家的统一。

一、封建专制主义中央集权政治制度的初创

公元前221年,雄才大略的秦王嬴政扫灭六国,终于统一了全国,建立起了中国历史上第一个封建专制主义的中央集权国家。关于统一以后的政治体制问题,秦朝内部存在着两种对立的意见。以丞相王绾为代表的多数官员,主张在燕、齐、楚等地区另设封国,立秦始皇诸子为王,以便控制这些边远的地区。廷尉李斯则提出异议,认为周初所封弟子同姓很多,结果形成诸侯混乱的局面,连周天子也无法制止。如今天下统一,他建议在全国普遍推行郡县制,用赋税赏赐诸子功臣,不宜再分封诸侯,以维护国家的统一安宁。秦始皇采纳了李斯的意见,决定全面推行郡县制,从而开创了一整套封建专制主义中央集权制度。政治体制是秦汉文化模式的重要组成部分。这一体制的具体内容是:

首先确定了至高无上的皇权。嬴政认为自己德高三皇、功过五帝,"王"的称号早已不能显示他的至尊地位,故兼取三皇五帝的尊称,定帝号为"皇帝"。自此,"皇帝"一词便成为封建国家最高统治者的称号。此外,还规定皇帝的"命"称"制","令"称"诏",皇帝自称"朕","印"称"玺"。废除子议父、臣议君的"谥法"以维护皇帝的权威。规定皇帝按照世代排列,第一代称"始皇帝",后世称"二世"、"三世",依此类推,"传之无穷"。这些规定无一不体现出封建国家中皇帝拥有至高无上的权力和神圣不可侵犯的至尊地位。

其次,以秦国的官制为基础,设置一整套的官僚体制。朝廷设

三公(丞相、太尉、御史大夫)九卿(奉常、郎中令、卫尉、太仆、宗正、典客、少府、治粟内史、廷尉),废除世卿世禄制,实行朝廷任命制、非世袭的官僚制。废除分封制,全面推行郡县制。在全国分设36郡,秦末增至40多郡。郡设郡守,直接受中央管辖。郡内设若干县,县设县令。县下为乡,乡下为亭,亭下有里,邻里连坐,组成严密的垂直统治网。

这个制度在创立之初,是有利于社会进步的,也是符合时代发展趋势的。其主要特点是:君主的地位极大地提高,权力高度集中。在整个国家机构中,巫师和宗室贵族不占重要地位,而君主的臣仆和侍从上升到主要的地位。秦以后,统治的地区越来越辽阔,国家机构越来越庞大,职务上的分工也越来越细致,变化也比较多。秦朝仅存在15年就灭亡,但其所确立的专制集权制度却垂之久远,为后世列朝所沿袭,在中国沿用了2000多年。

汉承秦制,两汉封建专制主义中央集权政治制度得以完善与确立。在秦末农民战争以及楚汉战争的废墟上建立起来的西汉,在重建封建国家机器的过程中,基本上沿袭了秦朝的政治制度。至高无上的皇帝之下,设置丞相、太尉、御史大夫,分别掌管国家政务、军事和监察,称为"三公"。"三公"之下,设有掌管国家军政和宫廷事务的"九卿"。一些有作为的君主为进一步加强皇权,采取了限制相权、重用位卑职轻的尚书台官员等措施,以至于出现了"虽置三公,事归台阁"的局面,如汉武帝、光武帝时即出现过这种情形。和帝以后,也出现过由宦官担任中常侍、小黄门等职,负责传达诏令和掌管文书,虽无宰相之名、却有宰相之实的情况。东汉末年,权臣董卓、曹操等恢复丞相或相国的官职,且自己担任此职,实权则在皇帝之上。地方行政机构,仍然沿袭秦朝的郡县制,汉初还同时分封了诸侯王,形成了郡国交错的局面。郡县官制承袭秦代,封国官职仿照中央。县以下的基层组织仍为乡、里。以此恢复了从中央到地方的一整套统治机构。

封建统治秩序的维护需要强大的军事力量作保障,西汉建立了比秦朝更为完备的武装力量。在中央设立南、北军,分别由卫尉、中尉统领,作为守卫皇宫和京师的常备军;在地方,有经过训练的预备军,根据地区不同,分别设置材官(步兵)和骑士(骑兵),皆由郡守和郡尉(后改都尉)掌管。常备军和预备军的兵员,都由郡国征调来的"正卒"充当。这就加强了对付农民的军事镇压力量,同时也巩固了封建主义的中央集权制度。

除建立军队,汉初还制定了法律。刘邦入关之初,就曾"约法三章",但那只是稳定社会秩序的临时措施。西汉政权建立后,刘邦认识到"三章之法,不足以御奸"(《汉书·刑法志》),便令萧何根据《秦律》制定《汉律》。萧何除去了《秦律》中的夷三族以及连坐法,在《秦律》的基础上,增加了《兴律》、《户律》、《厩律》三章,合成九章,故称《九章律》。后来,叔孙通作《傍章律》18篇,弥补了《九章律》的不足。同时还规定,除法律外,皇帝的命令也起到法律的作用,必须无条件地执行。这突出显示了封建专制主义政治制度的本质特征。

二、统一文化共同体的构建

春秋战国时代,诸侯割据战争频繁,各项制度都不统一。秦统一以后,雷厉风行,推行了一系列文化发展的新举措,使统一的文化共同体得以形成,改变了此前"田畴异亩、车途异轨、律令异法、衣冠异制、言语异声、文字异形"(许慎《说文解字·序》)的局面。秦王朝采取的主要措施包括以下几方面:

(一)书同文

我国文字经过长期的演变,到殷商时已基本定形,至晚周天下大乱,逐渐出现了文字异形的现象。战国时期,诸侯分立,各自为政,这种情况更为严重,同一个字所采用的声符、形符都有较大差异,这有碍中央政令的推行和文化的交流发展。于是秦始皇令李斯主持"书同文"的工作。李斯对六国文字加以整理,汲取齐鲁蝌蚪文笔画简省的优点,将繁难的大篆改创为匀圆整齐的"小篆"(即秦篆),作为标准文字,通用于公文法令。李斯作《仓颉篇》、赵高作《爰历篇》、胡毋敬作《博学篇》，颁行全国作为范本。与此同时，狱吏程邈根据民间流行的简化字，整理创制出笔画方折平直、比篆体更简化的隶书。书同文字为文字新书体的形成奠定了基础，为政令的畅通、文化的传播和发展作出了巨大贡献。

（二）行同伦

就是统一人们的文化心理。秦始皇据五行说，自以为得水德，因亥属水，便以亥月（十月）为岁首。黑属水，故衣服旌旗均尚黑，庶民以黑布裹头，称为"黔首"。法律也从水德，所以崇尚严刑峻法，"以法为教"。会稽刻石严令"禁止淫溢"，以杀奸夫无罪的法律条款来矫正吴越地区男女之大防不严的习俗，使之无异于中原。"大治濯俗，天下承风，蒙被休经。皆遵度轨，和安敦勉，莫不顺令。黔首修洁，人乐同则，嘉保太平"（李斯《会稽刻石》）。秦始皇多次出巡各地，颁令刻石，"大圣作治，建立法度，显著纲纪……普施明法，经纬天下，永为仪则……黔首改化，远迩同度，临古绝尤"。秦政府还在各地设置专掌教化的乡官，名曰"三老"。这一制度为秦以后的历代所承继，成为中国封建政治的一大特色。"三老掌教化。凡有孝子顺孙，贞女义妇，让财救患及学士为民法式者，皆匾表其门，以兴善行"（《后汉书·百官志》）。

（三）器械一量

器械一量即统一度量衡。为巩固政治上的统一，秦始皇对货币、度量衡进行了改革。战国时各国货币不一，有布币、刀币、蚁鼻钱、圆圜钱等不同式样，还有金质的郢爰。其形状、大小、轻重和单位各不相同。秦将之统一为外圆内方的铜钱，即"半两钱"（下币），另一种为黄金，以"镒"为单位（上币）。币制的统一，有利于商业交换和经济的发展。秦还下令推广商鞅所统一的度量衡制度，称之为"一法度衡石丈尺"（《史记·秦始皇本纪》）。秦颁布统一度量衡的诏书，将诏书全文刻于度量衡器上，颁行全国，作为统一的度量衡标准。

(四)车同轨

为了清除割据自守,加强地区间的联系,秦朝一方面堕壁垒、决川防,一方面修治驰道,统一车轨。战国时期,各诸侯国为割据称雄,往往据险修建关塞、壁垒和堤防,以抵御敌国的军事进攻。这些防御性的军事设施,自然成为地区间的交通障碍,不利于各地的经济往来和文化交流。秦统一全国后,下令拆除上述各种防御设施,为消除地区间的隔绝铺平了道路。同时,还以咸阳为中心,修建了两条贯穿全国的"驰道",一条向东直达燕齐,一条向南直通吴楚;命令蒙恬修建由咸阳向北延伸的"直道",经云阳、上郡直达九原;又在云贵地区修"五尺道"。这样,便形成了一个以咸阳为中心的四通八达的交通网,同时规定车轨的宽度统一为六尺,确保了全国交通的畅通无阻。

共同的生活地域,是统一文化的空间条件。秦朝完全彻底废除周朝以来的封邦建国制度,粉碎地区壁垒,撤除人为障碍,打通关隘阻隔。将东至大海、西达陇右、北抵阴山、南越五岭的辽阔版图统一于中央朝廷的政令、军令之下。又通过大规模的移民,开发长城沿线、南岭以南的广大地区,传播中原文化。

(五)明法度,定律令

在秦国原有刑法的基础上,整合六国的有关法律条文,制订统一的法律制度。秦始皇"明法度,定律令",使之推行至全国。《秦律》现已遗失,1979年湖北云梦睡虎地11号墓出土竹简可见其部分条文,其特点是法律种类繁多,律条涉及面广,且以严酷著称,肉刑仍广为使用等。有关治盗和要求各级官吏依法行事的规定,都十分严厉。

秦朝统一文化的举措,以强化专制君主集权为目的,增进了秦帝国版图内广阔地域人们社会生活乃至文化心理的同一性,从而为中国文化共同体的形成奠定了坚实的基础。但是,一种好的政策必须有相应的措施予以保证,否则不会达到好的效果。统一后,秦始皇在颁行一系列有利于经济文化发展的政策和措施的同时,也做了许多蠢事,致使他迅速地从英雄宝座上跌下来,向孤家寡人的境地滑去。一方面是"书同文",一方面又"焚书坑儒"、毁灭人文。在统一车轨大量修筑的道路上,运输的是囚犯和军队而不是发展经济的物资。在一片神话声浪中,听不进不同意见,他好大喜功,超越战后的物资匮乏、人丁稀疏的现实,不惜动用民力、财力进行一系列浩大工程的修建,如长城、阿房宫、骊山墓等。急政暴虐致"一夫作难而七庙堕,身死人手为天下笑"(贾谊《过秦论》),庞大的秦王朝终成历史的匆匆过客。只有到了汉朝,秦统一文化的许多措施才取得了明显的成效。从中国历史发展的全过程来考察,对秦统一文化的措施应给予充分的肯定。文化的凝聚力、向心力弥合了政治上的分裂,共同的文化、同样的文化心理促进和巩固了统一。秦王朝以后,中华文化共同体基本形成,这无疑是一件具有伟大历史意义的大事。

第二节 儒学独尊与宗教

一、"顺民之情,与之休息"

秦王朝的二世而亡,给汉王朝的建立者以深刻教训,也促使政治家、思想家去思考与反省,如何才能长治久安而不蹈秦之覆辙。以陆贾为代表的黄老思想家认为秦亡于专任刑罚,故有"倾扑缺覆之祸",提出了无为而治的主张。这一主张被认为是以《老子》为理论基础产生的黄老新道家思想。新黄老之学既讲道又讲法,以无为掩饰无不为。黄帝之学是战国时期形成的一个学派,它与老子学说的不同在于:黄帝之学不仅讲道,而且讲法。汉初把黄老糅合在一起,成为统治阶级的政治指导思想。

西汉初年,体现黄老思想的代表作品是陆贾的《新语》。陆贾在这本书中总结了秦王朝覆灭的教训后,提出了无为的政治主张。他认为:"道莫大于无为,行莫大于谨敬。"(《新语·无为篇》)主张统治者对老百姓少"有作为",使其安居乐业、安心发展生产,这样就可以缓和矛盾,稳定统治秩序。新黄老学说的特点是:在政治上肯定新的封建一统王朝的统治秩序,在承认君臣关系不可改变的前提下,极力主张"无为而治",认为统治者用少所作为的办法,就能休养生息、缓和矛盾。相反,统治阶级愈"有为",民就愈"难治";统治者的法令愈多,反而使"盗贼多有"(《老子》第五十七章)。这和原来老子主张的小国寡民的政治理想不同,它是一种维护统一的封建制度的政治思想。在这种思想的指导下,汉初的统治者采取了"顺民之情与之休息"(《汉书·艺文志》)的政策,以适宜恢复生产、稳定封建秩序的需要。汉初的几任丞相,大都"治黄老之术",实行"无为而治"。如萧何死后,曹参为相,举事皆循旧例,无所变更。对于"言文深刻,欲务声名"(《汉书·萧何曹参传》)的人,斥而不用;对于"谨厚长者",给予提拔,以保持政治上的稳定。所以当时老百姓歌颂道:"萧何为法,讲若画一;曹参代之,守而勿失。载其清靖,民以宁一。"(《汉书·萧何曹参传》)汉初真正建立起黄老之学理论体系的是以司马谈和刘安为代表的淮南学派。他们提出了"纪纲道德,经纬人事"的积极人生态度,与先秦道家的思想形成了鲜明对比。无为并不是无所作为,而是为了更有所为。《淮南子》中就包含着变相的有为思想。

西汉无为而治的思想和某些做法,对战后经济的恢复和社会的稳定发展是有积极作用的,它为以后的王朝树立了一个榜样。

二、从"罢黜百家,独尊儒术"到"天授君权"

武帝建元元年(公元前140年)十月,刚刚继位不久的汉武帝,即诏举方正直言极谏之士,来京师应对"当今治道"。当时参加应对贤良共100余人,其中,董仲舒的"天人三策",最受汉武帝的赏识。董仲舒是文景时期的大儒,专精《春秋》公羊学,景帝时为《春秋》博士。他以传统的儒家思想为根据,兼取阴阳五行学说,建立了一套新的儒家体系。他根据《春秋》大一统的思想,认为:"今师异道,人异论,百家殊方,指意不同,是以上亡以持一统。"提出:"臣愚以为诸不在六艺之科、孔子之术者,皆绝其道,勿使并进。邪辟之说灭息,然后统纪可一而法度可明,民知所从矣。"(《汉书·董仲舒传》)董仲舒"独尊儒术"的主张,深受汉武帝的赏识。丞相卫绾遂提议:"所举贤良,或治申、商、韩非、苏秦、张仪之言,乱国政,请皆罢。"(《汉书·武帝纪》)武帝准其奏,儒学独尊的局面基本形成。其后武帝通过设明堂、兴礼乐、尊儒兴教、以儒术取士、制度教化等一系列措施,确立了儒家的一统地位,将教育、考试、选官三者结合起来,逐步把儒学推向国学的地位。

董仲舒所创立的新儒学是以《春秋》公羊学为核心,兼取刑名及阴阳学说而形成的一套完整的封建神学的思想体系。在提出独尊儒术的同时,又提出了"天人感应"的神学思想,宣扬天有意志,是主宰世界的至高无上的神,一切自然现象、社会现象都是天的意志的表现。天和人能够感应相通,宣称天不仅创造人类,而且还为人类安排了君主,帝王受命于天,且秉承天意统治天下,这就是所谓的"君权神授"理论。还提出"天道不变"说,论证封建统治和伦理道德不会改变。董仲舒从天人关系出发,又依据"阳尊阴卑"的思想建立了一套"三纲五常"的伦理学。他认为君臣、父子、夫妇之义,皆合阴阳之道,所以"君为臣纲"、"父为子纲"、"夫为妻纲"。这样,上有至高无上的"神权",下有君权、父权、夫权,形成了维护封建统治的"四权"。从而为封建秩序的合理性制造了神学的理论根据。同时,董仲舒又将仁、义、礼、智、信——"五常"作为处理人伦关系的原则。

董仲舒是中国历史上最有影响的思想家之一,在当时就享有"群儒之首"的声誉,他自觉地运用儒家精神改造阴阳五行说,建构起天下一统的宇宙论系统图示,学者认为"天—人"一统的阴阳五行系统论,将宇宙的万事万物统统组织进一个整齐划一、"以数为五"的先验模式之中,这并不单纯是意识形态方面的成就。从更广阔的文化演进大趋势看,把零碎、分散的种种经验组织起来,以数字来组织整理从而解释宇宙发展,是思想发展到一定阶段自然出现的现象,例如在古希腊,就有毕达哥拉斯的显赫学派和理论。因此这是学术发展的必然结果,是文化进步的阶梯。但在当时,最直接、最恶劣的文化后果,便是诱导了谶纬神学怪胎的投世。

三、谶纬神学的盛行及经今古文之争

(一)谶纬神学的盛行

从董仲舒开始的神学化的儒学思想,到西汉末年有了恶性发展,谶纬迷信广泛流传,毒化了整个思想学术领域。所谓谶纬,即谶记和纬书。"谶"又称图谶、图书或符命,是一种预言凶吉的符验。"纬"与"经"相对,多以宗教神学观解释、附会儒家经义,因而称为"纬书"。谶记与纬书充满荒诞、迷信的内容。到西汉末年,由于社会危机深重,图谶随之流行起来。汉成帝时,齐人甘忠可利用谶书,鼓吹汉室再受命。汉平帝死后,王莽利用孟通所得符命,做了假皇帝;他不满足,又利用广汉人哀章所作"天帝行玺金匮图"、"赤帝行玺某(邦)传予黄帝金策书",称"王莽为真天子,皇太后如天命",终于登上了真皇帝的宝座。王莽时期,图谶不仅成为他攫取最高统治权力的工具,而且在官方的利用和倡导之下,其影响日益扩大。

新朝末年,刘秀利用图谶起兵,后又称应了火德之运,以"神意天命"的资格登上了帝位。谶纬之学在统治者的大力提倡下越发兴盛,儒生要诵记谶纬,对策要引用谶记,经学谶纬化的趋势日渐加强。公元79年汉章帝亲自主持了白虎观会议讨论经学,以"使诸儒共正经义",使谶纬迷信合法化,会后整理出的《白虎通德论》(简称《白虎通》《白虎通义》),把儒学思想(今经文学派)法典化,一时"儒者争学图纬,兼复附以妖言"(《后汉书·张衡传》)。《白虎通》将董仲舒的"天人感应"学说与谶纬迷信融合在一起,加以系统化、神圣化,并把一些自然现象、政治制度、经济制度、思想文化等问题牵强附会地拉扯在一起,作一番曲解和比附,为巩固封建政权和皇权服务。使由董仲舒改造过的神学化的儒学更富于迷信色彩,使其神学

体系更加完整,也更加符合东汉社会现实的需要。当时,朝廷一些重大事情也要用图谶作决断的依据,如议修灵台、郊祀、立明堂辟雍等,一些知名的古经文学者,如桓谭、郑兴都因反对谶纬迷信而惨遭迫害。

(二)经今文与经古文之争

谶纬神学被定为国宪的过程,是经今文与经古文斗争的继续和发展。秦火以后,儒家的经典损失惨重。西汉自惠帝起,开始重视儒家经典,派人四处访求老儒,用当时通行的隶书将老儒背诵的经典本文和解释记录下来,一一写成书,称之为"今文经"。汉初,今文经流行。武帝时鲁恭王拆除孔子住宅,发现《尚书》、《礼记》、《论语》、《孝经》,凡数十篇,皆用先秦古篆写成,其后又有人发现类似的古籍,称之为"古文经"。经今文与经古文的区别不仅表现在经书的文字书写方面,而且在版本、篇目、师承等方面均有较大差别,以后又引申为学术观点、治国方略等一系列问题的重大分歧。西汉中后期,今文经学独居官学地位,其大师为董仲舒,《春秋公羊传》备受重视,他首倡独尊儒学,并把儒学神秘化,提出了"天人合一"、"天人感应"说,神话皇权,使今文经学派向神秘主义的方向发展。西汉末年,在王莽的扶持下古文经学得以兴盛,古文经成为王莽托古改制的理论依据,古文经得以立为官学,取得了合法地位。东汉时古文经学发展较快,它虽未被立为官学,却逐渐成为私学的主流,渐居正宗,学术方面取得了很大成就。古文经学大师辈出,如贾逵、许慎、桓谭、班固、王充、马融各在某一领域作出了重要贡献。而今文经学由于其自身的弱点而日趋衰落,其对经文支离破碎而又烦琐的解释,充满荒诞不经的迷信邪说。到东汉末年,马融的学生郑玄(127~200年)遍注古、今文群经,综汇今古文经学,集两汉经学之大成。后世(特别是清代)推崇的"汉学",即指两汉经学,尤其服膺东汉古文经学考其源流、辨章学术的治学路线。汉代儒家经今古文之争,对儒学的发展有过一定的作用,至于那种不能脱离对经典的依傍,以注经、释经透露己见的"经学方式",更成了中国人的思维习惯,影响中国文化至远至深。

四、反神学思想的提出

在东汉谶纬神学风靡一时的时候，反谶思想却反其道而行之，对其展开了针锋相对的猛烈批判，其代表人物是桓谭、王充。

桓谭（公元前40～公元23年），沛国相（今安徽淮北市）人，著有《新论》（已佚），现存有后人辑录本。桓谭攻击谶记纬书是"奇怪虚诞之事"，必须抛弃。他反对一切灾异迷信，认为"灾异变怪者，天下所常有，无世而不然"（《新论·谴非篇》），把灾异作为上天警告的说法是荒谬的。桓谭藐视权势，当着刘秀的面表示对谶纬的蔑视，结果被贬。桓谭还反对方生术士所宣扬的"长生不老"、"羽化成仙"的神仙思想，认为服"不死之药"就可长生不死是根本不可能的。桓谭的唯物论和无神论思想对稍后的唯物主义思想家王充有直接影响。

王充（27～约100年），会稽上虞（浙江上虞）人，著有《论衡》，该书是反对谶纬迷信，批判唯心主义的不朽著作。王充对"天人感应"的虚妄进行了批判，触及了封建神学的理论核心，认为天不可能有意志，因而天不能谴告于人，也不能降祸福于人，否定了"天人感应"的神学论，使"王权神授"灾异之变的神话不攻自破。揭露谶纬神学的同时，王充对鬼神之说也作了有力的批驳。王充认为，"人，物也。物，亦物也"（《论死篇》），在自然属性上，人与物是相同的。那么，"物死不为鬼，人死何故独能为鬼"（同上）。他进一步说明："人死血脉竭，竭而精气灭，灭而形体朽，朽而成灰土。"（同上）不能变为鬼，也不能害人。他说："今人死，手臂朽败，不能复持刀，爪牙堕落，不能复啮噬，安能害人。"（同上）王充在谶纬迷信思想猖獗的东汉，以大无畏的精神与封建神学分庭抗礼，实为难能可贵，但也难为社会所容，其著作《论衡》被视为离经叛道的"异书"，其本人"贫无供养，志不娱快"（《自纪》），为世俗所吞没。

五、佛教的传入和本土道教的兴起

宗教是人类社会产生的一种远离物质基础的意识形态,宗教文化是人类文化中的重要组成部分。几千年来,宗教广泛传播,对人类文化产生了巨大影响。尤其在古代,各民族文化的传播不少是通过宗教来完成的。一些宗教人物,也往往是文化的使者。汉代佛教的传入和本土道教的兴起是中国文化史上具有极为深远影响的大事。

佛教是在两汉之际传入中国的,它在中国的传播与丝绸之路的开辟有着直接的联系。本来两汉时期官方推崇的儒学自董仲舒以后已包含浓厚的神学色彩,西汉末谶纬迷信之说甚嚣尘上,导致儒家经典中的神学成分更突出。但儒学毕竟与真正的宗教有较大区别,从严格意义上讲,在中国以后漫长的封建社会里,儒学都难以称得上是一种真正的宗教。在汉代以前,中国还没有一种宗教,而贫困的土地最容易滋生或吸收宗教。佛教创始人乔达摩·悉达多(公元前565~公元前485年)约与孔子同时,原为毗罗卫国(今尼泊尔南部)净饭王的太子,因不满维护种姓制度的婆罗门教,又对人生诸多烦恼深感忧虑,遂出家修行,领悟到苦、集、灭、道"四谛"和"十二因缘",形成最早的佛教教义。佛教宣扬平等,不杀生,不偷盗,不邪淫,不妄语,不饮酒,倡导行善和来世,受到民众的欢迎。信徒们尊称其为"释迦牟尼"(即释迦族的圣人)或佛(觉悟者)。其后数百年,佛教在中亚、西亚广为流传,在西汉末年传入中原地区。

据载,公元前2年(西汉哀帝元寿元年),信奉佛教的大月氏使臣伊存到达长安传经,博士弟子景宪从其学经。东汉初佛教在宫廷贵族中开始流传,楚王刘英因信佛斋戒,信奉"五戒"受到明帝表彰。明帝永平十年(67年),明帝派蔡暗到印度求佛经,从大月氏带回沙门迦叶摩腾和竺法兰,并用白马驮回一些佛教经典,史称"白马驮经,菩提西来"。明帝遂下令在洛阳建白马寺,翻译佛教经典。所以,白马寺有中国佛教"祖庭"之称。在最高统治者的大力提倡下,桓灵时代,西域名僧安世高、支谶等都前后来到洛阳,翻译佛经多种,佛教的影响越来越大。东汉时期所流行的佛教,属于小乘教派。从袁宏《汉纪》的记载看,当时佛教所宣扬的教义,主要有如下几点:其一,宣扬"神不灭"论,认为"人死精神不灭",人死之后能够重新投生,轮回转世,精神也就"随复受形";其二,宣扬因果报应,认为善有善报,恶有恶报,宣扬依法修行,脱离苦海,进入涅槃境界;其三,以慈善为本,要求不杀生,清除欲念。佛教所宣扬的教义,比之儒家的天人感应说和道教的长生不老说,更容易为贫苦民众和企求永葆荣华富贵的贵族所接受,所以佛教较为迅速地兴盛起来。

中国道教产生于东汉时代,与佛教的传入大致同时。道教主要渊源于战国秦汉的神仙方术和托名黄老之学的太平道、五斗米道,并夹杂有古代的鬼神崇拜。方生术士曾相当活跃,他们迎合统治者长生不老的愿望,编出"神山"、"仙药"的谎言,一些君主包括秦始皇不惜耗费巨资入海求仙,结果只能是一场空。同时又有方士炼丹,服食可长生,封禅升天,占卜吉凶,驱鬼求神,祈福禳灾等手段或"能耐",致使许多贵族包括汉武帝在内,都曾深信不疑。

西汉成帝时,齐国方士甘忠可托言真人赤精子下凡传播太平之道。东汉顺帝时,宫崇献上他老师于吉所得神仙书《太平经》(又称《太平青领书》)共170卷。东汉末年,巨鹿人张角奉《太平经》为经典,建立"太平道"。东汉顺帝时,张陵(即张道陵)到四川鹤鸣山(今四川大邑县境)修道,造作符书,以符水及中草药为人治病,凡入道者须出五斗米,故称"五斗米道"。张陵就是后世所说的张天师。五斗米道教人学习《老子》,现在流传的《老子想尔注》就是五斗米道的著作。他们按照神仙长生的理论来解释《老子》,而且把老子神化,"太上老君"的称号最早就出现于此书。太平道和五斗米道是原始的道教,两者的教义大体相近。

道教是中国的本土宗教,在佛教未传入之前,它的教义缺乏系统,被认为"道家之术,杂而多端",是神仙思想、道家学说、鬼神祭祀以及占卜、谶纬、符箓、禁咒等巫术迷信结合的产物。道教修行的终结目的是炼丹长生、羽化登仙、"得道成仙"。它是一种入世的宗教，不仅追求人生的享乐，而且希望长生永世。道教对中国文化有多侧面的影响，对中国古代化学、医药学等科技发展有较大影响，故而鲁迅先生曾言："中国的根柢全在道教。"[①]

第三节　秦汉的文化艺术

一、凤凰涅槃：文化学术的破坏与整理

秦始皇一统天下后，在文化方面取得了很大的成就，但在法家思想的指导下，"焚书坑儒"给中国古代文化的发展造成了极大的损失。在当时的历史条件下，出于巩固统一的需要，采取统一思想的措施本无可厚非，但采用极其愚蠢而残暴的方式，使大量古代文化典籍被焚毁，所造成的损失无可挽回。

到汉代惠帝时解除挟书之令，"大收篇籍，广开献书之路"；武帝时"建藏书之策，置写书之官，下及诸子传说，皆充秘府"。经过不懈的努力，到成帝时，便招集当时的学者对现有的书籍资料加以编校。刘向在校书时，每校一书，即"条其篇目，撮其指意"，撰成《别录》，其子刘歆在此基础上撰成了我国历史上第一部目录学著作《七略》。刘向、刘歆父子等人的古籍整理工作，对总结先秦文化有着重大贡献。

在对汉字的整理和文字书写方式的总结上，许慎所著《说文解字》最为著名，许慎还曾著《五经异义》等书。他博览群书，精研典籍，用了22年时间，主要收集了秦汉文字小篆，兼收古文、籀文（大

[①] 鲁迅《致许寿裳》，见《鲁迅全集》第11卷，北京：人民文学出版社，1981年，第353页。

篆)等文字,共计9353个,编成《说文解字》14篇。此书对每一个文字的形体、声音、字义(即训诂)都作了解释,言简意赅,全部解说达13万多字。这部著作集西周以来文字学之大成,保存了大部分先秦字体和汉以前的文字训诂,总结了战国以来解释文字的"六书"理论,是我国第一部形、音、义三者兼备的字典。直至今天,其仍是我们了解古文字义和古代典章制度的重要工具书。

二、汉赋、乐府民歌、散文

赋是汉代最流行的文体。在两汉四百年间,一般文人都致力于这种文体的写作,因而盛极一时,后世往往把它看成是汉代文学的代表,在文学史上有所谓"汉赋"的专称。汉赋受到战国后期纵横家的散文和新兴文体楚辞的巨大影响。辞赋的主要特点是铺陈写物,"不歌而诵",接近于散文。但在后来的发展中它吸取了楚辞的某些特点,运用华丽的辞藻、夸张的手法、张扬的文风,显示了汉帝国的强盛。刘勰《文心雕龙·诠赋篇》所谓"然赋也者,受命于诗人,拓宇于楚辞也"。汉赋在汉武帝之前流行骚体赋,其后流行散体赋,前者内容多抒发作者的政治见解和对身世的感慨,较有成就和代表性的作家是贾谊、枚乘。贾谊的主要作品有《吊屈原赋》等。贾谊遭到周勃等人的谗毁,被谪为长沙王太傅,当其渡湘水时作《吊屈原赋》,借凭吊屈原来抒发自己心中的愤懑。景帝时枚乘所作的《七发》对后世也有很大影响。散体大赋把汉赋推向了全盛,著名赋家有司马相如、扬雄、东方朔等,尤以司马相如最负盛名,其代表作是《子虚赋》、《上林赋》等。《汉书·艺文志》辑录汉赋900余篇,作者60余人,大部分是这一时期的作品。从流传下来的赋作来看,内容大部分是描写汉帝国威震四邦的国势、新兴都邑的繁华、水陆物产的丰饶、宫室园囿的富丽,以及皇室贵族们田猎、歌舞时的壮观场面等等。汉赋是一种典型的宫廷文学,主要是为帝王歌功颂德,颂扬帝国的富庶和强大,其中也有讽谕劝诫的,辞藻华丽却远离生活,渐趋形式化和空洞化,缺乏生命力,汉以后逐渐衰落。

汉代乐府民歌具有"感于哀乐,缘事而发"的特点,比《诗经》的叙事性更强。例如《病妇行》、《东门行》、《战城南》、《十五从军征》、《上山采蘼芜》、《陌上桑》等,都以精练传神的笔墨描写了生活中的一些事件或场面。

汉乐府民歌格调古朴浑厚,多采用杂言体和五言体,善于通过口吻毕肖的对话来刻画人物性格。这些特点对后代文人的诗歌创作有一定的影响。汉乐府诗题材广泛,真实而深刻地反映了广阔的社会生活,弥漫着浓厚的生活气息,跃动着时代的脉搏,表达了人民的爱憎,是现实主义文学的珍品。

汉代的散文也很有特色,大多纵论时政,文采飞扬,剖析人理,语言精练。其代表性的作者和名篇有:贾谊的《过秦论》、《治安策》、《陈政事疏》;晁错的《贤良对策》、《言兵事疏》、《论贵粟疏》;刘向的《说苑》等。鲁迅称之为"西汉鸿文",对后代散文、议论文的影响甚大。

三、史学史上的"双子"星座:《史记》与《汉书》

两汉时期在中国史学史上具有划时代的意义的两部史学巨著开创了中国史学的新纪元,这就是《史记》和《汉书》的诞生。

(一)史家之绝唱,无韵之《离骚》——《史记》

《史记》是我国第一部以写人物为中心的纪传体通史,它记载了从黄帝到汉武帝太初年间大约3000年的历史,是一部有52万多字的巨著。全书共130篇,由十二本纪、十表、八书、三十世家、七十列传五部分组成。"本纪"记载历代最高统治者的政绩以及以帝王为中心的历代重大事件;"表"是各个历史时期帝王将相的年表大事记;"书"是关于政治、经济、天文、历法、水利、经济、文化、地理等方面的制度和时代专史;"世家"是先秦各诸侯王的事迹和汉代有功之臣的传记;"列传"是历代有影响的人物(官僚、士大夫、名人等)的传记(少数列传记少数民族史和外国史)。这五种体例,互相补充配合,构成了《史记》全书的整体。其中本纪、世家、列传三部分,都是以写人物为主的,这三部分不仅是全书的中心,也是思想性和艺术性最强的部分。

司马迁以"究天人之际,通古今之变,成一家之言"(《报任安书》)为己任,穷毕生之精力"网罗天下放失旧闻,略考其行事,综其终始,稽其成败兴坏之纪"(同上),继承以往历史著作的传统,将几千年间零碎散乱的历史资料,加以整理、审核、排比,分别归类于100多个历史人物的传记之中,在八书中综述历史背景,最后在年表中排比年代。这样全书的体例完整,疏而不漏。用纪传体来写历史是司马迁的首创,《史记》也因而成为一部不朽的史学名著,后代历史学家撰写史书,大都沿袭了《史记》的体例。

《史记》开创了我国纪传体史学,同时也开创了我国传记文学的先河。《史记》的人物传记,包括了各个阶级、阶层以及各种职业的各式各样人物,既有帝王将相也有平民,既写了伟大杰出的政治家、军事家、学者,也写了昏暴之君、刺客、游侠、倡优,几乎每一个人物身上都体现了作者的褒贬、爱憎。《史记》在人物、场景、叙事方面都达到了出神入化的地步,有极高的艺术成就,被鲁迅称之为"史家之绝唱,无韵之《离骚》"。[1]

(二)纪传体断代史著作——《汉书》

东汉时期的史学著作,最重要的是班固所著的《汉书》。班固的父亲班彪,继司马迁《史记》之后,作《后传》65篇。在此基础上,班固修成《汉书》100卷。他死的时候,该书并没有全部完成。后来马续补写了《天文志》,班固的妹妹班昭完成了"八表"。《汉书》起自汉高祖刘邦,止于平帝、王莽,记录了西汉王朝200多年的历史,是我国第一部纪传体断代史,它"究西都之首末,穷刘氏之废兴,包举一代,撰成一书"(《史通·六家》)。《汉书》在体例上基本沿袭《史记》而又有所发展,如把《史记》中的世家并入列传;将《史记》的"八书"扩充为"十志",新增了《刑法》、《五行》、《地理》、《艺文》四志,从而保

---

[1] 鲁迅:《汉文学史纲要》,北京:人民文学出版社,1973年,第105页。

存了更多的社会、文化史资料,其中《艺文志》是在刘向《七略》基础上写成的,著录了当时流传可见的图书,论述了古代学术思想的源流、派别,并作了评论,是中国第一部初具规模的文化史。其他如《刑法志》、《地理志》等门类的创立也是一种创造,这些都为后代史书所沿袭。班固崇奉儒家正统思想并以此作为评判人物的标准,全面叙述了西汉时期的政治、经济和文化的发展,突出描绘了统一的西汉王朝强盛富庶的景象。

《汉书》的文学价值也很高,它在一些人物传记中喜欢全文收录历史人物的奏章、辞赋等作品,几乎成了西汉文章的总汇,保存了可观的文史资料。同时,《汉书》汲取了过去许多历史著作的长处,记事"文瞻而事详",周密而有条理。《史记》、《汉书》、《后汉书》、《三国志》并称为"前四史",是我国正史中的名著。

西汉史学上的成就除了《史记》外,还有《七略》。这是刘歆继承其父刘向的业绩,在刘向《别录》的基础上写成的。它综合了西周以来,特别是战国时期的文化遗产,经过选择、校勘、分类,编成目录。《七略》包括《辑略》(总论)、《六艺略》、《诸子略》、《诗赋略》、《兵书略》、《术数略》、《方技略》。《七略》不仅是中国目录学的开端,而且也是一部很重要的古代学术专史。班固的《汉书·艺文志》就是以此书为蓝本创作而成的。

东汉末年,荀悦还依照《春秋》和《左传》的体例,依据《汉书》的内容,编写了编年体裁的《汉纪》30篇。会稽人赵晔编的《吴越春秋》、袁康撰的《越绝书》,则开创了编写地方志的先例。东汉朝廷陆续编修的《东观汉纪》,为后来学者研究东汉历史提供了翔实的材料,这本书同时也是我国第一部官修史书,表明史官职务的专门化。

四、秦汉造型艺术——雄放豪迈的秦汉雄风

秦汉时期的造型艺术表现了广阔无垠的宇宙意识,体现了浪漫主义和现实主义的完美结合。这一时期的绘画成就,主要体现在宫廷壁画、墓室壁画和帛画上。两汉时期宫殿壁画较为盛行,主要以绘制历史故事、绘制本朝功臣肖像为内容。汉明帝时派人赴西域寻求佛法,归来后建立白马寺,寺壁曾画有千骑群象绕塔图,此乃中国佛教寺院壁画的开始。咸阳秦宫殿遗址壁画、洛阳西汉卜千秋墓壁画等,把现实和神话传说的内容、天上人间的万物形态都生动地表现了出来。当时宫廷、官邸、神庙、陵墓都有壁画。西汉的墓室壁画赋色典雅,格调庄重豪放,例如洛阳出土的烧沟61号西汉壁画墓,就发现了描绘"二桃杀三士"的壁画,画面上把齐景公神情威严、侍卫表情谦卑、晏婴机智过人、三壮士恃勇寡谋与舍生取义的悲壮情景,描绘得淋漓尽致,从一个侧面反映了西汉绘画艺术的成就。东汉后期的墓室常见壁画,多为描绘贵族奢华生活、农牧生产、战争以及鼓吹封建道德的圣贤、孝道、烈女、义士等历史故事画。在河北望都1号汉墓前室左右两壁画有侍卫二十几人,布局严谨,形象高大,人物性格鲜明,比例准确,堪称是东汉壁画最优秀的代表作。

汉代绘画中的另一类珍品是帛画,因其难以保存而尤为罕见。代表作是在1972年长沙马王堆1号汉墓出土的那幅T型帛画("遣策"称之为"非衣"),长205厘米,上宽92厘米,下宽48厘米。画面基本分为三部分:天上、人间、地下,其主题思想是引魂升天。上部描绘天界,以人首蛇身的女娲为中心,左日右月,日中有金乌,月中有蟾蜍、兔。女娲足下,双龙竞舞、扶桑树上,八日争辉;仙鹤仰首,鸿雁展翅。中部描绘人间,雍容华贵的老妇,拄杖款款而行,前有两小吏跪迎,后有三侍女相随,还有蛟龙神兽环绕在她周围,技法极为流畅,形神兼备。下部绘出两条交尾的大鱼(蛟龙),其上屹立的巨人双手托着列置鼎壶的白色扁平物,可能象征着大地。整幅画面,有现实生活,有神话传说,有的写实,有的想象,堪称是中国古代帛画中之极品。此外人物造型带有风俗画性质,采用写实与装饰相结合的手法,线条流畅挺拔,色彩绚丽。马王堆3号墓出土4幅帛画,其中一幅与1号墓所出帛画内容构图和形制极为相似。汉朝的帛画是我国绘画现实主义传统的发轫,有着相当高的艺术水平,展示了西汉绘画艺术的成就。

秦汉的大一统，使国家的财力和人力高度集中，迎来了中国雕塑史上的第一个高峰。被称之为"世界第八奇迹"的秦兵马俑，是这一成就的最好体现。已发掘的兵马俑共有武士俑7000多件、战车百余辆、战马百余匹，是迄今为止世界上罕见的规模庞大的雕塑杰作。这些真人般大小的铠甲武士俑个个昂首挺胸，神态勇猛，并和鞍马、兵车按作战阵形排列，威武雄壮，气势磅礴，令每一个有幸参观的人都为之震撼。用写实主义手法塑造的那一个个形象各异、造型比例匀称、神态生动的兵马俑不仅展示了秦军阵容的威严肃穆，也显示了秦代无名工匠的卓越艺术才华。在西汉帝陵和王公大臣的墓葬中也曾先后发现了大批兵马俑。秦汉兵马俑的出土，不仅改写了中国的美术史，而且改写了中国的军事史、服饰史……不仅向世人展示了2000多年前的秦汉高超的雕塑艺术，也展示了其他多方面的内容。

秦汉时代的青铜雕像也有辉煌的成就，最负盛名的是东汉的"马踏飞燕"，它是一匹正在奔驰的骏马，三足腾空，右后腿集全身之力，踏在一只展翅疾飞的燕背上，构图呈倒三角形，动感很强，富有浪漫主义意味，现已成为现代中国旅游的标志。

画像石和画像砖作品是具有秦汉特色的艺术门类，艺术家以刀代笔，集绘画、雕刻于一体。画像石最早出现于西汉昭、宣时期，主要是用于墓室、石棺的建筑材料。其题材广泛，既有神话传说、历史故事、楼阁建筑、人物、动物、天文星象，又有墓主车马出行、乐舞百戏、农耕纺织及各种图案花纹。雕刻技法有阴线刻、凹面刻、减地平面阴刻、浅浮雕、高浮雕和透雕。布局简洁疏朗，具有古朴豪放的风格特征。画像砖是秦汉时代的一种建筑装饰构件，多用于装饰墓室壁面，东汉是画像石艺术的鼎盛时期，其中以四川、山东等地出土的画像砖艺术造诣为高。

霍去病墓石刻是西汉最著名的大型石刻，艺术家运用循石造型的艺术手法，巧妙地将圆雕、浮雕、线刻等技法融汇在一起，加强了作品的整体感和力度感，堪称传世之作，尤其是"马踏匈奴"石刻更是思想性与艺术性完美结合的典范。

五、气势恢弘的秦汉建筑:严整的都市规划和长城

秦汉时期的建筑气势恢弘、雄伟壮观,城市规划上各部分功能分明,布局严整合理,显示出先进的建筑思想与高超的建筑技巧。其中的宫殿建筑代表了当时建筑的最高水平。

(一)秦代的宫殿建筑

秦代建筑的宫殿主要有咸阳宫、阿房宫、"六国宫殿"、行宫等。咸阳宫遗址位于咸阳城址北部的阶梯上,处在咸阳城的中轴线附近。三座现存遗址中的两座形成东西对称的高台宫观,两者之间由一条跨越上原谷道的飞阁连接而成。其中,位于谷道西测的1号遗址东西60米,南北45米,坐落在一座平面略呈L型的多层夯土高台上。台顶中部有两层楼堂构成的主体宫室,四周分布有上下不同层次的较小宫室。底层建筑的周围环绕有回廊。整个建筑结构十分紧凑,布局上高低错落,层次分明。一些房屋内还发现有壁画残迹,十分罕见。

秦始皇统一全国后,令人把六国宫殿的图样摹绘下来,在咸阳照样兴建,他又在上林苑着手兴建了规模宏大的朝宫,这就是历史上有名的阿房宫。阿房宫位于渭南上林苑,史载阿房宫如果建成,"东西五百步,南北五十丈,上可以坐万人,下可以建五丈旗。周驰为阁道,自殿下直抵南山,表南山之巅以为阙"(《史记·秦始皇本纪》),规模甚巨。由于秦二世而亡阿房宫主体建筑尚未来得及兴建。至今,阿房宫前殿还残留有高大的夯土台遗存,东西1200米,南北450米。宫殿区附近发现有铸铜、冶铁、制陶等手工业作坊遗址,应该是专为宫殿建筑提供服务的。

"六国宫殿"是秦在统一全国的过程中陆续修建的,史书记载"秦每破诸侯,写放其宫室,作之咸阳北阪上"(《史记·秦始皇本纪》),象征着秦对全国疆域的控制。秦行宫遍及全国各地,如辽宁姜女石地区、山海关等地就分布有多处秦建筑遗址,规模都比较大。

其中的山海关金山嘴内的横山宫遗址,面积2400平方米,分为东西两部分,东部正房7间,夯土台基,有门厅、础石等建筑构件。西部又分东西两组建筑,每组进深4间,面阔5间,形成一个拥有40间大小相等房间的宫殿建筑群,为"关中计宫三百,关外四百余"(《史记·秦始皇本纪》)中所称"四百余"的一部分,是秦始皇东巡时的离宫。

(二)两汉都城:长安城、洛阳城

汉高祖刘邦时,改秦离宫兴乐宫为长乐宫,作朝会施政之所。于长乐宫西南面修建了未央宫,两宫之间修有武库;汉惠帝时在这些宫殿周围修筑了城墙以及用于商品交易的东、西市;到汉武帝时,于长乐宫北建明光宫,于未央宫北建桂宫、修北宫,作为后宫等人的住所,并在西面城外修建了建章宫,同时扩建了上林苑,开凿了昆明池。至此,长安城初具规模。汉都长安,内外宫室145所,如未央宫,用名叫木兰的香木作栋,用有花纹的杏木作梁,柱基用玉石,金饰窗,玉饰门。2000余年后,在汉宫遗址上发现的铜器,涂金镂银,工巧绝伦;出土的砖瓦,古朴厚重,坚实耐用。

长安城的平面形状大致呈方形,外围轮廓却不甚规整。城周建有围墙,黄土夯筑,全长25.7公里,城内面积约为36平方公里。长安城四周均有城门,共12座,每座城门都有3个门道,8条大道相互交错,形成许多"丁字路口"或"十字路口"。这些大道的宽度为45米,被2条排水沟分成3条并行的道路,中间一条宽约20米,为皇帝专用,称为"驰道"。宫殿是长安城的主要建筑,城内的商业活动则聚集在城西北角的东、西九市进行。长安城南部建有上林苑,方圆200余里,为皇家苑囿。汉武帝时为解决城中用水不足的问题,在上林苑内开凿了昆明池,面积约10平方公里。王莽执政时,于长安城南郊修建了明堂、辟雍等礼制建筑,后又修建了宗庙。这些建筑都是按照儒家的传统礼制和阴阳五行学说设计建造的,规模宏大,结构复杂。

宫殿瓦当多为圆形或半圆形,当面上刻画有各种纹饰。两汉时的瓦当中,多动物纹、植物纹和云纹,最具代表性的是青龙、白虎、朱雀、玄武四神瓦当，此外还有凤、麒麟、兔、飞鸿、双鱼、星、月等图样。文字类瓦当也很常见，如"上林"、"汉并天下"、"千秋万岁"、"富贵延年"、"长乐未央延年益寿"等，较秦瓦当纹饰更为丰富。

总的看来，西汉长安城的规划改变了以前那种大小两城相套或分治的旧制，将宫城连同工商业区以及居民区同置于一城之内，且"面朝后市"（《考工记》）。宫殿面积占大部分，体现了当时城市浓郁的政治氛围。东汉洛阳新城建于光武帝建武十四年（公元38年）前后，其建制与长安城很相近，不同之处有，洛阳城外形略呈长方形，南北约9000米，东西宽约6000米，又称"九六城"；宫室建筑大量采用斗拱抬梁式木结构，文字瓦当的比重增加。东汉刘秀称帝后，都洛阳，修建了南宫和北宫等宫殿。北宫中的德阳殿是最重要的殿，周旋容万余人，璧高二丈，殿前的朱雀阙高耸入云，据说从40多里以外即可望见璧。

（三）秦汉长城

秦汉时期，为了防御以匈奴为主的北方少数游牧民族的入侵，在北方边境地带修筑了长城，并在长城沿线建立了边城、障塞，设置了烽燧。

秦代的长城主要是将战国时期燕、赵、秦三国所修建的长城连接起来，再加以增补修建而成的。它西起甘肃岷县，东至辽宁阜新，中间经过宁夏、内蒙古、河北等地。西汉时对这条长城加以修缮，汉武帝时还将长城向西北延伸，从内蒙古居延海附近一直延伸到甘肃、新疆的交界处。在修建方式上，采取了因地制宜、就地取材的做法。平地多以土夯筑，山间则用石块垒砌，还有的地段以土石混筑，甘肃西部地区的长城则采取于夯土中夹筑芦苇的方式。

汉代在长城沿线的内侧大量设置以屯戍为主要目的边城。这些边城均建有城郭，还有的分为内城和外城两个部分，具备一定的规模。城中除有官署建筑以外，还有民居店铺和手工业作坊等。长城上的障塞则为驻兵之所，平面呈方形，周围建造有围墙。障塞外筑的土台，便是用来通报战况、屯兵戍守的烽燧。

第四节 秦汉的学校教育

一、秦汉官吏选拔制度的形成

官吏是国家机器的重要组成部分,商、西周实行的是"世官制",公门有公,卿门有卿,实际上没有选拔。春秋战国的世袭制与选贤举能相结合,秦时的军功爵制、客卿制和征士、荐举等等,打破了世官制,选官制开始建立。到汉代,才正式建立了比较完善的官吏选拔制。汉代选拔官吏的途径很多,如军功、任子、赀选等,但主要是察举和征辟。汉代察举名目繁多,主要有"贤良方正"、"孝廉"、"秀才"、"明经"、"明术"、"童子科"等科,其中以前两科最重要,所得人才也最盛。汉代察举经历了由最初只荐不试、偶尔试之到所荐皆试,由一般性官府的考试到皇帝亲自策问,由一次性考试(公府考试)到端门复试的发展过程,显示了汉代考试制度逐步确立、全面推行的过程。汉代察举考试确实选拔了不少人才,同时也推动了文化教育的发展,对巩固汉代的统治,发展封建政治、经济、文化教育,都起了积极作用。[1]

察举制度起始于先秦的选贤举能、乡举里选,又深受战国养士之风的影响,终于在两汉时期建立并逐步完善而成为一种选士任官制度。各种名目的察举已成为汉代最主要、入仕数量最多的一种选任制度,它协调了内部权力的分配,部分地满足了中下层地主分子和平民的参政愿望,对巩固政权有巨大影响,"汉之得人,于兹为盛"(《汉书·倪宽传》)。

---

[1] 谢青等主编:《中国考试制度史》,合肥:黄山书社,1995年,第18页。

二、两汉时期的官学、私学及其考试

秦汉时期是中国教育制度最终确立的时期,教育思想、教育方法、教学内容基本形成。汉武帝时,儒学的独尊地位确定,官学体制建立。汉代的官学有中央所属的太学,有专科性质的鸿都门学,有宫廷学校性质的四姓小侯学。太学的规模由小到大,建元五年(公元前136年)置《诗》《书》《易》《礼》《春秋》五经博士。元朔五年(公元前124年),丞相公孙弘建议"为五经博士官置弟子五十人",当年太学正式开办。元始四年"起明堂辟雍,为博士舍三十区"(《三辅黄图》),学生上万。东汉初扩大太学规模,顺帝时学生增至3万余人,屋宇240幢、1850间,创两汉学生和校舍数的最高纪录。

博士是太学的教师,对他们的任用采取多种方式,如征聘、荐举、选试、由其他官职调任等等。在太学设置前,博士以专治一经为终身职责,太学成立后,博士即以所专治的一经教授生徒。西汉文帝始置一经博士。平帝时增为六经,每经置博士五人。以后儒家经典各分数家,置十四家博士。太学生又称"博士弟子",或"诸生"。西汉太学生入学资格有两种:一是由太常直接挑选年18岁以上的容貌端正者,一是由郡和县长官选送"好文学,敬长上,肃政教,顺乡里,出入不悖",经太常认可者。前者为正式生,后者称"如弟子"。两汉太学也重考试。武帝时,定为"一岁辄课",即一年举行一次考试;东汉桓帝时定为"二岁一试",即每两年考试一次。方式有"口试"、"策试"、"射试",射试是由主考官拟定试题,按其难易分为甲、乙两等,写在缣帛上密封。考试时由应试者任取一类或两类解答,相当于现在的抽签考试。①

鸿都门学,是我国最早的艺术专科学校,开创于东汉灵帝光和元年(公元178年),因校址在鸿都门而得名。学习的内容为辞赋、小说、尺牍、字画。学生数十人,东汉末因灵帝的提倡,诸生及经州

---

① 杨学为主编:《中国考试通史》,北京:首都师范大学出版社,2004年,第33页。

郡推举的艺术专门人才千余人参加课试,学生毕业皆可任用。四姓小侯学是为皇室及贵胄子弟创办的贵族学校,亦称"宫邸学",创于东汉明帝永平九年(公元66年),"四姓"指外戚樊氏、郭氏、阴氏、马氏。四姓小侯学也学五经,择师而教,能通经得高第者,特优赏进。

汉代的地方官学有郡国学和县以下学校。郡国学由景帝时蜀郡守文翁首创。文翁"仁爱好教化",选拔郡县小吏中聪明而有培养前途的青年十余人亲自教诲,遣送京师,受业博士,后又在成都创设"学官",渐成制度,致蜀地因之大治。此举得到汉武帝的嘉许,推广文翁的郡国办学经验,诏令"天下郡国皆立学校官"(《汉书·儒林传序》)。从此郡国文化教育得以发展,郡国学官称"文学",学生称"文学弟子"、"郡学生"。关于县以下学校,至平帝元始三年(公元3年)颁令"郡国曰学,县、道、邑、侯国曰校。校、学置经师一人。乡曰庠,聚曰序,序、庠置《孝经》师一人"(《汉书·平帝纪》)。各地各级学校得以初建。

两汉私学兴盛,比官学发达。《后汉书·儒林列传论》:"自光武中年以后,干戈稍戢,专事经学。自是其风世笃焉。其服儒衣,称先王,游庠序,聚横塾者,盖布之於邦域矣。若乃经生所处,不远万里之路,精庐暂建,赢粮动有千百。其耆名高义,开门受徒者,编牒不下万人。皆专相传祖,莫或讹杂,至有分争王庭,树朋私里,繁其章条,穿求崖穴,以合一家之说。"班固的《东都赋》描述这时"四海之内,学校如林,庠序盈门,献酬交错",当包括地方私学在内。两汉私学可分为两种,即高等教育性质和普通教育性质的学校。前者的教师多为名师硕儒,学生众多。① 后者如闾里的"书馆",由教师教学生识字、写字。还有比书馆高一级的学塾,学一些儒家的经典。这些私学有的只是利用农闲时间开办。

三、察举制度:别具一格的两汉时期人才制度

两汉历时400多年,这是中国古代封建社会的初期,大一统王

---

① 高时良:《中国教育史纲》,北京:人民教育出版社,1992年,第154页。

朝的政治、经济、文化、军事诸方面都获得了较大的发展。西汉王朝建立后,适应大一统国家需要的人才培养、选拔、任用制度逐渐出现,东汉时察举制度日臻完善,逐渐形成了一整套行之有效的具有中国特色的人才选拔和考试制度,这些都促进了社会的进步和政权的稳定,为两汉的经济文化发展和国力的昌盛作出了贡献。

两汉选拔人才的方式,主要是征辟和察举。征辟是由皇帝或官府直接聘请名士任官。这些名士均是志行高洁、博学多才或某一方面技艺卓绝超群的学者,也有的是前朝学富五车而又隐居民间的名人,他们一经征辟,无须考核即被授予高官。察举制则是通过地方官的考察、推荐,将一些符合朝廷要求的人才推荐出来,供朝廷直接任用或经过一定形式的考核再加以任用。其具体的操作过程大致是:多数先由皇帝下诏,令三公九卿、地方郡守等高级官吏,按照一定的名目(标准),把各地品德高尚、才干出众、学识渊博的平民或下级官吏推荐给朝廷,由朝廷直接任官,或经过某种形式的考核(直至皇帝亲自策问)择优录用。

刘邦晚年所作《大风歌》中"安得猛士兮守四方"的感叹,表达了他对人才的渴求。汉文帝即位的第二年(公元前178年),下诏举贤良方正及直言极谏之士,并首次对被荐举者采用"策问"的方式进行选拔。"贤良"是指有贤行而良善之士,"方正"指方幅而正直之士。察举制到汉武帝时发生了较大的变化,其一是举贤良对策成为定制;其二是扩大了察举的科目,新增设了举孝廉、举秀才、举明经等科目;其三是规定举孝廉成为岁举的常科。在此之后,察举制遂成为汉代选拔官吏的主要途径。汉代察举有常科和特科两种。常科有举孝廉,每岁皆举。特科是特别诏定的科目,有举贤良、贤良文学、秀材异等、明经、童子郎等科。偶尔还荐举勇武知兵、明法、明术等专门人才。终汉之世,以"贤良方正"、"孝廉"两科最重要,所得人才也最盛,成为汉代人才选拔的主流。

综观汉代察举制由初建到发展的全过程,察举制经历了以下的发展过程:由随意性很强到逐步正规化,最终形成较为完善的制度;

对被荐人由最初只荐不试、偶尔试之到所荐皆试；由一般性官府的询问到专门官府的考试，直至皇帝亲自策问；由一次性考试（公府考试）到端门复试；由偶尔下诏察举人才到成为地方官较为经常性的职责之一。总体而言，大抵西汉得人，贤良为盛；东汉得人，以孝廉为多。西汉除贤良需对策外，大都无须考试，察而举之即委以官职；东汉则所举皆试。汉代的察举制度选拔了大批优秀人才充实了官吏的队伍，这对于巩固封建政权、发展封建经济和文化教育事业，都起了积极作用。其主流是进步的，当然也不可避免地存在许多失误和弊病。①

秦朝实施"以吏为师"、"以法为教"的政策，导致了文化发展缓慢、学校教育的倒退。察举制与两汉的教育制度密切结合，相互促进。举贤良需对策，没有文学才识当然不行，举秀才、明经、博士、童子郎均以儒家经典为考试的主要内容，这就使察举与教育的关系日益密切。太学、郡国县学和兴旺的私学培养了一批又一批官吏的后备人员，朝廷对被荐举人进行严格考试以定优劣的制度又促进了教育的发展，促进各阶层的地主阶级知识分子奋发读经，以求仕途通达。但是，我们也应该看到，两汉的教育政策，都是以察举选士制度为轴心而转动的，朝廷只定选举及考试的政策和标准，教育便会自然而然地趋向这些标准和政策。这在相当程度上又阻碍了教育的普及和致用，学校教育自觉不自觉地降为察举选仕制度的附庸。隋唐以后的科举继承了两汉的传统，使教育的功能萎缩。

第五节　渐趋成熟的传统科技

传统科学技术主要指以农业立国的国家所必需的科技，一般可

---

① 杨学为主编：《中国考试通史》，北京：首都师范大学出版社，2004年，第68页。

分为农学、医学、天文(历法)学、数学四大门类。秦汉传统科技趋向成熟,这主要得益于适应国家的统一,生产技艺的提高和生产向深度、广度发展的需要。

一、天文历法的新成就

秦汉天文历法的成就主要表现在对天体观测的重视、天文学理论的进步和历法的修订等方面。

秦汉时期十分重视对天体星象的观测。汉武帝时,洛下闳曾铸造浑天仪,太初三年(公元前93年)立日晷仪下漏刻(水钟),以求二十八宿的位置。宣帝时耿寿昌铸铜为像,以测天象。马王堆汉墓出土的帛书中,有记载秦汉之际70年间木、金、水、火、土五大行星运行规律的《五星占》,这是我国现存最早的天文著作。中国古人对太阳黑子的观测在世界上是最早的,《淮南子》中即有"日中有踆乌"的记载,踆乌就是黑子的形状。《汉书·五行志》载汉元帝永光元年(公元前43年)"四月……日黑居仄,大如弹丸"。河平元年(公元前28年)则有更精确的记载:"三月乙未,日出黄,有黑气大如钱,居日中。"此为举世公认的最早的关于太阳黑子的观测记录,比欧洲早800多年。

秦汉时期对天体结构的探索有了进步,逐步由神话走向科学。当时最主要的有两种学说:"盖天说"认为天像一个大斗笠,盖在一个反扣着的圆盘似的大地上,天、地都是中央高、四周低,日月星辰随天盖而运动,这比原来的"天圆地方说"有所进步,但逐渐为越来越多的天文观测事实所否定。"浑天说"则把整个天比作一个鸡蛋,地犹如蛋壳裹着的蛋黄。这虽是一种以地球为中心的天体理论,但在当时历史条件下,能比较准确地说明天体的运行状况。西汉时著名天文家洛下闳、鲜于妄人、耿寿昌等都努力发展浑天说,东汉时杰出科学家张衡则是浑天说的集大成者。

张衡(78~139年),字平子,南阳人,他学识渊博,所著《周官训诂》记载了浑天仪的制造原理和使用方法。他还在另一名著《灵宪》

中表达了宇宙无限的观念:"宇之表无极,宙之端无穷。"此外,《灵宪》还对日、月食作出了正确的解释。张衡在洛下闳、耿寿昌等所造的浑天仪的基础上,设计了一种新的浑天仪。这是以直径为5尺的空心铜球,画上二十八宿和其他一些恒星及黄、赤道等天轴支架在子午圈上,半露于地平圈上,半隐于地平圈下。天球通过齿轮系统靠漏壶滴水均匀转动,每天一周,自动且近似正确地演示天象及其运动,其星辰的出没与观象台所见相同。张衡还制造了候风地动仪,能及时测试当时频繁发生的地震方位。

天文学的发展给历法的进步提供了很好的条件。汉初沿用秦的《颛顼历》,以十月为岁首。1972年,山东临沂银雀山汉墓中发现元光元年(公元前134年)的历谱,这是我国发现最早的完整历谱。根据它推算,此历谱与秦历法相同,证明武帝太初以前依然采用《颛顼历》。但《颛顼历》并不精确,到汉武帝时已出现了"朔晦月见,弦望满亏"(《汉书·律历志》)的错乱现象。于是汉武帝令司马迁、洛下闳、邓平等20多人负责改进历法,他们通过制作仪器进行实测和推考计算,提出了18种改历方案,最后邓平的方案被选中,于太初元年(公元前104年)颁布,称为《太初历》。《太初历》原著已失传。《太初历》以正月为岁首,采用有利于农时的二十四节气,在没有"中气"(即冬至、大寒、雨水、春分、谷雨、小满、夏至、大暑、处暑、秋分、霜降、小雪)的月份,插入闰月,调整了太阳周天与阴历纪月不相合的矛盾,把季节和月份的关系调整得十分合理,朔望晦弦也较为正确,这是我国历法上一个划时代的进步。这个方法在农历中一直沿用至今。随着天文学的不断发展,人们对历法也日求精密。成帝时,刘歆又根据《太初历》,经过略加调整成《三统历》,被收在《汉书·律历志》中,流传至今,成为我国第一部记载完整的历法。《三统历》规定19年有7个闰月,成为当时最精密的历法。

东汉时的天文学,在继承前代丰硕成果的基础上,有了新的发展。东汉和帝时改用《四分历》,东汉末年,刘洪造《乾象历》,较前有所改进。其中有关于日、月食的算法,并编制了一张月亮运行速度表,为日后历法的改进和提高提供了有益的借鉴。

二、中国传统医学体系的建立

中国传统医学体系,是在秦汉时期建立起来的,流行以阴阳五行来解释人的生理和病理。汉初名医淳于意(太仓公)之师传授给他的《药论》就是其中之一。东汉出现的《神农本草经》,是战国秦汉以来的药物知识的总结。书中共记载了365种药物的性能和用途,按药性分为上、中、下三品,提到的主治疾病名称达170余种,所提药效,绝大部分是正确的。它是我国最早的一部药物学专著,其中也包含着有关植物学、动物学和化学的一些知识。据《汉书·艺文志》记载,在成帝时,侍医李柱国校订的官府所藏医书就有医经7家,216卷;经方10家,274卷。《隋书·经籍志三》记载汉末有蔡邕《本草》7卷,华佗弟子吴普《本草》6卷。

东汉末年南阳人张仲景(150～219年),名机,从小精心研究医学,曾学医于张伯祖。他广泛征集方剂,总结前代的医学经验,所著《伤寒杂病论》16卷,是集战国、秦汉以来医书的大成。此书后来散失,东晋的王叔和收集整理其著作,分为《伤寒论》(10卷,附方10卷)及《金匮要略》(3卷)二书。分别论述了伤寒等急性传染病和包括外科、妇科在内的内科杂病。还记录了三四百个药方。书中对病理诊断、治疗和用药等都有详细的论述。特别是在诊断方面,已具备阴、阳、表、里、虚、实、寒、热"八纲"辨证的雏形;在治疗方面已总结出汗、吐、下、和、温、清、补、消八法。这些都成为中医学的医疗原则,为历代中医所遵循。张仲景也被人们奉为"医圣"。华佗见过此书,曾评价道"此真活人书也"。

东汉时期医学上最重要的成就是外科学的诞生、内科向脉理学发展、针灸学、药物学知识的丰富和医疗保健受到重视。

汉末名医华佗(约141～203年),沛国谯(今安徽亳州)人,在徐州、扬州一带行医。华佗精于方药、针灸,特别精于外科手术,能够"刳破腹背"、剪截冲洗肠胃,"病若在肠中,便断肠湔洗,缝腹膏摩,四五日差,不痛,人亦不自寤,一月之间,即平复矣"(《三国志·方技传》),甚至还能从事难度很高、需要高度精确和复杂技巧的脑外科手术(参见《后汉书·方术列传》)。手术前饮用他发明的麻沸散,病人"须臾便如醉死无所知"(《三国志·华佗传》),这是世界上最早的全身麻醉法。华佗认为适当的运动可以促进血液流通、帮助消化饮食,从而预防疾病。为此,他创作了模仿虎、鹿、熊、猿、鸟五种动物活动姿态的"五禽戏",既可除疾、利足,又可当作导引,是一种动静相结合的保健体操,也是世界上最早的健身操。他的徒弟吴普坚持练五禽戏,活到90多岁,仍"耳目聪明,齿牙完坚"。针灸是一门古老的医术。华佗有《华佗观形察色并三部脉经》1卷(《隋书·经籍志三》),说明华佗已在研究脉理。华佗的学生樊阿从华佗学医,在针灸技术上,可谓是青出于蓝而胜于蓝。他在背及胸部,前人不敢妄针,针之不过四分,却下针一二寸或五六寸,针到病除。关于他的精湛医术,民间有许多脍炙人口的传说,这也从侧面反映出当时高超的医学水平。

秦汉时期的医学还有其他方面的一些成就,在河北满城汉墓(墓主为中山靖王刘胜夫妇)发现针灸等医疗器械。新莽天凤三年(公元16年),由太医将犯人开膛破肚,测量五脏,用竹丝探测血脉的终始,以助于治病。这是我国有关人体解剖的最早记录。

马王堆3号墓发现一幅彩绘各种运动姿态的帛画,上绘44人,运动姿态各异,应该是古代的《导引图》,它是迄今我国考古发现中时代最早的一件健身图谱,为研究我国独特的导引疗法的源流和发展提供了实物资料。同墓中还出土了帛书《足臂十一脉灸经》、《阴阳十一脉灸经》和《五十二病方》,填补了我国早期医学史的空白。

三、数学和地图地理科学的进步

秦汉时期出现了我国最早的一部数学著作《周髀算经》。该书成于公元前1世纪,书中有周公问算的内容,已使用复杂的分数算法和开平方法,特别是记述了商高所讲"勾三股四弦五",这是有关勾股定理的最早记载。

秦汉时期有许多著名的数学家,如张苍、耿寿昌、张衡等。张苍在秦代"为柱下史",汉初任计相;耿寿昌在宣帝时任大司农中丞,"皆以善算命世"(刘徽《九章算术注·序》),都曾对《九章算术》的成书作过贡献。刘歆认为传统的"圆周率三,圆径率一,其术疏舛",开始推求新的圆周率为 3.1547。

《九章算术》则是举世公认的古典数学名著,该书是经过长期修改、补充逐渐完备起来的,正式成书约在公元前 1 世纪中叶。全书分方田、粟米、差分、少广、商功、均输、盈不足、方程、勾股等九章,包括 246 道应用题及其解法。其中关于分数概念及其运算、比例问题的计算、负数概念的引入和正负数的加减运算法则等等,都比印度早 800 年左右,比欧洲国家则早千余年;关于联立一次方程组的解法,印度最早的记载见于 12 世纪,而欧洲则至 16 世纪才有记载。后世许多著名数学家都对《九章算术》进行诠释,并在注释中不断引入新的科学概念和方法,从而推动了中国古代数学的发展。该书在世界数学史上占有重要地位,隋唐时就流传到日本,被定为教科书,今有多种文字译本在世界各地流传。

秦汉时期在地理学方面也有很多成就,对中国乃至以后世界文化的发展有很大贡献。《史记》、《汉书》等史书中就记载了大量的山川地理、都市等方面的知识。从长沙马王堆 3 号墓出土的 3 幅地图可以看出,当时地图的测绘水平有了较大的提高。三幅帛上分别绘有地形图、驻军图和城邑图,其中地形图上绘有山脉、河流、居民点和道路等。所有的地图都有统一的图例,山体除用较粗的闭合曲线来表示外,还用细线绘成鱼鳞状层叠,以此显示出山体峰峦起伏的特征。这种手法与今天的等高线很相似,方寸之间,显示出西汉地图科学、地理学和测绘技术的水平。

四、造纸术的改进

秦汉时书写的主要工具还是竹简和丝帛,但竹木简牍十分笨重,不便携带;帛书虽轻薄易于携带,但织造艰难、价格昂贵,两者都适应不了社会经济文化的需要。西汉时期发明的造纸术在科技史上是一大贡献。西汉时期出现关于纸的记载是《汉书·孝成赵皇后传》上的一句话:"箧中有裹药二枚,赫蹄书。"应劭注曰:"赫蹄,薄小纸也。"考古工作者在西北多处西汉墓葬或遗址中发现了一些早期的纸品样本:最早为黄文弼先生《罗布淖尔考古记》载,1933年新疆罗布泊汉代烽燧遗址中发现一片麻纸残片,后来1957年陕西出土了"灞桥纸"、1973年甘肃出土了"金关纸"、1978年陕西出土了"中颜纸",其中"灞桥纸"年代最早。它们经过检测被证实都是植物纤维纸。1986年,在甘肃天水放马滩一座西汉墓中发现一张纸地图。这些可以证明,西汉时期的纸,已能用于书写。但估计在当时纸的使用还不是很普遍,还处在造纸工艺的探索时期,专门的造纸手工业还没形成,主要用于书写的工具还是沿用已久的绢帛和竹木简牍。

到了东汉时期,造纸术出现了重大技术革新,这就是蔡伦对造纸工艺的改进。蔡伦是东汉和帝时的尚方令,他用树皮、麻头、破布、旧渔网等做原料来造纸,在纸浆的化学处理和漂白等关键工艺上取得了重大突破。当时的造纸工序大致为:切沤(将树皮、渔网、麻布等原料放在塘内浸沤百余日)、舂捣(把沤过的原料去掉粗皮,舂捣为糊状)、煮浆(在大锅内加热烧煮纸浆)、抄纸(将煮过的浆冷却,捞出纸浆,摊于竹帘上)、焙干(将帘上的湿纸敷在平滑的火墙上烤干)。这种造纸方法一直沿用到明清。蔡伦的发明使造纸的原料多样化,不仅化废为宝,而且取材方便、造价低廉,特别有利于纸的普及推广,以至于当时"天下咸称'蔡侯纸'"(《后汉书·蔡伦传》)。从此,纸张开始彻底代替了绢帛和竹木简牍,成为书写最主要的和首选的材料,有利于科学文化的传播和推广。更为重要的是,这项古老的发明为世界文明的发展作出了巨大的贡献。8世纪造纸术传入西亚、12世纪传入欧洲,最终遍及全球。造纸术的发明与改进,成为中国和世界文化史上的一件重要事件。

中国古代的"文房四宝"中除了纸以外,笔、墨、砚的制作在汉代也已经大致定型,至东汉时期已经初具规模。

五、冶铁业的进步和农耕技术的提高

(一)冶铁业的进步和铁制农具的推广

西汉的冶铁作坊多、规模大。从考古发现的很多材料来看,这些西汉冶铁遗址工序集中,设备齐全。根据金相学的分析,在汉代的铁器中,出现了彻底柔化处理的铁素体基体的黑心可锻铸铁,而这项技术在欧洲从18世纪才开始使用。同时,还出现了金属组织相当好的高碳钢、中碳钢和锻铁制作的兵器。特别是河南巩县铁生沟村出土的一件铁镬,有良好的球状石墨及明显的石墨核心和放射性结构,与现行的球墨铸铁国家标准一类A级石墨相当。此外,炒钢炉,这一崭新的高效率先进技术的出现,说明西汉冶铁技术已经发展到了一个更高的层次,改变了整个冶铁生产的面貌,在钢铁冶炼史上具有划时代的意义。虽然由于封建生产关系和自然经济的限制,炒钢未能像18世纪的欧洲那样发展成大规模的钢铁生产,但它对我国封建社会的农业、手工业、水利、交通以及人们的物质文化生活仍有重要影响。

战国时期冶铁业一般只能冶铸农具和少数手工工具,锻制兵器尚属罕见,大多数只限于楚地。到了西汉中期,铁制工具已经推广到边疆少数民族地区。不仅有铁制的长剑、长矛、环首大刀,而且还有铁制的生活器皿和一般工具,如灯、釜、炉、剪等,由此可知在当时铁器的使用已经相当广泛。其中,铁制农具的推广格外引人注目。为了适应农业生产的需要,铁制农具的种类也增加了很多。仅铁犁,就有铁口犁铧、尖锋双翼犁铧、舌状梯形犁铧等。特别是犁壁的发明,使得翻土、碎土、松土、起垄作亩都更加简便。同样的犁壁在欧洲直到11世纪才出现,比中国晚了1000多年。

东汉时期,随着铁制工具的普及,钢铁的需求大量增加,从而推动了冶铁技术的改进,如利用水力的鼓风炉(即水排)开始使用,用河水冲力转动机械,使鼓风皮囊张缩,不断为高炉供给氧气,"用力少,见功多,百姓便之"(《后汉书·杜诗传》)。层叠铸造技术已被熟练掌握,并且较战国时期有重大改进,由原来的双孔浇铸,改为单孔一次浇铸。在燃料的选择上,已经使用了煤(石炭),河南巩县的冶铁遗址中就曾发现羼杂了泥土、草茎的煤饼。

(二)水利工程

铁农具的广泛使用,为兴建水利提供了有利条件。西汉的水利事业比战国时期有了新的发展。突出的成就是黄河的治理和关中地区一些较大水利工程的兴修。

治理黄河是西汉规模较大的水利工程。汉初,黄河屡次决堤,造成了严重的水灾。元光三年(公元前132年),黄河在瓠子决口,泛滥成灾,遍及16郡。元封二年(公元前109年),汉武帝征调几万民工前去修治,还巡视工地检查工程。经过此次治理,黄河在80年内没有发生大的水灾。

汉武帝时在关中开凿了几条较大的灌溉渠。元光六年(公元前129年),为了转运由关东西运的漕粮,由著名水工徐伯领导,开凿了与渭河平行、全长100多公里的"漕渠"。它的建成,不仅使临潼到潼关这一段的漕运时间缩短一半,而且使沿岸2万多顷土地收益。同时,又修建了"龙首渠",从今陕西澄城县引洛水灌溉蒲城、大荔一带地区。渠道必经的商颜山(铁镰山)土质疏松,渠岸容易崩毁,无法采用一般的施工方法。人们便发明了"井下相通行水"的"井渠法"(《汉书·沟渠志》),使"龙首渠"从地下穿过7里宽的商颜山,这便是我国历史上第一条地下水渠。这种建造沟渠的办法就是"坎儿井",后来传到了西北和西南的川、黔、云、贵等地区。此后又相继在郑国渠上游修建了"六附渠",从泾阳引泾水至临潼的"白渠",较为有名的水渠还有很多,它们的修建对当时的农业起到了重要作用。

东汉灵帝时宦官毕岚,发明了利用水力在河边汲水的"翻车"和给道路洒水的"渴乌"。此时还出现了以水力带动木轮,使之带动石碓的舂米工具"水碓",比以前用杵臼或脚踏石碓舂米,不但省力,而且效率也提高很多。东汉时期恢复和扩建了许多已经荒废的陂塘,修建了一批水利灌溉设施,如汝南太守邓晨等修复了"鸿隙陂",安徽的芍陂、会稽的镜湖等也在这时得到修复。此时还对黄河作了较好的治理。公元1世纪初,黄河在魏郡(晋豫交界地区)决堤,河道南移,改道入海,泛滥成灾。汉明帝时水利专家王景、王吴主持修"浚仪渠",筑堤分流,成功地战胜了黄河水患,使得800年间,黄河无改道,水灾大大减少。

(三)农耕技术的提高

随着农业生产的发展,农耕技术有了很大提高。汉武帝末,搜粟都尉赵过总结了西北地区抗旱斗争的经验,推广了"代田法",就是把一亩地分成三畎和三垄,年年轮流耕种,以休养地力。下种时把谷物种在畎里,幼苗长出后,再将垄上的土推到畎里,作物入土较深,抗风耐旱。"代田法"的实施,使得粮食每亩产量可以实现增产60~180公斤。赵过还发明了播种机——"耧车"。这是一种可将犁地、开沟、下种、覆土等工序一次性完成的农具。它可同时播种三行,所以又称"三脚耧"。一人一牛,一天可耕一顷,大大提高了播种效率。这是我国古代在农业机械方面的重大发明。铁犁铧已由战国时期的铁口铧发展成为全部用铁制作,不仅更为坚固耐用,还可以提高生产效率。汉武帝曾下令在全国范围内推广各类新式农具、先进高效的耕作技术,以促进农业生产的发展。到成帝时,氾胜之又总结了一种新的耕种技术——"区种法"。这是一种园艺式的耕种技术,将土地划分成许多小块,集中使用水肥,精耕细作,提高了单位面积的产量,显示出较高的农业生产技术水平。此外,还加强了对耕牛的保护,禁止宰杀耕牛,重罚盗牛、杀牛者,大力推广牲畜耕地。由于农业生产的发展,耕地面积也在不断扩大,到西汉末年垦田面积已达827万顷,全国人口超过5900万,均大大超过战国时期的水平,这说明西汉经济发展迅速。

东汉时期在耕作劳动中出现了短辕一牛挽犁,较西汉的长辕二牛挽犁有很大进步。还出现了深耕省力的犁铧,以及曲柄锄、铁制钩镰等新型全铁制工具。牛耕技术、区种法已从中原向北方高原和江南一带迅速推广。东汉豪强地主的田庄是农业生产中很特别的生产单位,崔寔的《四民月令》中便记载了有关情况。这种田庄在生产上十分注意时令节气,重视杀草施肥,善于根据不同的土壤性质,种植不同的作物,采用不同的种植密度,并能及时翻土晒田,精耕细作,双季轮作,大大提高了土地的利用效率。

六、传统制陶业的发展与瓷器的生产

与先秦时期那种日常生活用具多为陶器的状况不同,秦汉时期制陶业的发展更多地体现在建筑用陶的广泛应用及南方瓷器的生产上。

(一)传统制陶业的新发展

秦汉时期建筑用陶的生产规模扩大,质量明显提高,品种增多。在咸阳宫等秦宫殿遗址中,发现大量砖瓦建筑构件。此时砖的类型主要有铺地砖和空心砖两种,铺地砖不仅有素面的,更多的还刻有太阳纹、米格纹、小方格纹、平行线纹等纹饰;空心砖的砖体上也多印有几何形纹及龙、凤纹等。此外,还出现了子母砖、五棱砖、曲尺形砖、楔形砖等,画像砖也开始出现。西汉时期,用于墓室建筑的空心砖大量增加,砖面多刻有花纹图像。东汉时,四川等地生产专为墓室所用的画像砖,内容极其丰富,如各类人物、乐舞、车马、狩猎、亭阙等等,全景式展现了地主阶级的日常生活状况。一般来说,秦汉时期建筑用陶,砖、瓦的质量相当好:烧制火候高、质地坚硬、色泽青灰、表里如一;且制作工艺规整,从外观上看上去浑厚朴实,形式多样。故被誉为"敲之有声,断之无孔",又被称作"铅砖",或统称为"秦砖汉瓦"。

秦汉时期盛行以陶制日用器皿的模型和大量陶俑随葬,称之为"明器"。这些明器类别很多,制作一般都较粗糙。东汉时反映当时庄园经济发展的模型器相当发达。

（二）瓷器的问世

我国是瓷器的发源地,作为我国古代的一项重要发明,瓷器制造业在古代各种手工业品中占有重要地位。瓷器以瓷石或高岭土作坯,在1200℃左右的高温中烧成,坯体烧结坚硬,坚固耐用;瓷胎表面上一层釉,胎釉紧密结合,不会脱落,釉层表面光滑,不吸水,接触污物后易清洗;坯土有可塑性,器物形状可以根据需要而随意创造。制瓷的原料储备充足、开采容易,且成本低,故可大批量生产。因此,瓷器一经问世,便迅速地传播开来。东汉以后窑址遍布全国各地,且各具特色,制瓷技术越来越精,新工艺不断涌现,并源源不断向国外传播,极大地丰富了人类生活,为人类文明作出了贡献。直到今日,"瓷器"和"中国"这两个词,在英语中是同以"China"来表示的。可见,在世人眼里,瓷器俨然已成为中华文明的代名词了。

在南方出土的西汉后期青瓷更加普遍。釉色比以前明显增多,除青绿色外,还可见到黄绿、淡灰、青褐等釉色。不过此时的瓷器还只能说是从原始瓷器发展到真正意义上的瓷器的一个过渡阶段,这一过程直到东汉中晚期才最终完成。

考古工作者已在上虞、宁波、余姚、永嘉等地发现了东汉的"龙窑"遗址,其中仅上虞一县就有7座。这种龙窑一次可以烧上百件器物,器物种类有壶、钟、罐、碗、盘、洗、叠、五连罐、耳杯、唾盂等,远比西汉多,且胎体呈灰白色,透光度较好,釉色莹亮。有关学者曾对上虞小仙坛东汉窑址中的一件斜方格纹青瓷器进行了测试,证明其瓷胎已烧结,吸水率为0.28%,烧成温度已达1310±20℃,胎体致密坚硬,胎釉结合紧密,无剥釉现象,青釉色泽纯正,透明而有光泽,为名副其实的瓷器。早期瓷器主要出现在江苏、浙江、江西、湖南、湖北、安徽等地,它们的年代绝大部分都在东汉晚期。

七、丝华锦丽,步履生辉

西汉时期的丝织业比较发达,纺织技术有很大提高,全国丝织业中心在长安城和齐郡临淄。长安设有东西织室,临淄和陈留襄邑等地设立了大规模的官营手工业作坊,作坊的织工多达数千人,并设工官专门管理。在一些大城市,也有富商大贾经营的手工业作坊。当时,丝织品的种类很多,官营作坊以生产比较贵重的锦、绣、纱为主。

1972年马王堆出土了保存完好的绢、纱、锦、刺绣、麻布等丝麻织品,这些高级丝织品,通过织、绣、绘、印等技术制出各种动物纹、云纹、卷草纹、菱形花纹。尤其是那件素纱蝉衣,就像今天的尼龙纱,薄如蝉翼、轻若烟雾,重仅49克,显示了人们的高超智慧和技术创造才能。

生产精美的丝织品,除了要有高明的技术外,纺织机械的不断革新进步也是必备的。山东临沂银雀山出土的西汉帛画和汉画像石上已有单锭纺车的图像,由此可知,纺车在汉代已成为普遍的纺织工具,且已经出现了织布机。斜织机和脚踏提综的织机已比较普遍。同时还有织造提花织物的机械——"提花机",而且在工艺上使用了分组的提花束综装置,已经用地经和绞经分开提沉的双经轴机构,显示了很高的提花水平。

汉代的代表织物是五彩缤纷的多彩织物——汉锦,它以茜草素和蓝靛为染料,可染成绿、褐、红等色。这比战国时期用温水湔帛的染色工艺提高了一大步。

八、精美绝伦的漆器

西汉时期的漆器业十分发达,在蜀郡(成都)和广汉等地设置工官监造漆器。漆器成为全社会争相使用的器皿,且形成一种风尚。贵族官僚、富豪大贾之家更是把漆器当成一种奢侈品,"夫一文(纹)杯得铜杯十",(《盐铁论·散不足》)即1件纹饰漆杯的价格相当于10件铜杯。从出土的汉代漆器上,反映出官营漆工作坊里的劳动分工十分繁细,有素工(作内胎)、髹工、上工(漆工)、黄涂工(在铜制附饰品上鎏金)、画工(描绘油彩花纹)、清工(最后修正)、造工(全面负责的工师)等工种,管理漆工的官员也有卒史、丞、掾、令史等。

漆器的种类很多,有耳杯、盘、壶、盒、盆、勺、枕、奁、屏风、几案等。长沙马王堆汉墓出土的500多件漆器和2具精美的彩绘大漆棺,造型精致美观、优美华贵、色彩鲜艳、光彩照人;纹饰画工潇洒生动、奔放有力,线条干净流利。特别是其中的耳杯盒最为精致:椭圆型,两侧有半圆形把手,盒内放有小耳杯6件,重沿耳杯1件,内漆朱地,外漆黑地,表面绘红彩或作金银色泽的花纹。出土时均用绣花包袱包裹。其中的"双层九子奁"在竹简上被称为"九子曾检",它黑褐色的表面上刷上一层极薄的金粉,里面加上少量银粉,称为"清金漆",再用油彩绘上黄、白、红三色云气纹,璀璨耀眼,华丽无比。体现在这些漆器上的高超工艺,反映了我国劳动人民高超的智慧。

第六节 社会生活

一、渐趋丰富的饮食

中华民族素以擅长种植五谷著称于世。以五谷为主,辅之以鱼肉、蔬菜的饮食习惯,由来已久。随着秦汉社会生产力的提高,人们的饮食生活也有所改善。

秦汉人一日两餐或三餐,主食是五谷。由于自然环境的差异,各地区的粮食不尽相同。一般来说,南方以水稻为主;黄河中下游地区以麦为主,其次是粟、黍、菽;关中地区以黍、粟为主。粮食加工工具也有了改进,桓谭说:"庖牺之制臼,万民以济。及后世加巧,因延力借身重以践碓,而利十倍。又复设机关,用驴、牛、马及役水而舂,其利乃且百倍。"(《新语·离事》)汉献帝时,雍州刺史张既曾令陇西、天水、南安三郡富人"造水碓以安民"(《三国志·魏志·张既传》)。粮食加工工具的革新,有助于人们主食水平的提高。主食的制作方法和品种很多,大别之,有饼、饭、粥三种。饼的制作方法有蒸、烤、煮三种。

家养畜类有马、牛、羊、猪、狗等。马、牛多用于生产、运输和战争，一般很少食用，多食用羊、猪、狗等。野生的鹿、兔、鼠等也是人们猎食的对象。家养的禽类有鸡、鸭、鹅等。禽蛋也是人们喜爱的食品，汉墓中曾发现带有"卵笥"标牌的竹笥和变质的禽蛋。

秦汉时期已经开始较大规模地利用陂塘养鱼。如汉安（今四川内江市西）"有盐井、鱼池以百数，家家有焉"（《华阳国志·蜀志》）。陂塘养鱼也常见于汉画像石、画像砖。人们还捕捞江海湖泊中的鱼、鳖、螺、蚌等，方法有网捞、线钓等。秦汉时蔬菜主要有五种：葵、藿、薤、葱、韭，此即所谓的"五菜"。葵在植物分类上称"冬葵"，汉时葵有"百菜之首"之称。此外还有藕、笋、芥、芹、芋、萝卜、菠菜、蔓菁等。还有从西域传来的胡葱、胡蒜等。甜瓜是秦汉众多瓜果中的一种，在马王堆汉墓出土的女尸食道、肠胃里就发现了100多粒甜瓜籽。此外还有西瓜、梨、桃子、柿子、杏、杨梅等。张骞通西域，又传进葡萄、石榴、胡桃、胡瓜等。当时，有的瓜果已被成片种植，形成了一些特产区，如真定的梨、安邑的枣、燕秦的栗等。

对于饮食，时人是很讲究的，烹饪技术也达到了较高水平。张衡说南阳的菜肴有"百种千名"（《南都赋》）。烹饪方法主要有以下几种：羹，即作肉汤；炙，是把肉用签子串起来放在火上烤；濯，是把食物放在热油中炸；脍，是把生肉切细生吃；脯，是作肉干；腊，是把肉烤熟再晒干；炮，是将带毛的禽兽包以泥巴放到火中烧烤。此外还有类似现代的蒸、煎、熬、煮等方法。餐具有盛饭的碗、取羹的勺、盛菜的盘、盛酒的耳杯、夹菜的箸（箸有耳箸、竹箸、木箸和铁箸）等等。

二、制作精美的室内用具

秦汉时期，自帝王至平民，坐卧起居皆用席。席一般是用蒲草或蔺草编成，也有竹编的。马王堆汉墓出土莞席4件，完好的有2件。

坐席之礼，有一定的规定；一般是多人同坐一席，唯尊者有专席。在座次上，坐北面南最尊，这是帝王之礼；一般人则以坐西面东为尊，其次为北向，而西向为最卑。坐席的姿势，如同今日之双膝跪地。若伸腿向前，谓之"箕踞"，是为傲慢无礼之姿。

睡眠一般用床。床多木制，较矮。战国时期的大床，多绕以栏杆。秦汉时的床一般无栏杆。床上铺席，床除了用于睡眠外，也可当坐具。张骞通西域后，传入胡床。胡床是一种可以折叠的坐具，类似于今天的"马扎"。官宦之家，也有坐榻的。榻是一种比较轻便的坐具。在河北望都汉墓中的壁画上，一主簿和记吏各坐一榻，榻呈方形，铺有坐垫。也有两人同坐一榻者。坐榻姿势同坐席，也是跪坐。

几案的使用很普遍，其用途有二，一是用来放置碗、盘等，近似于今天的饭桌；一是供书写用，类似于今天的书桌。有木案、石案等，以木案为多，形状多方形或长方形，也有圆形的。几案腿短，适于人跪坐的姿势。

用来照明的是灯、烛。烛的使用较早，灯的使用大约始自战国。秦汉时的灯形式多样，制作精巧。现今可知的灯具有象形的人俑灯、羊尊灯、牛灯、朱雀灯、凤鸟灯、雁足灯、花树连枝灯等。还有仿器皿的豆形灯、盘灯、卮灯、三足炉灯、奁形灯、耳杯灯等。其质料有铜、铁、陶等多种。满城汉墓出土的长信宫灯，其造型是宫女跽坐持灯，生动逼真。灯盘有双重直壁，插置两片弧形屏板为灯罩，灯盘可以转动，屏板可以开合，灯光照度与射光方向均可以调节。侧举的右臂和下垂作灯盖的右袖，既增加了美感，又可使灯盘内空气流通，导烟助燃。灯的各部都可拆卸，便于清洗烟垢。

香炉也是家庭常备之物，有陶制的，有铜制的。据《西京杂记》载，有一个叫丁缓的人，制作了一具卧褥香炉，"为机环转四周，而炉体常平，可置之被褥"。他还制作了一具九层博山炉，镂以奇禽怪兽。后者在汉墓中时有发现，是汉代香炉的代表性作品。

三、快速便捷的交通条件

秦始皇统一六国后,立即下令拆毁战国时期各国在边境修筑的关塞、堡垒等障碍物。为了加强对全国的控制,于公元前220年修建了以首都咸阳为中心的"驰道"。主要干线有两条:一条向东直通燕齐;一条向南直达吴楚。驰道宽50步,道旁每隔三丈栽青松一株。公元前212年,秦始皇命令蒙恬修了一条由咸阳向北延伸的"直道",经云阳、上郡直达九原,全长900余公里,这条"直道"的遗迹现在尚可辨认。并令常頞在今云南、贵州地区修"五尺道",又在今湖南、江西、广东、广西之间修筑了攀越五岭的"新道"。这样,一个以咸阳为中心的四通八达的交通网,把全国各地连在了一起,同时,规定车轨的统一宽度为六尺,保证车辆畅通无阻。

西汉时期,张骞两次出使西域,开通了世界闻名的"丝绸之路",通过新疆的中西陆路交通有南北两条大道:南路从长安出发,经过敦煌、鄯善、于阗、莎车等地,越葱岭到大月氏、安息等国。北路经过敦煌、车师前王庭、龟兹、疏勒等地,越葱岭到大宛、康居、奄蔡,由奄蔡南下,可达安息,由安息向西到达大秦。这两条大路成为当时经济交流的两大动脉。

秦汉交通,陆行有车马,水行有舟船。皇帝的坐乘叫"安车",立乘叫"立车"。"安车"、"立车"十分坚固,都是重辋、复毂、两辖;又极其华丽,车厢上饰有交错的金龙,衡(车辕头上的横木)上立着金乌,轼车前扶手的木栏上画着伏虎;车上竖着高九仞、垂十二旒、画有日月升龙的大旗,驾六马,体现了皇帝的尊严。举行籍田仪式时,皇帝乘耕车,出征则乘戎车,而校猎则乘猎车。

妇女乘坐的车叫"辇车"。"戈辇,屏也,四面屏蔽,妇人所乘"(《释名·释车》)。太皇太后、皇太后乘坐的车屏之以紫潓,左右𫕔,驾三马。长公主的车屏之以赤,贵人、公主、王妃则乘油画车,皆只有右𫕔。汉武帝实行削弱王国的政策后,有的王侯穷困潦倒而乘牛车。故自此以后,牛车渐被重视,到东汉后期,从天子到士大夫都乘牛车。

马也是重要的陆路交通工具。驿传多用马,宾客相互往来也往往乘马。如汉武帝即位之初,"众庶街巷有马,阡陌之间成群,而字牝牛者摈而不得聚会。《史记·平准书》:众庶街巷有马,阡陌之间成群,而乘字牝者摈而不得聚会。

造船技术也达到了相当高的水平,造船地点遍及全国。在广州曾发现一处规模很大的造船工场遗址,木船及木船模型、陶船模型屡有出土。船体具备了浆、橹、帆、舵及锚等设备。汉代的战船——楼船是很有名的,以"楼船"命名的水军是汉代的重要兵种之一。商船大者在五丈以上,漕运粮食入关的船队,可多达万艘以上。

四、等级森严的婚丧制度

秦汉统一帝国建立后,统治者重整了婚礼。周礼,男子二十而冠,冠而娶妻;女子十五而笄,笄而许嫁。秦人不以年龄而以身高作为成丁与否的标准,男子身高 6 尺 5 寸(合今 1.50 米)、女子身高 6 尺 2 寸(合今 1.40 米),即为成丁,始可嫁娶。汉承秦末战乱之后,人口锐减,"户口可得而数者十二三",造成人口的严重危机。为增加人口,汉惠帝六年(公元前 189 年)诏令:"女子年十五以上至三十不嫁,五算。"惠帝此诏法定了年十五为女子的最低婚龄。据《汉书·外戚传》载,上官安之女立为昭皇帝皇后时,"年甫六岁"。至于男子婚龄,则无条文规定,有年十九而娶者,也有年八岁而娶者。总之,惠帝以后男女婚龄普遍过小,因而带来了某些弊端。宣帝朝的博士谏大夫王吉说:"夫妇,人伦大纲,夭寿之萌也。世俗嫁娶太早,未知为人父母之道而有子,是以教化不明而民多夭。"(《汉书·王吉传》)

秦汉时期,婚姻的决定权依旧操纵在父母手里。司马相如与卓文君的自由结合违背了卓王孙的意志,遭到家庭的阻挠。汉乐府诗《孔雀东南飞》中的焦仲卿与刘兰芝先由父母包办婚姻,后又被焦母拆散,两人被逼死。若父母的意见有分歧,则服从父意。如吕公欲嫁女吕雉与刘邦,吕母不同意,吕公斥之曰"此非尔女子所知"(《史记·高祖本纪》),最后把女儿嫁给了刘邦。若父母已谢世,长兄代行父权。这是子从父、妇从夫、夫死从子的封建伦理道德在婚姻上的反映。

在择偶标准上,汉人认为有五种女子不可娶:"丧父之长女不娶,无教戒也;世有恶疾不娶,弃于天也;世有刑人不娶,弃于人也;乱家女不娶,类不正也;逆家子不娶,废人伦也。"(《春秋公羊传》卷八)汉时谓此为"五禁",除了"世有恶疾",其余四条都属于封建伦理道德。

对皇帝来说,在他即位后不久便开始营造陵寝,这叫作"寿陵"或曰"初陵"。秦王政初即位,即在骊山营建规模庞大的寿陵。"汉天子即位一年而为陵"(《晋书·索靖传》)。到皇帝驾崩之时,他的陵墓也基本上做好了。人初死,沐浴含饭。含饭之物以玉石珠贝为常见。裹尸的衣衾,有金缕玉衣、银缕玉衣、铜缕玉衣三种。新中国成立后在考古发掘中不断有这类葬衣出土。据《续汉书·礼仪志》载,皇帝用金缕玉衣,诸侯、列侯、始封贵人、公主用银缕玉衣,大贵人、长公主用铜缕玉衣。实际情况要复杂一些,如西汉时诸侯王可用金缕玉衣,东汉时的诸侯王也有用铜缕玉衣的。其他人等,则可用布帛之类裹尸,也有裸体而葬者。

天子之丧,乃国之大事,发民男女哭临殿中。文帝临死遗诏:"无发民哭临宫殿中";"令天下吏民,令到出临三日,皆释服"(《汉书·文帝纪》)。其后诸帝,遵以为故事。文帝又令临丧的王侯百官"皆以旦夕各十五举音,礼毕罢。非旦夕临时,禁无得擅哭"(《汉书·文帝纪》)。参加会丧的人员,有一定的限制。如安帝崩后,废太子刘保(即顺帝)"以废黜,不得上殿亲临梓宫,悲号不食"(《后汉书·顺帝纪》)。

棺椁之制,因等级而异。皇帝用的棺椁是"黄肠题凑",这是一套甚有讲究的葬具。即棺木外以黄肠为椁,黄肠为柏木之心,其黄色而质地致密。题凑谓以木条水块累叠互嵌,其端皆内聚,形成椁室。西汉时,皇帝、皇后和同在京师的诸侯国王、王后,皆可用这套葬具,某些重臣如霍光,也曾受此殊礼。东汉时有的诸侯王犹可用"黄肠题凑",但不能用梓宫,改用樟棺。秦汉时新兴的墓葬形式,有砖室墓、石室墓,即用砖、石或砖石混合砌成地下墓室,墓室里面安置棺椁。在室壁、门楣上,往往刻上画像,内容丰富,涉及日常生活的各个方面。故这两种墓葬又被称为"画像砖墓"、"画像石墓"。到东汉时,这两种墓葬形式达到极盛。

在随葬品上,秦汉时的礼器和仿礼器逐渐减少,反映现实生活的模型明器逐渐兴盛,从杯、盘、勺、案等生活用具到仓、井、灶、楼房、猪圈、鸡鸭舍等建筑;从水田、池塘到鸡、鸭、猪、狗等禽畜,无不具备,简直是一个埋在地下的现实世界。

第七节　文化交流与碰撞

人类文化的发展是有序的,也是有规律可循的。世界各地的文化,都是在互相传播与吸收中发展起来的。在历史上同一时期,各地文化发展的水平总是不平衡的,存在着一定的差距或较大的差异。文化交流、传播、彼此碰撞是不以人们意志为转移的。文化传播的一条基本规律就是其传播的途径和方式不受人的意愿左右,文化的传播、吸收和扩散,从不受重洋和高山的阻隔,世界上没有一个民族或国家不从这种文化传播过程中受其泽惠。文化传播的途径很多,不外乎通婚、交易、宗教、战争等,有自然发生的,也有人为的传播(更多的是后者),彼此的传播方式犹如辐射,也像辐辏,或两者兼而有之。研究中国古代文化的交流,既有国内各民族间的交流,又有秦汉王朝与周边地区或国家的交流。秦汉王朝与北方匈奴和西域各族,以及通过西域与中亚、西亚的文化交流,使丝绸之路充满了传奇色彩。

一、西域烽火与文化交流

匈奴是我国北方一个古老的民族,他们以游牧为生,善骑射,勇猛剽悍,逐水草而居。战国时匈奴统领北方各部,常南下掳掠,对中原王朝构成威胁,造成破坏,是战国至秦汉数百年间的"边患"。战国时期,赵、秦等国都曾与匈奴对垒并发生激烈的对抗。秦统一后,大将蒙恬率30万军队北击匈奴,收复河套地区。

秦汉之际,匈奴族已建立了一个强大的军事政权,冒顿单于乘中原战乱兼并北方各部,先后东灭东胡,西击月氏,南并楼烦、白羊各部,又北服浑庚、屈射、丁零、新犁。后又消灭其中的一些民族,控制了北方的大片土地,"控弦之士三十余万"(《史记·匈奴传》)。西汉建立之初,他们不断南下侵扰,迫使国力凋敝的西汉采取和亲政策,这一政策持续了数十年之久。直到武帝时期,西汉国力昌盛,才转而进入武装反击阶段。经过数次大规模的战争,加之匈奴统治者内讧、分裂,实力大减。两汉之际至东汉前期,汉匈战事连绵,直至和帝永元元年(公元89年)汉车骑将军窦宪等大破北单于于稽落山(今杭爱山南脉),匈奴余部西迁,长达3个世纪的汉匈之战才得以告终。战争不可避免地带来种种灾祸,但它却也是一种交流。更重要的是在汉匈之战的过程中,汉朝的使者多次出使西域,著名的使者张骞、班超、甘英等为打通西域之路,历尽千辛万苦,足迹遍及西亚、中亚的广袤地区,传播了友谊,了解了情况,更重要的是打通了丝绸之路。从此,汉朝与西域各国使者来往不绝于道,有商人、学者、工匠,也有僧人。宣帝时,在乌垒(今新疆轮台东北)设西域都护府,统领西域诸国。

汉代以前,通过西域联系中西的道路已经出现。汉朝中叶以后,与西域各族的贸易日渐发展,经济文化的联系日益密切。汉朝修筑令居(今兰州西北)以西道路,形成通往中亚、西亚的两条商路,一为天山北路,一为天山南路。这就为彼此的沟通和较为长久的联系创造了条件。西域商人把中亚、西亚产品,如蚕豆、黄瓜、大蒜、胡萝卜、胡桃、葡萄、西瓜、石榴以及汗血马、骆驼、驴运到中原,同时,西域歌曲、舞蹈、乐器、魔术、雕刻、绘画也随之传入中原;汉朝把以丝绸为主的各种商品运往西域,又由中亚商人转运欧洲的大秦(罗马帝国)。中国丝绸被罗马贵族视为珍品,称中国为"丝国"。这条东西贯穿的商路,便被称为"丝绸之路"。近几十年来,在新疆发现了许多汉代精美的丝织品、铜镜和钱币。此外,中国的炼钢技术、掘井法也由丝路传入欧洲。丝路成为洲际海运开通以前,沟通亚欧大陆东西两端文明的主要通道。

南亚印度的佛教首先通过丝路传入西域,并在那里得到传播,然后才传到中原。这表明伴随着物质文化的交流,精神文化的交流是不可避免的,而且两者是相互影响、相互促进的。《后汉书·五行志》载:"(汉)灵帝好胡服、胡帐、胡床、胡坐、胡饭、胡箜篌、胡笛、胡舞,京都贵戚皆竞为之。"这说明西域及西域以远传入的生活器具、乐器在帝王及高级贵族中很受欢迎。文化交流的结果,丰富了各国人民的经济、文化生活,促进了各项事业的发展。

在物质文化交流的同时,秦汉的最高统治者从未对"边患"掉以轻心,秦始皇遣30万大军御边。汉代也是如此,迁豪实边、颁"养马令"、输粟拜爵等措施的推行,有利于应付边患。此外,战国时期各国竞相修建的长城在秦汉时期有了新的发展。秦始皇为防匈奴南袭,命蒙恬沿黄河、阴山设立亭障要塞,北面和东面利用赵、燕御胡长城,并修补间缺,使之连接成西起临洮(今甘肃岷县),东到辽东,绵延近万里的长城。这条秦长城,在今见砖石垒砌的明长城以北很远的地方,说明农耕游牧的边界线在秦时较宋时以后靠北几百里。汉武帝时,又建起2000里长的河西长城,与秦长城相加,从敦煌到辽东,共长11500多里。昭帝、宣帝又续修长城,最后筑起了一条西起今新疆、东到黑龙江北岸,全长近20000里的长城。沿途城堡相连,烽火相望,蔚为壮观。长城既是农耕民族与游牧民族的交界线,又起到保护丝绸之路这条对外交通线的作用。诚如中山先生所言:"长城之有功于后世,实与大禹治水等。"(孙中山:《以七事为证》)

二、中原与其他各族的文化交流

这里主要指中原文化与中国国内其他地区和民族的文化交流。中国地域辽阔,不同地区和民族文化上长期存在着许多的差异,往往一山一水之隔,就有不同的风俗习惯、不同的方言、不同的文化传统。中原地区是夏、商、周三代和秦汉的统治中心,文明发达,历史悠久,制度健全,理所当然是文化最昌盛的地区。秦汉大一统,政令号一,制度划一,为中原先进文化的传播和各地文化的交流创造了条件。

中国自古就有华夏与夷、蛮、戎、狄(又称"四夷")之分,在中国文化史上确实存在着南北的差异。这种差异产生的原因、表现、特征,前人多有研究,其中梁启超在《论中国学术思想变迁之大势》、《中国地理大势论》等论文中的论述尤为精要,他指出:"自周以前,以黄河流域为全国之代表。自汉以后,以黄河、扬子江两流域为全国之代表。近百年来,以黄河、扬子江、西江三流域为全国之代表。穷古之事不可纪,今后之局犹未来,然则过去历史之大部分,实不外黄河、扬子江两民族竞争之大舞台也。前者西江未发达,故称中部为南部。数千年南北相竞之大势,即中国历史之荣光,亦中国地理之骨相也。"(《饮冰室文集》之十《中国地理大势论》)在某种意义上我们可以说正是南北文化的交融,造就了秦汉文化的庞大气势,确立了它在世界文化史上的地位。

秦汉时期,南蛮的百越和西南各族加强了与中原地区的联系。南越的犀牛角、象牙、珍珠、银、铜、布被用来与北方交换。1983年在广州市发现第二代南越王墓,其墓制基本同于西汉诸侯王,墓中出土了玉衣、金印、铜铁器、漆木器等,反映了当时南越的文明水平以及与中原的密切关系。西南少数民族古称西南夷。秦建有"五尺道",汉设有武都郡、益州郡(治滇池,今云南晋宁东)等六郡,并封滇王,赐滇王金印。西南夷与巴蜀、南越都有商业往来,还与印度、大夏有贸易往来。

秦汉与东北各族的经济文化联系明显加强。如乌桓在武帝时受汉统治,为汉守边保塞,后结怨于王莽,与匈奴为友。东汉时又率众归化,光武帝时封乌桓渠帅81人为侯王君长,后又设护乌桓校尉加强控制,使其加快了封建化的步伐。

三、中国与周边邻国的文化交流

中国与朝鲜的交往有着悠久的历史,两国向来是唇齿相依的友好邻邦。春秋战国时期,我国北方燕齐等诸侯国都与朝鲜半岛上的居民有了频繁的贸易往来,在朝鲜境内,曾出土燕国的明刀和铁器等。西汉初年,燕齐居民有逃至朝鲜避难者,如燕人卫满率领千人到朝鲜,后来做了朝鲜国王,都险城(平壤)。他们带去了先进的生产技术和生产工具,并与西汉保持着友好往来。汉武帝时,朝鲜内部发生变乱,属臣杀死国王,归降汉朝。西汉在朝鲜半岛设四郡:乐浪、临屯、真番、玄菟,更加加强了两地的经济文化交流。平壤曾出土过精美的汉代漆器,如漆耳杯、漆盘以及铜钟等,皆为汉官营手工业产品。在朝鲜乐浪郡发掘出土的许多漆器,具有楚国漆器的遗风。同时,朝鲜古墓葬、遗址中还常常发现有中国风格的丝织物和铁器等。到了东汉末年,朝鲜半岛的北部,先后兴起高句丽、百济、新罗三个国家;半岛南部有三韩,即西边的马韩、东边的辰韩、南边的弁韩。其中马韩人已知种田养蚕织布,住的是草屋土室,与汉人接触较多,受汉文化影响较大。辰韩又称秦韩,即所传秦朝人逃亡至此者,经济文化水平最高,人民能种五谷、养蚕织布,铸造铁器。弁韩最小,经济文化比较落后。都处在原始社会末期的三韩在东汉王朝的强烈影响下,没有向奴隶社会发展,而是模仿汉朝的政治制度,直接走上了封建化的道路。

中国与日本的交往也是很早就开始了。据1960年版的《日本纺织技术的历史》一书记载,秦始皇时吴地有兄弟二人东渡到日本,传授养蚕、丝织和缝制吴服技术。1958年,在日本九州岛东南的种子岛,发现墓葬中有贝札(贝制片状物)和腕轮(手镯状)数件。贝札上书有汉隶。大约在战国至秦汉间有不少人东渡日本,但文献中记载不多。

　　汉武帝时,日本有三十余国派遣使者来到汉朝。这是中日两国使节往来的最早记录。汉武帝以后,中日经济文化交流有了进一步的发展。日本的博多罗湾沿岸曾发现过许多汉代的铜镜、铜剑。东汉时,中日关系更加密切,建武中元二年(57年),倭奴国派使臣与汉通好,刘秀便赐以"汉委(倭)奴国王"金印。此印已在日本九州志贺岛崎村出土,成为了中日友好的历史见证。《后汉书·东夷传》载,汉安帝永初元年(107年),倭国王帅升等献生口百六十人,愿请见。此后,倭国多次派人来汉,东汉王朝赏赐以大量的丝绸、漆器、铜铁器等。中国的农业生产技术和养蚕等技术也传到倭国。

　　自古以来,中国与越南在经济文化上就有着密切的联系。秦统一全国,进军南越时,曾侵犯过其北部的瓯骆国。秦汉之际,真定(今河北正定)人赵佗占据南海、桂林等郡称王,灭瓯骆国,割据一方。汉武帝灭赵氏政权后,在越南北部设交趾、九真、日南三郡,继续对其进行统治。在此期间,中越两国人民之间的经济文化交流很频繁,中国的铁质农具和越南的土特产相互交换,丰富了彼此间的文化生活。

　　印度在中国古书上被称为"身毒"或"天竺"。早在公元前2世纪,中国和印度就有了经济往来。张骞首次出使西域,就发现中国蜀地的特产是通过身毒贩运到大夏(今阿富汗)的;后来,张骞的副使还曾到过印度。西汉晚期,印度的佛教通过西域传入中国内地,这更是文化交流史上的一件盛事。

第四章

魏晋南北朝：乱世中的变革与融合

  三国两晋南北朝时期始于曹丕代汉(220年)，终于隋文帝灭陈统一中国(589年)。这期间经历了三国鼎立、西晋短暂的统一，北方出现五胡十六国的割据，继而又有北魏和东魏(北齐)、西魏(北周)的裂变和嬗递；南方则历经东晋、宋、齐、梁、陈诸王朝。这是中国继春秋战国时代之后又一个乱世，兵祸连年，政权更迭频繁；而且乱的规模更大，乱的范围更广，影响更深远。同时又是一个思想文化领域极为活跃自由的时期，是"精神上极自由、极解放，最富于智慧、最浓于热情的一个时代"[①]。这一时期的动荡将秦汉时奠定的以儒家思想为尊、整合兼纳道法阴阳诸家而成的一元帝国文化逆反，文化呈现多元发展的态势，经学式微，名教危机，传统文化受到空前猛烈的冲击，同时玄风独振，佛教大兴。当4个世纪的震荡结束以后，崭新的、充满生机和活力的强大王朝——隋唐王朝就屹立于世界的东方，中国传统文化经历数百年的整合，走向了成熟，呈现蔚为大观、气势磅礴之势。

[①] 宗白华：《美学散步》，上海：上海人民出版社，1981年，第177页。

第一节 从乱到治：制度文化的变化

魏晋南北朝时期是汉代集权政治崩溃后出现的，400年间，政治上分崩离析，经济上衰落萧条。社会动荡、门阀制度和士族政治构成那一时期的重要特征。在汉帝国集权政治崩溃后，国家陷于四分五裂的战乱之中，在大一统时期受到压抑的分裂势力、门阀制度和士族政治大行其道，于是严格士庶，以此分辨尊卑，出现了世家大族垄断仕途和所谓的"上品无寒门，下品无势族"的现象。政治地位上的特殊，使世家大族轻而易举地攫取了经济上、法律上、军事上的特权，社会政治在腐朽势力的控制下弊端丛生，恶性膨胀，这种现象到南朝时似乎有所改观，皇权加强，世家大族的势力有所削弱，但代之而起的庶族寒门势力并没有从根本上解决社会危机。

一、魏晋南北朝时期官制的演变

这一时期的大部分时间都处在分裂割据和战争状况下，为适应战争的需要，各个王朝的职官设置有许多不同，原来一些正规职官有的被撤销，有的成了虚职，而有些临时性的职务反倒发挥了举足轻重的作用。这就造成了这一时期职官设置的纷繁复杂。世家大族控制并垄断仕途，九品中正制很快成为世族手中的工具。

曹魏时期，改丞相为司徒而不再另设，后来又改称相国；增设了权位相当于宰相的中书监和中书令。设置了御史台，以原御史大夫的副职御史中丞为主官，仍掌控监察，但地位没有秦汉时期的御史大夫高，吴蜀也设有丞相。两晋时期，中央大员有八公、九卿。八公指的是太宰、太师、太傅、太保、司徒、司空、大司马、大将军。这些官职地位虽然很高，但不一定有实权。这时的宰相没有定名和定制，制度上没有此官而实际上有此人。魏晋时期的詹事府要比汉代庞大,设有詹事、詹事丞、太子中庶子、太子庶子、太子中舍人、太子洗马等官,虽无实权,但一旦太子即位,这些人便很快得到擢升。

南朝官制基本上与西晋相同,唯一的区别是陈朝掌权的是中书舍人,相当于实际上的宰相。北朝也基本上沿袭了魏晋官制。北魏是由鲜卑建立的少数民族政权,其官制最初带有民族特色,设八部大人,分管政事,后来经孝文帝改革逐渐接近于南朝。北齐以侍中为宰相。北周一度实行《周礼》中的六官制度,设置了天官冢宰、地官司徒、春官宗伯、夏官司马、秋官司寇、冬官司空六官,由于天官权力过大,北周武帝时削夺了天官总领五官的权力,以加强君主专制统治。因此六官历时很短,隋朝时连形式都取消了。

魏晋南北朝是三省制开始形成和进一步发展、完善的时期。东汉末年设丞相,由曹操担任,主持朝政,丞相府分曹治事,这是内廷尚书台列曹治事移于外朝的开始。曹操又设置秘书令掌管政令的颁发。曹丕称帝后,以太尉、司徒、司空为三公,虽然地位高,但都是空衔。为了加强君主专政,曹丕把尚书台移至外朝,分五曹治事,由尚书令主持日常事务。又成立中书省,设中书监,中书令并掌机密,代替过去的秘书令。侍中在汉代本为加官,可以出入禁中。东汉灵帝时设侍中寺,以侍中为长官,下有给事黄门侍郎等,掌随驾规谏,以备顾问,地位相当尊贵。中书省、尚书台、侍中寺的相继出现,已具备了三省制的雏形。由于中书省的中书监、中书令掌管草拟诏令,策划国政,位尊权重,对皇帝专权的威胁逐渐增大,于是晋朝皇帝又将侍中寺改为门下省,并扩大其长官侍中的权力,使其参与朝政,以限制中书省的权力。这时的尚书台作为执行机构,组织完备,分工细密,在朝廷不设"录尚书事"时,就以尚书令为尚书台长官,与中书令、侍中共同参与朝政。西晋时,尚书台下设吏部、三公、客曹、别驾、屯田、度支等六曹,以后又有一些增减,至东晋时成为吏部、祠部、五兵、左民、度支五大曹,每曹设尚书为长官。西晋又设小曹三十余,设尚书郎分曹主事,东晋后逐渐省并,以三四个小曹为一部,或五部六部不定。南朝时,又改尚书台为尚书省。三省制在从开始形成到逐渐完善的过程中,它们之间的权限、分工不断地趋于严密化,这为隋唐三省制的确立和发展提供了条件。

曹魏又将百官分为九个品级,如相国为一品,尚书令为三品,御史中丞为四品,太守五品,县令六七品等。这种制度一直沿用至清代。这一时期在汉代基础上确立的王公侯伯子男等爵位制,也被后代所沿袭。南朝品级、禄秩并用,北朝有品级而无禄秩。

二、北魏汉化与北周复古

北方的五胡十六国建国后亦多实行汉制。在推行汉制上具有突出成就的是孝文帝和宇文泰。北魏孝文帝拓跋宏为了消除民族界限,巩固少数民族在中原的统治,毅然进行了汉化改革。其中包括改定官制,采取南朝政制,官名一律依照汉制;断北语,孝文帝规定,在朝廷上30岁以下的官员必须用汉语讲话,将汉语作为唯一通用语言;禁胡服,孝文帝下令禁止左衽的胡服,服装一律依行汉制;改姓氏,孝文帝下令改鲜卑复姓为单音汉姓,例如将独孤氏改为刘氏,拓跋氏改为元氏等;定族姓,甚至还人为地制造出一些门阀。孝文帝的这些改革,以法律的形式肯定了各民族的融合,减少了民族矛盾,对我国历史的发展作出了巨大贡献。

北周的复古始于宇文泰。早在宇文泰相西魏时,就认为汉魏官职冗繁,有意复行周礼三公六卿制。到西魏文帝宝炬即位的第二年,便付诸实行。其中包括三师:太师,太傅,太保;六官:大冢宰,大司徒,大宗伯,大司马,大司寇,大司空等。其子宇文觉受西魏影响又增设小司徒、小司马、小司空、大纳言、小纳言等官。纳言官名后由唐朝传到日本。北周复古实际上没有什么大的变化,只是中国的政治制度历史的插曲。

三、门阀士族的兴起与衰败

作为地主阶级的特权阶层,门阀士族自东汉末年形成之后,到两晋时期达到极盛。两晋政权都是在门阀士族的支持下建立起来的,它们的各项政策也都以保护士族利益为前提。西晋建国后为了笼络士族,继续实行九品中正制,改变了九品中正制任人唯贤的初衷,使之演变为世家大族垄断政治的工具,出现了"公门有公,卿门有卿","上品无寒门,下品无势族"的现象。士族在政治上享有特权,垄断仕途,经济上按官品占有大量土地并合法荫客,分割国家纳税户。东晋时三品以上官职几乎全由士族担任。这时门阀政治鼎盛,以至于"晋主虽有南面之尊,无总御之实,宰辅执政,政出多门,权去公家"(《晋书·姚兴载记》),出现了由琅琊王氏、颍川庾氏、谯国桓氏、陈郡谢氏轮流掌权的局面,皇帝实际上没什么权力。

后来经过农民战争的冲击,江南生产力发展,庶族经济有所上升,士族地主势力逐渐衰落。至南朝时,虽然是寒门地主做皇帝,门阀士族的特权仍得到承认,例如,宋齐规定,高门士族的子弟20岁登朝做官,庶族地主30岁才能试做小吏。但士族这时已经丧失部分权势,如刘宋一朝共有高级官员260人,士族占总数的63%,庶族占37%。尽管数量上仍占据优势,但比例上已经有所下降。而且南朝典掌机要,总揽政务的通事舍人多由寒人担任。庶族势力的上升,反映了门阀士族的衰落。北朝少数民族掌权,士族势力还不及南朝强大。

第二节 无序世界里的纷乱与自由:宗教与哲学

一、经学的式微与名教危机

两汉时期,儒学——即经学被定为"国宪",一度是学子们追求利禄的敲门砖,因而获得空前发展。但由于儒学章句繁琐,且核心是唯心主义的"天人感应",最终与五行说、阴阳学说相结合,形成谶纬神学,今文经学和古文经学又从两个不同的侧面把经学推向危机的边缘,人们对它"不周世用"(《魏书·杜恕志》)甚感困惑。东汉末年,当社会的动乱代替了社会的稳定时,生于安定的经学就开始遭到冷落,至魏晋时期已十分突出。许多累世经学的世家大族,以读经书为耻,罕通经业。官学时兴时废,诸博士才疏学浅,无以教弟子,以至于朝堂公卿能操笔者寥寥无几。

以"三纲五常"为标志的儒学体系的精髓——名教(礼教),此时也遇到前所未有的挑战。汉末仲长统在《昌言》中,对"父为子纲"进行了抨击;曹操坚持"唯才是用"的用人方针,甚至重用一些"负污辱之名,见笑之行,或不仁不孝而有治国用兵之术"的人(《三国志·武帝纪》);阮籍倡言"非君",认为无君无臣则天下太平,设置君臣则万端丛生;更为惊世骇俗的是鲍敬言,他猛烈抨击封建君主制度,提出"无君论",主张消灭国君,建立无君无臣的社会,他的言论发人深省。

还有一些士人在经学衰微,名教危机的时候,放任言行,沉湎酒乡,甚至散发裸体,刘伶就曾"脱衣裸行在屋中",以发泄对现实的不满。妇女反礼教束缚的言行也颇为突出,屡屡出现她们追求个性自由,抛头露面,游山玩水,饮酒作乐的记载。南朝虞通之《妒妇记》生动地说明当时南方妒风大盛,而妒忌是儒家名教中的"恶德",为"七出"之一。刘宋的山阴公主竟公然振振有词地提出要面首,宋废帝居然为她立三十个面首。这种事情在两汉是不可能出现的。经学和名教的衰落是上述现象屡见的重要原因,北方少数民族遗风的影响也是不可忽略的因素。

二、率性飞扬,俊逸清谈:玄学兴盛

所谓玄学就是糅合儒、道而形成的一种新的唯心主义思想体系,玄学正式形成于魏正始年间,主要讨论本与末、有与无、名教与自然等哲理问题。"玄"有深奥、玄妙之义,《老子》、《庄子》、《周易》总称三元,是魏晋玄学的主要依据。魏晋玄学始于何晏、王弼,何晏、王弼分著《道德论》、《老子注》、《易注》,用老庄思想糅合儒家经

义,倡言"贵无",认为儒道同、名教与自然同,其主旨把儒家名教说成道或自然(宇宙精神)的产物。

西晋嵇康、阮籍、阮咸、刘伶、王戎、山涛、向秀"竹林七贤"是魏晋玄学的代表。"竹林七贤"情况各不相同,有学者将其分为三派,其政治态度、思想和命运都不相同。嵇康对儒学进行了直接的、猛烈的攻击,认为统治者制定名分、宣扬仁义是禁锢人们的思想。他反对君君、臣臣,对儒家的"君为臣纲"思想进行了攻击,难能可贵的是他提出了带有民主性的政治思想——"以天下为公"(《答向子期难养生论》)。他对司马氏政权采取坚决不合作的态度,结果被杀。二阮和刘伶是偏向世族的中间派,他们不拘礼节,思想苦闷,嗜酒放纵。刘伶作《酒德颂》,为纵酒任情找借口。阮籍常纵酒昏酣,口不论人过,实际上偏向司马氏政权,"公卿将劝进,使籍为其辞……辞甚清壮,为时所重"(《晋书·阮籍传》)。王戎的主张可谓玄学的代表,以为名教起于自然,孝慈忠义起于天成,被认为是世家大族的代言人。

东晋南朝时期,在佛教盛行的背景下,玄学转而研究佛理,这是因为老庄的"无"和佛教的"空"在学理上有相通之处。一些学者名流谈玄与崇佛并行,出现玄佛合流的趋势,佛教各宗也在玄学中吸取营养。

魏晋玄学是一种主体面貌与两汉儒学不相同的学术思潮,它以探求理想人格的本体为中心课题,是在儒家失落中生长出来的新的哲学思潮。玄学家们专注于辨析名理,以清新思辨的论证来反对汉代繁琐的注释,以抽象的思辨抛弃支离破碎的章句之学。理性的思辨之风对魏晋学风,对中国哲学都产生了较大影响,被认为是"中国周秦诸子以后第二度的哲学时代"。其思辨的成果在时人刘勰的《文心雕龙》和钟嵘的《诗品》中有充分的体现。

三、佛光流照:佛教的广泛传播

佛教自汉代传入中国,开始只在统治阶级中流传,并不广泛,直到魏晋时才得以迅速和广泛地传播。儒学的衰微和玄学的兴起,有利于倡言"空无"的佛教的发展。社会的急剧动荡、南北分裂、民众生死难料、富贵无常的现实,对佛教的传播起到了推波助澜的作用。另一方面,一些少数民族的统治者,鼓吹佛是"胡神"、"戎神",竭力加以提倡,民众在追求精神解脱和经济实力的驱使下,佛教由北而南快速传播,寺庙林立,信徒剧增,香火缭绕。到了南北朝时期,佛教已成为胡汉统治者的精神食粮,佞佛、媚佛的浪潮席卷南北各地。在这一过程中,作为外来的宗教,佛教在加速与中国传统文化融合的同时,也对中国传统文化产生巨大影响。

魏晋时期,佛教经典被大量翻译成汉文。西晋时竺法护获诸经梵本165部,大多数被译成汉文。后秦法显西行取经,历时13年遍游南亚,取回佛经,翻译出《大般泥洹经》等5种,又著《佛国记》(又称《高僧法显传》)记载旅行经历。一些西方高僧也翻译了一些佛经,其中鸠摩罗什译佛经98部,注释佛经的著作及著录佛经的目录也已出现。慧远在庐山结成白莲社,首创了东土净土法门。白莲社之立不仅是中国佛教净土宗的开始,也是中国第一个不出家的佛教信仰者即"居士"的集团,将佛教的思想深深渗入士大夫阶层的思想领域。在这过程中,佛教逐渐中国化。佛图澄的弟子释道安兼通内(佛)外(儒玄)之学,他的弟子在各地布教,不仅宣讲佛经也阐发儒学经典。伴随佛教的流传,南亚、中亚等地的思想、文化、艺术、科学成果纷纷传入中国,推动哲学、逻辑学、音韵学以及音乐、绘画、雕塑等艺术的发展,大大丰富了中国传统思想文化的内容。佛教在魏晋南北朝间的广泛流传,重要物化成果有,其一是寺院的广为兴建,所谓"天下名山僧占多"。唐人杜牧诗云:"南朝四百八十寺,多少楼台烟雨中",便是极言南朝佛寺之多。其实,南朝佛寺何止480寺,仅据《南史·郭祖深传》载,梁朝"都下佛寺五百余所,穷极宏丽,僧尼十余万,资产丰沃。所在郡县,不可胜言"。其二是大批巨型石窟造像的兴建,最著名的有敦煌莫高窟、大同云冈石窟和洛阳龙门石窟,还有甘肃炳灵寺石窟、麦积山石窟以及大大小小的石窟和数以万计的佛像,其时间从魏晋可延续至宋元。

但是,我们也应该看到,佛教的广泛传播并不能真正地解决社会的矛盾,在媚佛、佞佛的声浪中,有的帝王毅然下令毁佛,魏晋至唐五代大规模的灭佛就发生了四次,这就是"三武一宗灭佛"。三武指北魏太武帝、北周武帝、唐朝武宗,一宗即五代时的后周世宗。其中北魏太武帝和北周武帝的两次毁佛发生在南北朝时期。他们毁佛的主要目的在于"求兵于僧众之间,取地于塔庙之下"(《广弘明集》卷二〇七)。由于佛教大兴,僧尼日众,寺院经济膨胀,直接影响了国家的兵源、役源和财源,这就必然与封建皇权相矛盾,有作为的君主往往采取限佛的措施,甚至毁佛来维护神圣的皇权。其次,毁佛与佛道斗争有很大关系。太武帝以嵩山道士寇谦之为国师,斥佛为胡神;周武帝崇儒尊道,最后虽然不得已毁两教,但仍为道教保留了一席之地,所以毁两教实为毁一教。第三,毁佛与儒家学说的抵触有关。佛教的教义与传统的儒学是尖锐对立的。儒学始终不曾宗教化。儒家倡导的忠孝仁义,礼义纲常是历朝统治者都不可缺少的,历史上许多有识之士激烈地反佛,大都站在传统儒学的立场上,维护封建正统的思想。

四、道教的包容和渐趋成熟

魏晋南北朝时期,道教经历了一个从改革到发展成熟的过程,由原始道教转化为官方道教。原始道教的教义理论比较杂乱,远不如佛教系统、完善,其影响和势力也不如佛教大。道教的思想渊源"杂而多端",在形成过程中以道家思想为主,吸取了儒家、墨家、杂家等思想,上古至秦汉鬼神观念、巫史之说、神仙飞升和长生不死之术,求仙炼丹之技等都为道教所博采。道教的主旨是成仙,以长生不老为追求的目标。

魏晋之际,以五斗米道为代表的道教各派主要活动在民间,以下层群众为对象,通过符水治病、驱妖捉鬼、祈福禳祸等迷信来吸引群众,带有浓厚的原始道教色彩,因而遭到封建统治者的猜疑和限制。一些道教信徒也意识到要发展就必须改革,不仅要获得下层人民的信仰,还要得到统治阶级的认可和支持,于是他们从两晋之际就开始改革,直到南北朝前期才得以完成。其中著名的代表人物有两晋之际的葛洪、南北朝时期北方的寇谦之、南方的陆修静和陶弘景。特别是陆修静和陶弘景对道教所做的改革,他们改革后的道教亦称南天师道,标志着道教的成熟和官方化。

道教在魏晋时期一方面吸收佛学,衍出生死轮回、得道成仙、善恶报应、天堂地狱等说,道教的神仙多达400余人,从太上老君、玉皇大帝到来自古代神话传说、古代贤哲、历代英雄人物等,等级森严,秩序井然,是现实社会组织结构的缩影。另一方面道教又与儒学糅合,逐渐完善自己的体系,东晋葛洪的《抱朴子》,倡言以神仙方药养生延年,以儒术应世,并不排除儒家纲常名教,而是将伦理道德与长生成仙术结合起来。这样,道教作为本土宗教就显得更加完善和具有生命力了。

五、范缜《神灭论》

魏晋时期佛教的广泛传播给当时社会带来了一系列问题。寺塔林立,耗费大量钱财,寺院经济侵害国家利益,兵源、财源都受到影响。地主阶级中的开明人士对佛教所宣扬的因果、轮回等思想也展开了批判,但真正击中要害,从理论上给佛学以批驳的是范缜。

范缜(约450~515年),今河南人。他"性质直,好危言高论"。在南齐竟陵王萧子良门下时,笃信佛教的萧子良问他:"君不信因果,世间何得有富贵?何得有贱贫?"范缜答道:[①]"人之生,譬如一树花,同发一枝,俱开一蒂,随风而堕,自有拂帘幌坠于茵席之上,自有关篱墙落于溷粪之侧"(《梁书·范缜传》)。他说那偶然落在茵席上的花瓣是子良殿下,而落在溷厕里的则是他自己,贵贱虽有不同,但与因果无关。他以大无畏的精神向佛教宣战,面对威胁利诱,他坚

---

① 万绳楠:《魏晋南北朝史论稿》,合肥:黄山书社,1989年,第78页。

持不"卖论取官",并在此基础上写出了著名的《神灭论》,提出"形神相即"的论点,比较全面地解释了形神之间依存和区别的对立统一关系。他把形体和精神相分离,认为不存在离开肉体的精神活动。他的唯物主义思想超越了前人的所有成就,达到了当时所能及的高度,不愧为中国古代无神论者的一面鲜明旗帜。

第三节 乱世中的文学、史学及艺术

一、"自觉时代"文学的洒脱

由于经学危机和儒学衰落,魏晋南北朝文学得以从三纲五常的禁锢中解放出来,超越实用与功利,进入所谓"自觉时代",充分体现了文学的现实主义精神。这一时期的文学和两汉不同,两汉文学比较单调沉闷,有创造性的文学家寥若晨星,除司马迁、司马相如、枚乘等极少数外,很难找到几个有个性的文学家了。而这一时期则文才辈出,以建安文学为代表,从一开始就让人耳目一新。建安(190~220年)是汉献帝刘协的年号,这一阶段的文学以三曹和七子结合切身经历写出的五言诗所体现的时代风貌与苍凉慷慨的风格著称,后世誉之为"建安风骨"。曹操不仅是叱咤风云的政治家,也是一员引领文坛的主将。《步出夏门行》中"老骥伏枥,志在千里,烈士暮年,壮心不已",苍劲慷慨,抒发了一代伟人雄放豪迈、老当益壮的志士胸怀。《短歌行》"对酒当歌,人生几何……山不厌高,海不厌深,周公吐哺,天下归心",表达了作者求贤若渴的心情和平定天下的壮志。曹丕是曹操次子,其《燕歌行》首开七言诗先河。他的诗多歌咏爱情和乡愁,婉转凄切,语言接近口语,如"秋风萧瑟天气凉,草木摇落露为霜。群燕辞归雁南翔,念君客游多思肠。"曹植是曹操第三子,才华出众,天资聪颖,是最受后人推崇的建安文学家。但他一直被曹丕政治集团的疑忌迫害,虽贵为王侯,实同囚犯,遭遇凄惨。因此他的作品哀怨有加,情思悲愤。代表作品有《泰山梁甫行》、《美女篇》等。他是五言诗的奠基人,在很多方面影响了整个魏晋南北朝诗歌的发展方向。

建安七子是曹丕在《典论·论文》中特别标举的7位文人,其中成就最大的是王粲。他的《七哀诗》描写道:"出门无所见,白骨蔽平原,路有饥妇人,抱子弃草间,顾闻号泣声,挥涕独不还,'未知身死处,何能两相完'",把战争制造的人间悲剧刻画得入木三分,令人读之涕零。

女诗人蔡琰才华横溢,曾为匈奴所掳,后被曹操赎回。她所写的五言《悲愤诗》,把个人的遭遇与感伤、人民的苦难、军阀的罪恶,都融入了诗中。辞赋在建安时期也进入新的阶段,曹丕在《典论·论文》中称赞王粲的《初征》、《登楼》、《槐赋》、《征思》,徐干的《玄猿》、《团扇》、《橘赋》,"虽张(衡)、蔡(邕)不过也"。

随着文学的发展,文学批评、文学理论著作和文学选集开始出现。曹丕的《典论·论文》是我国第一篇以多种文体和多个作家为对象的文学批评专论,对后世的文学批评与创作都有积极影响,之后文学批评著作不断出现。梁刘勰的《文心雕龙》共50篇,系统地论述了各种文章的体裁和创作方法,体大思精,是前人文学批评的总结性著作。他反对以形式取胜,要求文章内容充实,文辞华丽而不过分。他认为文学的内容和形式应该随着时代的发展而发展,"歌谣文理,与世推移"。《文心雕龙》是我国文学批评史上的一部重要著作,它的出现反映了文学理论水平的提高。齐梁时期钟嵘的《诗品》是继《文心雕龙》之后又一部杰出的文学批评名著,也是一部诗论专著。全书以汉至梁122位诗人的五言诗为评论对象,追溯诗体的源流,分析诗人的风格和成就,分辨诗人的派别,具有较高的文学价值。这一时期著名的文学选集有《文选》和《玉台新咏》。《文选》是梁昭明太子萧统召集文士共同编选的,选录了自先秦到梁的700余篇诗文,为后人研究这一阶段的文学史提供了便利。徐陵的

《玉台新咏》是一部诗歌选集,所收录的多是"艳歌",其中有价值的作品不多。

魏晋南北朝的散文也颇多佳作,诸葛亮的《出师表》、李密的《陈情表》、嵇康的《与山巨源绝交书》均为千古佳作。《三国志》、《后汉书》、《洛阳伽蓝记》中不乏散文精品。神话志怪小说的开创是魏晋文学的成就之一,《神仙传》、《搜神记》、《冥祥记》是其中的代表。刘义庆的笔记小说《世说新语》更是难能可贵,为魏晋文史资料的重要补充。

二、徜徉山水,天趣野成:山水诗和田园诗

晋宋之际的陶渊明是魏晋南北朝时期最有成就的诗人。在谈玄说理的玄言诗垄断文坛的情况下,他却以朴素的语言和淡远的笔调描绘着归隐生活和田园风光。他的田园诗,像一股清新的风吹向了当时的文坛,开创了我国诗歌创作上的田园诗派。他的诗朴实亲切,充满生活气息。《归园田居》一:"狗吠深巷中,鸡鸣桑树颠","久在樊笼里,复得返自然",将寻常的景物描写得极具自然美,并将隐居的无限情趣蕴蓄在笔端。他的诗中,也有不少反映劳动实践的。《归园田居》三:"种豆南山下,草盛豆苗稀。晨兴理荒秽,带月荷锄归",既表现了参加劳动的喜悦,也表现了劳动者的艰辛。陶渊明的散文辞赋亦十分出色,其散文《桃花源记》以浪漫主义的手法虚构出一个理想社会的模型,倾诉了动乱时代的民众对和平的渴望。他被认为是"古今隐逸诗人之宗"(《诗品》卷中),无论是思想内容,还是艺术风格,对后代都有深远的影响。

南朝刘宋元嘉时期,谢灵运开创了山水诗派。山水诗的出现拓宽了诗歌题材,丰富了诗的表现技巧,使晋代占统治地位的玄言诗趋于败落。谢灵运的山水诗典雅清丽,把美丽的湖光山水刻画得细致逼真,如"林壑敛暝色,云霞收夕晖",渗透着自然韵致。谢灵运和南齐的谢朓合称"大小谢"。此外,众多的诗人,尤其是鲍照、庾信、沈约等使五言诗、七言诗趋于成熟,并把声律学说运用于诗歌的创

作,为唐诗的兴起作了铺垫。

三、史学文献的蓬勃发展

魏晋南北朝时期经学衰落,史官"失其常守",官府控制史学的局面被打破。这就为博达之士编撰史书以及史学的流行提供了便利条件,私家修史开始盛行,涌现了一批著名的史家和史著,如《后汉书》、《三国志》、《宋书》、《魏书》、《华阳国志》等。陈寿的《三国志》、范晔的《后汉书》、沈约的《宋书》、萧子显的《南齐书》和魏收的《魏书》等五部正史,它们各有特色,体例上有新的突破,如纪传体、编年体的史学正统被突破,出现了一些新体例、新门类。据《隋书·经籍志二》史部载,计有"正史"、"杂史"、"起居注"、"地理之记"、"职官篇"、"谱系篇"等13种,总共874部,16558卷,除少数属于汉代的,绝大部分是这一时代的私家所撰。

当时,史学家比较热衷于纪传体。《后汉书》较《汉书》新增的一些人物类别如宦官、党锢、文苑、独行、逸民、方术、列女七类传,为后世称道。《魏书》新立"官氏志"、"释老志",表现了作者高明的史学见解。当时,撰史成风,有写前代的,也有写当代的,除上述五部外,还有晋王沉《魏书》、孙盛《晋阳秋》、三国吴韦昭《吴书》、晋环济《吴纪》、蜀王崇《蜀书》、晋王隐《蜀记》等等,有的尚存辑本,大多已佚。另外崔鸿的《十六国春秋》和萧方等的《三十国春秋》则是记载十六国及诸割据政权的史著。

这一时期注史之风也悄然兴起。裴松之《三国志注》,弥补了陈寿原书过简的缺憾,补缺漏,正谬误,使原书更加完整,也为史注开了一个好头。传记史学有的也从正史中分离出来,出现了"良吏传"、"逸民传"、"高隐传"、"名士传"、"美女传"、"童子传"、"尼传"等等。

舆地之学进展很快,《史记》但述河渠,《汉书》有地理志,北魏郦道元作《水经注》,大大地扩充了《水经》的范围和内容。杨炫之撰《洛阳伽蓝记》,详记北魏洛阳寺庙建筑,记载佛教兴盛及王公贵族生活情况。西晋裴秀撰《禹贡地域图》,记历代地理沿革,可惜图已佚。谱学著作有王俭的《百家集谱》、王僧孺的《百家谱》和《百家谱集抄》等。起居注主要记事关帝王的国家大事,有刘道会的《晋起居注》和《献帝起居注》,具有编年体史书的性质。

这一时期,反映学术文化成果的目录学也有重大进展。曹魏秘书郎郑默始制《中经》,西晋荀勖《中经新簿》,宋齐间王俭《七志》,梁阮孝绪《七录》,反映了图书目录学的进步。以上表明,中国的史学开始进入蓬勃发展的阶段,成为传统文化结构中仅次于经学的重要组成部分。

四、大地飞歌:民歌的传唱

民歌在这一时期颇为繁荣,留下了一些脍炙人口的名篇。南方民歌产生于三国时的东吴,在东晋南朝时达到极盛,流传下来的约有500首。它又分吴歌、西曲和神弦歌三类,以前两者为主。吴歌产生于吴地,吴地是以建业(今南京)为中心的江南地区,这个地区的民间歌曲即是吴歌;西曲产生于南朝西部经济文化中心和军事重镇,在长江中游和汉水两岸的一些城市如荆、樊、邓等,此地民歌称西曲。南朝民歌中的90%差不多都是情歌,喜用双关隐语,而且基本上都是以女性口吻来抒发对爱情的渴盼,以《子夜变歌》为例,它写道"人传欢负情,我自未尝见。三更开门去,始知子夜变。"虽然题材比较单一,但这些歌曲的语言非常清丽婉转,柔弱含蓄,描写的感情也比较质朴和健康,所以一直被后世传唱。且形式多五言四句,对以后五言绝句的发展有较大影响。

北方民歌的内容和风格都与南方民歌迥然不同。由于地理、民族及风俗差异,北方民歌比南方民歌的题材更广泛,内容更丰富,更具现实性和战斗性。这一时期的北方民歌即北朝民歌粗犷激昂,豪放雄壮,有情歌、牧歌,也有战歌,以战歌为主,大部分都保存在《乐府诗集·梁鼓角横吹曲》中,约有60首。"横吹曲"本来是北方少数民族在马上演奏的乐曲,因为用的乐器是军鼓和号角,所以称作"鼓角横吹曲",这里指的是战歌。"梁鼓角横吹曲"并不是梁朝的民歌,而是梁朝乐府机构保存下来的流传到南方的北朝乐府。北朝民歌的名篇有《敕勒歌》、《企喻歌》、《垄上歌》等,还有广为传颂的《木兰诗》。

在魏晋南北朝的民歌当中有两首著名的长篇叙事诗,一首是建安时期的《孔雀东南飞》(又名《古诗无名氏为焦仲卿妻作》),一首是北朝的《木兰诗》。《孔雀东南飞》是建安文学的奇珍,也是一首乐府民歌,全诗353句,1765字。它通过描述焦、刘两人的爱情悲剧,有力地揭露了封建礼教、封建家长制的罪恶,歌颂了刘兰芝夫妇为忠于爱情而宁死不屈地反抗封建恶势力的叛逆精神。该诗无论思想上,还是在艺术上都达到了很高的水平。《木兰诗》也称《木兰辞》,全诗共62句,由民间创作而成。它叙述了一位善良勤劳的姑娘木兰代父从军的故事,成功地塑造了一个令人喜爱的女英雄形象,表现了广大妇女的智慧和勇敢。此诗语言朴素自然,丰富多变,具有很高的艺术成就,是现实主义和浪漫主义相结合的诗歌精品。

五、艺术的长足发挥

魏晋南北朝时期,传统艺术的各个方面都有发展,绘画、雕刻、书法、歌舞、杂技都有新的内容出现,其原因是旧的专政秩序被打乱,人们在相对自由的环境中去思考和创造,受到的限制较少,同时也是由于异族异域新文化的影响和彼此交融的促进。山水画随着江南的开发而出现,与山水诗相配合,其后,山水画、花鸟画、现实人物画成为绘画的重要内容而为人们所接受所喜欢。由于佛教的兴盛,石窟寺的大量开凿,壁画的大批绘制,南亚、西亚的绘画雕刻技术的传入,为绘画艺术的进步发展注入了活力。

(一)绘画艺术和绘画理论研究

魏晋南北朝继承和发扬了汉代绘画艺术,呈现了丰富多彩的面貌。美术作品作为艺术创造独立出来,专业画家因此而出现,绘画也走出宫廷,走出帝王将相、忠臣列女的圈子,逐渐为平民服务。这时期名画家辈出,对文学理论以及绘画理论的研究促进了绘画理论书的产生和绘画理论家的出现,其中最著名的艺术评论书是谢赫所著的《古画品录》。《古画品录》是我国绘画史上第一部完整的绘画理论著作,作者在书中提出绘画的"六法"是:气韵生动、骨法用笔、应物象形、随类赋彩、经营位置、传移模写。"气韵生动"是把生动地反映人物精神状态和性格特征作为艺术表现的最高准则。"骨法用笔"是用来表现事物特征的笔法要求。例如线条的运动感、节奏感和装饰性等。"应物象形、随类赋彩、经营位置"是绘画艺术的造型基础,"传移模写"是指学习方法,临摹或复制,"六法"的提出是古代绘画实践经验的总结,在绘画发展史上有重要意义。

在我国古代绘画史上,第一批有确切历史记载的画家,就出现在魏晋之际,他们是曹不兴、张墨和卫协。曹不兴擅长人物画,也是知名最早的佛像画家,谢赫《古画品录》极力赞赏他的风骨,"不兴之迹,殆莫复传,唯秘阁之内,一龙而已"。卫协师承曹不兴,擅长画道释人物故事,白描如蛛网,很有笔力,当时和张墨并称"画圣"。

东晋以后,绘画踏入一个新阶段,人物、山水、花鸟众体皆备,绘画理论、品评次第产生。首先崛起的是戴逵与顾恺之,均擅长山水。戴逵尤为突出,他的人物画《阿谷处女图》、《胡人弄猿图》等都被收入《历代名画记》中,他的山水画也被《历代名画记》的作者张彦远认为"山水极妙"。顾恺之略晚于戴逵,《晋书》中传说:"俗传恺之有三绝:才绝、画绝、痴绝","每写起人形,妙绝于时。尝图裴楷像,颊上加三毛,观者觉神明殊胜","每画人成,或数年不点目睛,人问其故,答曰:'四体妍蚩,尤无阙少于妙处,传神写照,正在阿堵中'"。这些说明"神明殊胜"、"传神写照",正是顾恺之人物画的特点。他的人物画,最有名的是表现妇女形象的《女史箴图》和《洛神赋图》。顾恺之还精通画论,他提出的"迁想妙得"、"以形写神"等观点,对我国传统绘画的发展影响巨大。南朝在绘画上最有名的是吴人陆探微,他擅长肖像画,后人评价其作品笔迹周密,劲利如锥刀,人物造型"秀骨清像",唐人有这样的评语:"张得其肉,陆得其骨、顾得其神"。张僧繇,梁朝时最受梁武帝器重的佛画家,其创作风格独特,被称为"张家样",是古代寺庙中影响最大的样式之一。另外他画龙点睛的传说可与顾恺之媲美,他是善于吸取外国绘画技巧的画家,在山水画和花鸟画上采用了天竺的画法,和顾恺之、陆探微、曹不兴合称"六朝四大家"。

魏晋南北朝时期在绘画上尚有一个不可忽视的创造性成就,那就是山水画和花鸟画的兴起。南朝宋画家宗炳不仅是山水画家,而且他所写的《画山水序》从理论上强调了山水画是画家借助大自然的景色,来抒发自身情感的一个过程。

北朝绘画较多地保持了传统的技术,山水花鸟画尚未兴起,但保存至今的石窟壁画,如新疆克孜尔千佛洞壁画、敦煌莫高窟壁画、天水麦积山石窟壁画,在绘画技巧和表现手法上,有外来影响,也有民族传统的影响。地理位置越是偏西,其外来的因素就越多。壁画本身所表现的故事,一般比较简单,不是在内容上曲折地反映了深受痛苦折磨的人民生活,便是一些传统动物和人的形象,在构图上充分展开情节的能力也不强,但形象之间已经具有一定内容上的联系,而不是单纯的排列。

(二)书法艺术

书法是中国艺术中的一种独特形式。在中国古代,书法具有极高的地位。书法的历史可以说从汉字产生之日起就应运而生了。书法这种形式吸引历史上无数文人雅士倾心于此,上至帝王将相,下到普通百姓,都在书法中找到了自己的兴趣,那些失意之人、隐逸之士,也往往在书法中寻求到一种心灵慰藉。书法和中国文化有着千丝万缕的联系。

书法不仅是从书法符号上升为书写艺术的,同时,它又是从实用的东西上升为美的艺术。这种兼实用和审美为一体的艺术形式,对书法产生了深刻的影响。从书体上看,中国最早的书体是甲骨文,它是一种契刻在龟甲兽骨上的文字,它是一种占卜记录,由于是刀刻的,从而形成了古朴方正的特点(有的先描后刻);金文(铭文)

是商周时期出现的另外一种书体形式,又称为大篆,端庄凝重、圆润酣畅是这种书体的总体风格;秦代统一之后出现的小篆,以清润酣丽、秀雅遒劲为特点,在结构上比以前的文字更加规整,也更加简洁。秦代时出现的鸟虫书、蝌蚪文、玉箸篆等则是小篆的一种变体。由篆书演化为隶书,是中国书法史上的重大变革。楷书又称为"真书"、"正书",是汉字的典范形式。楷就含有楷范、法式、样板的意思,王羲之的《黄庭经》《乐毅论》是我们所见到的较早的楷书碑帖,楷书发展到唐代已经臻于成熟,出现了欧阳询、颜真卿、柳公权等一大批楷书大家。行书是介于楷书和草书之间的一种书体,因为它既不像楷书那样书写缓慢,又不像草书那样难以辨识,受到人们的普遍喜爱。流传下来的王羲之父子的行书创作的最高成就《兰亭序》、《快雪时晴》可谓是千古珍品,王氏父子被誉为"书圣"。梁朝庾肩吾著《书品》,是我国最早的一篇评论各家书法的文章,将书者列为上中下三大等,九小等。张芝、钟繇、王羲之三人为上之上。张芝为"草圣"、钟繇为楷隶之宗、王羲之为真草的创始人。

北朝的书法与南朝有所不同,北朝流行的仍然是草、隶二书,而更注重隶书。草书以清河崔氏为代表,隶书以范阳卢氏为代表。北朝书法最重要的是北碑,北碑中最多的是魏碑,其书体别具一格。

魏晋时期是中国书法发展的一大高峰,以两王为代表的潇洒飘逸的行书是当时士林挣脱世俗束缚,追求个性解放的表象,书法上从容洒脱,无拘无束。钟繇、陆机、卫夫人等都各有上乘佳作。书法是一门综合性的艺术,它与中国画是姐妹艺术,书法是线的艺术,绘画也酌取了书法线的创作艺术。两者有机结合,是给人以艺术享受的很好形式。

(三)魏晋南北朝时期的雕塑艺术

南北朝时期是我国古代雕塑史上一个重要的发展时期,尤其是佛教雕塑在这一时期,处于主体地位,成就最为突出。

我国佛教雕塑艺术始于东晋戴逵、戴顒父子,他们曾铸"丈六铜象"。石窟雕塑可早到东汉末年,在新疆天山以南就出现了。魏晋南北朝时期最著名的是甘肃敦煌的莫高窟、山西大同的云冈石窟和河南洛阳的龙门石窟。莫高窟始凿于前秦建元二年(366年),因敦煌正处于佛教由西向东传的接合点上,因而留下大批的石窟雕塑品。大同云冈石窟始凿于北魏文成帝和平元年(460年)。洛阳龙门石窟始凿于北魏迁都之后。这些造像为我们保留了许多艺术珍品,在人物造像上,由早期犍陀罗人(鼻直而高,唇薄肩阔的特征)形象逐渐转变为中国汉人的形象,这从另一方面折射出佛教逐渐汉化的历程。

北魏的石窟雕塑艺术精品最集中的地方是龙门石窟,其中宾阳洞和古阳洞是北朝后期的代表作,其艺术特点是秀骨清像,面部秀润,表情温和,唇厚肩窄,衣服宽松,衣纹飘动而流畅,使雕像更贴近生活,而且这些雕塑因为雕刻时间的不同,都具有本时期艺术的特征,反映了时代风格和艺术水平,例如宾阳洞的佛像较为厚重,古阳洞的菩萨立像则形态更为优美。此外北魏甘肃炳灵山石窟雕塑也很有特点,雕塑面型较宽,眼、腮、口在同一个平面上,正面看较平,有的雕像低垂而紧闭的双目上眼睑,特别有真实感。

(四)铜雀三调和音乐、舞蹈及其他民间艺术

魏晋南北朝时期音乐与舞蹈的发展表现在四个方面:一是"俗乐"清商曲得到了发展;二是歌与舞更紧密地结合;三是对少数民族和西域以远音乐养分的吸收;四是音乐和舞蹈名家辈出。

曹魏在音乐上的贡献在"清商乐"的形成和发展时起了促进作用。到南朝时清商曲与辞盛极一时。清商乐(又称清乐)从魏时铜雀台的艺伎开始,最初有三调(平、清、瑟),从曹操开始,大量创作供铜雀艺人歌舞的相和三调曲辞,《乐府诗集》记载曹操所写的相和"平"调曲有《短歌行》三首;相和"清"调曲有《苦寒行》二首,《塘上行》一首,《秋胡行》二首;相和"瑟"调曲有《善哉行》二首等。曹丕、魏明帝曹睿、曹植等都有作品,以供歌舞伎表演。

东晋与南北朝时期,是清商乐的发展阶段。《乐府诗集》所载清商曲辞,大都是自制新声,产生于江左。梁朝时代是清商乐的黄金

时代。不仅音乐,连文学也受到了影响。陈时创新风未已,《隋书·音乐志》说到陈后主"于清乐中造《黄鹂留》及《玉树后庭花》、《金钗两臂垂》等曲,与幸臣等制其歌词,绮艳相高,极于轻薄。男女唱和,其音甚哀。"《南史·后妃传下·张贵妃传》也说:陈后主"使诸贵人及女学士与狎客共赋新诗,互相赠答。采其尤艳丽者,以为曲调,被以新声。选宫女有容色者以千百数,令习而歌之,分部迭进,持以相乐。其曲有《玉树后庭花》、《临春乐》等。"(《陈书·后主张贵妃》)清商新声不仅流行于民间,而且侵染于宫廷。到南朝梁陈之时,除了清商乐,再无别的曲调可以代表音乐。

舞曲自汉以后,有雅舞曲、杂舞曲两种。雅舞曲用之于郊庙、朝飨,杂舞曲用于宴会。杂舞曲如《公莫》、《巴渝》、《拂舞》等均出自方俗,后来才为殿廷所采用。汉、魏以后,用于郊庙、朝飨、宴会的雅、杂二舞曲,带有贵族色彩。最能代表此一时代舞曲发展的是包含在清商乐中的许多舞曲。那些民间的舞曲,情调远非神圣的雅舞曲与宴会杂舞曲所能比。除此以外,此时尚有胡戎舞伎传入。到南北朝时,出现了一个舞蹈的繁盛时期。北朝的舞曲,在《乐府诗集·舞曲歌辞》中,只载有北齐的文、武二舞,这是雅舞。北朝较有价值的舞曲,是外来的舞曲。《隋书》卷一五《音乐志下》所记载隋朝的九部乐,列出了这些舞曲的名称。在舞蹈上,北朝也是戎华兼采,而主要的是戎不是华。总体来看,北朝的音乐舞蹈处在一种吸收、消化外来歌舞的过程中。换言之,即处在各族乃至印度、朝鲜音乐舞蹈的互相影响、互相作用的过程中。

杂技,隋朝以前谓之"百戏",隋时称为"散乐"。《通典》说:"散乐非部伍之声,俳优歌无杂奏"(卷一四六《乐六》)。在古代,杂技被认为是"礼外之观",有时贵戚,乃至帝王都观看取乐,民间则更喜欢这一艺术形式。中国民间的杂技多为技巧性的技艺,幻术杂戏传自西域或天竺。中国传统的杂技项目汉代就有一些,至魏晋南北朝,又有新的创造,据万绳楠《魏晋南北朝文化史》所叙,近代知名的杂技古已有之者如摔跤,拳击,赛剑(汉角抵之戏),耍坛子(汉扛鼎舞轮之戏),顶竿,高竿上展翅飞翔(汉扛鼎、缘竿后赵凤皇之戏),绳上对舞(汉高之戏),空中飞人(梁透飞梯之戏),舞杯、盘、碗、碟(汉盘舞、晋杯盘舞、梁弄碗珠伎),车轮戏(梁车轮伎),马上技术(晋卧骑、倒颠骑、后赵猿骑),化装面具舞(汉山车象仙倡豹罴虎龙、杯齐代面象人),醉污痕(北周苏葩戏),傀儡木偶戏(汉、北齐窟垒子)。空中飞人、车轮技术、柔术、马上技术,则为晋南北朝的特产。其他亦经魏晋南北朝的改造。争妍斗奇,是这个时代杂技的显著特点。

第四节 学校教育及九品中正制

一、乱世教育的无奈

三国两晋南北朝时期,政权更迭频繁,南北长期对峙,社会矛盾尖锐,政治、经济、文化教育等方面均受到严重影响。同时由于玄学风行,佛道大兴,儒学的独尊地位受到挑战,玄、道、佛、儒在争鸣中相互吸收和改造,这些都对教育思想、教育方式产生影响,但根深蒂固的儒家教育理论、方式方法仍占据主导地位。在这个动乱的时代,不论是学校教育的规模水平还是作用影响都不能与汉代相比。官学时兴时废,即使是在官学设立时期,学校的教育质量也很低。学生们无心学习,老师们没有真才实学。"太学诸生有千数,而诸博士率皆粗梳,无以教弟子。弟子本亦避役,竟无能学习,冬去春来,岁岁如是"(《三国志·魏书·王肃传》注引《魏略》),这就是当时学校情况很真实的反映。因此,社会对人才的需求更加迫切,有作为的君主纷纷兴学办教,广揽人才。

曹操比较重视人才的培养,甚至"唯才是举",战火未熄,即兴教办学。于建安二十年(217年),在邺城南(今河南临漳县)作泮宫,恢复官学。曹丕称帝后,于黄初元年(220年)补旧石碑的缺坏,设置五经博士,依汉代分甲、乙科取士,五年(224年),在洛阳正式创立太学,置《春秋》、《谷梁》博士,制五经课试之法。但由于官学废置日久,且分裂局面依然存在,战争不断,博士滥竽充数,缺乏安心学习的内外环境,所以太学教学质量不高。相比于魏国,蜀汉、孙吴的官学显得更加衰败。三国时中央官学和地方官学衰兴无时,呈萎缩状,考课也基本荒废。西晋初,随着政治经济一度的安定恢复,官学得到重视。272年,晋武帝首先整顿太学,淘汰劣生,凡已试经并及格者留下继续学习,其余遣还郡国。278年,他始设"国子学",这是我国古代在太学之外为贵族子弟另设大学的开始。东晋王朝也曾在建康设太学和国子学,只是规模较小,学生仅100多人,且由于士族子弟享有做官的特权,九品中正只重门第,对学识才能并无特殊要求,所以官学松弛,时废时兴。学子普遍对读经不感兴趣,即使孝廉试经、秀才试策也大多水平较差。十六国大多国运短暂,只有少数几国重视教育,运用考试在太学生中选拔人才是常用的方式。如前秦苻坚很重视兴教办学,他广修学宫,并亲临太学,考试学生经义。地方官学发展很不平衡,只有极少数地区,在一定时期内办过,且兴废无时,很不正规。

南北朝时期,情况有些变化。南朝宋文帝时在建康开设单科性的研究机构——四馆,即玄学馆、史学馆、文学馆、儒学馆,各延名师主持。宋明帝时立总明观,征学士分儒、道、文、史、阴阳五部分,进行教学与研究。梁武帝兴学有方,颇多建树。所立五馆皆引寒门俊才,不限贵贱门第,不限人数。北朝总的情况不如南朝。孝文帝迁都洛阳后,诏立国子、太学、四门小学,一度"斯文郁然,比隆周、汉"(《北史》卷一五《儒林传》)。

与官学相比,魏晋南北朝的私学还比较发达。表现在:有的私学受地方长官的资助;学校类别方面既有带高等教育性质和研究性质的私学,也有为童蒙而设的学塾;私学教师多为有学术造诣的学者,而且私学大师的涌现络绎不绝;私学内容更加广泛。当时著名的私学大师有曹魏的国渊、隗禧、邴原;吴国的虞翻;晋朝的范平、杜夷、霍原、刘兆等；南朝的雷次宗、何胤、贺琛；北朝的刘献之、张吾贵、刘兰等。他们都为当时私学的兴盛作出了不可磨灭的贡献。魏晋时期，私学仍以儒学为主流，但由于玄学及佛学的兴起，已经出现了玄学和道学的传播。张忠"不修经典，劝教但以至道虚无为宗"即是显例。南北朝时期，"南人约简，得其精华；北学深芜，穷其枝叶"，南北学风不同，但儒学还是私学传授的主要内容。同时玄学、老庄之学、史学等也纷纷兴起，从而大大丰富了私学的内容。总的说来，魏晋南北朝的私学远比官学繁荣，起到了继汉开唐的作用。

二、九品中正制的流变

魏文帝曹丕时，为大量选用人才而设立了九品中正制，择州郡之"贤有识鉴"者为中正，选拔并品评人物。州设大中正，郡设小中正，这些中正的职责是根据家世、才学和德行，将本州郡的士人评为上上、上中、上下、中上、中中、中下、下上、下中、下下九品，按其品级高下，推荐到各地任官。此法推行之初，不拘出身地位，注意人才的优劣和舆论的褒贬，对改革汉代察举、征辟制的弊端起到了较大作用，也选拔了一些优秀的人才，在某种程度上继承了曹操任人唯贤的传统。

但到曹魏后期，这一制度就弊端丛生，一方面中正官把持选举大权，朝廷几乎没有用人之权；另一方面中正官都是门阀士族，品评人物时"唯知其阀阅，非复辨其贤愚"。这一制度很快就成为世家大族垄断仕途的工具，家世出身被作为品评人物的唯一标准。士族子弟以其显贵的门第可以坐至公卿，使整个世族阶层变得毫无进取精神，而渐趋衰败。九品中正制从制度上保证了世族子弟攫取政治特权的绝对优势，维持了经济上的巨大利益。但物极必反，东晋末年以后，世族对中正的品评逐渐失去兴趣，把"高贵"的血统看得高于一切，把辨别姓氏、修缮家谱当作首要任务。他们虽权重俸厚，身居朝廷要职，却无力胜任，醉心清谈玄虚，不做实事，几乎放弃了对军队的领导与控制，以至于大权旁落。

南朝时期,等级门第界限森严,世族在政治经济上仍具有优势,但庶族地主越来越多地加入到政权中,并渐渐掌握机要。而世族由于其腐朽性日增,在多次尖锐的社会冲突中,屡遭劫难,在孙恩、卢循起义和梁末侯景之乱中多次受到致命打击,更加衰微不堪。北朝在选官上基本上保留了九品中正制,也重视门第,但前期对中正官的选择比较慎重,而且规定秀才必须经过考试才能录用。至孝文帝时,文帝尊贤任能,不再重视门第,九品中正制其实已经流于形式。宣武帝时曾一度复置中正,但很快在正始元年(504年)就取消了各郡中正官,这反映九品中正制已经穷途末路了。西魏、北周时,宇文氏"惩魏晋之失,罢门资之制",实行一系列的改革。他反对"州郡大吏,但取门资"的做法,主张采用苏绰的建议"当不限资荫,唯在得人。苟得其人,自可起厮养而为卿相",(《周书·苏绰传》)更加重视选举。九品中正制的兴衰充分说明,南北朝的选官制度已经开始打破士庶界限,表现出门阀制度由盛而衰的历史趋势,从而为隋唐科举制的创立奠定了基础。

三、察举制的余绪

魏晋南北朝时期,用人制度主要实行九品中正制,但察举仍是举官的重要途径。只是后来受门第影响日益深重,也为世家大族所把持,沦为九品中正制的附庸。这一时期的察举有孝廉、秀才、贤良、明经等科目,不像汉代那么正规。各个王朝察举的情况也有所不同。

三国时期为适应政治军事斗争,及稳住自己的江山的需要,各个政权都不拘一格征用人才。曹操三下求贤令,思贤若渴,"拔于禁、乐进于行阵之间,取张辽、徐晃于亡虏之内"(《三国志·魏书·武帝纪》)。孙权"招延俊秀,聘求名士",亲自选拔文臣诸葛瑾和武将陆逊。刘备则三顾茅庐,苦请诸葛亮出山。在魏文帝曹丕称帝并推行九品中正制的次年(221年),下诏"令郡国口满十万者,岁察孝廉一人,其有秀异,无拘户口"(《文献通考·选举考七》)。再下一年又诏令郡国勿拘老幼,儒通经术、吏达文法者,到皆试用。当时,孝廉、秀才常并举,前者需试经,内容限于六经;后者需策问。两晋时期常见皇帝亲策的记载,也有因战乱只举不考的情况。东晋元帝时,规定举荐的孝廉、秀才必须考经学,成绩低劣者所在地的刺史太守要被免官。宋、齐、梁时,所举孝廉、秀才也大多要经过考试选拔,或皇帝亲策。北朝选士亦有孝廉、秀才科,但不如南朝经常。

这时期举贤良方正也同于汉代,举贤良需对策,方能擢用,后赵石勒仿汉制曾下令公卿岁荐贤良、方正、直言、孝、廉、秀异各一人,经策试后,上策者拜议郎、中策中郎、下策郎中,并允许被举人递相荐引,以广开招贤之路。石勒巡行冀州诸郡广罗人才,赐予谷帛。前秦苻坚亦曾举过贤良。北齐北周时察举考试有所加强。此外,选试博士,策试明经等都体现了察举制先察后试的特点,到北周时一度取消了门资制度。察举制与九品中正制的结合,最终朝着重才学重考试的方向发展,门资反而显得不重要了,这就为隋唐科举制的兴起奠定了基础。

第五节 传统科技的进一步发展

一、天文历法体系的完善

魏晋南北朝时期,历法进步,其突出的成就是东晋虞喜发现春分、秋分点在黄道上西移一度,称为"岁差"。岁差发现后,并没有马上被运用到历法的制定上去。到刘宋时,祖冲之第一个把岁差用到历法制定上,体现在《大明历》中。祖冲之在《上新历表》中,说他"博访前坟,远稽昔典","加以亲量圭尺,躬察仪漏,目尽毫厘,心穷筹策,考课推移",算出冬至点"未盈百载,所差二度"(《宋书·律历志下》),证明了虞喜岁差之说的正确性。祖冲之说他创制新历,改易之意有二:其一,提出了新的修润法,对润率做了改动,采用391年设144个闰月的精确润率。"旧法一章十九岁,有七闰"。闰数多,且经过二百年就要差一天。节闰移了,就要改法。于是他"改章法三百九十一年有一百四十四闰,令却合周汉,则将来永用,无复差动"(《南齐书·文学传·祖冲之传》)。其二,将岁差应用于历法,所定岁差为"每四十六年,却差一度"(《北史·艺术传上·张胄玄传》)。《大明历》一年为365.24281481天,与今测准确数据反差46秒,十分精确,实为中国历法上一个划时代的进步。但祖冲之的《大明历》遭到了刘宋著名恩幸人物戴法兴等的非难,朝中善历者难之,不能使之屈服,因此《大明历》无法施行,直到梁武帝天监九年(509年)才被采用。后北朝也基本采用此法,隋朝用张胄玄所造历法,较之祖冲之的历法更精确,而张胄玄是"学祖冲之,兼传其师法"(《隋书·律历志中》)。

另外,当时制历已经懂得定气。我国历法在先秦时期就已经出现了二十四节气的划分,但在很长时间内人们并不懂定气。人们一直以为每过一天太阳就行一度,每个节气所占的天数都是15.2天,直到北齐张子信用浑天仪经过多年的观察计算才证明这是不准确的。他发现太阳在春分后行得慢,秋分后行得快,因此用二十四节气平分全年的方法不正确。

二、医学发展

魏晋南北朝时期,一些以救死扶伤为己任的良医收集医学文献,总结治病经验,推动了医学的进步。这一时期的名医有晋代的王叔和、皇甫谧、葛洪和梁代的陶弘景等。

王叔和是东晋的太医令,他博览医书,加上他自己的医疗实践,著《脉经》10卷,把脉象归纳为24种,奠定了我国脉学理论的基础。他还著有《脉决》、《脉赋》,是著名的脉理专家。王叔和收集整理东汉末年张仲景的《伤寒杂病论》,将其分为《伤寒论》(10卷,附方10卷)及《金匮要略》(3卷)二书。阐述了中药学的理论与治疗原则,对病理诊断、治疗和用药等都有详细的论述,并保存了三四百个药方。这些都成为中医学宝贵财富,其医疗原则,为历代中医所遵循。针灸是一门古老的医术,西晋的皇甫谧总结以往针灸的经验,著有《针灸甲乙经》12卷。这是我国第一部针灸学专著。

东晋葛洪著《肘后卒救方》3卷,记录了当时许多用之有效的药方。梁陶弘景增补葛洪的《肘后卒救方》,著《肘后百一方》。道教在寻求长生不死之术时,对药物学也很重视。有"先服草木以救亏决,后服金丹以定无穷"的说法(《抱朴子·内篇·极言》)。陶弘景既是道士,又是著名药学家。他与山结缘,到处寻访"仙药",这极大地丰富了他的药物学知识。他还对汉代流传下来的《神农本草药》做了增补,整理成《本草经集注》,收集记载的药物730种,比《神农本草经》多出一倍。他首创按药物的自然属性和医疗属性的分类法,把这些药物分为七大类。这种分类法,后来成为我国古代药物的标准分类法。

三、数学与机械发明的新进展

魏晋南北朝时代在数学上最重要的成就,是"割圆术"的愈来愈精。孙吴的王蕃推算圆周率为3.1555。到魏晋之际,刘徽把圆内接正六边形依次分割一百九十二边形,得圆周率为3.14,将此数值化为157/50,后人称之为"徽率"。南朝祖冲之又"特善算",曾"注九章,造《缀术》数十篇"(《南齐书·祖冲之传》)。他在数学上的卓越成就就是求得圆周率在3.1415926和3.1415927之间,并用22/7和355/113作为分数表示圆周率的疏率和密率。他成为了世界上最早的求得圆周率精密数值的人。

三国曹魏时期的马钧是一位"巧思绝世"的发明家,他制造的翻车(即龙骨水车)轻便灵活,非常实用,又将60镊、50镊织绫机皆改为12镊,提高效率4至5倍。魏晋以来,水碓运用普遍。杜预制成连机水碓,利用水力带动几个碓同时舂米。与杜预同时的刘景宜发明以畜力牵引的连转磨。祖冲之制成水碓磨,并制"千里船",皆提高了效率。更为神奇的是诸葛亮出军祁山,用木牛流马搞运输。《诸葛亮传》注引《魏氏春秋》说木牛"人行六尺,牛行四步。载一岁粮,日行二十里,而人不太劳"。据推测,木牛是四人推的大车,流马是蜀中的独轮小车,"以流马运"比"以木牛运"要晚三年,表明流马是由木牛改进而成。① 此外诸葛亮还发明一弩十矢的连弩,陈寿说他对于"工械技巧"的研究,达到"物究其极"的地步。(《诸葛亮传》)

四、地学的进步

魏晋南北朝时期,地学的进步主要表现在两个方面,一方面是出现了重要的地理专著《水经注》等;另一方面是地图绘制方法的进步,特别是制图六体的提出。

北魏郦道元著的《水经注》是专门记载水系的地理专著,全书共40卷。它以大约成书于三国时的《水经》为纲,但绝不是对《水经》的简单注解,其本身就是一部独具匠心的创作。通过搜集丰富的文献和进行一些实地调查,详细著录了全国1250多条河流的走向和经过。它的可贵之处在于不仅著录了河流的分布、渠堰灌溉等情况,还详细介绍了河流经过地区的山陵、地形、物产、城邑的地理沿革、风土人情、建筑名胜、当地的历史故事和民间传说,甚至涉及朝鲜、越南、柬埔寨、印度、伊朗、咸海和蒙古沙漠等域外地理知识。所以它不仅是一部地理名著,而且也具备很高的文学与史学价值。北魏杨衒之的《洛阳伽蓝记》是一部城市地理专著,共有5卷。它以追述北魏末年洛阳伽蓝(佛寺)的兴废沿革为主,叙述了所在的里巷和方位、附近的古迹、洛阳城的布局等等,还特别叙述了外国商人在洛阳的居住情况。同《水经注》一样,它也是一部兼具地理、历史、文学价值的著作。

这一时期在地图绘制方面的成就,是西晋裴秀创制的18篇《禹贡地域图》(历代地理沿革图),以及他提出的制图六体。他在《序

---

① 万绳楠:《魏晋南北朝文化史》,合肥:黄山书社,1989年,第285页。

文》里总结了前代制图学的理论,提出了绘制地图必须遵守的六项原则:分率,即比率尺;准望,即方向;道里,即人行路径;高下,即高取下;方邪,即方取斜;迂直,即迂取直。制图六体的提出把制图技术提高了一大步,奠定了中国地图学的基础。

五、农业生产技术的提高

这一时期,农业技术的发展集中地表现在魏齐时人贾思勰所著《齐民要术》一书中。这部书是他"采捃经传,爰及歌谣,询及老成,验之行事"之后写成的。在书中,他总结了北方地主经营庄园经济的主要经验,反映了当时庄园经济的面貌。《齐民要术》全书共十卷92篇。第一至第五卷的55篇中,分别用专题论述了各种作物的耕种栽培方法,其中包括土壤的整治和休息、肥料的施用、精耕细作、防旱保墒、选种育种、粮食蔬菜等作物的栽培、果树的培植和嫁接等;第六卷共6篇,是关于家禽家畜和鱼类的养殖方法;第七卷至第九卷的30篇是讲农副产品的加工和储藏;第十卷只有1篇,记录了当时南部中国的许多地域性植物。总之,本书集农业生产技术之大成,几乎涉及人们日常生活中所有不可或缺的组成部分,堪称是一部生活实用百科全书。

据《齐民要术》记载,当时的农业生产工具不断改进,还出现了很多方便省力效率高的新农具。随着冶铁技术的发展,铁农具的质量也有很大提高,铁犁更加轻便。农具的种类也有所增加,《齐民要术》中就收录了30多种。这些生产工具的大量应用推动了农业生产的发展。

六、制瓷工艺的成熟

制瓷工艺是我国劳动人民的独特创造,也是我国对人类文明的伟大贡献之一。三国两晋南北朝时期,人们开始在制陶过程中大量使用青釉,做出了真正意义上的高级工艺品,即所谓的"青瓷"。青瓷的本名叫"琉璃",它是我国由陶器向瓷器过渡的中间工艺。据考证,最早的青瓷器出现在东汉。曹操使用过的器物中就有一件是琉璃笔,当时还十分稀有。后来这种工艺向两个极端发展,一方面工艺日益细致,发展成为越窑瓷器;另一方面粗糙却普及,成为后来的琉璃瓦。

  魏晋南北朝时期是我国制瓷业迅速发展的时期,不仅瓷器的烧造技术迅速提高,而且制瓷的规模和范围也在不断扩大。在当时的南方,从浙江、江苏到长江中上游地区的江西、湖南、湖北以及四川,再到南部沿海的福建、广东均有瓷窑的分布,烧制出了大量具有地方特色的青瓷器。这一时期,南方的制瓷工艺进步很快。在瓷器的成型技术上已经普遍使用了拉坯成型的方法,还兼采拍片、模印、镂雕、手捏等多种成型方法,不仅提高了瓷器成型的速度,也保证了器形的规整。另外,化妆土即护胎釉的应用又使粗糙的坯体更加光滑和柔和。瓷器的种类增多。南方瓷器的种类主要分为两类,一类是生活用具,如碗、碟、盘、盒、盆、钵、耳杯、扁壶、瓶、坛、香炉、灯、虎子等;另一类是随葬用的明器,如谷仓罐、磨、碓、猪栏、鸡笼、羊圈、灶、人物俑、动物俑等。南方制瓷业中浙江地区发展得最快,浙江越窑烧制的青瓷器质量最好,胎质细密坚硬,釉色均匀光滑,有许多是不可多得的珍品。北方制瓷工艺的发展要比南方晚很多,技术也明显不够成熟,烧出来的瓷器胎质比较粗糙,常带有黑点和气孔,而且种类也比南方少。在北方制瓷工艺中,最突出的成就是烧成了白瓷。河南安阳北齐范粹墓中曾出土了9件北朝的白瓷器,有三耳罐、碗、杯等,胎质比较细白。尽管白瓷的烧制技术还不够完善,火候较低,胎釉中铁的含量仍然偏高,但人们已经学会怎样控制胎釉中的含铁量,这标志着我国制瓷工艺的巨大进步,也为后来缤纷的彩绘瓷器的出现打下了基础。魏晋南北朝时期制瓷工艺的成熟,使瓷器部分取代了陶器、金属器和漆器,人们在生活用具方面也随之发生了巨大变化,瓷器成为了人们日常生活中不可缺少的器物。

第六节　生活方式的多样性选择

一、丰富精致的饮食

饮食是历代人生存和生活的必需，亦是社会发展的前提。魏晋南北朝时期，由于地域和民族的差异，饮食呈现多样化特征，而且随着时间的推移及民族的交融，越来越多地体现出浓厚的胡汉杂糅色彩。这一时期，中国饮食原料丰富，品种花样繁多。这与当时社会的政治经济情况有密切关系。

魏晋南北朝时期面食更加普及。当时人们依照秦汉旧俗，称所有面食为"饼"，其中用蒸笼蒸的面食叫"蒸饼"，用水煮和油炸的叫"汤饼"，用火烘烤烙制的叫"炉饼"。当时人们还掌握了面粉发酵技术，做出了"起面饼"。这时的面食品种更为丰富，据晋人束皙在《饼赋》中记载，当时新出的面食有安乾、狗舌、剑带、案盛等等。蒸饼的形状也在不断改进，由扁平逐渐变成圆形，叫"馒头"。提起馒头，它的发明还极具戏剧性。据说诸葛亮南征孟获时，有人告诉他蛮人有种习俗，在打仗前要杀人用人头祭神，否则就得不到神灵的庇护。诸葛亮不愿草菅人命，就以猪肉和羊肉为馅，做成蛮人人头的样子来祭神。祭神之后，人们在享用祭品时发现它非常美味，就给它取名叫"蛮首"，后来演变成"馒头"。不过当时的馒头是有馅的包子，之后才改成无馅的。魏晋时汉人特别喜爱的一种面食是胡饼。其制作方法与今日之烧饼完全相同，在经炉火烘烤之前，先往上撒些胡麻（芝麻），即成胡饼。胡饼的出现不仅是面食的进步，更是民族交流的结果。

相对面食而言，菜肴更能够体现中华饮食文化的风格。魏晋南北朝时期是我国现今丰富多彩的菜系蕴蓄和积累时期。现代中国菜肴的九大主味：酸、甜、苦、辣、咸、鲜、香、麻、淡都已基本具备。当时所用的调味品主要是葱、姜、梅、饴、蜜"五味"。人们用这些调料将百果千蔬和各种禽兽鱼鳖烹制成美味佳肴。当时也有一些生食的菜肴，比如脍、脯腊以及各种腌菜。脍是一种切得又薄又细的生肉，以鱼为原料的称为"鲊"；脯腊是经过风干处理的各类咸干肉。这些都不用烹熟，加入调料后直接食用即可。当时还出现了一些极具民族融合特色的菜肴，例如"羌煮貊炙"。羌煮是仿照羌人将精选的鹿肉煮熟后切成块，蘸着各种调料合成的浓汁吃。貊炙是貊人发明的一种烤乳猪，色泽鲜丽，汁多肉润，是上等美味。

魏晋南北朝时期的饮品主要是酒、酪浆和茶。酒是饮品中的上等佳品，上至帝王显贵，下至平民百姓，大都喜好之。贵族名士更是嗜酒成风。官方和民间酿酒业兴盛，各地都有一些比较著名的酒，如荆楚的菊花酒，巴东的巴乡酒等。酪浆原是胡人的饮料，这时已成为汉人的日常饮品。茶原产于中国南方，在三国两晋时已相当流行。当时人们的饮茶方法是先将预制的茶饼捣碎放入瓷碗，然后用滚水冲泡，并加葱、姜、桔子调味。东晋南朝时，饮茶之风已经在南方的上层人物中成为一种嗜好，茶果成为士大夫招待客人的必备物品。

二、多姿多彩的服饰

三国西晋时的服饰基本上与东汉相同。只是从东晋开始，由于日益腐朽的士族地主追求所谓的风流放达，使本来就比较肥大的衣服博大得更为夸张。《晋书·五行志》所谓"晋末皆冠小而衣裳博大，风流相放"，描写的便是这种风气。到南朝宋时，甚至发展到"一袖之大，足断为两；一裾之长，可分为二"的地步。宽大是当时服饰的主要特征。

魏晋南北朝时衣服可分为元服（头衣）、体衣和足衣三种。元服有冠、冕、巾、帻等。冠是先秦时期成年男子常戴的元服，一直通行到南朝。冠又有小冠和大冠之分，小冠一般为中空，用簪子由后贯入,把小冠和发髻固定,是由汉代的平巾帻发展而来的。巾子在汉以前本为庶民所戴,直到东汉末和魏晋时,由于一些名士开始使用,因而得以流行。三国时一些军事将领如袁绍等就曾佩戴巾子指挥作战,以显示风雅。到北周时,人们常用三尺帛绢幞发,名为"幞头"。当时北方常用的头饰除冠和巾子外,还有毡帽。

体衣又称"衣裳"。这时期妇女的服装已从汉代的深衣向衣、裳分开的方向发展,上衣下裙的装束成为主流。两晋时还出现了上衣甚短而裙子特长的装束,有的裙子外露部位以及腰部,史书称之为"上俭下丰"。在北方,十六国时期以后,由于北方少数民族大批进入中原,胡服十分流行。胡服的主要特点是紧身、窄袖、开襟。由于它十分便于行动,因此深受汉族劳动人民的喜爱。北魏孝文帝曾一度禁止北方各族穿胡服,并仿照汉制规定了一套褒衣博带的礼服,但由于行动不便,人们还是习惯穿胡服。由于这时战事较多,一般男子常穿袴褶,袴褶的基本样式是上褶下袴,窄袖短衣,长袴勒靴并佩戴蹀躞带。这种服装原本也是胡服,但早在战国时期赵武灵王实行胡服骑射时就已传入中原,后来一直作为戎服穿用,魏晋南北朝时期扩展为庶民的常穿衣服。另外,这时还流行过一种两当衫,是模仿军人作战时所披戴的裆铠制作的,男女均有穿着。

足衣包括鞋和袜。当时的鞋具,名目主要有履、屐、屣、舄、靴等。履是穷人、罪徒穿的鞋,同时也是社会各阶层的丧服。舄是屣下加木底,屐则完全是木制的鞋。靴是皮制的长筒靴,是胡服的一种。当时的袜亦称"鞾袜",和现在的不同,当时是用皮或布做成的,穿时必须要用带子系好。

三、城市建筑

魏晋南北朝时期,各民族文化艺术和建筑形式日益融合,当时建筑的规模及工艺都进入了新阶段,木构建筑已相当成熟。当时的建筑师和工匠们在继承中华民族传统建筑艺术的基础上,大量吸收各民族和外来文化的优秀成分,创造了光辉灿烂的建筑艺术,并为唐代建筑工艺的进一步发展奠定了基础。此外,随着佛教的传入和传播,寺院建筑也在我国大量出现,几乎遍布全国各地,成为我国古代建筑中的具有独特风格的支派。

这一时期,由于朝代更迭频繁,先后曾分别修建了许多都城,其中在北方使用时间较长、规模较大的是邺城和洛阳,南方则是建康。邺城是曹操在东汉末年打败袁绍后建造的,位于今河南安阳市东北。洛阳是魏文帝曹丕代汉后营建的新都,西晋、北魏也建都于此。建康是吴、东晋、南朝宋、齐、梁、陈六朝的古都,旧址在今南京玄武湖南岸,东枕钟山,南临秦淮河,地势十分险要。这三座都城的建设有些共同特点,也体现了当时都城建设的总趋势:

首先,为适应动乱的时局,这些都城都特别注意加强城市的防御措施,使得城池工程日趋完善。邺城在宫城西北部曾建有铜雀三台(冰井台、铜雀台、金凤台),既是贵族游宴的地方,又是军事瞭望点;洛阳一度模仿铜雀三台修建了金镛城,可俯瞰全城。统治者还加厚了城墙,并在城外增修了墩台和壕沟;建康城也极重视防御,不仅以壕沟绕城,还加强了外围据点,白下、石头、东府、苑冶城都是当时营造的驻军之地。

其次,从都城的南面城门通至宫城南门的大街逐渐发展成全城的中轴线,统治者的居住区逐渐集中到中轴线的偏北部,宫城的数目由原来的多个逐渐变为单个,与居民区的区分日趋严格。从曹魏邺城开始将宫城建于城市中轴线的北部;北魏洛阳则在城北建了单一的宫城;建康城布局大体仿照魏晋洛阳城,宫城也在中部偏北。

再次,随着居民区的日益扩大,为更好控制居民的里坊制度开始形成,里坊的区划和排列由不规整变为规整。

佛教建筑的主要类型包括寺、塔和石窟寺三种。当时寺院建筑发展得十分迅速,成为我国古代重要建筑形式之一。三国时期仅建邺一地就有寺院680余所,北魏末年洛阳城内有佛寺1300多所,整个北方多达3万余所。这些寺院建筑基本上仿照宫室布局,只多了一个佛塔。塔源于印度,原意为坟墓,是为藏置佛的舍利和遗物所修的,也是佛教徒礼拜的对象。这些寺院一般都把佛塔建在佛寺正中,稍后在塔的四周修筑佛殿供奉佛像,供信徒膜拜。这时塔与殿并重,出现了塔殿并列的布局。该布局以北魏洛阳城内的永宁寺最为典型。据《洛阳伽蓝记》记载,永宁寺的平面布局呈长方形,寺的主体部分由塔、殿和廊院组成,并采取中轴对称。塔是这组建筑的核心,塔北建殿。院墙的四面各于中部开一门。由于此寺由皇家修建,所以处处模仿宫殿建筑,寺中的大殿形如太极殿,院墙与宫墙相似,寺院南门似端门。佛殿模仿宫殿形制是北魏佛寺的建筑特点之一。

石窟寺是在山崖上开凿出来的洞窟形佛寺建筑,也起源于印度,随同佛教传入我国。我国开凿石窟寺始于公元3世纪,北朝及隋唐时期最为兴盛。现存的大型石窟寺大部分建于十六国和隋唐时期,包括云冈石窟、敦煌莫高窟、麦积山石窟、龙门石窟等。这些石窟寺既继承了我国传统建筑的手法,也大量吸收了外来艺术手法,成为一种风格独特的建筑。

四、婚姻家庭状况的新变化

魏晋南北朝时期分裂动荡的政治形势、奢靡放达的社会风尚及各民族的大融合,都对当时的婚姻家庭状况产生了影响,使之产生了一系列新的变化。主要表现在:

当时的婚姻极其重视门第,主张士庶不婚。这点与当时世家大族在政治、经济上占据要位有密切关系。魏晋南北朝时期,门阀士族为了保持自己的高贵血统,垄断政治,因而在婚姻问题上特别讲究门第,重视门当户对,士族将与庶族缔结婚姻视为耻辱。其中最具代表性的事情是南朝梁武帝时期的"王源嫁女"。贫寒的士族王源将罗圈腿的女儿嫁给满璋之的儿子,且满家家境富裕,按常理这桩婚事对王源有百利而无一害,但却遭到中丞沈约的弹劾。沈约上书梁武帝,说此事"士庶莫辨","实骇物听",请求梁武帝"以见事免源所居官,禁锢终身"。可见当时士族和庶族的界限是很严明的。

所以一些窘困的士族宁可守贫,也不愿缔结寒门之亲。

当时的婚姻亦十分看重金钱利益,神圣的婚姻被深深地打上了金钱的烙印。在动乱频繁且追求奢华生活的年代,金钱的作用显得越发举足轻重。熟悉南北各地社会情况的颜之推在《颜氏家训》中说:"卖女纳财,买妇输绢,比量父祖,计较锱铢,责多还少,市井无异。""为子娶妇,恨其生赍不足。倚作舅姑之尊,毒口加污,不识忌讳"。不仅嫁女儿的想捞笔财礼,娶媳妇的也想从中获取利益,金钱的魅力促使世人将古礼中的君子之义、长者之尊通通抛诸脑后。由于经济等原因,当时赖婚的家庭不在少数,甚至有人为聘礼的事闹到官府。北齐官吏封述即是其中一例。他娶李元士之女为媳,却不肯如数送聘礼;为另一个儿子娶媳时则索性恶人先告状,说女方嫌送去的骡子脚跛,嫌送去的铜器废旧而故意刁难对方,全然不顾形象。由此可见当时婚姻重利之一斑。

随着北方少数民族的内迁,各民族及南北文化交流日益广泛。这一时期的婚俗除传统的纳采到亲迎的"六礼"外,还出现了一些新的习俗。例如新妇乘鞍、谑郎、却扇等等。新妇乘鞍本来是北朝游牧民族的婚俗,即是新娘骑马去夫家,"鞍"与"安"音同,取平安之意。谑郎也是盛行于北方的婚俗,指女家亲宾妇女在新郎亲迎新娘时故意刁难或戏弄他。却扇则流行于南方,新娘出嫁那天,用扇子遮住面庞,只在单独见到新郎时才拿掉。这些新婚俗的出现,使原本就很喜庆的婚姻大事更加热闹非凡,多姿多彩。

五、腐朽奢靡的士族生活

魏晋南北朝时期社会一个重要特征就是统治阶级的奢侈浮华和残暴凶狠。所谓上梁不正下梁歪,作为一国之君的晋武帝和晋惠帝,一个荒淫无道,一个贪图享乐,晋武帝后宫近万人,晋惠帝不知饥荒中的人怎么会饿死,问左右大臣,那些饥民为何不食肉粥。本应日理万机、洞察民情的君主尚且如此,更别提那些自视甚高又富可敌国的士族大姓了。

士族官僚奢靡成风。何曾日食万钱还抱怨无下箸处,其子日食两万钱,暴殄天物,糜烂透顶。更有甚者,竟然以奢靡的程度比财斗富。东晋时以监守自盗起家的江东第一富豪石崇与外戚王恺比富,王恺用麦糖烧锅,石崇则以蜡为柴;王恺作四十里紫丝步障,石崇则以五十里锦布障敌之;王恺拿赤石脂泥墙,石崇则用香椒泥涂壁;王恺炫耀晋武帝赐给他的一棵两尺多高的珊瑚树,石崇则顺手用铁如意将其打碎,并命人拿出六七棵三四尺高的任他选择。据《晋书·石崇传》记载,当时奢侈浪费的钱财比天灾损失的还要多。

更让人悲愤的是,这些士族官僚不仅奢侈成性,而且肆意杀人。王恺请人吃饭,必定要女伎吹笛助酒,女伎稍失韵调就惨遭屠戮。石崇宴客时让美女行酒,客人饮酒不尽立即斩杀为之行酒的女子,行事残忍,毫无人性。

一个国家居统治地位的阶级一味贪图享乐,不思进取,又奢靡残暴,专注饮酒作乐,风度打扮,这样的王朝、这样的阶级(阶层)或集团是没有出路的,其政权的覆灭也是理所当然的。

第七节 文化的冲突与交流

一、胡汉文化的冲突和交融

魏晋南北朝时期是民族迁移的高潮时期,周边少数民族纷纷内迁。活跃在这一时期的少数民族有匈奴、鲜卑、氐、羌、羯、柔然、乌桓、敕勒、吐谷浑、高丽、奚、室韦等。其中前5个民族先后在这一时期建立了20多个政权,相互之间以及与汉族都有较多或十分密切的来往。被称作"胡"的这些少数民族和汉族就在中原辽阔的大地上展开了双向的碰撞与交融。汉族是中原政权的建立者,经过长期的发展,封建经济和文化都已相当发达,典章制度比较齐全完善,而绝大多数少数民族都比较落后。因此,汉文化对胡文化一直怀有贬低和排斥心态,称少数民族为"夷蛮",认为少数民族"非我族类",主张"内诸夏而外夷狄"(西晋江统《徙戎论》)。同样,当披发左衽的胡人骑马而来时,面对中原地区先进的经济文化,他们一时也难以适应,感觉异常陌生和慌张。他们敌视汉人,蔑称汉人为"汉狗"、"汉贼",自卑心理使他们实行抑汉尊胡。北魏拓跋焘甚至杀害了崇尚汉文化以至于言语衣着皆类似汉族的胡人贺狄干。诸如此类,不胜枚举。但这些激烈的冲突毕竟是暂时的,胡文化与汉文化的大趋势是一致的,那就是融合,共同发展与进步。

各族与汉族的融合,走的是"自然同化"的道路,但也有些少数民族上层人物,有意识地采取推进汉化的措施。前秦(氐族贵族所建)皇帝苻坚和北魏(鲜卑贵族所建)孝文帝拓跋宏是这一发明的典型代表。苻坚重用汉族士人王猛,制定"治乱邦以法"的基本国策,加快汉化步伐。经济上劝农耕桑,通关市,通渠引渎,在民族政策上坚持和戎之术等。更重要的是立太学,不仅把氐族子弟送进去学习,还把被征服的拓拔族的代王送进太学学汉人文化,自己以"中国以学养性"自居,视漠北人落后,只堪为将。他对太学的重视也是少有的。每月亲临太学亲试诸生,品其高低,有时提问五经中的问题,博士多不能答。他还令四军将士授学,甚至要后宫学经,选阉人、女奴中的聪识者皆由博士授经,苻坚征隐士为国子祭酒,并选拔聪明有才识的阉人当博士,成为中国古代办学史上的佳话。北魏孝文帝更主动自觉地推进汉化,他的第一个汉化措施就是把北魏的都城从平城迁到中原文化的中心地洛阳。随后,改官制、禁胡服、断北语、改姓氏、定族姓等一系列强行改变原来风俗习惯的措施和法令的出台,加速了鲜卑族的封建化速度,促进了以鲜卑族为中心的北方各族的封建化进程。

在胡文化汉化的同时,汉文化也深受胡文化的影响,吸纳其内容。在生活习俗和文化艺术方面,汉人接受并使用了多种胡物,例如胡帽、胡衫、胡靴等胡服;胡饼、胡椒、羌煮、胡羹等胡食;胡笛、羌笛、琵琶等胡人乐器。在婚姻方面,汉人引进来一些胡人的婚姻习俗,风气变得比以前开放,妇女地位也有所提高。这一切都是胡汉文化交流和融合的结果。

在这时期的民族交流与融合的过程中,曾涌现出一些作出巨大贡献的人物。冼夫人即是其中一例。她是俚族的女英雄。她维护统一的思想在少数民族中是绝无仅有的。《隋书·谯国夫人传》记载,冼夫人为高凉冼氏之女,"世为南越首领,跨拒山洞,部落十余万家"。后嫁于高凉太守冯宝。她维护各族友好关系的愿望,很早便有所表现。她做了大量规劝工作,使其兄、其夫归顺朝廷,使岭南稳定发展,并加强了各族的友好关系。以后在侯景之乱中维护统一,拒不反叛。历梁、陈、隋三代维护国家统一之心不变,为俚族等西南少数民族与汉族的融合作出了贡献。

二、与大秦、中西亚各国的文化交流

大秦(罗马帝国)早在两汉时期就与中国建立了联系。三国两晋南北朝时期,不仅通过丝绸之路,并开始经由海路来中国。公元226年,大秦商人秦伦由海路到达建业(今广州),受到了孙权的接见,成为第一个在中国历史上留下姓名的大秦人。西晋、前凉、东晋、北魏时,大秦都曾遣使来访。

魏晋南北朝时期,波斯(伊朗)、康居、大宛、大月氏等国均保持着同中国的友好交往,不断有使者和商人前来。据记载,在曹魏、后赵、前秦和北魏时,大宛曾10次遣使来访。公元455年,波斯萨珊王朝遣使来华,到西魏恭帝二年(555年)的100年间,共遣使15次。在中西亚各国使者源源而来时,中国使者也多次前往这些国家。北魏高徽两次出使吠哒,韩羊皮曾出使波斯等国。

随着频繁的使臣往来,大秦等国的火浣布(石棉布)、水银、琉璃、药材和汗血马、玻璃制造术、石雕绘画艺术等输入中国,中国的丝绸、铜器等也传到大秦、波斯等国。公元6世纪末,中国的养蚕术通过波斯传入大秦,为人类文化的发展作出了巨大贡献。

三、与南亚、东南亚各国的文化交流

三国之后,海路的开通加强了中国同南亚各国的联系。而且随着佛教在中国的传播,中国与南亚之间以佛教为内容的文化交流日益密切。十六国魏晋时期,僧侣往来不断,据不完全统计,印度等国的僧侣来中国传教译经的有70多人。不仅印度等国的僧人来华传经,中国亦有大批僧人西行求法。这一时期也是中国僧人西行的高潮时期。当时前往印度等国取经的僧侣有近90人。他们有的只身前去,有的结伴而行,为中国与南亚各国的文化交流作出了巨大贡献,其中影响最大的是法显。

法显是后秦人,3岁出家,一心向佛。公元399年,当时已经年过花甲的他从京城长安出发,先后约得同伴9人,西行取经。他历经艰难险阻,越过葱岭,经过今天的阿富汗,终于到达了印度。他的足迹遍布印度各地,曾到过释迦牟尼诞生地迦为罗卫城(尼泊尔境内),在回国途中又经过狮子国(斯里兰卡)和耶婆提国(印尼苏门答腊)。途经狮子国时,九死一生,船遭遇大风漏水,飘荡至耶婆提国,在那里停留了5个月才得以搭乘商船向广州进发。3个月后,当他孤身一人抵达青州时已经是东晋义熙八年(412年)。在他西行取经的13年中,他游历了包括西域6国、天竺21国、狮子国和耶婆提国在内的29个国家。不仅带回了大量中国没有的佛教经典,还写了《佛国记》(即《高僧法显传》),记述了中亚、印度、南海诸国的地理、历史及风土人情,是研究这一地区的重要文献。他对促进中国同印度、尼泊尔等国的相互了解和文化交流作出了巨大贡献。

中国同东南亚各国的关系一直都比较密切,魏晋南北朝时期依然保持着频繁的来往。据记载,这时期,扶南(今柬埔寨)遣使来中国就有30来次,林邑(今越南)与中国的联系也进一步加强。三国时,林邑国曾派使者赠送吴主金指杯,两晋南朝时又先后24次派遣使臣访问洛阳和建康。林邑的交趾是中国同西方、南海诸国商使往来的常经之路。公元245~250年间,孙吴也曾派遣中郎康泰和宣

化从事朱应出使林邑、扶南等国。回国后,康泰著《外国传》,朱应著《扶南传》,分别记叙了这些国家的风土人情和文化等实际情况。此外,南朝时,狼牙修国(今马来半岛北部)、盘盘(今泰国南部)、婆利国(今印尼巴厘岛)等也先后多次来访。

经过长期往来,中国的制酒、养蚕术传到老挝。中国的灌溉用具水车、建筑、造纸、纺织等技术传到越南,并得到推广。中国传统的儒家学说和生活习惯也传到越南,那里的人学习汉文,阅读儒家经典,过上巳节、盂兰盆会等节日。越南的琉璃制造术,这时也传到我国,使我国的琉璃制造术在原有基础上又有新的提高。

四、与朝鲜、日本的关系

魏晋南北朝时期,朝鲜半岛分为北边的高句丽、西边的百济、东边的新罗三个国家。这三个国家同中国都保持着频繁而密切的联系,为彼此文化的交流创造了良好条件。南朝的宋、梁政府应百济的请求,曾送去《易林》、《式占》和《元嘉历》等书,并将讲授《诗经》、《礼记》的博士与工匠、画师等也赠给百济。中国的五经、《史记》、《汉书》、《三国志》、《晋阳秋》等儒家经典、史学和文学著作以及医药、历法等相继传入朝鲜,并且深受这三个国家文学之士的喜爱。在中国文化的熏陶下,朝鲜的语言吸收了不少汉语词汇,很多人还能用汉语写作。中国的琴、瑟、筝等乐器也传入三国。与此同时,善歌善舞的朝鲜人民所创作的《箜篌引》乐曲和新罗的咖倻琴等乐器也传入我国,大大丰富了我国的文化艺术。北周曾把高句丽、百济乐列入乐部,称为"国伎"。

三国以后,中日之间的经济文化交流日益频繁。魏景初二年(238年),邪马台倭国女王卑弥呼派遣使者难升米和朱市牛利来洛阳朝献。自此之后的10年间,两国使者往返就有6次之多。东晋南朝时期,日本大和国先后12次派遣使者来中国访问,和中国一直保持着密切的来往与交流。

这一时期的中日文化交流,将中国先进的科技文化传到日本。

公元4世纪时,不少中国纺织工,养蚕和缫丝能手,制作陶瓷、缝衣的工匠以及厨师等移居日本,带去了中国先进的制陶、烧瓷、纺织、铜镜铸造等技术。除了当时的先进科技之外,中国的儒学、佛教也东传到日本。中国的《论语》、《千字文》由百济人王仁带入日本,日本人开始使用汉字;百济人段杨尔把中国的五经传入日本。在儒学的影响下,日本人开始把仁、义、礼、智、信作为德智的最高标准。梁武帝时,司马达把印度的佛教传到日本,使佛教在日本逐渐流传。

第五章

隋唐五代：盛世风范　烂漫恢宏

隋唐结束了西汉末年以来四分五裂的局面，实现了真正的全国统一。隋唐文化，继承了魏晋南北朝以来汉族传统的封建文化。同时，政治局面的相对稳定、社会经济的繁荣、对外经济文化交流的频繁，更使隋唐文化在开拓创新的基础上，取得了超越前代的辉煌成就。隋唐文化不仅在中国，而且在世界文化发展史上，都占有重要地位。

第一节　制度文化的架构与创新

隋唐时代是中国封建经济发展繁荣时期，也是中国封建政治制度发展并逐渐成熟时期。唐承隋制，为后世封建政治制度奠定了基础。隋唐政治制度的实质是门阀地主与皇帝分权的发展。

一、政治制度：门阀地主与皇帝分权

隋唐五代的官制，最具特色的是三省六部制。

隋唐名义上的最高官职和古代一样，有"三师"和"三公"。三师为太师、太傅、太保，是"训导之官"，"不主事，不置府僚"，是师位；三

公是太尉、司徒、司空,是"论道之官",也就是坐而论政的高级顾问,他们并没有实权,掌握实权的是三省六部。

隋代的三省制,以尚书省、内史省、门下省为中央最高管理机构。三省长官尚书令、仆射、内史令、纳言共同承担宰相职责,三省地位大体相同,互相牵制。

与隋相比,唐朝的三省制得到了进一步完善。唐代三省的组织情况如下:

中书省是最高决策机关。长官为中书令,二人,职责是参与国家大政决策,处理政府机关奏章、公文,并根据皇帝旨意起草诏书。副职为中书侍郎,主要官员为中书舍人,还有右散骑常侍、右补阙、右拾遗等谏讽建言之官。

门下省是最高审议机关。长官为门下侍中,二人,职责是参与机密和国家大政的决策,并审查政府各机构的奏章、公文,提出供皇帝裁决的意见。另外,门下省还有封驳诏书的权力,对中书省起草的诏令,认为不便实行或无益政事者,可以将其驳回。对中书省及皇帝权力具有牵制作用。副职为门下侍郎,主要官员有给事中,还有左散骑常侍、左补阙、左拾遗等谏官。

尚书省是最高行政机关。长官为尚书令,职责是参与国家大政决策,并具体执行中书省、门下省颁发的各类诏书。副职为左、右仆射,其下有左、右丞各一人,主持省内事务。尚书以下还设侍郎、丞、郎中、主事和员外郎等。

尚书省下设吏、礼、户(隋朝称民部,唐朝避李世民讳,改为户部)、兵、刑、工六部,六部长官为尚书,与尚书令及左右仆射合称"八座"。六部的职责是:吏部掌管全国官吏的任免、考课、升降、调动等事务;礼部掌管礼仪、祭享、贡举等;户部掌握全国土地、户籍、赋税、财政收支等;兵部掌握全国武官选用和兵籍、军械、军政等事务;刑部掌握国家的法律、刑狱等事务;工部掌握各项工程、工匠、屯田、水利、交通等事务。

唐代三省六部制是在隋朝基础上的进一步完备和健全。三省长官位高权重，职责与秦汉时代的丞相相同。因唐朝开国不久发生了一件事，这就是曾经做过尚书令的李世民登基做了皇帝。于是臣下避不敢居，除郭子仪曾做过很短时间外，朝廷也不再以此职任人。尚书省两名副职左、右仆射与中书令、侍中同为宰相，一起在门下省的政事堂共议国政。后因三省长官位高权重，朝廷不再轻易授人。为弥补宰相的缺额，皇帝又以其他自己信任和品级较低的官员加"参议朝政"、"参知政事"等名号参加政事堂会议。唐高宗时，由于尚书与左、右仆射既能参与决策，又负有统领行政、督率执行之职，权位太重，于是朝廷便有意加以限制，形成了仆射带"同三品"名号才能参加政事堂会议，不加此名号便不是宰相的局面。同时，尚书省长官逐步被排斥在宰相行列之外。职位较低的官员若加上"同中书门下三品"、"同中书门下平章事"这些名号就成为宰相，从而行使宰相的职责。而发展到后来，即使是中书令和门下侍中，若没有加"平章政事"或"同平章政事"，也就不能掌国政。肃宗后，"同中书门下三品"之称也被废，"同中书门下平章事"遂成为中唐之后宰相的固定名称。

隋唐两代，特别是唐代政治制度核心的实质是门阀地主与皇帝分权政治制度的发展。魏晋南北朝士族地主势力发展，南朝自东晋以来形成了"王（王导）与马（司马睿），共天下"的局面，政权由皇帝和门阀地主共同执掌。三省制的出现也是适应这种分权局面而产生的。门阀地主占据门下省，皇帝诏书一旦有损他们的利益，他们就可以驳回。隋唐时期，魏晋门阀政治仍然具有相当的影响，特别是隋唐统治者本身就是士族地主，如建立唐朝的李唐皇室本身就是关陇士族的代表，很自然就承袭了三省制。因此，隋唐政治制度的实质是门阀地主与皇帝分权的发展。

在地方官制上，隋唐也沿袭与发展了汉魏旧制。隋代将州、郡、县三级改为州、县两级制，县官称"县令"，州官称"州牧"。唐朝仍实行州、县二级制。贞观十三年（639年），全国有州358个，县1511个。县以下的地方组织有乡，乡下有里，里是最基层的政权单位，对人民进行直接的统治。贞观年间，唐太宗还根据山川形势，把全国分为10道，后改为15道，为地方监察机构。

二、军事制度："兵散于府,将归于朝"的府兵制

隋唐时期是我国兵制从府兵制向募兵制的转折时期。

隋代及初唐都是继承西魏、北周的办法，实行府兵制，但情况并不尽同。军队的职能本来在于统治阶级镇压被统治阶级和解决民族之间的矛盾，所以，原先府的兵专选鲜卑和汉人贵族子弟及有限的农民当兵，兵、农分开。而隋、唐则已天下一家，尤其唐代这一胡化华人的王朝，其府兵制完全从农民中征选，名为"点兵"。点兵的条件是：一要身强力壮；二要家庭人丁兴旺，三丁挑一；三要有财产。也就是要从地主或富民子弟中挑选。这样做的原因，一方面是因为府兵的甲马衣粮要自备，贫苦农民没有这个能力；另一方面是为了将武装掌握在有产阶级手中。朝廷对其相应的待遇则是免去其租庸调。

府兵的基本单位是折冲府；下有团，每团200人；团下有旅，每旅100人；旅下有队，每队50人；队下有火，每火10人。折冲府分三等，上府6团，中府5团，下府4团。折冲府散布在全国各地，分别统领于中央的12卫。每卫所统兵府多者60，少者50或40。每卫设大将军一人，将军两人。大将军是府兵最高军官，直接隶属于皇帝。府兵征调的方法，是由中央兵部把铜鱼或木契下到州和府，经刺史和折冲都尉校对符合后，才能发兵。这样，调兵大权归中央掌握，有战争发生时，中央临时任命将领统兵。战争结束，则兵散于府，将归于朝。府兵在布置上内重外轻，全国最多时有360多个折冲府，而中央政府所在地关中就有260多个。

唐代在兵制上建立了完善的府兵制。"兵散于府，将归于朝"的调兵政策和内重外轻的设置，是唐朝兵制的主要特点，该制度有利于封建中央集权的加强。后由于均田制被破坏，政局混乱，外兵归于藩镇，实行不足百年的府兵制，最终为募兵制所取代。

三、法律制度:今存第一部完整的法典——《唐律疏议》

盛世修典是人类社会历史进程中的一个普遍现象。盛唐时期的《唐律疏议》,将封建社会的成文法发展到一个高峰,它是我国现存最早最完整的一部法典。

隋朝建立后,针对北周刑法苛滥的情况,在北魏、北齐旧律的基础上修订新律。隋文帝开皇三年(583年),颁行了历史上著名的《开皇律》。《开皇律》共12篇500条。《开皇律》更定刑名为死、流、徒、杖、笞五刑,规定"八议"之制,又发展北齐律的重罪十条而制定"十恶"之条。改定后的《开皇律》法行宽平,适应了新王朝建立之初人心思稳的政治需要。《开皇律》上承汉律的源流,下开唐律的先河,在中国法制史上占有重要的地位。

唐朝法律制度基本上沿袭隋朝,但予以进一步更新完备。唐武德七年(624年),以隋《开皇律》为蓝本,开始颁行《武德律》。贞观元年(627年),唐太宗命长孙无忌、房玄龄等人对《武德律》加以修订,于贞观十一年(637年)颁行《贞观律》,仍为12篇500条。唐高宗永徽二年(651年),又命长孙无忌、李𪟝等人以《武德律》、《贞观律》为蓝本,修成《永徽律》。《永徽律》共12篇502条,篇目分别为:名例、卫禁、职制、户婚、厩库、擅兴、贼盗、斗讼、诈伪、杂律、捕亡、断狱。《永徽律》刑名有死、流、徒、杖、笞五种,量刑定罪方面比隋律有所减轻。永徽三年(652年),唐高宗又令长孙无忌撰写《律疏》,阐明律文内容,逐字逐句进行具体疏证解释。《律疏》采用问答形式,共30卷,于永徽四年(653年)颁行。《律疏》与《永徽律》统称为《永徽律疏》。宋元时称《故唐律疏议》。明末清初始称《唐律疏议》。律和疏具有同等的法律效力。唐律的制订与颁行,起到了维护封建统治和封建等级特权,保护封建地主土地所有制,协调统治阶级内部以及各阶级、各阶层之间关系的作用。《唐律疏议》为研究唐代历史和社会提供了极宝贵的资料。唐代除律外,又有令、格、式,四者共同构成了唐代完整的法典体系。

《唐律疏议》最主要的特点是"依礼制刑,礼法合一"。首先,统治者在制定、修订法律的过程中坚持以礼为纲的指导思想。在唐代占统治地位的法律思想是礼本刑辅,明刑助礼。其次,从唐律的条文看,均"一准乎礼"。礼是唐律的灵魂,唐律是礼的表现。

《唐律疏议》是我国现存最早的一部完备的法典,不仅对唐朝封建法制秩序的形成以及经济的恢复、政治的稳定起了重要作用,而且在漫长的封建法制发展史中处于承前启后的重要历史地位,为唐以后的封建王朝的立法提供了样本,对当时亚洲许多国家的封建立法也产生了重大影响。

第二节 宗教和哲学的多元与激荡

在中国历史上,隋唐是一个相对开放的历史时期,包括文化政策在内的各方面政策都相对宽容,各种宗教自由传播。在隋唐300多年的历史中,尽管各代君主对宗教有着不同的偏好,其中有些帝王甚至对宗教大加限制,如唐武宗在位时,就曾下令灭佛。但从总体上来看,诸教竞相流行仍是这一时期突出的文化现象。

一、文化多元的宗教反映:诸教并行

隋唐是佛教文化的进一步发展时期。唐太宗把佛道看成安定社会的有力手段,把始于隋文帝的二教并行政策定为国策。因此,佛教成为统治阶级的思想武器,在隋唐时期非常盛行。由于魏晋南北朝以后新的佛经不断传入,佛教僧徒对教义有着不同的理解和阐释,唐代出现了众多的佛教宗派,如天台宗、华严宗、法相宗、禅宗、净土宗、律宗等。每一宗都有自己的理论和修炼体系。其中以天台宗、华严宗、法相宗和禅宗影响最大。

天台宗的创始人是隋代僧人智𫖮(531~579年),因智𫖮长期

在浙江天台山传教而得名。该派主要以佛经《法华经》为依据，所以又称"法华宗"。智𫖮及其传人主张万物皆由心生，世界本体是空无的，所以天台宗在中国佛教史上还有"空宗"之称。

华严宗的创始人是僧人法藏（643～712年），该派因尊崇《华严经》而得名。主要宣扬"尘是心缘，心为尘因。因缘和合，幻相方生"等法界缘起的道理和观行的方法，属于大乘法门。

法相宗的代表人物是玄奘（600～664年）及其弟子窥基大师。该派以《成唯识论》为尊奉的主要经典，以论证"万法唯识"、"心外无法"为宗旨，所以又被称为"唯识宗"。法相宗认为一切皆是"法相"，破除法相，可见本体；宇宙万物即由"识"幻化而成，转"识"成"智"，方能见佛，是层层深入讲明理、讲思维的学说。法相宗在印度传于戒贤法师，由玄奘传入中国，玄奘弟子窥基大师（因常住大慈恩寺，故又称"慈恩法师"）将其发扬光大，成为中国佛教最精深的大宗派。在中国佛教史上，天台宗、华严宗和法相宗共称"教下三宗"，代表了佛学的最高理论，属大乘法门。

禅宗是隋唐时期最为重要的佛教宗派之一。禅即梵语"禅那"，意为静虑。静坐沉思，称为"坐禅"或"禅定"；从定中生慧，求得解脱，是佛教修养的重要途径之一。相传梁武帝时由菩提达摩传入中国，是为禅门一祖。达摩传慧可，慧可四传至唐玄宗时的禅门五祖弘仁。此后，禅宗分裂，弘仁的两个徒弟神秀和慧能分别创立了北宗和南宗。慧能（638～713年，一作惠能），本是不识字的园下舂米和尚，神秀作偈说："身是菩提树，心如明镜台，时时勤拂拭，勿使惹尘埃。"意即成佛需要排除杂念，长期苦修。慧能听后，则另作一偈说："菩提本无树，明镜亦非台，本来无一物，何处惹尘埃。"意即佛在心内，只要净心、自悟，即可顿悟成佛。慧能的顿悟说得到了弘仁的赏识，传予其衣钵，遂成为禅宗的六祖。禅宗主张不立语言文字，言下顿悟，直指本心，见性成佛，打破了一切仪规。禅宗主要经典《六祖坛经》中记慧能与人在寺中见屋上风吹幡动，人问慧能究竟是风动还是幡动，慧能答说"仁者（和尚对人的尊称）心动"，可见其唯心程度。由于南宗的修行方法简单速成,没有繁琐的仪规,因此深得士大夫和普通百姓的欢迎。南宗最终压倒北宗,得到广泛流传。唐朝后期,它几乎淹没了佛教所有宗派,成为佛教界独放的一花。

唐代有影响的佛教宗派众多,名僧辈出,与印度佛教在中国的广泛传播有密切的关系。而在中印佛教文化的交流中,值得一提的唐代名僧有两位:玄奘和义净。

玄奘,俗姓陈,名祎,洛州偃师人。隋朝大业末年在洛阳净土寺出家,后遍历长安、成都等地访经问道。贞观元年(627年)启程西行,前往天竺取经。一路上历经千难万险,途经今天的新疆和中亚各国,最后到达巴基斯坦和印度。他游学19年,走遍了五天竺,还到过释迦牟尼的出生地尼泊尔。玄奘在印度期间,主要在当时的佛教中心中天竺的那烂陀寺从高僧戒贤法师学习《瑜迦师地论》、《大乘起信论》。最后两年,替戒贤法师为众僧主讲了《摄大乘论》、《唯识抉择论》等佛教重要经典。期间还发表了重要佛学论文《会宗论》,在印度佛教界博辩之名远播。贞观十六年(642年),戒日王在都城曲女城(印度卡诺吉城)举行了一次大型佛教经学辩论会,出席者有印度18国国王和各派僧侣六七千人。玄奘被推为"论主"(主持人),并以所著《破恶见论》作为辩题,赢得了印度佛教界僧众的高度赞誉。贞观十九年(645年),玄奘结束了游学生涯,携带梵文佛经657部回到长安,受到唐太宗的召见。此后,玄奘在长安大慈恩寺专心从事译经工作,直到高宗麟德元年(664年)去世。20年间共译出佛经75部,1335卷。这些佛经在印度今已大多失传,玄奘的中文译本就成为今天研究古代印度宗教、文学、历史、科学的重要文献。在译经的同时,玄奘还写了一部12卷的《大唐西域记》,详细记载了所经中亚各地区的风土人情、山川地理、信仰和历史传说。它是研究唐代西域各国历史、地理和中西交通的宝贵史料。

义净是继玄奘之后又一位前往印度交流佛教文化的高僧。义净俗姓张,名文明,齐州人(州治今山东历城。一说范阳人,今河北涿县)。他15岁出家,37岁时(高宗咸亨二年,671年)相邀10人从广州搭波斯船浮海去印度。后来9人均畏难退缩,只有义净一人孤身前往。义净在那烂陀寺钻研佛经10年,后又到室利佛逝、末罗瑜(在苏门答腊)等地搜罗并抄写佛经。前后历时25年,周游30余国。武后证圣元年(695年)复由海道回国,共带回梵文经书400余部,金刚座真容1具、舍利300粒。归国后,义净继承玄奘的翻译事业,在洛阳译经12年,共译出《金刚光明最圣王经》等56部,计230卷。另著有《大唐西域求法高僧传》和《南海寄归内法传》,记载了当时南亚诸国的社会、文化和宗教情况。

由于唐代高僧们的苦心传教,以及当时帝王的大力提倡,佛教在初盛唐时呈现一派兴旺景象。京畿长安寺庙林立,其中规模大者"穷极壮丽……土木之役逾万亿"(《旧唐书·鱼朝恩传》)。日本僧人圆仁在其《入唐求法巡礼行记》中感叹说,长安城里一个佛堂院,可敌外州大寺!可见长安寺庙的规模。在东都洛阳,武则天征发工匠大规模开造龙门石窟,气势恢宏,令人叹为观止。据说有一尊大像的一个小拇指上就能站数十人。闻名于世的卢舍那大佛高达17.14米,也是该时期的杰作。这些都表明了佛教在唐朝的辉煌发展。

除了佛教盛行以外,隋唐时期的外来宗教还有祆教、摩尼教、景教、伊斯兰教。这几种宗教主要在西域胡人中流传,中原汉人信奉的并不多,但是各种宗教都有自己的信仰,都带有不同国家或民族的特色。

祆教又称火祆教或拜火教,是古代流行于伊朗、中亚和西亚一带的宗教。传说创始者是波斯人琐罗亚斯德(公元前600～前520年)。该教宣传宇宙间有善与恶两种势力,当善神战胜恶神后,人世就会成为清静光明的极乐世界。它还号召人们为争取和平光明而斗争。人类本来是善神的眷属,本质上是纯良的,但为恶神所诱,误食恶神的美饵,遂善恶不分,迷失方向。善神怜之,特命琐罗亚斯德下界教导人类,拒绝恶神的引诱,回向善神。在世享受和平,命尽之日,往生极乐。并认为火是善神的分体,象征光明清净,其力量足以破坏一切污秽黑暗,故经常在室内设置"常明火坛",至室外则拜天日月星。公元前6世纪末,波斯萨珊王朝定祆教为国教,中亚各国也多信奉此教。祆教最早传入中国大约在北魏时,民间称之为"胡天神"。但该教在中国的广泛流传,则是在隋唐时期。据记载,唐高宗武德四年(621年),在长安布政坊已建有祆寺。太宗贞观五年(631年),祆教士穆护、何绿二人获朝廷许可公开传教。后来,唐朝长安、洛阳、凉州、敦煌等地都建有祆寺,信奉祆教的人数日众。隋唐两朝还专门设立了管理祆教的机构——"萨宝府"。武宗会昌年间,下诏灭佛,祆教一度遭到破坏,但至宋时东京汴梁和镇江还有祆教寺庙。

摩尼教是公元3世纪波斯人摩尼(约216~277年)所创立的一种以火祆教为主体,并吸收佛教、基督教和古巴比伦宗教理论的宗教。它的教义以波斯固有的二元思想为基础,宣传宇宙间有明暗"二宗"处于不断的斗争中,光明之神为了拯救世人,派遣哲人来到世上,最后一个就是摩尼。它要求教民团结互助,不杀生,不食酒肉,不吃药,节欲禁婚,死后裸葬,一年中约有1/4的时间断食。武后延载元年(694年),波斯人拂多诞持摩尼经典《二宗经》来朝。武周时摩尼教广泛流传。唐玄宗时,一度禁止该教在中原传播。后回纥助唐平定安史之乱,从洛阳带了四个摩尼教师回国,结果摩尼教在回纥地区大为流行,并最终成为回纥国教。大历三年(768年),唐代宗准许回纥在长安建造摩尼教寺,并赐"大云光明寺"匾额。大历六年(771年),回纥又请求在南方的荆州、扬州、洪州、越州及长江沿岸其他地方建大云光明寺,将摩尼教传到了南方。五代时,摩尼教在各地仍很有势力。梁太祖贞明六年(920年),陈州摩尼教众曾聚众起义,立毋乙为天子。元明清三朝摩尼教的变种一直存在于南方。

景教是基督教的一个支派,为东罗马君士坦丁堡大主教、叙利亚人聂斯脱利所创。聂斯脱利主张耶稣本身不是神而是神的代言人,为其他教徒视为异端加以流放。西亚人信其说法,该教一度成为波斯国教。唐贞观十二年(638年),太宗下诏准许波斯景教僧阿罗本在中国传教,阿罗本在长安义宁坊"建寺一所,度僧二十一人",(《唐会要·大秦寺》)此为景教在中国传播之始。高宗时,阿罗本还被封为镇国大法王。此后,各州纷纷建造景教寺院,一时有"法流十道,寺满百城"之说。景教寺原来称"波斯寺",后波斯为大食所灭,在天宝年间唐玄宗令改名为"大秦寺"。现藏陕西省博物馆著名的《大秦景教流行中国碑》,是明天启年间从唐长安大秦寺遗址上掘出的珍贵文物。该碑由大秦寺僧景净于唐德宗建宗二年(781年)所建,它全面记叙了景教在唐代传播的情况,还以叙利亚文和汉文对照刻了72个景教教徒的名字。

伊斯兰教在中国又称"回教"、"回回教"、"清真教",为大食人穆罕默德所创。伊斯兰教为我国从域外传来的第二大教,与佛教、基督教并称为世界三大宗教。伊斯兰教崇奉《古兰经》,主要宣传安拉是唯一的神,穆罕默德是安拉的使者;世间的一切事物都是安拉的"前定",并信仰"死后复活"、"末日审判"等。其教规主张扶危,忍受苦难,禁止邪淫、赌博、杀戮、盗窃,不吃猪肉,不喝酒。教徒们的主要"功课"有念清真言、礼拜、斋戒、朝觐等。唐初传入中国。据《闽书》记载,唐武德年间,穆罕默德派遣高徒四人来中国传教,其中大贤传教于广州,二贤传教于扬州,三贤、四贤传教于泉州。唐玄宗天宝十二年(753年),一位名叫曼苏尔的传教士曾在广州建狮子寺、在泉州建麒麟寺、在杭州建凤凰寺,传播伊斯兰教教义。当时,在长安、广州、扬州等地的大食商人,大都信奉该教,后在全国各地流传。近几十年来,东南沿海如杭州、扬州、镇江、松江、福州、泉州、广州等地,都发现了大量的伊斯兰教碑刻,是伊斯兰教在我国东南沿海传播的实物见证。他们和中国传统文化互相影响,使中国人更多地了解世界,开阔视野,促进了中外文化的交流,丰富了中国文化的内容。

道教是中国土生土长的宗教。道教能与儒、佛相抗而流行于隋唐,有多方面的原因。首先,它适应了中国封建社会儒教的传统,反对"无父无君",主张忠君孝父,弥补了佛教在社会伦理思想方面的不足。其次,道教擅长炼金丹,制长生药。它教人享受现世的幸福,而不像佛教那样只许人以来世的缥缈幸福。这正中皇帝、贵族和显宦们的下怀。再次,道教奉老子李耳为教主,因唐皇室也姓李,所以从高祖李渊始,唐皇室就以道教教主的后裔自居。由于这层关系,道教在唐朝上层统治者中受到了格外的重视。太宗时从国家需要出发,把佛、道看成安定社会、纯厚风气的有力手段,把始于隋文帝的二教并重政策定为国策。他在尊重和利用佛教的同时,又抬高道教,以平衡佛道势力。高宗李治、玄宗李隆基、宪宗李纯、武宗李炎等人都十分崇信和扶持道教。乾封元年(666年),高宗下令尊老子为太上玄元皇帝。玄宗教人画老子像颁行天下,并令王公以下皆习《老子》一书,还将该书作为科举取士必读之书,与儒家的六经并行。玄宗为壮大道教的势力,曾郑重其事地封庄子为"南华真人"、文子为"通玄真人"、列子为"冲虚真人"、庚桑子为"洞灵真人"。在统治者的大力提倡下,唐朝的道教得到了充分的发展。当时两京和各府州都建有玄元皇帝庙,规模宏大。如东都洛阳的玄元皇帝庙被时人描写为"山河扶绣户,日月近雕梁"(杜甫《冬日洛城北谒玄元皇帝庙》),十分壮观。供道士修行的道观,在全国各地也是广为兴建。据记载,仅长安就有30所,全国有1900余所,道士15000余人。一些著名的山岳如天台山、茅山、华山、青城山、王屋山、崂山等,道观建筑更是鳞次栉比,雕梁画栋,风光无限。

在唐朝的道教人物中,虽然没有出现像前代葛洪、陶弘景那样的著名人物,但也有不少传奇人物及其传奇故事流传后世。这些传奇人物包括:孙思邈、张果、叶法善、罗公远、吕洞宾等。此外,有一些道教学者还精心编著了"道书",希望从理论上完善道教学说。如成玄英著有《老子道德经注》2卷、《庄子注》30卷、《庄子疏》12卷;王玄览著有《玄珠录》,保存在《道藏》里;司马承祯著有《坐忘论》与《天隐子》;李筌著有《黄帝阴符经疏》、《太白阴经》;谭峭著有《化书》等。

二、儒学复兴：韩愈、李翱之反佛道斗争

隋唐时期，佛教兴盛，给社会造成了巨大的冲击，也引起了意识形态领域的较大混乱，反佛思想亦随之而起，文人纷纷从不同的角度反佛。如唐初的傅奕从伦理道德的角度反佛；狄仁杰从治理国家的角度反佛；李德裕则从国民经济的立场反对崇佛。而从理论上"攘佛"，建立了一套儒家理论体系来与佛教对抗的则为韩愈、李翱。

韩愈（768～824年），字退之，河南河阳（今河南孟县）人。因先世曾居昌黎，所以常自称"昌黎韩愈"。官至吏部侍郎，与柳宗元同为唐代古文运动的倡导者，位在"唐宋八大家之首"。著作被编为《韩昌黎集》。韩愈所处的中唐时期，正是我国佛教大盛时期：佛教不仅有自己独立的经济——寺院经济，而且形成了很多新的宗教派别。当时，唐朝政府的均田制遭到破坏，藩镇割据势力强大，中央财政收入日益减少，而寺院经济却恶性膨胀，寺院经济与国家政权之间的矛盾日益加深。因此，一向以儒家道统传人自居的韩愈，力图恢复儒学的独尊地位，他"抵排异端，攘斥佛老"，（韩愈《进学解》）对佛教进行了猛烈的抨击。《原道》、《谏迎佛骨表》是他排斥佛教、维护道统的代表作。韩愈从财赋方面指出僧道浪费了封建国家的财富；从封建伦理方面指出佛教"弃而君臣，去而父子"，违背了君臣、父子的封建伦理道德，破坏了封建统治秩序；他还认为佛教是夷狄之法，如果"举夷狄之法，而加之先王之教之上，几何其不胥而为夷也"（《旧唐书·韩愈传》）。因此他强烈建议令僧尼还俗，焚毁佛经，把庙宇改建为民居，以儒学取代佛学。他通过总结历代皇帝如梁武帝等崇佛祸国亡身的史实，认为："事佛求福，乃更得祸。由此观之，佛不足信亦可知矣"（《旧唐书·韩愈传》）。他不相信佛教的因果报应，大胆地声称"佛如有灵，能作祸祟，凡有殃咎，宜加臣身"，（《原道》）表现出反佛的坚定性。

韩愈不仅从理论上"斥佛"，而且也以实际行动反对佛教。元和十四年（819年），唐宪宗遣宦官杜英奇和宫人到陕西凤翔法门寺，

将该寺所藏的佛指骨一节,迎到宫中供奉3天。事后,又令各大寺轮流供奉。在皇帝的提倡下,举国上下"焚顶烧指,百十为群,解衣散钱,自朝至暮,转相仿效,唯恐后时,老少奔波,弃其业次",掀起了一股宗教狂热潮。韩愈对此竭力反对,冒死上书宪宗要求把佛骨"投诸水火,永绝根本,断天下之疑,绝后代之惑"。(韩愈《谏迎佛骨表》)他的反佛言论触怒了宪宗,宪宗欲治韩愈死罪,经群臣谏免,由刑部侍郎贬为潮州刺史。

李翱则在韩愈反佛学说的基础上又输入了佛学内容,这从他的代表作《复性书》中可以看出,《复性书》谈论性情,比韩愈要深入,不过这种深入主要表现为所受佛教影响较深些,唯心论的论点也比较彻底。他主张性本无善无恶,说:"凡人之性,犹圣人之性欤;桀纣之性,犹尧舜之性欤!"主张恢复本性,从而进一步斥佛。

为了从根本上同佛教对抗,韩愈和李翱主张重建一套儒学理论体系,通过弘扬儒家学说来消除佛教的影响。在重构儒学理论体系中,韩、李二人提出了"道统说"和自成一格的"人性论"。韩愈模仿佛教的传法世系,精心编造了一个儒家的"道统"。他说:"斯吾所谓道也,非向所谓老与佛之道也。尧以是传之舜,舜以是传之禹,禹以是传之汤,汤以是传之文武周公,文武周公传之孔子,孔子传之孟轲。轲之死,不得其传焉。"(《原道》)该道统由尧开其端,一直传到孔孟,与佛老的"道统"不同,而在时间上更早,且更具正统的权威性。他还认为,孟子之后,儒家的"道统"就不得其传了。在当时"释老之害,过于杨墨"的情况下,韩愈表示自己要"不量其力",不顾"其身之危",挽救先王的道统,"使其道由愈而粗传,虽灭死万万无恨"(《与孟尚书书》)。这里,韩愈以孟子之后儒家唯一的道统继承人自任。韩愈还在《原道》中指出了儒家"道统"的具体内容,这就是孔孟所讲的仁义道德。李翱师从韩愈,也讲道统,并把自己看作道统的嫡派传人。与乃师略有不同的是,李翱认为儒家道统的具体内容就是《中庸》里讲的"尽性命之道"。韩、李"道统说"的提出,为封建伦理纲常的永恒性提供了理论依据,从而使儒家思想的独尊地位得以重新确立。道统说将儒学与佛教、道教完全对立起来,起到了排斥佛道的作用。这一学说还为后来的宋明理学家所继承,开了宋明理学学术风气之先。

"人性论"也是韩愈、李翱在重构儒学理论体系时所重点探讨的问题。韩愈的人性论以其唯心主义世界观为基础,继承了董仲舒的性三品说,并综合了孟轲的性善说、荀况的性恶说以及杨雄的性善恶混说。他认为,"性"是人与生俱来的东西,具体内容是指"五德",即仁、义、礼、智、信。"情"则是人与外界接触后,受到外物刺激而产生的内心反应。情以性为基础,二者不能截然分开。与生俱来的人性,在不同层次的人身上,有先天的差异。上品的人性,以"五德"中的一德为主,通于其他的四德,能够按照封建道德标准行事;中品的人性,则对"五德"中的一德有所不足或违背,需要通过修身养性才能按封建道德标准行事;而下品的人性,则天生是劣性,只能用强制手段使之"畏威而寡罪"(《原性》)。李翱在韩愈性有三品,上可教而下可制观点的基础上,吸收有关的佛性说,进一步发挥了孟轲的人性本善的观点。他提出了性善情恶的基本观点,并认为性是根本的,而情则处于从属的地位。在人性产生的根源问题上,李翱坚持人性是受命于"天"的传统观念。他还主张"灭情复性",认为只要排斥情欲,不为外物所累,心神就会达到一种清明"至诚"的境界。在这种境界中,既可以"尽人之性",又可以"尽物之性",最后则是"与天地参",即天人合一。李翱关于人性论的观点,开了宋明理学家存天理灭人欲之教的先河。

三、突出重围:唯物主义思想家柳宗元与刘禹锡

在各色各样唯心主义泛滥的同时,唐代也出现了一些朴素的唯物主义思想家。其中代表人物有中唐时期的柳宗元和刘禹锡。

柳宗元(773~819年),字子厚,河东(今山西运城)人,世称"柳河东",他的著作编为《柳河东集》。其中《天说》、《天对》、《答刘禹锡天论书》、《非国语》、《封建论》等文章,集中反映了他的唯物主义

思想。

柳宗元的宇宙观是朴素的唯物论。他认为,作为万物本源的"元气"是一种客观存在的运动着的物质。"元气"缓慢地运动就造成炎热,迅速地吹动则造成寒冷,暑寒交错,阴阳二气相互作用,就形成万物的变化。在《断刑论》中,柳宗元还反复说明了自然界的一切现象都是"元气"的变化,而不是有意识的活动。他认为,宇宙是无限的,是由混沌的运动着的"元气"构成的。昼夜交替,寒来暑往,山崩地震,都是自然现象;大地、元气、阴阳同瓜果树木一样,都是自然界之物,没有意志,不可能赏功而罚祸,"功者自功,祸者自祸",因此人们求天和怨天都是不必要的。

在关于事物及其规律的客观性问题上,柳宗元强调指出,人们对于自然运动发展的规律,只能尊重它,而不能违背它。在《种树郭橐驼传》中,柳宗元以文学寓言的形式,借用种树之事来说明这一道理。他说:"橐驼非能使木寿且孳也,能顺木之天以致其性焉尔。"就是说,只有在遵循事物的客观性质和规律的前提下,人们才能发挥主观能动性,促进事物的发展。柳宗元还深入考察了宗教天命论的社会根源,他指出:"古之所以言天者,盖以愚蚩蚩者尔。"(《断刑论》下)就是说,自古以来的唯心主义者所以讲"天",只不过是愚弄百姓而已。相信和借助天命鬼神,是力量虚弱的表现,"力足者取乎人,力不足者取乎神。所谓足,足乎道之谓也"(《柳河东集·神降于莘》)。如果人掌握了"道"(规律),人力足以支配自然,那么人也就不会有宗教迷信了。

柳宗元还进一步将他的无神论观点贯彻到社会历史领域,探寻社会历史的发展规律。柳宗元对天命论历史观和君权神授说进行了系统的批判。他认为,整个社会历史是一个自然发展的过程,它有着自己固有的、不以人们意志为转移的客观必然趋势。这种趋势称之为"势"。他说,帝王"受命不于天,于其人"(《贞符》),"封建,非圣人也,势也"(《封建论》)。柳宗元从历史的"势"的观点中,企图寻找历史发展的规律,在当时的历史条件下,是有进步意义的。

刘禹锡(772~842年),字梦得,彭城(今江苏徐州)人。与柳宗元同登进士及第,后被授予监察御史。参与"永贞革新"失败后被贬,长期过着谪居生活,对百姓的生活疾苦有所了解。他的著作被编入《刘梦得集》。《天论》三篇是他最重要的哲学论著。它不仅弥补了柳宗元《天对》理论上的不足和缺陷,而且在探讨天人关系问题的深度上也超过了柳宗元,并进一步发展了柳氏的唯物主义无神论思想。

刘禹锡认为,作为宇宙万物本原的"元气"是一种客观存在着的物质。针对玄学唯心主义和佛学各宗派以"空"和"无"为精神本体的看法,刘禹锡指出,所谓的"空"和"无"其实是"形之希微者",即人们的感官所感觉不到的细微的物之形体,而不是什么超越物质形体之外独立存在的东西。他认为,所谓的"无形"并不是指绝对的空无,而只是指"无常形",即没有固定的形态。在承认物质世界是客观存在的基础上,刘禹锡进一步发挥了柳宗元关于客观事物的生成和发展有其内在规律的思想,并强调了三个重要的概念:"理"、"数"、"势"。所谓理,指贯穿于事物发展整个过程的规律;所谓数,指事物及其规律存在的必然性;所谓势,指事物因其必然性而表现出来的发展的客观趋势。它们决定了事物的发展变化及其趋势。

关于天人关系问题,刘禹锡坚持唯物主义的立场,在柳宗元天人"各行不相预"思想的基础上,克服其强调天人之间对立的片面性,阐明了天人之间既是互相对立又是互相统一的关系。他提出了"天与人交相胜,还相用"(《天论》中)的著名观点,把唯物主义无神论发展到一个新的高度。他说,天是有形物体中最大的,人是动物中最突出的,天和人都是"物"。天地间的万物都"乘气而生"。他认为天和人各有自己的功能,各有自己的规律,一方面"天人不相预","天之能,人固不能也;人之能,天亦有所不能也"。就像人干预不了气候的寒暑一样,天也干预不了人间的治乱祸福。天之所能在于生植万物,而人之所能在于治理国家。天的自然法则是弱肉强食,以强弱论胜负;人类社会的规律是以制度所规定的是非来维持社会秩序,保证社会的和平发展。另一方面,天与人之间又能够"交相胜,还相用"。当政治清明、赏罚公平、人们了解祸福的原因时,以是非为准则的"人理"就战胜了以强弱为准则的"天理",人们相信自己而不相信天命,这是人胜天。如果法制破坏,是非颠倒,人们不再相信自己的力量,把社会造成的祸福归结于"天命",从而产生宗教迷信,这就是天胜人。刘禹锡认为,只要人类能够维持法制和是非,就一定能胜天。人类应该充分利用天生万物,发挥主观能动性,利用和改造自然,以满足人类的物质需要。刘禹锡的这些观点不仅驳斥了天命论,而且力图从社会现象中去探索有神论和无神论产生的原因,这是有积极意义的。

第三节 文史艺术之恢宏壮丽

一、古典诗歌的极致:唐诗

隋唐文学,特别是唐代文学,百花盛开,争奇斗艳,是中国古代文学史上的灿烂篇章。唐代文学以诗歌最为发达。诗在唐代取得了最辉煌的成就,其题材之新颖、内容之广泛、篇目之众多、艺术之精粹,都是任何朝代无法比拟的。唐诗是我国古典诗歌的极致。仅清代康熙时编辑的《全唐诗》所录就有2300多位诗人的48900余首诗。后来又有补遗的《全唐诗外编》,增录唐诗2000多首。

唐代诗歌空前发展,原因是多方面的。一是唐朝是中国封建社会的盛世时代,封建经济高度发达,都市繁荣,对外交流频繁,为诗歌发展奠定了良好的物质基础;二是庶族地主登上政治舞台,从他们中间涌现出大批勇于革新的诗人,这些诗人突破了南朝宫体诗只重辞藻华丽、缺乏内在思想的浮靡文风,把诗歌创作推向新的发展阶段,使唐诗的内容得以充实、丰富;三是唐代的进士科和制科,诗赋是考试的重要内容之一。兼之封建帝王对诗歌的提倡,这些都激起了士人对诗歌创作的热情。此外,各民族的大融合以及中外经济文化的交流,也都为唐诗的发展增添了养分。

唐诗的发展一般可分为初唐、盛唐、中唐、晚唐四个时期。

初唐的诗风承袭齐梁余绪,占统治地位的是"以综错婉媚为本"(《旧唐书·上官仪传》)的"上官体"。初唐名家有王勃、杨炯、卢照邻、骆宾王,号称"初唐四杰"。王勃,字子安,太原祁县人。著有《王子安集》;杨炯,陕西华阴人,著有《杨盈川集》;卢照邻,字升之,自号幽忧子,幽州范阳人,代表作有《长安古意》、《五悲》、《病梨树赋》等;骆宾王,婺州义乌人,著有《骆临海集》等。他们反对颓靡媚俗的"上官体",提出重"骨气"的文学主张,并对创制七言歌行和发展五律、五绝作出了重要贡献。唐代诗风的转变由此而始。稍后的陈子昂(字伯玉,梓州射洪人)更加锐意革新诗风。他不仅在理论上提倡"汉魏风骨",反对齐梁之诗,而且以自己的创作实践,开创了刚健雄浑的一代新风。在陈子昂的120余首诗歌作品中,代表作有《感遇》诗38首、《蓟丘览古》7首和《登幽州台歌》等。尤其是《登幽州台歌》:"前不见古人,后不见来者。念天地之悠悠,独怆然而涕下。"更是慷慨激烈,千古传唱不绝。开元和天宝初年的王昌龄、高适、岑参,都以七言诗来描写边塞战争生活,其中岑参诗《轮台歌奉送封大夫出师西征》中"上将拥牦西出征,平明吹笛大军行";《献封大夫破播仙凯歌》中"蕃军遥见汉家营,满谷连山遍哭声。万箭千刀一夜杀,平明流血浸空城"等名句,一方面可以说是在盲目歌颂战争,另一方面也是唐初边功全盛时期,一些年轻人抱负要立功域外的社会现实的反映。高适比岑参更深刻了一层,看出在盛大的边功中,潜伏着没落的因素,看出统治阶级与人民之间存在着尖锐的矛盾,所以他在《燕歌行》中沉痛地说:"山川萧条极边土,胡骑凭陵杂风雨。战士军前半死生,美人帐下犹歌舞!"鲜明地写出帝王的鹰犬将军们的丑恶面貌,与岑参之诗一味歌颂已有所不同。

盛唐诗人中有以王维、孟浩然为代表的山水田园派。山水田园诗派的诗人多描写山川秀丽之景、山野乡居之趣。如王维《渭川田家》《积雨辋川庄作》《送元二使安西》等篇善于营构田园意境,表达了诗人对大自然的独特感受,情韵隽永。他的《归嵩山作》中"流水如有意,暮禽相与还。荒城临古渡,落日满秋山";《使至塞上》中"大漠孤烟直,长河落日圆"等句,都如苏轼所说:"诗中有画,画中有诗。"孟浩然的《过故人庄》《夏日南亭怀辛大》《夜归鹿门歌》等篇清疏简淡,含蓄蕴藉,情景交融,耐人寻味;他的《望洞庭湖赠张丞相》"气蒸云梦泽,波撼岳阳城",描写洞庭湖的烟云波澜、惟妙惟肖。

这一时期还产生了伟大的浪漫主义诗人——"诗仙"李白和伟大的现实主义诗人——"诗圣"杜甫,他们两人被誉为"诗歌史中的双子星座"(郭沫若《在杜甫诞生1250周年大会上的讲话》)。

李白(701~762年),字太白,号青莲居士,祖籍陇西成纪(今甘肃秦安),出生于碎叶城(今吉尔吉斯共和国的托克马克)。幼年时随父母迁居四川彰明(今四川江油)青莲乡,有《李白全集》30卷行世。他创造了浪漫主义和现实主义相结合的诗风,开拓了唐诗的新境界。他的诗气势磅礴,活泼生动,热情奔放,想象丰富,手法夸张,意境深远,具有强烈的艺术魅力,对后世影响极为深远。对祖国壮丽河山的描述和歌颂,是李白诗歌的主要内容之一。如《将进酒》中对黄河的描写:"黄河之水天上来,奔流到海不复回。"《望庐山瀑布》中对庐山瀑布的描写:"飞流直下三千尺,疑是银河落九天。"《蜀道难》中对蜀道的描写:"蜀道之难,难于上青天。"读了这些诗,自然地激起人们对祖国山河的热爱之情,也激发了人们的爱国主义情感。另外,他的诗还表现了对权贵的反抗精神,发出了"安能摧眉折腰事权贵,使我不得开心颜"(李白《梦游天姥吟留别》)的呼喊。李白的诗一直为人们传诵不衰,杜甫说他是:"笔落惊风雨,诗成泣鬼神。"

杜甫(712~770年),字子美,因做过检校工部员外郎,故世称"杜工部",河南巩县人。杜甫是我国杰出的现实主义诗人。他经历了安史之乱,一生在颠沛流离和贫困之中度过,深刻地感受到了统治阶级的腐败和人民生活的痛苦。他的诗歌反映了唐由盛转衰时期复杂的社会矛盾。他的《兵车行》、《丽人行》等光辉诗篇,揭露了统治阶级的腐朽与奢侈,他的"朱门酒肉臭,路有冻死骨"(杜甫《自京赴奉先县咏怀五百字》)诗句,表达了对人民苦难生活的同情。安史之乱后,他在长期漂泊的生活中写出了著名的诗作《三吏》(《新安吏》、《潼关吏》、《石壕吏》)、《三别》(《新婚别》、《垂老别》、《无家别》),深刻地刻画了当时广大百姓在沉重的兵役徭役下水深火热的生活。杜诗沉郁浑厚,感情真挚,语言精练,叙事严谨,诗篇大多是现实社会的真实反映,充满了人民性,是"诗史"。

中唐的著名诗人,最早有"大历十才子"。"大历"系唐代宗年号,"十才子"指卢纶、吉中孚、韩翃、钱起、司空曙、苗发、崔峒、耿湋、夏侯审、李端。其诗歌成就虽前不及李、杜,后不如白居易,但仍有不少名篇佳句被人们传诵不绝。特别是韩翃《寒食》诗:"春城无处不飞花,寒食东风御柳斜。日落汉宫传蜡烛,轻烟散入五侯家。"号称千秋绝唱。

中唐时期风格独具、影响最大的诗人是白居易。白居易(772~846年),字乐天,生于河南新郑。他是杜甫之后我国又一位伟大的现实主义诗人。他主张写诗作文都要接触时事,反映现实生活,要求"文章合为时而著,歌诗合为事而作"(白居易《白氏长庆集·与元九书》),反对那种追求艳丽文风和言之无物的空洞文风。他的诗歌音韵优美,语言质朴平易,明快流畅。他一方面把诗歌作为批判黑暗政治、揭露统治阶级罪恶的武器,同时也用诗歌来表达他对人民的深刻同情。他的《新乐府》50首和《秦中吟》10首,就是这类诗歌的代表作。他的长篇叙事诗《长恨歌》和《琵琶行》,既具有丰富的社会内容,也有很高的艺术成就。他一生创作了很多诗,流传下来的就有2800多首。

中唐时期著名的诗人还有韩愈,其诗追求奇崛险怪,着意用奇字怪句,作品有散文化的倾向,如《八月十五夜赠张功曹》、《山石》、《南山诗》等篇,格局恢宏,章法灵活,充分显示了他的古文修养。韩诗对诗风的革新,对当时以及后学有深刻的影响。孟郊(字东野,湖州武康人),作品意境萧索悲凉,读来使人有一种净化的美感。代表作有《织妇辞》、《苦寒吟》、《巫山曲》等。韩愈、孟郊在文学史上被称为"韩孟学派"。中唐时期与孟郊同以"苦吟"著称的诗人是贾岛(字浪仙,范阳人)。贾岛诗多写幽僻冷寂之趣,代表作有《剑客》等,后人有"郊寒岛瘦"之说。刘禹锡,诗篇多怀古之作,意境壮阔,气韵雄浑。代表作有《昏镜词》、《竹枝词》、《西塞山怀古》等。柳宗元,作品以描写山水见长,诗意清朗疏淡,寄寓了作者的幽愤心情。代表作有《江雪》、《登柳州城楼寄漳、汀、封、连四州刺史》等。李贺(字长吉,河南福昌人),作品构思奇特,意境怪诞,变化莫测,内容多为感慨人生、抒发愤惋、描写儿女闲情,充满了出人意表的想象和浪漫情调。代表作有《金铜仙人辞汉歌》、《公莫舞歌》、《梦天》、《湖中曲》等。这些名家为这一时期的诗坛增添了绚丽的色彩。

晚唐时期的诗歌具有浓郁的感伤韵味。前期诗人以杜牧、李商隐为代表。杜牧(字牧之,京兆万年人)的诗以感时伤世之作居多,如《感怀》、《郡斋独酌》、《泊秦淮》、《江南春》等。其中"商女不知亡国恨,隔江犹唱后庭花"(《泊秦淮》)是抚时感事千古一歌。他的一些抒情写景小诗情思绵绵,意蕴含蓄,清俊生动,艺术造诣很高。杜牧之诗在晚唐诗坛地位较高,后人称杜甫为"老杜",而称杜牧为"小杜"。李商隐(字义山,怀州河内人)是晚唐诗坛中又一位公认的领袖人物。其诗文字、音节高度和谐,是诗歌形式美的典范。他写了大量的咏史诗,无论是思想性还是艺术性都达到了相当的高度。在李诗中,最反映其风格的作品是以《无题》和个别词汇作为题目的爱情诗。这些诗作凄凉伤感,和谐婉转,对仗工整,辞藻华丽,刻画了生动优美的形象,传达出深刻真挚的情感。李商隐还有不少写景咏物诗,也是别具一格。

后期诗人以皮日休、杜荀鹤、陆龟蒙为代表,他们继承了白居易诗歌的传统,揭露统治阶级的罪恶,反映社会现实,锋芒锐利,语言平易,如《橡媪叹》、《山中寡妇》、《村中晚望》等就是这方面的代表作。

二、从拘谨到酣放:古文运动

唐朝初年,齐梁以来盛行的骈体文继续流行,"初唐四杰"就是著名的骈体作家。骈体文要求四六对偶,追求声律、辞藻、用典,文风縻縻、形式僵化、内容空洞,已成为表达思想的障碍,不能反映丰富的现实生活。于是,唐代一些文学家发动了古文运动。古文是指先秦、西汉的散文,唐人称为"古文"。古文运动是指中唐时期以韩愈、柳宗元为主将,在文体、文风和文学语言等方面进行的一次改革运动。它打着"复古"的旗号,名义上是要恢复先秦西汉的散文体,实际上是要在继承古代散文优良传统的基础上,反对骈体文的空虚无聊和浮华艳丽,创造一种自由、质朴、实用、注重内容的新散文体,从而使文体更适合于反映现实,表达思想。

古文运动的先驱是唐初的陈子昂,他在《与东方左史虬修竹篇序》中曾指出:"文章道弊五百年矣",晋、宋、齐、梁"采丽竞繁"、"逶迤颓靡,风雅不作"的文体和文风诸弊丛集,应当恢复《诗经》风雅和汉魏古文的传统。

韩愈是古文运动的主将,他提倡继承古文的优良传统,认为学习古人应该"师其意,不师其辞"(韩愈《答刘正夫书》);他提出了"文以载道"的口号和"非三代两汉之书不敢视,非圣人之志不敢存"的标准与要求,也即是说形式要为内容服务,艺术性要为思想性服务。他强调文章要有创造性,反对陈词滥调,应做到"惟陈言之务去"(韩愈《答李翊书》)。韩愈按照自己的文体改革理论写了300多篇优秀的散文。这些散文感情真挚,气势雄健,言之有物,语言流畅,对当时和后世都产生了巨大的影响。他本人也因之而居"唐宋八大家"之首。

柳宗元是古文运动的另一位干将,他写了400多篇散文,造诣很高。他的议论文如《天说》、《封建论》等,结构严密,笔锋犀利,宣传无神论,抨击唯心史观,极具思想性;他的记事散文《捕蛇者说》和寓言小品《黔之驴》,寓理深刻,精练动人;山水游记《永州八记》,高洁凄清,寓意深沉,在描绘自然景物的同时,渗透着自己对现实对人生痛苦的感受和抑郁的情怀。韩愈曾赞赏柳文"雄深雅健似司马子长(司马迁)"。

唐代古文运动一扫六朝绚丽萎靡的文风,造就了一大批杰出的散文家,直接开导了北宋的文学革新运动,开创了中国文学史上以唐宋八大家为代表的古文传统,对后世产生了深远的影响。

三、雅俗共赏:传奇的兴起

中国小说发展到唐代,进入了一个新的阶段。唐代小说又称"传奇",传奇的兴起是唐代文学的又一成就。唐代传奇源于六朝的志怪小说,但比志怪小说具有更丰富的社会内容,它的主人公已由神怪变成了现实生活中的人。中唐以后,传奇创作进入全盛时期,一方面是由于古文运动的开展,给传奇的创作提供了表现力较强的文体;诗歌的繁荣,又在语言、意境等方面提供了丰富的营养。另一方面是由于经济的发达、都市的繁荣,使得人们对文化生活提出了新的要求。综合传奇的内容,按题材可分为五类:别传类,如《迷楼记》、《长恨歌传》、《李正公别传》等;剑侠类,如《虬髯客传》、《红线传》等;爱情类,如《莺莺传》、《霍小玉传》、《李娃传》等;神怪类,如《柳毅传》、《东城父老传》、《周秦纪行》、《东阳夜怪录》等;寓言类,如《南柯记》、《枕中记》等。

唐代传奇小说在语言、结构情节和人物塑造各个方面都有新发展。《枕中记》和《南柯太守传》是两篇主题相同、艺术表现手法也十分相似的作品。前篇的作者沈既济,小说写卢生在邯郸道旅舍中遇道士吕翁,黄粱一梦的故事。后篇的作者李公佐,写淳于梦因酒醉卧,在屋旁的蚂蚁窝中梦为高官的故事。两篇小说通过梦幻而实写人生,宣扬富贵如烟的出世思想,反映了士人醉心功名利禄的心态。《莺莺传》是一篇爱情题材的作品,作者元稹。小说写的是张生和大家闺秀莺莺恋爱,最后又把她遗弃的故事。这些以爱情为题材的作品,情致委婉,情节曲折,人物性格鲜明,反映了深刻的社会内容,是唐代传奇小说中成就最高的部分。

唐代传奇小说对后世文学的各个领域都产生了重大影响。它提出了反对封建压迫、要求爱情自由的思想主题，描绘了许多生动美丽的人物和故事，成为元明清三代小说戏剧家创作的源泉。如清洪昇的《长生殿》取材于《长恨歌传》；元王实甫的《西厢记》由《莺莺传》改编而来。白话小说也受到了唐代传奇小说的影响，如《初刻拍案惊奇》中的《李公佐巧解梦中言，谢小娥智擒船上盗》取材于《谢小娥传》；《醒世恒言》中的《杜子春三入长安》则取材于《续玄怪录》中的《杜子春》。唐代传奇小说因具有严谨完整的结构、曲折动人的故事、性格鲜明的人物以及表现出的现实主义和浪漫主义精神而在中国文学史上占有突出的地位。

四、开风气之先：唐代的史学

隋唐时期的史学有了重大的发展，一是官修史书制度的确立，二是史学著作中有了新的创作体裁，如史评、政书、典章制度史等。

我国自古以来就重视修史。隋唐以前，史书大多是私家著作，一些著名的史书如《史记》、《汉书》等均出于私人之手。尽管自《三国志》以后，也有部分著作乃是奉帝王之命所修，如魏收的《魏书》等，但官修史书并未成制度。隋唐时，统治者为加强对修史的控制，逐步建立了官修史书的制度。隋文帝曾下令禁止私人修撰史书，"人间有撰集国史、臧否人物者，皆令禁绝"（《隋书·高祖纪》）。禁绝私修史书，充分表明隋朝统治者已深知修史的重要性，因而将史书的编纂权控制在政府手中，以巩固自己的统治。这一措施，为唐代实行官修史书制度创造了条件。

入唐以后，唐太宗于禁中设置史馆，调派史官专修前代和本朝历史，并令宰相担任监修。从此官修正史和宰相监修成为历朝修史的定制。史书编撰工作上的这一转变，反映了封建统治者更加重视总结统治经验，加强思想控制。唐代以后，由于各朝沿袭了修史制度，使我国保存了较为完整的史料。

唐代设馆修史取得了很大成绩,二十四史中,唐朝编撰的就有8部。这8部史书是:房玄龄、褚遂良的《晋书》130卷,姚思廉的《梁书》56卷、《陈书》36卷,李百药的《北齐书》50卷,令狐德棻的《北周书》50卷,魏征、颜师古、孔颖达的《隋书》85卷,还有经唐政府批准由李延寿独自编写的《南史》和《北史》。鉴于梁、陈、北齐、周、隋五史没有《志》,唐高宗时又编修了《五代史志》,这就是现在《隋书》中的《志》。

除官修正史外,唐代还出现了多部杰出的史学名著。

《史通》20卷,刘知几著。西汉魏晋以来,史家辈出,各种体裁的史书不断涌现,史学思想不断发展,到隋唐时我国史学已发展到相当成熟的阶段。与此同时,史学领域也有不少问题急需从理论上加以总结。我国历史上第一部系统的史评类专著《史通》就是在这样的情况下问世的。

刘知几(661~721年),字子玄,江苏彭城(今江苏徐州)人,出生于官僚家庭,17岁时已经读了诸史,20岁考中进士。武周长安二年(702年)刘知几开始担任史官,但是在监修官控制下,难以按照自己的见解撰史,且常遭讥笑和排挤,"故退而私撰《史通》,以见其志"(《史通》卷十《自叙》)。中宗景龙四年(710年),他终于写成了《史通》这部辉煌的史学著作。刘知几一生著述宏富,但大多不传。《史通》是其著述中唯一流传至今而又最具代表性的著作。该书对以往的史学著作,从体例、史料、文字到人物评价、史事记述,进行了全面的分析和批判,提出独特的见解和主张,形成了别具才识的史学理论。这实际上是对唐以前的史学进行了一次全面的总结。

刘知几认为,史家治史的宗旨,不仅仅要区分善恶、劝善惩恶,而更应提高到"生人之急务,为国家之要道"的高度,强调史学与政治的密切关系。这种理论在当时以及后来的史学发展中,都产生了程度不同的影响。他在《史通》中对"五经"和"先圣"的历史研究态度、编纂史书的原则以及其他学术理论问题都提出了批评,并对两汉以来经学渗透史学的现象作了较为系统的清理。

刘知几在《史通》中提出了自己的史学主张。他认为史学家应"才"、"学"、"识"兼备,"才"是指写作表达能力,"学"指渊博的历史知识,"识"是对历史问题的见解。他认为只有三者结合,尤其是具备"识",才能写出有价值的历史著作。他批驳了历代史书对古代圣贤的美化,强调写史要"直笔",就是"不掩恶"、"不虚美"。他反对史家阿世取容、挟私受贿,主张"仗令直书、不避强御","肆情奋笔,无所阿容"(《史通·直书》)。他还主张写史要占有大量史料,兼取各家之长,不囿于一家之见。

《史通》是我国第一部史学评论著作,是我国古代史学史上一部划时代的文献。该书的史学理论体系,奠定了我国古代史学理论的基础,对后世史学的发展产生了极为深远的影响。

《通典》200卷,杜佑著。杜佑(735～812年),字君卿,京兆百年(今陕西长安县)人,出身于累世官宦之家,18岁入仕,居官60年,任职遍历刑、工、户及度支各部,又曾任淮南节度使、宰相等职,因此对于政治、经济等典章制度相当熟悉。同时,杜佑为官的数十年,正是唐王朝经"安史之乱"后社会政治、经济、军事各方面开始走下坡路的时期。为解决大唐帝国的政治经济危机,从历代治乱兴衰的演变中寻求富国安民的方略,杜佑集中整理了与民生利弊、国家兴废有密切联系的历代典章制度,研究其沿革废置,探讨其利弊得失,"为来今龟镜",写成此皇皇巨著。另外,从史学本身的发展来看,因纪传体史书中《书》、《志》的局限性,无法反映出历代典章制度演变的轨迹,所以迫切需要有典章制度的通史问世。杜佑《通典》就是在这样的背景下写成的。

《通典》是一部专门叙述历代典章制度沿革变迁的著作,所记内容上起传说中的黄帝,下迄唐玄宗天宝年间,肃宗、代宗以后的沿革变迁也附载于注中。全书共200卷,分为食货、选举、职官、礼、乐、兵、刑、州郡、边防九门,各门再分子目。比如《食货典》里就分为《田制》、《水利田》、《屯田》、《乡党》、《赋税》、《钱币》、《漕运》等16个子目。书中除《兵典》以外的每一制度皆条贯古今,溯源明流,通其原委。《通典》不仅保存了大量的古代史料,而且开创了政治、经济、礼乐、刑法等典章制度分类专史的先例,从而创立了一种新的史书体裁——政书体。后来的《三通》、《九通》、《十通》以及各种会要、会典的编撰,都是在它的直接影响下产生的。这充分说明了《通典》对我国古代史学发展作出的重要贡献。

杜佑在《通典》中不仅列入前人的有关议论,而且还以说、议、评、论等方式,提出自己的见解和看法。在篇目安排的次序上,也与以往正史诸志不同。杜佑认为:"夫理道之先,在乎行教化;教化之本,在乎足衣食。"(《通典·食货典序》)因此,《通典》一反史家通常以礼乐、天文等类置于志首的做法,列食货为第一位,而食货又以田制为先,突出了经济对于历史发展的重要性,反映了作者的卓识。但《通典》大讲礼教,礼一门占了全书的一半,这也说明了他写史的目的是为了维护封建礼教,巩固封建统治。

《元和郡县图志》40卷,李吉甫著。李吉甫(758~814年),字弘宪,赵郡(今河北赵县)人,曾任太常博士、忠州等地刺史。宪宗即位后,由考功郎中升为中书舍人,参与策划讨平剑南节度副使刘辟的叛乱。元和二年(807年),任中书侍郎同平章事,再次策划讨平镇河节度使李琦的叛乱。在一年多时间里,改换了36个藩镇,以削弱藩镇势力。后又转任淮南节度使,在高邮筑富人、固本二塘,灌溉田地近万顷,政绩不俗。元和六年(811年),李吉甫再任宰相,裁减冗官800人,吏员1400人,并迫使魏博节度使田兴(即田弘正)听命朝廷。在唐朝历史上,李吉甫是著名的主张削藩的宰相。《元和郡县图志》即是为了配合当时政治、军事斗争形势的需要而作。因此,李吉甫很注意叙述攻守要害之地,详加注释。他还认为淮西内地与河溯一带不同,宜因时攻取,并绘淮西地图,但未及进呈而卒。

《元和郡县图志》是我国现存最早而又比较完整的全国性历史地理著作。它记述了各郡县的户口、物产、山川古迹、地理沿革等内容,是研究唐代历史和地理的重要著作。尤其是它分别记载了诸郡在开元和元和时的户口数,参照互读,对了解唐代前后户口的变动和社会状况有重要的参考价值。该书所记载的州郡建制沿革、户口数、山川位置以及重要关、亭、寨、障和祠庙等,比《新唐书》《旧唐书》相关部分详细得多。它首次创设每州州境的"四至"及"八到",对了解各地的面积和当时的交通状况,都有重大意义。原书各镇篇首的地图在宋朝时已经叠失,因此后人又称此书为《元和郡县志》。

《蛮书》10卷,唐懿宗时樊绰著。咸通三年(862年),樊绰充任唐安南经略使蔡袭幕僚,对南诏情况进行了研究,并参照前人著作写成此书。它系统地记载了当时云南地区蛮族和其他少数民族的历史、政治制度、社会经济、山川地理和风土人情等,是研究云南各民族历史地理的重要资料。但由于作者的阶级局限和民族偏见,书中对云南少数民族的某些记载有失偏颇。近人向达有《蛮书校注》,可资参考。

《元和郡县图志》和《蛮书》是唐代史学中有关历史地理研究的最主要代表作。

五、极尽妍美:唐人书法

隋唐书法在我国书法史上是一个继往开来的时期,占有极重要的地位,不仅名家辈出,而且有许多创新,书体繁多。

隋代的书法,继承了晋"二王"(王羲之、王献之)的传统,代表人物有智永和尚。智永系王羲之七世孙,能作各体书,尤擅真、草。他以"永"字为例总结了历代书法的用笔技巧,是谓"永字八法"。智永好写《千字文》,相传曾写有八百通。因时代久远,传世的只有宋人临摹在陕西勒石的所谓《陕本千字文》。本世纪初日本京都小川为次郎家藏唐写本真草《二体千字文》,被认为系智永真迹。该写本在国内原版重印时题为《智永千字文》。智永在书法史上被称为"永禅师",是我国书法史上一位十分重要的承前启后人物。

唐朝重视书法。唐翰林院有诗书学士,国子监有书学博士,科举考试有书科,吏选以书判定选。书法成为士人进身的途径之一,加上帝王的大力提倡,所以唐人习书法的很多,这就促进了书法的发展。

初唐盛行王羲之及其子王献之的书法,唐太宗酷爱王羲之的书法,称誉他的书法"尽善尽美"、"玩之不觉为倦"。唐初著名的书法家有虞世南、欧阳询、褚遂良、薛稷,合称"唐初四大家"。虞世南的书法雍容华贵,尤其是楷书遒美凝练,劲力内蕴,张弛有度,为历代书法家所推崇。欧阳询书法初学右军,后吸收碑体的峭拔,自成一家。书界称之为"欧体",并形容其如"快马砍阵"、"老吏断狱"。褚遂良书法融合欧、虞,用笔注重虚实变化,清人包世臣赞其字如"孔雀皈佛,花散金屏"。

盛唐时,书法名家颜真卿打破了王体的娇媚,把篆、隶、行、楷四种笔法结合起来,创造了方正敦厚、沉着雄浑的新书体,人称"颜体",对后世影响颇大。传世之作有《多宝塔碑》、《颜世家庙碑》等。这一时期书法名家还有张旭、怀素。张旭,字伯高,吴(今江苏苏州)人。精通书法,尤其草书纵逸灵劲,号称"草圣"。相传他经常醉后呼号狂走,索笔挥洒,变化无穷,若有神助。传世作品有草书《古诗四帖》。怀素,字藏真,长沙(今属湖南)人,以体势连绵、风神潇洒的草书独步天下,有《自叙帖》传世,为书法中的珍品。

唐后期的书法大家是柳公权,以楷书见长。他吸取欧、颜之长,汇合古今诸家笔法之萃,体势劲媚,自成一家,称为"柳体"。柳体字谨严而又有开阔疏朗的神致,代表作有《玄秘塔碑》、《李晟碑》等。柳公权的书法与颜真卿齐名,人称"颜筋柳骨"。

唐代书法的成就还表现在对书法理论的研究方面。著名草书家和书法理论家孙过庭撰有《书谱》,对书法艺术的渊源、派别和书法名家作了精辟的评价,是中国书法史上的名著。

六、盛大而灿烂:绘画、雕塑、音乐、舞蹈

隋唐五代的艺术,一方面继承了中国先前固有的文化遗产,另一方面大量吸收了边疆少数民族以及当时域外的艺术成果,融合发展而形成这个时期辉煌的艺术成就。

隋唐时期的绘画,在艺术上有很高的成就,该时期是中国绘画

史上继往开来的重要阶段。

隋朝的著名画家有展子虔、董伯仁、杨契丹、郑法士、尉迟跋质（大尉迟）和其子尉迟乙僧（小尉迟）等。隋朝的绘画仍以宗教人物为主，但山水画已有了独立发展的倾向。展子虔擅长画台阁人马，"写江山远近之势尤工，故咫尺有千里之趣"（《宣和画谱》卷一），他的唯一传世作品《游春图》，山水占了重要的地位，被后人认为是山水画的始祖。郑法士、杨契丹、董伯仁均擅长画佛像、人物和楼阁，被时人称为"三绝"。西域人尉迟跋质、尉迟乙僧父子均是隋朝有名的画家。他们所用的"凹凸法"的绘画手法对后世影响很大，唐朝的吴道子就深受这种画法的影响。

唐代的绘画成就更大，出现了许多著名的画家和杰出的美术作品。据唐人张彦远《历代名画记》统计，从传说中的轩辕时起，到唐武宗会昌止，名画家有373人，而唐代就占了207人。唐代画家有姓名可考的，约有400人。

初唐绘画名家有阎立德和阎立本兄弟。他们以宗教画和政治人物画见长。阎立本一生画作很多，但传世作品只有《历代帝王图》和《步辇图》等。《历代帝王图》画了从西汉到隋代的13位帝王，个性鲜明，栩栩如生，显示了阎立本以简练的笔法传神写照的杰出本领。《步辇图》描绘了唐太宗接见吐蕃赞普松赞干布遣来迎娶文成公主入藏的使臣的情景，形象逼真，刻画细致，是一幅具有重要历史价值和艺术价值的作品，今存有宋代摹本。

唐代最杰出的画家是吴道子（又名吴道玄）。吴道子曾从草书大家张旭学笔法，将草书的笔法融于人物画之中，所画人物的衣裙线条飘逸，自然奔放，被誉为"吴带当风"。在画法技巧上，吴道子在传统的兰叶描和西域的铁线描之外，创造出一种莼菜条的笔法。他还在梁朝张僧繇用的晕染法（即凹凸法）的基础上，于焦墨痕中，别施彩色，微分深浅，使画富有立体感。他一生作画很多，但存世较少。苏东坡在《书吴道子画后》说："诗至于杜子美，文至于韩退之，书至于颜鲁公，画至于吴道子，而古今之变，天下之能事毕矣。"吴道子的画,代表了古代绘画史上的重大成就,后人称誉他为"画圣",民间画工也尊其为"祖师"。吴道子之后,唐代著名的人物画家还有擅长仕女图的张萱和周昉。张萱的仕女画,人物形象曲眉高髻,丰颐健体,仪态雍容,线条工整而不繁琐,色彩浓丽而不俗艳,反映了盛唐气象。今传《虢国夫人游春图》、《捣练图》系宋代摹本。周昉的仕女画,色彩柔丽,神态逼真。传世作品有《簪花仕女图》、《纨扇仕女图》,描绘了贵族妇女闲逸的生活情景。

盛唐时期,吴道子、李思训、李昭道、王维等一批大家的努力,使山水画正式成为一种独立的画科。李思训、李昭道父子都擅画山水,强调勾画山石形状,树木多双钩填色,亦时以金银复勾,画面金碧辉煌,是山水画北派之祖。诗人王维首创水墨山水画,以清淡的水墨渲染画面,创水墨写意文人画。苏东坡称赞他"诗中有画","画中有诗"(《东坡题跋》卷五),后世称之为"文人画",为山水画南派之祖,对唐以后的山水画创作影响甚深。

花鸟畜兽入画在唐代也十分流行。如薛稷画鹤,曹霸、韩干画马,韩滉、戴嵩画牛等。

壁画是隋唐绘画的一个重要的组成部分。唐代的宗教壁画遍布于当时的长安、洛阳、敦煌等地的寺庙、宫殿、石窟中。这些壁画,是众多无名艺术家的杰出创作。敦煌莫高窟壁画,是世界艺术的宝库。在现存的492个洞窟中,隋代开凿的有95窟,唐代开凿的有213窟。隋唐壁画数量多,内容丰富,壁画的题材主要是反映佛经故事和神话传说,也有不少反映现实生活的内容,如农耕、捕鱼、狩猎、营造等,带有明显的世俗化倾向。

隋唐的雕塑主要包括石窟寺院造像、陵寝前的石雕和墓葬中的俑器三种,其他还有碑碣、经幢上的浮雕等,其中以石雕和泥塑成就最为突出。

敦煌莫高窟的佛塑,其艺术之精,举世闻名。敦煌的隋代佛塑体现了北朝雕塑向唐朝过渡的特色,即变清秀瘦削为雍容厚重。而唐代的佛塑则摆脱了外来文化的影响,具有汉民族的特色,造型温和、慈祥、庄严、丰满。

在石雕方面,唐太宗墓前的昭陵六骏,是著名的高浮雕石刻,每匹马神态各异,生动逼真;四川乐山的石雕大佛,高达71米,雄伟自然,是我国最大的石佛像;洛阳龙门奉先寺的卢舍那佛像,通高17.14米,头高4米,耳长1.9米,宏伟壮观;甘肃永靖炳灵寺第80号窟北面的文殊像,刻画细腻,庄重和活泼结合,富丽和朴厚兼具,气韵生动。这些都是唐代具有代表性的杰作。

隋唐陶俑以唐代的三彩陶俑最为精美。人物俑有单像、群像,塑工们利用手势、动作、面部表情以及服饰等,刻画人物的精神状态和思想感情,造型生动。动物俑以马和骆驼为最多,形态逼真,制作也很精美。这些也是享誉世界的艺术精品。

唐代最著名的雕塑家是杨惠之,他曾与吴道子一起学画,因耻居吴道子之下而专事雕塑,后来终于成为天下第一雕塑名家,被誉为"塑圣"。据说他曾经在长安为名伶留盃亭塑像,长安人看到塑像的后背,就能辨识出来是谁(刘道醇《五代名画补遗》),可见杨惠之雕塑技艺的高超。

第四节　选举制度的历史性转折——科举取士

一、完备的学校制度

我国是世界上文化教育发达最早的国家之一。不过,从夏、商、周三代的"校"、"庠"、"序"到春秋战国之际的"天子失官,学在四夷"(《左传·昭公十七年》),再到汉代的大学、郡县学以及私立的书馆、精舍,始终未能形成健全的教育体系。这说明学校教育制度始终在继承与发展中进行。隋唐在学校方面多有创制,为我国教育制度的确立和完备,奠定了基础。

隋唐是中国古代文化发展的高峰,其中文化教育也达到了前所未有的高度。无论是学校组织体系、学校分类体系,还是学校的科目设置以及课程内容、入学资格、学校管理等,都形成了严密的体制。学校的体制分为两大类,即官学与私学,而官学则由中央与地方两个系统构成。

唐代的中央官学又称为"六学二馆"。所谓"六学"是指国子学、太学、四门学、律学、书学、算学,"二馆"是指弘文馆和崇文馆,六学二馆的教学内容以儒家经典为主。国子学、太学、四门学专门讲授经学。经学的学制分别是大经3年、中经2年、小经1年半、旁经1年。唐代的经学有正经和旁经之别。正经分为9种:《礼记》、《春秋左氏传》为大经;《诗》、《周礼》、《礼经》为中经;《易》、《尚书》、《春秋公羊传》、《春秋谷梁传》为小经。旁经分为2种:《孝经》、《论语》。正经不要求全部精通,旁经则是必读课程。书学、算学、律学属于专科性质,其学习内容和学制各不相同。书学除学习书法以外,兼学时务策与文字学,要求"日制一幅"(《新唐书·选举志》)。并要求读《国语》、《说文》、《字林》、《三苍》、《尔雅》。学制为3、2、1年。算学以7年为期限,学生分为两组,一组读《九章算术》、《海岛算经》共3年,《孙子算经》、《五朝算经》学习1年,《张丘建算经》、《夏侯阳算经》各学1年,《周髀算经》、《五经算术》学1年。另外一组读《缀学》4年,《缉古算经》3年;前者类似现在的经典数学专业,后者类似应用数学专业。其中两组都必须学习《数学记遗》和《三等数》两门基础课。律学以律令为专业,兼学格式法例。

唐代中央官学除六学二馆之外,又有医学、乐学、崇玄学、历学等,这是唐代学校制度趋于完备的重要表现之一。

二、分科教学的确立

南朝宋文帝设儒学、玄学、史学和文学四馆,明帝以"总明观"统揽之,这是唐代分科教学的滥觞。隋初,文帝倡兴学校,置国子监,下辖国子学、太学、四门学、书学和算学等五学,分科教学的思路进一步明确,而唐朝太宗至玄宗时期,我国的分科教学体制则得到最终确立。

唐代国子监设立的专门学科有:国子学,学生300人,三品以上官员的子孙可入学;太学,学生500人,五品以上官员的子孙可入学;四门学,学生1300人,其中500人为七品官员以上的子孙,800人为庶人之俊异者。此三学专习《周礼》、《仪礼》、《礼记》、《春秋左氏传》。此外还有书学,学生30人,收八品以下官员子弟及庶人通书者,以《石经》、《说文》、《字林》为专业,兼习其他字书;算学,学生30人,生源同上,专习《九章》、《周髀》、《缀术》等;律学,学生50人,生源同上,以律令为专业课。六科学生学习年限,除律学6年,算学11年外,其余一律9年。入学年龄也有规定:律学18至25岁,其余是14至19岁。各学毕业生均可参加科举考试。

除上述国子监所设六科外,门下省有弘文馆,东宫有崇文馆,收三品以上及贵戚子弟各30人,由著名学者出任"学士",教授经史书法。太医署有医学,分医科、按摩科、针科、药科等,学生结业后可出任医师、医正、医工等职。司天台有天文学、历数学、漏刻学。太仆寺有兽医学。军队系统的屯营、飞骑也有专门学校。又有广文馆,为考进士者补习之所;有京师学,是专门研习《五经》之地;有专门的道教学院,研究《老子》、《庄子》、《列子》等书。各学有严格的考试制度。考试分旬试、月试、岁试和升补试(毕业考试)。各学的教学方法以分经讲授为主,教师一般为有德有学之士。其品级待遇和人数因学校不同而有区别。

唐代地方州府也分科设学,有经学和医学二种。学生名额依各地人口多少而定,收学生60至40名不等,医学生则在20至10名之间浮动。县学只设单科,即经学,名额50至20名不等。凡州县学生通一经者可升入国子监的四门学。唐代"许百姓任立私学"(《唐会要·学校》),因此除中央和地方各类官学外,还存在大量私学。它们为国家培养了不少专门人才。这也是对唐代官方分科教学体系的一种补充。

隋唐时分科教学的确立,不仅给科举取士提供了众多的知识阶层分子,而且培养了大批各类人才,为隋唐文化的昌盛起了重要的作用。

三、影响整个中国文化流程的壮举:科举取士

隋唐科举制度是我国古代选士制度的继续和发展。科举制度萌芽于南北朝,创制于隋朝,健全于唐朝,而延续至清末。其流传之久、影响之广,实居中国古代选士制度之首。在灿烂辉煌的隋唐文化中,科举制度占据着举足轻重的地位。

隋朝建立后,为适应社会经济的发展和阶级关系的变化,隋文帝杨坚废九品中正制度,按德才标准选拔官吏,行科举之制。隋代的常选有进士、明经和秀才。但隋代开科考试选拔人才,尚未形成一种完备的制度。到了唐朝,在隋朝的基础上扩而大之。取士之科分秀才、进士、俊士、明经、明法、明书、明算等科,其他医、卜、星、相、琴、棋、书、画均可登科。主考官前期由尚书省的吏部考功员外郎担任,玄宗时改为礼部侍郎担当。考试科目中,以明经和进士两科最重要。明经科考试主要内容有帖经、经义和时务策,而以帖经为主,全赖于背诵。进士科考试主要内容有帖经、诗赋("杂文")和时务策,而以诗赋为主,诗赋需要独立思考和天赋,相对较难。因而明经科的录取率为十分之一二,而进士科录取率则为百分之一二,录取率相差很大。时语"三十老明经,五十少进士",即谓考取进士之难。虽然进士科录取率较低,但由于进士及第是任官和升官的重要途径,"缙绅虽位极人臣,不由进士,终不为美",应考者仍众。"其有老死于文场者,亦无所恨"(《唐摭言·散序进士》)。考生及第后,还得经过吏部的身、言、书、判"释褐试"合格,才能正式为官。唐代的宰相,多出于进士。所以,士人皆以考进士为荣,被人们视为"登龙门"。

参加常举的考生中,从国子监所属学校来的考生称"生徒",从州县来的考生称"乡贡",私学毕业的学生也可以由州、县推荐参加考试。

科举除常举外还有制举,由皇帝亲自主持,科目多为临时设置,平民子弟和官吏均可应试,但不是经常举行,制举录取人数一次只一两人到五六人,因而在科举考试中不占重要地位。

唐代积极推行和发展科举制,打破了门阀士族垄断政权的局面,为庶族地主开辟了入仕的途径,同时也为封建政权选拔了大批人才。由于选官权集中于中央,有利于中央集权的加强。科举制是巩固封建制度的有效方法,为以后历代所采用,至清朝末年才被废止。

第五节 科技华光

一、天文、数学的成就

隋唐时期,天文历法不仅取得了卓越的成就,而且名家辈出,群星灿烂。

隋代丹元子作的《步天歌》7卷,把周天星座的部位编成七字歌诀,对普及天文知识起了一定作用。奴仆出身的天文学家耿询,发明了水力转动的浑天仪,制造了可以在马上使用的"刻漏"(计时器),世称其妙。隋代的另一天文学家刘焯,吸取前人的研究成果,提出"等间距二次内插法"公式,用以推算每天太阳的视运动速度,比前代精密准确。他编制的《皇极历》,对后代的历法有较大影响。

唐代杰出的天文学家僧一行(683~727年),原名张遂,魏州昌乐(今河南南乐)人,自幼勤奋好学,尤其喜好天文历法。后来出家嵩山为僧,法名一行。唐玄宗时,他受命为皇帝顾问,主持改历,在天文历法方面取得了重大成就:一是发现了恒星移动现象。一行与梁令瓒合作,创制了能够观测日、月、五星位置和运行情况的黄道游仪,用它测量了二十八宿距天球北极的度数,在世界上第一次发现了恒星位置移动的现象。这比英国天文学家哈雷在1718年提出的恒星自行观点几乎要早一千年。二是对地球子午线的实测。子午线是地球的经度线,测量子午线的长度可以确定地球的大小。在一行的倡议与主持下,他们一行人在全国的13个地点测量了北极高度和冬至夏至日、春分秋分日的日影长度,根据这个结果,推翻了过去"王畿千里,影差一寸"的说法,证明影差和距离的比例并不固定。通过测量,一行得出北极高度相差1度,南北两地距离就相差351里80步(唐代尺度),这就是地球子午线1度的长度,这个数字合129.22公里,与现代测定的子午线长度111.2公里相比,误差13.9％。虽有误差,但这是世界上第一次用科学方法对子午线长度的实测,开创了通过实际测量认识地球的方法,为后来的天文测量奠定了基础。三是制定《大衍历》。一行较正确地掌握了地球在绕太阳运行时速度变化的规律,提出了比较正确的"定气"概念:在每两个节气之间,黄经差相同,而时间间距则不同。《大衍历》是当时的先进历法,在我国的历法史上占有重要地位,其格式为后代历法家所遵循,直到明末西洋历法传入才有所改变。四是一行与梁令瓒合作,制成了以漏水转动的浑天铜仪,这是表示天象的仪器,也是计时的仪器。

除一行外,唐朝有成就的天文历算学家还有傅仁钧、李淳风。傅仁钧著有《戊寅元历》;李淳风著有《甲子元历》,又用铜制成黄道浑仪,并与他人合作注释自古以来的10部算经,后世称之为《算经十书》。

二、四大发明之一:雕版印刷

印刷术是中国古代四大发明之一。最早的印刷术是雕版印刷术。隋唐时期,文化繁荣,读书识字的人增多,单靠抄写书本已经不能满足社会的需要,于是雕版印刷术应运而生。

雕版印刷术是印章和石刻的产物,是两者取长补短的结果。印章刻的是阳文,便于印刷,但面积太小;石刻刻的是阴文,不便印刷,但是面积很大。后来人们选用纹质细密坚实的木材,制成1~2规格的平板,在其上刻上反文凸字(或图像),然后刷墨,再复上纸张印刷,这就是雕版印刷术。雕版印刷开始于唐朝初年。贞观时,唐太宗曾令印刷长孙皇后的《女则》,这是印书的开始。

雕版印刷术发明以后,很快得到了发展和推广。玄奘从天竺回国,曾刻版印刷图像。据史书记载,玄奘曾"以回锋纸印普贤像,施于四众,每岁五驮无余"(《云仙杂记》卷五引《僧园选录》)。这说明当时雕印佛像数量很多,印刷术已达到相当高的水平。到唐朝后期,雕版印刷术在民间得到进一步应用。印刷业的中心主要分布在成都、淮南、洛阳等地,出现了用作商人纳税凭据的"印纸",有人印刷了白居易的诗去换酒菜,有人"版印历日"在市场上出售。现存最早的印刷品,是1900年在敦煌千佛洞发现的唐懿宗咸通九年(868年)刻印的《金刚经》。全书用7张纸粘成1卷,长约4.8米,宽约0.3米。首张是一幅释迦牟尼像,后6张为《金刚经》正文,书尾有"咸通九年四月十五日"字样。全卷字体浑朴,墨色鲜明,刻印精美。原件在1907年被斯坦因盗往英国伦敦。国内现存最早的印刷品,是1944年在成都东门外一座后蜀墓出土的印本《陀罗尼经》。印刷术的发明,对世界文化的传播作出了重大的贡献。

三、医学的发展

隋唐时期的医学,在秦汉医学的基础上有了新的发展,尤其在诊断、治疗、方剂、本草等方面,取得了很大成就,并且有一套完整的医疗管理机构和教育体系。

隋唐时,朝廷设置了尚药局和太医署。尚药局由门下省统辖,其下有按摩师、咒禁师、主药、药童、侍御医、医佐等,"掌和御药、诊视"(《新唐书·百官志》),负责宫廷中的医药事务。太医署主管全国的医学教育和培养医药学人才。太医署里有药园师、药园生、针工、针生、按摩工、按摩生、医师、医工和医生等专职技术人员。太医署分医学和药学两部。医科又分为体疗(内科)、疮肿(外科)、少儿(儿科)、耳目口齿(五官科)、角法(理疗)5个专业。药学部有药园近20万平方米,专门培养学生种药、采药、制剂和用药的知识及技能。这种政府设置的医药学教育机构可以说是世界上最早的医学院。

隋唐两代的医学名家有巢元方、孙思邈、王焘、王冰等。

巢元方是隋朝最杰出的医学家,于隋炀帝大业六年(610年)著成的《诸病源候论》一书共50卷,分67门,1720论,不仅论述了各种疾病的病因和症状,而且记述了疾病的诊断和预防,开后世病因学和病理学的先河。

孙思邈(581～682年)是隋唐时期最著名的医学家,他毕生从事医学实践和医学研究,为我国医学事业作出了巨大的贡献。他特别注意发扬我国古代医师的优良传统。他认为:"人命至重,有贵千金,一方济之,德逾于此。"(《千金药方序》)652年,他撰成《备急千金要方》一书。全书共30卷,分232门,5300方,包括脏脉、针灸、脉证、食治、妇婴以及"痈疽水肿、七窍之病、五丹之毒、备急之方、养生之术"(《千金药方序》)等。30年后,他在原书的基础上又写成了《千金翼方》30卷,以补原书之不足,人们通常把这两部书合称为《千金方》。《千金方》收载了800多种药物和5300多种药方,是一部集前人大成的医学著作。孙思邈在总结前人医学经验的基础上,在《千金方》中首创了复方,这在我国医学史上是一个重大的革新。由于孙思邈对药物学和医学的巨大贡献,故被后世尊称为"药王"。他曾经居住和采集过药物的五台山,也被称为"药王山"。后人在药王山上修建了宏伟的药王庙以纪念这位伟大的医药学家。

王焘是唐朝另一位著名的医药学家,著有《外台秘要》一书。这是一部综合性的医学著作,全书共40卷,收集了6900多个药方,至今对临床治疗仍有指导意义。

此外,高宗显庆四年(659年)朝廷曾命苏敬等重修《本草》,共53卷,称《唐新本草》。全书分本草、药图、图经3个部分,共收集药物844种,其中包括部分外来的药物。《唐新本草》是世界上第一部由国家编定颁布的药典。

四、隋初大运河的开凿

隋朝建国之初,为了加强对南方的政治、军事控制,并漕运南方的粟米丝帛,以满足中央政权的需要,开始了运河的大规模开凿。开皇四年(584年),隋文帝命宇文恺率水工开凿广通渠,"决渭水达河,以通运漕",把渭水由大兴城引至潼关,长300余里,使"转运通利,关内赖之"。开皇七年(587年),又沿着春秋时吴王夫差所开的邗沟旧道,开山阳渎,南起江都(今江苏扬州),北至山阳(今江苏淮安),沟通江淮。隋炀帝即位后,因对高丽的军事需要和怀恋江都的繁华,向往到江都巡游享乐,于是在兴建洛阳东都的同时,又发起了开凿以洛阳为中心的大运河工程。其工程分四段进行:大业元年(605年),隋炀帝征发江南、淮北100多万民工,在北方修通济渠,自洛阳西苑通到淮河边的山阳,沟通了洛水、黄河、淮水。同年,又对山阳渎进行了一番修整、扩大。大业四年(608年),隋炀帝又征发河北民工100多万人开永济渠,因当时"将兴辽东之役,自洛口开渠达于涿郡,以通运漕"(《隋书·阎毗传》)。这段运河主要是利用沁水的自然河道,南接黄河,北达涿郡(今北京),全长2000余里,直通龙舟。最后在大业六年(610年),从京口(今江苏镇江市)引江水直达余杭(今浙江杭州),入钱塘江,全长800余里,大运河全线工程告成。

大运河开通后,南起余杭,中经江都、洛阳,北到涿郡,沟通了海河、黄河、淮河、长江、钱塘江五大水系,全长5000多里,是世界上最伟大的工程之一。运河通航后,对南北经济文化的交流起了重大作用。运河的开凿成功,是我国劳动人民的伟大创造,是劳动人民智慧和血汗的结晶。另一方面,由于隋炀帝开凿运河给劳动人民带来了沉重的负担和巨大的灾难,使之成为隋末农民大起义的原因之一。隋炀帝三游江都时,禁军将领宇文化及等人发动了兵变,绞死了隋炀帝,弃葬雷塘。所以已故蒋逸雪先生作诗云:"凿通邗洛三千里,来占雷塘半亩田。"

五、城市与宫殿建筑

隋唐时期政治稳定、国力昌盛、商业繁荣,极大地推动了建筑业的蓬勃发展,是建筑业走向灿烂辉煌的时代。这一时期的建筑成就是全方位的,不仅体现在都城建设、宫殿建筑以及宗教、陵墓、民居、园林、桥梁、作坊等各种类型的建筑被大量建造方面,也反映在以木结构为特征的中国古代建筑体系的完整方面。这一时期最具代表性的建筑是安济桥、长安城、寺庙与佛塔。

赵州安济桥是世界上现存最古老的跨度最长的单孔石拱桥。这座桥由隋代匠师李春设计造成,全长50.82米,桥面宽10米,单孔跨径37.02米,拱圈矢高7.23米,桥身坡度很小,便于车马行走,桥主拱两端各有2个小拱,既可减轻大桥自身重量,又可分洪缓冲,延长桥的寿命,是具有高度科学水平的技术与智慧的创造,在世界桥梁史上占有重要的地位。

长安城是隋唐两代的都城,隋时叫"大兴城",唐改称"长安城"。该城由隋代建筑家宇文恺、高龙义和唐代建筑家阎立德等设计建筑,建制严密,规模宏伟。长安城的形制为长方形,东西长9721米,南北宽为8651.7米,周长36700米,总面积达84平方公里。城市布局整齐划一,全城由外郭城、皇城和宫城组成,其建筑完全采用东西对称格局。街道是棋盘式,宫殿、衙署与坊市分置,封闭式的里坊和集中的市场,构成了这时期长安城城市布局的重要特色。

唐代塔寺建筑具有很高的水平。现存的唐朝寺院有山西五台县境内的南禅寺大殿和佛光寺东大殿。前者建于唐德宗时,面积不算大,面宽和进深都只有3间。后者建于唐宣宗时,面宽7间,进深4间,殿的斗拱雄伟,屋顶坡度平缓,规模宏大。这是我国现存最早的两座木结构建筑。唐代的佛塔建筑很多,而且形式美观,其中以长安城内的大雁塔和小雁塔最享盛名。大雁塔在长安大慈恩寺内,始建于高宗永徽三年(652年),是高僧玄奘仿照天竺图样设计建造的,武则天长安年间,该塔曾毁,后又重修,至今已1200多年。塔呈方形,砖筑7层,高64米,为密檐楼阁式,可以攀登。在唐代考中进士的人,都要到大雁塔题名留念,称为"雁塔题名"。小雁塔修建于中宗景龙年间,塔高43米,原为15层,最上2层已塌毁,以下13层尚完好。塔寺的建筑艺术体现了我国劳动人民高超的智慧和才能。

第六节　社会百象

一、唐人之煮茶、蕴酒

唐代中期,饮茶之风盛行全国。北方不产茶,全靠南方运去,因此当时的茶叶贸易非常繁荣,唐朝政府开始征收茶税。各地的制茶技术也日益提高,出现了很多名茶。有关茶的诗歌众多,当时著名诗人李白、杜甫、白居易、元稹等都写过很多篇关于茶的诗歌,唐代还首次出现了描绘饮茶场面的绘画。

唐代中叶,陆羽撰成世界上第一部茶叶专著《茶经》。该书是中国乃至世界上现存最早、最完整、最全面介绍茶的一部专著,叙述了茶叶生产的历史、源流、现状、生产技术以及饮茶技艺、茶道原理等方面的内容。《茶经》共10章,7000余字,分上、中、下三卷。主要内容:茶之源,主要介绍我国茶的主要产地及土壤、气候等生产环境和茶的性能、功用;茶之具,即加工、制作茶叶的工具;茶之造,茶的制作过程;茶之器,煮茶饮茶的器皿;茶之煮,煮茶过程、技艺;茶之饮,饮茶、品茶的方法;茶之事,饮茶的历史;茶之出,分高下论产茶之地;茶之图,绘之成图画。

唐代的茶叶生产过程是在晴天将茶叶采下,先放在甑釜中蒸一下,然后将蒸软的茶叶用杵臼捣成茶末,放在铁制的模中拍压成团饼,将茶饼穿起来进行烘焙,然后封存。饮用时,先要将饼茶放在火上烤炙,去掉水分,然后用茶碾将茶饼碾碎,再用筛子筛成很细的粉末,放到开水中煮。关于煮茶之水,据张又新《煎茶水记》载,当时南方煎茶用的七种水,按等级高下依次为"扬子江南零水,第一;无锡惠山泉水,第二;苏州虎丘寺泉水,第三;丹阳县观音寺水,第四;扬州大明寺水,第五;吴沿江水,第六;淮水最下,第七"。烧水时,还要"候汤"。水刚开时,水面出现鱼眼一样的小水珠,"微有声",称为一沸,此时加入一点盐调味。当锅边有串状水泡涌起时,为二沸,此时要舀出一瓢水备用,同时将茶末倒入水中,等水完全沸腾时,即三沸,要将舀出的水倒入锅中,茶就煮好了,再煮就"水老不可食也"。这是煎茶的基本程序,由此形成了初步的品饮艺术。

另外,唐代荆巴地区还有用葱、姜、枣、橘皮、薄荷等一起熬煮的民间流行的煮茶方法。饮茶的普及是这一时期乃至中国古代饮食生活中的一件大事。它丰富了我们的饮料品种和文化内涵。

隋唐时期饮酒在社会上非常普遍。酒的种类和饮酒人数都有一定发展。《唐国史补》记载了唐代的名酒:"酒则有郢州之富水,乌程之若下,荥阳之土窟春,富平之石冻春,剑南之烧春,河东之乾和葡萄,岭南之灵溪、博罗,宜城之九酝,洵阳之湓水,京城之西市腔、虾蟆陵、郎官清、阿婆清,又有三勒浆类酒,法出波斯。"其中三勒浆类酒是外国酒。这时已有"白酒"、"烧酒"等词语。其时的黄酒大多留有酒糟,饮之前要进行压榨。李白诗中"风吹柳花满店香,吴姬压酒劝客尝"的"压酒劝客"就是将酒糟压榨掉,再请客人喝的意思。当时饮酒还讲究温热了喝,到寒冷的冬天,更要喝烫热的酒。这时的酒已有着色,李贺诗中即有"琉璃钟,琥珀浓,小槽酒滴真珠红"句(《将进酒》)。

唐朝饮酒还有许多佐饮活动,如吟诗、唱曲、观舞、击鼓、行令等。吟诗是文人宴饮时必不可少的佐酒活动。唐诗中许多名篇佳作,都是在酒席上即兴吟就的。唱曲、舞蹈也是宴饮过程中的重要活动。不过在这一阶段的前期,饮者多自唱自舞,《旧唐书·燕王忠传》载:"(唐)太宗酒酣起舞,以属群臣。在位于是遍舞,尽日而罢。"传世名画《韩熙载夜宴图》描绘的就是宴饮时官僚文人们欣赏歌舞的情景。行酒令至唐代才被制定为法,名目繁多。比较流行的有卷白波、莫走、鞍马以及旗幡令、闪压令、抛打令、手打令等。1982年江苏省丹阳丁卯桥曾出土了一副酒令筹具,其中有令筹50枚,均刻有《论语》词句,并有"劝主人五分"、"自饮七分"、"在座劝十分"等字样,抽筹者依筹上之言饮酒。最后一种"手打令",类似后代的划拳类酒令,也称为"手势令"。

这一时期饮酒在社会上非常普遍。帝王和官僚饮酒均较多。隋炀帝是喜欢喝酒的。唐代皇帝中,唐太宗能喝酒,穆宗喜饮葡萄酒。按照《唐六典》的规定,当时在配给百官的常食料中,职位越高给酒就越多。朝廷给官员酒实际上是一种待遇、一种荣誉。赐酒给官员和翰林学士之事,史籍有较多记载。有关文人饮酒的记载就更多了。杜甫有诗:"知章骑马似乘船,眼花落井水底眠。汝阳三斗始朝天,道逢麹车口流涎,恨不移封向酒泉。左相日兴费万钱,饮如长鲸吸百川,衔杯乐圣称避贤。宗之潇洒美少年,举觞白眼望青天,皎如玉树临风前。苏晋长斋绣佛前,醉中往往爱逃禅。李白一斗诗百篇,长安市上酒家眠,天子呼来不上船,自称臣是酒中仙。张旭三杯草圣传,脱帽露顶王公前,挥毫落纸如云烟。焦遂五斗方卓然,高谈雄辨惊四筵。"(《饮中八仙歌》)诗中提及的贺知章、李白、张旭都是著名文人。除酒中八仙外,嗜酒的文人还有王维、杜牧、吴道子、白居易、皮日休等。他们边饮酒边作诗文书画,留下了大量佳作名篇和许多逸事趣闻。隋唐时期有关将士们饮酒的记载主要是各种劳军、犒军、享军宴会。除此之外,平民百姓饮酒亦不少。隋唐时期饮酒的场所有公堂、家中、郊野外及酒肆和酒店里。关于这一点,唐代诗人的许多诗中都有描绘,其中最负盛名的是李白的诗:"何处可为别,长安青绮门。胡姬招素手,延客醉金樽。"(《送裴十八图南归嵩山》)酒在饮食乃至社会生活中起着十分广泛的作用。

二、围棋取士

围棋是中国古代有悠久历史的文娱活动之一。1959年,河南安阳隋代张盛墓出土了一个青瓷棋盘。棋盘作为随葬品进入墓室,说明墓主对围棋的爱好。大业年间,时任太原留守的李渊,与晋阳宫副监裴寂"时加亲礼,每延之宴语,间以博弈,至于通宵连日,情忘厌倦"(《旧唐书·裴寂传》),亦可见李渊对围棋之爱好。

唐人下围棋极其普遍。下棋者有天子、富人、宗室贵族、士大夫、武将、僧人、道士、棒者、民间妇女等。京城长安下棋蔚然成风,以至在唐德宗贞元年间"侈于博弈"。唐朝不少皇帝喜欢下围棋。史载唐太宗与吏部尚书唐俭对弈,唐俭因固与争道,遭到斥责。玄宗因喜围棋,故于所置翰林待诏中,围棋居其一。见于记载的翰林待诏王积薪,是名噪一时的围棋大师,自谓天下无敌。皇帝置专职棋待诏,前所未有。此后宣宗、懿宗、僖宗朝均因袭其制。唐内侍省掖庭局设官教博士二人,从九品下,掌教习宫人书、算、众艺。众艺包括棋。琴棋书画是中国古代士大夫喜好的四大技艺,唐代不少士大夫深谙其技。如高测,琴棋书画"率皆精巧"。姚合自称棋罢嫌无敌。不少人好棋成癖、嗜棋如命。杜甫自称以棋度日。因迷恋下棋,有的人做官失职,有的人甚至丢了乌纱和脑袋。唐太宗说:"'吾常禁囚于狱内,(大理丞张)蕴古与之奕棋,今复阿纵(李)好德,是乱吾法也。'遂斩于东市。"(《旧唐书·刑法志》)

唐人下棋有的从清晨下到掌灯,甚至夜漏欲尽,天视星残。"棋残漏滴终"(吴融《赴阙次留献荆南成相公三十韵》)。"观棋不觉暝,月出水亭初"(岑参《虢州卧疾喜刘判官相过水亭》)。唐人下围棋有的一面对弈,一面饮酒。饮酒一是为了助兴,一是可以赌酒。"一杯春酒一枰棋"。钱塘青山李隐士客来则于林间扫石安棋局,岩下分泉递酒杯。《游仙窟》里讲五嫂"即索棋局共少府赌酒"。杜荀鹤在新栽竹林里,赋诗、酌酒、对弈。李洞与宋校书对弈,船上赌酒分高低。迎送亲友宴饮时,众人常对弈助兴。章孝标送进士陈皖去睦州,为其饯行,对弈至夜漏无声时。唐代妇女亦爱好围棋,并有令国手惊叹的高手。新疆阿斯塔那墓曾出土《仕女围棋图》绢画,说明即使边陲妇女也耽此乐。有一则王积薪深夜闻棋的故事,更是千古美谈。王氏棋艺高超,自谓天下无敌。一次在入京途中旅舍,夜闻隔房婆媳二人,睡在床上以口说下子,积薪暗记,明日观其势,意思皆所不及也。

围棋也是当时中日友好往来的纽带之一。唐宣宗时,入贡的日本王子擅长围棋,宣宗命围棋待诏顾师言与其对弈。行棋时,顾师言惧辱君命,汗手死心,始敢落指。王子亦凝目缩臂再三,方才出棋,仍未获胜。对弈增进了双方的了解。

三、杂技、武术、体育

隋唐五代杂技有寻橦、绳伎、蹋毬、角觚、舞马、舞象犀等。

寻橦,又名竿木、戴竿、顶干等,是百戏中难度最大也是最精彩的表演。隋朝时即有惊险的戴竿活动。唐时这种杂技更加流行,在宫廷、贵族官僚府邸、寺院和达官贵人出行中,都有寻橦表演。唐明皇时寻橦最为盛行,出现了著名的戴竿艺人王大娘。"楼前百戏竞争新,唯有长竿妙入神。谁谓绮罗翻有力,犹自嫌轻更著人"(《杨太真外传》)。据王建《寻橦歌》描写,隋唐时的寻橦,是头戴红帽青巾的女艺人们,绕着高耸入云的大竿争先恐后地攀缘,穿着袜子上下跳跃起舞,再险也不曾闪失。王吕在《勤政楼花竿赋》中记戴竿女伎表演"顾影而忽升河汉,低首而下指楼台"。其技艺之高无与伦比,故深受观众喜爱。唐中叶以后,寻橦不管在技艺还是在流行程度上都大有发展。

绳技,类似今日的走钢丝。表演时,"先引长绳,两端属地,理(埋)鹿卢以系之。鹿卢内数丈立柱以起,绳之直如弦然。"表演者自"绳端蹑足而上,往来倏忽,望若飞仙"(《唐语林》卷五),在绳上表演各种惊险动作。

蹋毬,是在特制球上表演的节目。《封氏闻见记》卷六《打球》中记唐代"乐人又有蹋球之戏,彩画木球,高一二丈。伎女登榻,球转而行,萦回去来,无不如意,盖古蹴鞠之遗事也"。

角觝,又称"用力"、"争交"和"相扑"等,是一种摔跤运动。汉武帝好此戏。大业三年(607年)隋炀帝在东都征天下奇技,就有角觝一项。唐代皇帝自中宗以后诸帝都好观赏角觝,常于宫中举行表演。唐代角觝,对垒者除相摔外,还用拳击。因为角觝是一种力气较量并有观赏价值的竞技活动,且有助于军事训练,故唐朝军中经常举行角觝比赛。它有利于提高军人体质和格斗技能,活跃军营气氛。

舞马,唐代舞马以开元、天宝时最盛。唐人咏舞马诗词颇多,将舞马的精彩表演,描绘得淋漓尽致。如"圣王至德与天齐,天马来仪自海西。腕足齐行拜两膝,繁骄不进蹈千蹄。髾鬃奋鬣时蹲踏,鼓怒骧身忽上跻。更有衔杯终宴曲,垂头掉尾醉如泥"(张说《舞马千秋万岁乐府词》)。安禄山曾在长安观赏过舞马,非常喜欢。除舞马之外,还有舞象犀。据记载,唐时曾训练象、犀,与舞马一起作为千秋节和朝廷宴会的娱乐节目。象、犀有单独表演,也有和角觝等杂技一起演出,有时还单独表演斗象。

第七节 吸纳与辐射:唐代的中外文化交流

隋唐两朝,国力强大,经济繁荣,文化昌盛,封建文明高度发达,居世界领先地位。隋唐统治者实行了比较开明的对外开放政策,再加上中国传统文化对外来的各种文化具有改造和吸收的特殊功能,因此使得唐朝成为欧亚各国,特别是亚洲各国文化交流的中心。另外,隋唐时期陆路和海路交通的畅通,也为中外文化交流提供了客观条件。隋唐文化与域外文化的交流,不仅推动了亚洲各国的社会进步,而且也促进了隋唐两朝自身的发展。灿烂多彩的唐朝文化,兼容并蓄了诸多域外文化的精华。这一时期是中外文化交流史上第二个高峰期。

外来宗教文化对唐文化产生了深远影响。东汉初年就传入中国的佛教，到隋唐时期非常盛行。除佛教盛行以外，隋唐时期的外来宗教还有祆教、摩尼教、景教、伊斯兰教等。各种宗教都带有自己的信仰，具有不同国家或民族特色。它们和中国传统文化互相影响，使中国人更多地了解世界，开阔了视野，促进了中外文化的交流，丰富了隋唐文化的内容。

由于隋唐统治者对各国都采取友好往来的态度，因而各国的遣隋使、遣唐使纷纷来到中国，他们带来了各国的特色礼物，这些礼物，也丰富了隋唐人民的精神生活与物质生活。

在唐代文化的其他方面，外来文化的影响也很明显。唐朝初年，印度的制糖法通过西域传入中国。扬州以此方法制造的蔗糖，其色味均超过了西域所制的糖。又如建筑技术，也受印度的影响。其中塔的建筑，就是随着佛教的东来，中国传统的建筑术在印度建筑影响下的产物。另外在医学方面，印度的外科、眼科、骨科，大食的外科和眼科都对中国医学有所影响。至于音乐、舞蹈方面，不仅综合了各族人民群众的歌舞，而且吸收了中亚、西亚各国的乐曲、乐器和乐工。唐太宗选定的"十部乐"里就有高丽乐、天竺乐。这一切足以说明，隋唐文化在中外文化交往中得到了极大的丰富和发展。

同时，隋唐文化的兴盛和进步，使许多国家对隋唐文化十分向往；中外文化交往的频繁，加深了隋唐文化对各国的影响。这是当时文化交流的另一重要内容。

贞观年间，高丽、百济、新罗都有贵族子弟到长安入学。新罗统一朝鲜后，派遣了大批留学生到唐朝学习。在唐朝的外国留学生中，以新罗人最多。据《唐会要》所记，唐文宗开成初年旅唐的新罗学生多达200余人。有些新罗学生进入长安太学学习，有些人参加了唐朝的科举考试。从长庆元年（821年）到唐末，登科举的新罗学生有58人。例如，崔致远13岁到唐，19岁中进士，30岁返国，曾担任唐朝淮南节度副使高骈的高级幕僚,专掌书檄,有20卷汉文诗赋集《桂苑笔耕录》传世。崔致远回国后,热情介绍唐朝的文化,在知识分子中享有崇高的威望。唐朝文化对新罗影响很大。执政者仿唐朝官制,在中央设执事者,在地方设川、小京和郡县。仿照唐朝科举制设"读书出身科"。根据唐朝制度改订礼仪和刑律。中国的文化典籍大量传入新罗,当地人民特别喜好唐诗,白居易的诗歌在那里受到广泛的欢迎。7世纪中叶,新罗学者薛聪创造了"吏读"法,借用汉字作为音符,标注朝鲜语的助词和助动词,作为帮助读汉文的工具。"吏读"法对文化的普及和汉文的传播起了很大的作用。当时,新罗的著述、公文、国史都用汉文写作。唐末五代时期,雕版印刷技术传入朝鲜,进一步促进了朝鲜文化的发展。

隋唐时,日本正处于由奴隶制社会向封建制社会过渡的时期,急需吸收中国的先进文化以促进自身社会的发展。木宫泰彦先生说:"日本古代人民的生活,在精神和物质两方面,都因中国文化的输入而丰富起来。"一些向往中国文化的先进者"热切希望前往当时堪称东方文化渊源的中国,直接吸收优秀的文化"。于是日本派出了遣隋使,并派遣留学生学习中国文化。到了唐朝,遣唐使接二连三地来华,人数最多的一次达五六百人。随着大批使臣、留学生、学问僧的来华及学成回国,中国的政治学术思想、典章礼仪、风俗文化、工业技艺以前所未有的速度在日本迅速地传播。日本的留学生,在长安国子监学习哲学、政治制度、历史、文学艺术和生产技术。他们回国以后,积极传播唐朝的文化,对日本社会的发展起了促进作用。贞观十九年(645年)日本孝德天皇任命从中国留学回国的高向玄理和僧旻为国博士,仿照唐朝政治制度,进行社会改革,史称"大化革新"。唐朝的生产技术、天文、历法、医学、建筑、雕版印刷等,陆续传入日本。日本的京都平京城,就是模仿唐朝的长安城设计的;文化教育方面也模仿唐朝,在京都设立了"太学",有"明经"、"纪传"、"明法"、"书"、"算"学科,学校制度和书籍都是唐朝传入的。留学生吉备真备和学问僧空海和尚,在日本人民利用汉字标音记意的基础上,创造了日文的假名字母。吉备真备利用汉字楷体偏旁造成了"片假名",学问僧空海则采用汉字草书创造了"平假名",这两种字体合起来使用,形成了日本文字。这一切都推动了日本文化的发展。另外日本的文化生活、风俗习惯及饮食服饰都受唐朝的影响,如唐人的打马球、下棋、饮茶的习惯,就是那时传入日本的。日本也仿效中国过端午节、重阳节等。

隋唐文化在印度也颇引人注意。两国的佛教徒在文化交往中作出了重大贡献。其中以我国的高僧玄奘最为著名。玄奘到达迦摩缕波国(在今印度阿萨姆邦西部),拘摩罗王对他说:"今印度诸国多有歌颂摩诃至那国(中国)《秦王破阵乐》者,闻之久矣。"他还表示,仰慕中国的风俗教化,"东望已久"(《大唐西域记校注》)。太宗派王玄策出使伽没路国(即迦摩缕波国),其王"因请老子像及《道德经》"(《旧唐书·天竺国传》)。这都说明中国文化在印度有广泛的影响。

唐朝文化也大量传入阿拉伯世界,一是天宝年间,纸和造纸术的西传,后来又由阿拉伯人传入欧洲,推进了西方的文化事业发展,这是世界文化史上的重大事件。二是中国的硝在唐朝后期传入阿拉伯。三是唐朝的切脉术和一些重要医书传入阿拉伯,对阿拉伯医学产生了很大的影响。

无论是中国吸收外国文化,还是中华文明向外国传播,都对世界文明的发展起到了极大的促进作用。各种文化的相互影响,也促进了隋唐文化的迅速发展。

第六章

两宋：适时应变　精致内敛

第一节　制度文化的适时应变

一、极端专制集权的政权机构

北宋政权建立后，为了"惩创五季，而矫唐末之失策"（叶适《水心别集》卷十二），采取了一系列加强专制主义中央集权的措施。

首先，削减州郡长官的权力，不允许地方州郡长官兼任一个州以上的职务。州郡的兵权、财权和司法权也都收归朝廷。又规定州郡长官由文臣担任，长官之外另设"通判"，通判是知州的副职，不能够发布命令。但是，知州的公事要其副署，否则无效。官员们被互相牵制，无法形成地方割据势力。后来，又把全国州郡划分为十五路，各路设转运使（管理地方财政，简称"漕臣"）、提点刑狱（管司法和监察，简称"宪臣"）、安抚使（管军事，简称"帅臣"）、提举常平（管常平仓救济、农田水利等，简称"仓臣"）四司，统称"监司"。这些官职也都由文臣担任（只有安抚使有用武人的）。路、州、县的官员都由中央官兼摄，属于临时指派（"差遣"）的性质。这样，地方长官的权力分散,任期短暂,无法再与朝廷对抗。

其次,分割宰相的权力。在宰相之下增设"参知政事"作为副职,同时,还把唐末五代设置过的枢密使和三司使定为常设官员,以枢密使分宰相的军权,以三司使(又称"计相")分宰相的财政权。中书门下(又称"政事堂",是宰相、参知政事的官署)和枢密院(枢密使、副使的官署),合称"二府"。枢密使、三司使的权力和宰相不相上下。本来是百官之首的宰相,经过改革,只留下有限的权力。这样,皇帝便可以总揽大权,操纵自如了。

再次,禁军不再设置最高统帅。由于赵匡胤曾任殿前都点检,因而罢去殿前都点检一职,同时罢去副都点检及侍卫马步军正副都指挥使的职位,而且把禁军两司(殿前司和侍卫马步军司)分为"三衙"(又称"三司",即殿前司、侍卫马军司、侍卫步军司),鼎足而立。三衙的将领则由一些资历较浅、容易驾驭的人来担任,且时常加以调动。而军队的调遣和移防等事则须听命于枢密院,从而结束了武人专横跋扈的局面。

二、官制:"官职分离"

宋统一天下以后,鉴于唐朝后期藩镇割据和五代时期兵强马壮者为天子的混乱状况,在"虚外守内"的思想指导下,创立了封建社会前所未有的"官职分离"的制度。

所谓"官职分离",就是将官职分为官、职、差遣三类。"官以寓禄秩、叙位著,职以待文学之选,而别为差遣以治内外之事"(《续资治通鉴长编》卷四)。官仍袭汉唐旧制,朝官有三师、三公等,外官有节度使等职。但宋朝的官并不管事,只是用来表示一个人的官品高低。实际管事的则另外由中央派遣,称为"差遣"。如一州的最高官员应该是刺史,但刺史并不管本州事务,真正管事的是由中央派遣的"知某州事"。宋代大多数路至县级地方官员均由中央直接派遣。职是荣誉文学头衔。官与职实际都是空名,只有差遣才有实权,因而许多官吏是只领俸禄不办事的。这样虽然增加了地主阶级参加各级政权的机会和加强了封建统治的基础,却加重了广大人民的负担。

三、兵制:"兵不知将,将不知兵"

军队是国家机器主要的组成部分,是一个阶级镇压另一个阶级的重要工具。北宋统治者认为"国无外忧,必有内患。外忧不过边事,皆可预防,奸邪共济为内患,深可惧也"(《宋史》卷二百九十一)。为了防范和镇压农民的反抗斗争,保证封建的剥削和压迫,北宋沿用了唐朝后期的雇佣兵制,大量招募军队。又推行养兵政策,在灾荒之年把破产的农民收编到国家军队中去,以免他们铤而走险,进行武装反抗。北宋的军队,在开国之初仅有 20 余万人,至英宗治平(1064~1106 年)时,猛增至 160 余万。军队主要是禁军,由朝廷直接统领,一半驻守京城,一半分驻外地。此外,每一州还有一定数量的乡兵。乡兵分驻城市和乡村,边境少数民族地区则有番兵,其主要职责是镇压各地人民的反抗。

军队在统治阶级内部的争权夺利斗争中也有重要作用,正如赵匡胤所说:"兵权所在,则随之以兴;兵权所去,则随之以亡。"(范浚《五代论》)因此他特别注意加强中央对军队的控制权。禁军是唐末以来封建国家直接掌握的武装力量,赵匡胤本人就是由掌握禁军而登上皇帝宝座的,因此他对当时掌握禁军的高级将领石守信、王审琦等人很不放心。公元 961 年,他用给予优厚待遇和经济特权作条件,解除了石守信等人的兵权,史称"杯酒释兵权"。同时,又将殿前都点检和副都点检这两个掌握禁军大权的职位取消,分别由殿前都指挥使、马军都指挥使、步军都指挥使统率全部禁军。长官多以资历较浅,容易驾驭的人充任。又因袭晚唐以来的枢密院制度,设置枢密使,由文人充任,掌握调动军队的大权。由于领兵权与调兵权分离开来,这就便于皇帝直接控制军队,使军权更加集中。另外,还创"更戍法",经常易置和更调统兵将帅,使"兵不知将,将不知兵"。同时军队的驻地也时常更换,"使往来道路"。名义上是"习勤苦、均劳逸"(《宋史》卷一百八十八),实际上是防范军队与地方联合起来反对中央。

四、世俗地主堂堂正正登场

宋代各级官僚的来源除大官僚得恩荫子孙亲属外,主要是通过科举制度。当时科举的门类很多,但仍以进士科为主。进士分为三等,一等称"及第",二等称"赐进士出身",三等称"同进士出身"。宋太祖时,录取进士的名额每次不过二三十人,与唐、五代相差不多。从宋太宗时起,录取进士的名额大大扩充,常常一次录取四五百人,加上其他各科,每次录取的总人数往往到七八百人,甚至有超过一千人的。科举每三年举行一次,考中的就可做官。除正式考试以外,还有"特奏名"的制度,即对屡试不中,又超过一定年龄者,允许其特奏"求恩",然后赐个出身资格,也可做个小官。总之,隋唐以来的科举制度在宋代得到了很大发展,大量中小地主通过科举制走上了政治舞台,世俗地主堂堂正正登场。

第二节　宗教与哲学的时代风貌

一、道教在宋代的发展

宋代是道教发展的一个重要时期。宋代皇室十分尊崇道教,宋太宗曾命在开封、苏州等地建立道观,并亲自召见华山道士陈抟,赐号"希夷先生"。又命徐铉、王禹偁等收集、校勘道教经典7000余卷。宋真宗曾虚构了一个赵姓祖先赵玄郎,奉为道教尊神。又命人编辑《大宋天官宝藏》七藏,取其中精要,辑成《云笈七籤》一书,对道教典籍有保存整理之功。大中祥符八年(1016年),宋真宗诏赐信州道士张正随为"虚静先生",这就是后来江西"张天师"的开端。同时,在开封及各路,宋真宗命遍置宫观,有力推动了道教的传播。宋徽宗也是一个道教的狂热信徒,曾自封"教主道君皇帝",通过诏求道教仙经、置道阶道官等推广道教。因朝廷的提倡,两宋道教极为流行。尽管宫观中的道士有才者殊为少见,但在山野之士中仍出现了不少著名的道教人物,如陈抟、张伯端等。

陈抟(？～989年),字图南,自号扶摇子。亳州真源(今河南鹿邑县)人。宋太宗时由华山应诏来朝,赐号"希夷先生"。民间传说陈抟善于"五龙蛰法",一睡800年;又能预奏死期,其死之后7日犹温,有五色祥云到其洞。著有《无极图》和《先天图》,主张万物一体,只行超绝万有的"一大理法"存在。其学说及《无极图》经过种放、穆修,传之于周敦颐、程颢、程颐,成为宋代理学的组成部分。在两宋学术史上,陈抟占有重要的地位。

张伯端(？～1082年),一名用成,字平叔,天台人。少业进士,坐累谪岭南兵籍,后参陆诜幕府,掌管机要。事迹详见南宋陆彦孚所著《悟真篇记》。张伯端被后人视为道教南宗的开山宗师,而其思想实则主张"三教合一"。他的性命之说,与张载相通,将"性"分为"气禀之性"(也称"气质之性")和"先天之性"(也称"天地之性"或"本元之性")。

白玉蟾,原名葛长庚,字白叟,福建闽清人。因任侠杀人,亡命武夷,出家为道士。他是道教南宗的实际开创者,著有《玉隆集》、《上清集》、《武夷集》。其弟子彭耜纂辑其著作为《海琼玉蟾先生文集》,又集其语录,编为一书,名《海琼白真人语录》。白玉蟾身为道士,却深受佛教禅宗的影响,又推崇朱熹,因而其思想也是儒、佛、道三者的混合物。

宋代道教除陈抟、张伯端、白玉蟾三位著名人物外,民间传说中的"八仙"(汉钟离、张果老、韩湘子、铁拐李、吕洞宾、曹国舅、蓝采和和何仙姑)中,曹国舅、蓝采和、何仙姑均系宋人。

二、重在修养:"净土宗"和"禅宗"流行一时

五代后周时,周世宗曾禁止百姓为僧尼,并废天下佛寺3300所,予佛教以沉重的打击。入宋以后,宋代诸帝一反后周的排佛政策,大力提倡佛教。如太宗建隆元年(960年)度僧800人,并停止了对寺院的废毁,继而又派遣僧人行勤等150人去印度求法。

开宝四年(971年),中国佛教史上的第一部官刻的大藏经《开宝藏》起刻,卷数达6600余卷。宋太宗在位时,创建了规模宏大的译经院,并亲自撰写了《新译三藏圣教序》,以弘扬佛法。从太平兴国元年(976年)到七年(982年)间,度僧达17万人。宋真宗登基后,除继续建寺译经外,还亲自为佛经作序,撰《崇释论》,称佛教与孔孟"迹异而道同"。其时全国僧徒将近40万人,尼僧有6万人。在宋室的大力支持下,佛教在两宋有了进一步的发展。

首先,宋代在继续译经的同时,出现了版刻大藏诸经。宋代的译经,始于太平兴国五年(980年)。从太宗至仁宗共译经500余卷,其后因缺乏新的梵文佛经,译经工作时断时续。著名的翻译家有15人,包括法贤、惟净、慧洵、绍德等人。所译佛经以印度密宗的典籍为主。由于我国雕版印刷技术的发展,宋代开始大规模地版刻刊印佛经。在宋代300余年间,官刻、私刻的大藏经共有5种版本。其中最佳者当推蜀版大藏经,此系官刻。其他4种皆是各地的私刻本。其次,两宋佛教各宗本身有了进一步的发展,禅宗、天台宗、华严宗、律宗等派都有高僧传法,著名的高僧有禅宗的方会、法演、克勤、慧南、省常,天台宗的知礼、源清、净觉、从义,华严宗的净源、道亭、观复、师会、希迪,律宗的赞宁等。其中禅宗最为发达,出现了多部禅宗史,如道原《景德传灯录》30卷、悟明《联灯会要》30卷、普济《五灯会元》20卷以及赜藏生所集的《古尊宿语录》48卷等。禅宗的思想深刻地影响了当时的儒家学者,对理学的产生和发展发挥了重要的作用。再次,宋代佛教特别是天台宗继续影响着海外的日本等国,宋僧兰溪道隆曾去日本传授禅法,日僧来浙江天台山国清寺求

法多达 50 余次。最后,宋代佛教寺院经济也较前代有了长足发展。据《宋史·食货志》记载,宋代寺院月收房租 1.5 万,季收粮食百石以上者,方才缴纳助役钱。由此可见宋代寺院的富有。南宋时,仅福建路,寺院的田产收入,除缴纳两税和供应寺院僧侣需用外,每年尚有盈余 36.5 多万贯(《宋会要辑稿·食货》)。总之,宋代的佛教有了很大的发展。

三、儒学发展的新阶段:理学的产生与发展

理学亦称"道学",是两宋时期占统治地位的哲学思想。它是以儒家思孟学派为基础,渗入佛家和道家思想以后形成的一个新儒家学说。它的产生,适应了当时封建专制主义中央集权统治不断加强的需要。

宋代理学的直接渊源是"宋初三先生"。宋初三先生指胡瑗(993~1059 年),字翼之,泰州如皋人,学者称"安定先生";孙复(992~1057 年),字明复,晋州平阴人,学者称"泰山先生";石介(1005~1045 年),字守道,兖州奉符人,学者称"徂徕先生"。他们解经不重训诂而重义理,揭开了后来理学家借用儒家经典以创立自己理论体系的序幕。

理学的真正奠基人是周敦颐和张载。周敦颐(1017~1073 年),道州营口(今湖南道县)人,学者称"濂溪先生",主要著作有《太极图说》和《通书》。他认为宇宙的本源是无形无声、无始无终的"太极"。太极一动一静,产生阴阳万物,万物则"生生而变化无穷焉"。在人性论上,周敦颐将儒家思孟学派的"诚"解释为人的至善本性,是"五常"(仁、义、礼、智、信)的根本。为达到"诚"的境界,周敦颐提出了"主静"的修养方法。张载(1020~1077 年),字子厚,世称"横渠先生",今陕西关中眉县人,其学派称"关学"。著有《正蒙》、《西铭》等著作。他在理学基本框架构建中的作用,一是区别了"天地之性"和"气质之性",并提出"立天理"、"灭人欲"的命题;二是提出"理一分殊"的思想,成为后来程、朱以"理"为宇宙本体的张本;三是提

出了"穷神知化"与"穷理尽性"的认识论,成为程、朱"格物致知"论的重要来源。

理学体系形成于程颢和程颐。程颢(1032～1085年),字伯淳,学者称"明道先生"。程颐(1033～1107年),字正叔,学者称伊川先生。河南洛阳人。二人同学于周敦颐,著作被后人合编为《河南程氏全书》。他们把"理"或"天理"视为哲学的最高范畴,理不仅是世界的本原,而且也是社会生活的最高准则。在穷理的方法上,程颢"主静",强调"正心诚意",而程颐则"主敬",强调"格物致知"。在人性论上,二程将"去人欲,存天理"的观点更加系统化,使之更具抽象的思辨性。二程学说的出现,标志着理学思想体系的正式形成。

宋代理学的集大成者是朱熹。朱熹(1130～1200年),字元晦、号晦庵,祖籍安徽徽州婺源(今属江西),生于福建尤溪。他继承和发展了二程的思想,并吸收张载关于"气"的学说,建立了一个完整而精致的客观唯心主义思想体系。朱熹认为,太极是宇宙的根本,太极本身包含了理与气,理在先,气在后。太极之理是一切理的综合,它至善至美,超越时空,不生不灭,是"万善"的道德标准。在人性论上,朱熹认为人兼有"天命之性"和"气质之性"。他还把理推之于人类社会历史,认为"三纲五常"都是理的"流行",人们应当"去人欲,存天理",自觉遵守三纲五常的封建道德规范。朱熹是中国封建社会后期最有影响的思想家、教育家和学者,著有《四书章句集注》、《周易本义》和《诗集传》等。他使得理学发展到了成熟阶段,并被后世封建统治者视为"显学"。

与朱熹同时代的另一位主观唯心主义理学大师陆九渊,是宋明理学中"心学"一派的开创者,对理学的发展也作出了重大贡献。陆九渊(1139～1193年),字子静,自号存斋,抚州金溪(今属江西)人。曾结茅讲学于象山(今江西贵溪县西南),人称"象山先生"。后人辑其著作为《象山先生全集》。他将儒家思孟学说和佛教禅宗思想结合起来,并承袭程颢"天即理即心"的观点,提出了"心即理"的命题。在认识论上,陆九渊反对从客观事物中寻求知识和认识真理,主张通过"发明本心"体验天理。他还提出了"存心"、"去欲"的道德修养方法,认为人的本性的自我觉悟,就是道德的自我完成。陆九渊的学说对明代王阳明的思想有直接影响。

四、反理学流派——"永嘉学派"与"永康学派"

永嘉学派是南宋时期反对理学、提倡功利的学术流派之一。因其主要代表人物薛季宣、陈傅良、叶适等均系永嘉(郡治今浙江温州市)人,而得名。

薛季宣(1134～1173年),字士龙,号艮斋,曾官居大理正,是永嘉学派的开创者。他提出了道"则常存乎形器之内"的唯物主义观点,反对空谈性命义理,主张为学应"教人就事上理会,步步着实,言之必使可行,足以开物成务"(黄宗羲《宋元学案·艮斋学案》)。著有《书故训语》、《浪语集》等。

陈傅良(1137～1203年),字君举,号止斋,曾官至宝谟阁待制,是薛季宣的学生。为学重"经世致用",反对空谈性理。主要著作有《止斋文集》等。

叶适(1150～1223年),字正则,学者称"水心先生",为永嘉之学的集大成者。著有《习学记言》、《水心集》等。叶氏具有朴素唯物主义的哲学思想,认为有形有象的具体事物,是天地间最根本的、唯一的存在。在认识论上,注重对具体事物的考察,强调理论要从实际出发和以实际效果来检验理论。叶适还提倡功利,反对将仁义和功利截然对立。以薛季宣、陈傅良、叶适为代表的永嘉事功学派在中国思想史上占有重要的地位。

南宋时期与永嘉学派同反理学、同讲功利的另一学术流派是以陈亮为代表的永康学派。

陈亮(1143～1194年),字同甫,号龙川,浙江永康人。著有《龙川文集》和《龙川词》。陈亮哲学思想的核心是"物",他认为物是真实的客观存在,而"道"则体现在具体事物之中。这种道物关系的观点,具有朴素唯物主义的色彩,与朱熹所主张的道在物先、理在事先的唯心主义观点相对立。陈亮和朱熹曾就"王霸义利"、"天理人欲"等中国哲学的根本问题,书信往来激烈辩论达3年之久。陈亮从自然人性论的观点出发,认为人欲是不可除的。无论是汉唐君主,还是三代圣贤,在生而有欲这一点上是完全相同的。他认为,在人类活动中,"义"与"利"或"天理"与"人欲",从来就是并行的。三代以前不能没有人欲,汉唐之时不能没有天理;所谓的王道政治与霸道政治在历史上从来也是交杂并用,两者之间不存在根本的对立。陈亮在"王霸义利"、"天理人欲"问题上的认识,是一种唯物进步的观点。以陈亮为代表的永康学派提倡注重事业功利、有补国计民生的"事功之学",强调面向现实、改造环境,肯定人类社会的发展进步,反映了中国传统哲学中经世致用的优良传统。

五、唯物主义思想家王安石

王安石(1021~1086年),字介甫,号半山,江西临川人。庆历进士。熙宁三年(1070年)拜相,积极推行新政。熙宁九年(1106年)退居江宁(今江苏南京),封荆国公。他是北宋著名的政治家、文学家和思想家。其哲学思想散见于《王临川文集》的《杂著》中。《洪范传》和《道德经注》(辑本)是其哲学代表作。

在王安石的哲学体系中,最高范畴是"道",有时又称"太极",指的是充塞宇宙的物质性的"元气"。它是世界万物产生的根源。由道分化而为阴阳,阴阳二气按照一定的规律运行不息,生成水、火、木、金、土(五行),由这五种物质元素的变化而形成万事万物。这是一种朴素的唯物主义的宇宙生成论。王安石十分强调事物的运动和变化,认为"尚变者天道也","天文之变无穷,人事之变无已",自然界和人类社会都处在不停的变动之中。而万物变化的原因,则是由于事物内部存在着矛盾的对立面。他说:"盖五行之为物,……皆各有耦,推却散之,无所不通,一柔一刚,一晦一明,故有正邪,有美有恶,有丑有好,有凶有吉,性命之理道德之意,皆在是矣。耦之中又有耦焉,而万物之变遂至于无穷。其相生也,所以相继也;其相克

也,所以相治也。"(《洪范传》)

王安石还提出了"新故相除"的辨证观点。他在《字说》中解释"除"字时说:"除,有阴有阳,新故相除者,天也;有处有辨,新故相除者,人也。"新故相除就是新陈代谢,这是"天"和"人"(社会)共同的变化规律。针对司马光等人"祖宗之法不可变"的复古主义,王安石依据"新故相除"的辨证观点来考察当时的社会问题,提出了"天变不足畏,祖宗不足法,人言不足恤"的著名口号,并将其作为政治改革的思想基础。

在人性论上,王安石主张人性无善无恶说,认为善恶是后天环境和习惯的产物。他还对孔子的"上智下愚不移"之说提出了新的见解,认为智愚并非生来不可改变,所谓"不移"是就其后天的学习态度和结果而言,主观上不去改变,并非客观上不能改变。移与不移的关键在于"习",而不在于先天的禀性。王安石承认人的天赋有所不同,但他更看重后天的调教。在《伤仲永》篇中,他记述了一个神童天赋聪颖,因后天不学而最终成为普通孩子的故事,以之说明后天的调教和发挥人的主观能动性的重要。

第三节 文史艺术的雅致风韵

一、独领风骚:宋词的兴盛

词的全称为"曲子词"或"词曲",简称为"词"。它源于民间,在唐末兴起,经五代至宋而达到鼎盛阶段。宋代著名词人众多,词作数量巨大。近人唐圭璋编《全宋词》,著录词人1330多家,作品有19900余首。

北宋初年,以"花间派"为代表的西蜀词和以李煜为代表的南唐词,对词坛影响甚深。其代表人物和作品集有:晏殊的《珠玉词》、晏几道的《小山词》和欧阳修的《六一词》。晏殊词的特征是闲雅清婉，内容仍不出男欢女爱、离情别绪等传统题材，词风深受五代著名词人冯延巳的影响。晏几道为晏殊之子，两人合称"二晏"。早年词风与晏殊相近，有五代遗韵。后因变故，潦倒落魄，词风渐多感伤凄楚的特征，与南唐后主李煜词风相类。欧阳修词作颇多，内容以恋情相思、惜春赏花、酣饮醉歌为主，善用清新疏淡的笔触描绘自然景物，抒发个人情怀，词风深受冯延巳影响，与晏殊十分相似。

北宋词人中，成就最大者当推柳永和苏轼。柳永因创作了大量适合于歌唱的新乐府（又称"慢词"）而成为北宋词坛中影响最大的词人之一。这种慢词与小令相比，属于繁音纤节的长调，更宜于表达人物的情感。他善以民间俚俗语入词，作品充满了浓厚的市民气息，深受下层百姓的喜爱，时称"凡有井水饮处，即能歌柳词"，说明柳词流行之广。柳永词的内容以描写都市繁华、歌妓的遭遇和自己落魄流浪的生活际遇居多，词风婉转柔美，对后来李清照、周邦彦等人有较大的影响。有《乐章集》行于世。苏轼在词创作中，冲破传统藩篱，"一洗绮罗香泽之态"，开拓了广阔的题材天地。大凡山川景物、农舍风光、纪游咏物、感旧怀古等，都是苏词的重要题材。其词富有幻想，意境雄浑，表现出豪迈奔放的个人性格及其乐观处世的生活态度，与柳词情绪消沉的格调迥然异趣。后人因其具有的豪放词风，视之为宋词豪放派的开创者。有《东坡七集》行于世。

南宋词坛的精神面貌在强烈的抗金气氛和爱国主义浪潮中焕然一新。反映时代的突出矛盾和社会现实的爱国诗篇，成为这一时期词坛的主流。主要代表人物有陆游和辛弃疾。陆游的词风格雄浑豪放，表现出渴望恢复国家统一的强烈情感和壮志未酬的悲怆情绪，有极强的艺术感染力。其抒写日常生活，也多清新之作。有《剑南诗稿》、《渭南文集》、《老学庵笔记》等著作传世。辛弃疾与陆游同为南宋著名的爱国志士和开创一代词风的杰出文学家。他一生填词无数，今《稼轩词》中留存600余首。辛词笔力雄健，艺术风格多样，以豪放为主。作品大多抒写力图恢复国家统一的爱国热情，倾诉壮志难酬的悲愤,吟咏祖国山河的秀丽。此外,南宋词坛久负盛名者还有女词人李清照。早期词作多写其悠闲生活,后期则多悲叹身世,流露出对中原的怀念之情。她作词强调谐律,崇尚典雅,词风以委婉含蓄、清新秀丽著称,后人视之为婉约派的正宗。作品有《易安居士文集》、《易安词》等。

南宋后期,国运渐衰,宋词风格出现了逃避现实、追求形式、雕琢辞藻的特征。主要代表人物有姜夔、吴文英等人。宋词由此而进入末路,失去了往日的辉煌。

二、市民阶层的文艺形式:话本小说与说话人

"说话"和"市人小说"出现在唐代。入宋之后,随着城市商品经济的繁荣和城市平民阶层的壮大,各种适应市民阶层文化娱乐需要的文艺形式也应时而兴。其中最流行的形式之一叫做"说话",操此业的人称"说话人",而"说话人"所用的底本,即为"话本"。

"说话"有不同的种类,当时称"家数"。宋代说话的家数有说经(佛经中的故事)、讲史(历史故事)和小说。其中小说最受欢迎。宋代话本的数目,据罗烨《醉翁谈录》统计,有115种。流传至今的有《大唐三藏取经诗话》、《三国志平话》、《五代史平话》、《大宋宣和遗事》以及《京本通俗小说》等,总数不过四五十篇。

宋代话本具有比较鲜明的思想性。如《碾玉观音》、《闹樊楼多情周胜仙》等篇,正面描述了青年男女对自由恋爱的渴望和追求,歌颂了他们对爱情的坚贞态度。《错斩崔宁》、《简帖和尚》、《宋四公大闹禁魂张》、《万秀娘仇报山亭儿》等篇则大胆揭露了封建政治的黑暗,对贪官污吏的昏庸和贪赃枉法作了无情鞭挞。话本还宣扬了劫富济贫的侠盗们解困济危、舍己为人的高贵品德,对百姓遭受的痛苦和迫害寄予了深切的同情。在艺术表现手法上,话本善于用人物的行动、对话来表现情节的发展和人物的个性,成功地塑造了一些性格鲜明的人物形象。如《碾玉观音》中璩秀秀和《闹樊楼多情周胜仙》中周胜仙的叛逆妇女形象、《万秀娘仇报山亭儿》中尹宗的侠盗形象等。宋代话本的不足在于其浓厚的因果报应和宿命论思想,部分篇章有低级趣味的淫秽描写。此外,过多巧合情节的安排也削弱了故事的现实性。总体而言,宋代话本的出现,在中国文学史上具有重大影响。元明以来的章回小说中,有不少就是在宋代话本的基础上逐渐发展和再创作而成的。

宋代的"说话人"依据话本,以"说话"为生,或专讲历史故事,或专讲佛经故事,各有所擅长。其中涌现了一批著名的艺人,如北宋末年在开封说三国(三国故事)的霍四究、说五代故事的尹常等。在南宋的杭州,以讲小说而出名的艺人有蔡和、李佐、史惠英(女)等52人。当时说话人献艺的场所,主要在城市的瓦舍、勾栏等热闹地方,也有一些说话人还深入到乡村小镇。陆游《小舟游近村舍舟步归》描绘了后一种情况。诗云:"斜阳古柳赵家庄,负鼓盲翁正作场。死后是非谁管得,满村听说蔡中郎。"于此可见宋代"说话"的流行。

三、宋之"六大家":波澜壮阔的古文运动

唐代韩愈、柳宗元之后,古文运动日趋式微。五代以及宋初骈俪之风再度弥漫,诗文呈现追求格律、雕琢词句、内容空虚、风格卑下等特征。宋真宗时,以杨亿、刘筠、钱惟演为代表的"西昆体"盛行,将骈俪浮艳的文风推到了顶峰。宋仁宗中期,欧阳修针对四昆体"专事藻饰"的形式和"缀风月、弄花草"的内容,联合一批骈文的反对者,倡导了一个以"尊韩"、"复古"为口号,以"明道"、"致用"为内容,以"尚朴"、"重散"为形式的诗文革新运动。宋代的古文运动由此大兴。其后王安石、苏洵、苏轼、苏辙、曾巩等人致力于古文创作,使宋代古文的内容和技巧更加成熟,并对后代的散文创作产生了巨大的影响。后人将他们与唐代的韩愈、柳宗元合称为"唐宋古文八大家"。

欧阳修是宋代古文运动的杰出领袖之一。他的古文理论与韩愈一脉相承,而散文的创作则达到了情文并茂、说理畅达的境界,无论是叙事、议论、抒情都有很高的技巧。主要代表作有《朋党论》、

《醉翁亭记》、《秋声赋》等。所著《新五代史》讲究春秋笔法,文字简洁,其中不乏精彩的传论。继欧阳修而起且与之齐名的宋代古文运动的另一位干将是王安石。王氏散文结构严谨,析理透彻,笔力雄健,语言洁净。诸多佳篇关注现实、关注时事,充分体现了王安石"务为有补于世"的主张。散文的主要代表作有《游褒禅山记》、《答司马谏议书》、《伤仲永》等。苏洵、苏轼、苏辙父子三人也是宋代古文运动的杰出代表,后人称之为"三苏"。其中苏洵尤擅散文,为文纵横雄奇,宏伟犀利,议政论军,有战国纵横家的风格。有《嘉祐集》传世,其中名篇《六国论》、《上枢密韩太尉书》等被人传诵不绝。苏洵长子苏轼在"三苏"中成就最高。其文绍述《孟子》、《庄子》,气势纵横,结构多变,达到了浩瀚无涯的境界,后人因此有"韩(愈)潮苏海"之说。苏轼的代表作有前后《赤壁赋》、《石钟山记》、《晁错论》、《留侯论》等,句句精彩,篇篇可传。苏洵次子苏辙也擅古文,有《栾城集》传世。曾巩为文平缓朴实,擅叙事理,讲究布局法度,曾为王安石所推许。《宋史》称许其文"上下驰骋,愈出而愈工。本原六经,斟酌于司马迁、韩愈,一时工作文词者,鲜能过也"。清桐城派的古文"义法",多继承于曾巩。曾巩有《元丰类稿》行于世。

宋代的古文运动在"唐宋八大家"之宋代六家的努力下,取得了重大成就,对后代散文的发展产生了深远的影响。

四、巨制迭出:史学的继续发展

在隋唐史学繁荣的基础上,两宋史学有了进一步的发展。其突出标志是史官制度更为完善,史学名家辈出,史书体裁呈现了多样化的特色。

两宋史官制度,就其组织庞大和内容丰富而言,实为前代所不及。朝廷先后设置了起居院、日历所、实录院、国史院、玉牒所和会要所,任命官员记录时政、编撰史书,形成了一整套史官修史制度。

两宋是知名史家辈出的时代,所著史书在中国史学史上占有重要的地位。其中知名史家及其史学名著有:司马光的《资治通鉴》,

马端临的《文献通考》、王应麟的《玉海》、《困学纪闻》和《汉艺文志考证》、李焘的《续资治通鉴长编》、李心传的《建炎以来系年要录》和《建炎以来朝野杂记》、徐梦莘的《三朝北盟会编》等。此外，陈均著《皇朝编年纲目》、欧阳修著《新五代史》、朱熹著《五朝名臣言行录》、钱若水著《太宗实录》、熊克著《中兴小记》、刘时举著《续宋编年资治通鉴》、李攸著《宋朝事实》、刘敞著《先秦古器图》和《汉书刊误》、黄震著《黄氏日钞》、胡宏著《皇王大纪》、罗泌著《路史》、金履祥《通鉴前编》和《举要》等书，在史学方面也有突出的成就。

两宋时期，各种新史体和新史书的出现，也较前代为多。这也是宋代史学发展的一个重要标志。如袁枢的《通鉴纪事本末》，开创了史书纪事本末体的先河；年谱一体，也是到了宋代才正式成形的。此外，宋代的历史哲学也十分发达，金华学派中的吕祖谦、陈亮，永嘉学派中的陈傅良、叶适等人，都曾提出了独树一帜的历史哲学，对中国史学的发展产生了重要影响。

下面介绍几部最有影响的宋代史学名著。

(一) 司马光及其《资治通鉴》

司马光(1019～1086年)，字君实，陕州夏县(今属山西)人。其学识渊博，除史学外，音乐、律历、天文、术数，无所不通。仁宗宝元初，考中进士甲科，历官直秘阁、开封府推官、天章阁待制兼侍讲知谏院。英宗立，进龙图阁直学士。后官至尚书左仆射，兼门下侍郎。死后追封为温国公。遗著有《司马文正公集》、《稽古录》等。

《资治通鉴》是司马光倾注一生心血主持编撰的我国第一部编年体通史。全书294卷，上起周威烈王二十三年(前403年)韩、赵、魏三家分晋，下至后周世宗显德六年(959年)，记载了从战国到五代1362年的历史。司马光在编撰该书过程中，邀集了当时著名的史学家刘恕、刘攽、范祖禹为主要助手，同心协力，共襄事业。刘恕后来中风偏瘫，呻吟病榻，仍握笔不辍。范祖禹专心修史15年，"不事进取"。司马光居洛阳时，每天秉烛读书至深夜，五更点烛复起著述，结果是"筋骸癯瘁，目视昏近，齿牙无几，神识衰耗"，(《进资治通

第六章 两宋：适时应变 精致内敛

鉴表》)耗尽了心血。他们从收集资料到全书定稿,有一套严谨周密的方法和步骤。全书文字简洁质朴,结构浑然一体,取材丰富,内容翔实,是一部规模空前的编年体通史巨著。《资治通鉴》的主要特点是：第一,记事略古详今,繁简适宜。周纪16年只用五卷篇幅,平均每卷约记30年之事。秦纪平均每卷约记16年之事。自秦汉魏晋以后,记事逐渐增加,入唐以后更为详尽。五代53年的时间,所用篇幅达29卷之多,每卷只记一两年之事,体现了略古详今的特点。第二,《通鉴》记载历代史事,既写其盛,也写其衰；既写明君忠臣,也写昏君奸臣。这在客观上使这部记载"皇帝之家谱"的史书,并不完全是颂帝王之歌。第三,《通鉴》采用《左传》、《汉纪》编年的形式,按年、时、月、日的顺序记叙史事。它将大量分散在纪传体正史和其他书中的材料集中编排,依次叙述,避免了纪传体史书一事复见数篇、前后屡出、断续相离的短处。同时,它又广泛吸收了纪传体史书的长处,充分运用追叙和并叙的方法,对旧有编年体史书的编撰方法加以改进,既扩大了编年体史记事的范围,又弥补了编年体史书以年隔越的弊病。第四,引用史料极为丰富。司马光自称"遍阅旧史,旁采小说,简牍盈积,浩如烟海"。(《进资治通鉴表》)所记一事,往往以三四种资料经过审核鉴别后撰成,具有相当的可靠性。此外,《资治通鉴》还通过《考异》建立了优良的考史方法。

《资治通鉴》成书后,历代研究者众多。其中贡献最大者应推宋末元初学者胡三省所著《资治通鉴音注》一书,注释精详,考核有据,历来有很高的评价。

(二)袁枢与《通鉴纪事本末》

袁枢(1131~1205年),字机仲,建安(今福建建瓯)人。南宋著名史学家。乾道九年(1173年)任明州教授。后奉召至临安(今浙江杭州),历任国史院编修官、大理少卿、工部侍郎等官。

史称袁枢喜读《资治通鉴》,但苦其卷帙浩繁,头绪众多。于是对该书进行改编,区别门目,以类排纂,综括1362年史迹,分隶239目,始于三家分晋,终于周世宗征淮南,每事一篇,自为首尾,分别命名。因不同于《通鉴》原先以年为经的编撰体例,而是以事为主,故名《通鉴纪事本末》。这是我国第一部纪事本末体的历史著作。

我国史籍在宋朝以前,主要是编年、纪传二体。前者以年为经,"或一事而隔越数卷,首尾难稽";后者以人为主,"或一事而复见数篇,宾主莫辩"。各有缺点。纪事本末体"因事命篇,不为常格……文省于纪传,事豁于编年,决断去取,体圆用神",(章学诚《文史通义·书教下》)较编年、纪传二体有其优越之处。因此袁枢所创此体,开创了历史编纂学的新途径,对中国史学的发展,作出了重要贡献。就《通鉴纪事本末》本身而言,其特点在于完全以某些历史事件的发生、发展、结果作为主线采撷史料,分题列目,组织全书。它在集中和综合相关史料后,分事排比,能集中在一篇之中反映历史事件的全过程,确实收到了"文省于纪传,事豁于编年"的效果。《通鉴纪事本末》的又一个特点是其编排史事的灵活性,注意所编历史事件的完整性,而不追求全面描绘整个历史进程,也不过多权衡各个历史事件在整个历史进程中的地位。此外,《通鉴纪事本末》尤其注重"乱世"的历史,对所谓的升平时期,也着重留意其间的"祸乱"。选题的侧重点则是军事、政治、民族关系等内容,而很少注意经济的内容,思想文化方面则一条也没有。由此反映了作者为现实政治服务的史观。在袁枢《通鉴纪事本末》的影响下,明、清二代有不少模拟作品问世。其中重要的有:明冯琦、陈邦瞻的《宋史纪事本末》、陈邦瞻的《元史纪事本末》,清高士奇的《左传纪事本末》、谷应泰的《明史纪事本末》等。

(三)郑樵和《通志》

郑樵(1104~1162年),字渔仲,自号西溪遗民。兴化军莆田(今属福建)人。生当两宋之际,力主抗金。后因其志不得伸,隐居在莆田县西北夹山中30年,著书上千卷。绍兴二十七年(1157年)因王伦、贺允中之荐,得诏对,授迪功郎。以御史叶义问劾,改监潭州南岳庙,结札归抄所著《通志》。书成,入为枢密院编修官。绍兴三十二年(1162年),高宗至建康,命以《通志》进。会病卒,终年59岁。

郑樵在史学方面主张通史而反对断代。他认为："自《春秋》之后，惟《史记》擅制作之规模。不幸班固非其人，遂失会通之旨……自班固以断代为史，无复相因之义，虽有仲尼之圣，亦莫知其损益，会通之道自此失矣！"《通志》一书之作，贯彻了郑樵的"会通"史观。该书共计 200 卷，分为 4 部分：《本纪》18 卷，由三皇到隋；《列传》(包括载记和世家)126 卷，从周至隋；《略》52 卷，自远古迄唐；此外还有《谱》四卷。其中《本纪》、《列传》两部分多承袭前史旧文，不受史家重视。而专讲典章制度的《二十略》，则是全书的精华，为后人所推荐。《二十略》指氏族略、六书略、七音略、职官略、选举略、刑法略、食货略、天文略、地理略、都邑略、礼略、谥略、器服略、乐略、艺文略、校雠略、图谱略、金石略、灾祥略和草木昆虫略。在二十略之中，氏族略、六书略、七音略、都邑略、昆虫草木略五略为旧史所无，尤其是六书略讲文字、七音略讲语音，更是郑樵的首创。二十略包括学术史、制度史、社会史三方面的内容，基本概括了古代文化的各个方面，反映了郑樵在文化史方面的独创精神和恢宏气魄。

五、神韵超然的书画艺术

(一)绘画

宋代仿西蜀和南唐制度，在宫中设立了翰林图画院，征召大批著名画家到画院供职，授以待诏、艺学、画学生、供奉等职。宋徽宗时，画院发展到了鼎盛。凡入画院者，须先经过绘画考试，试题往往是前人的名句，如"踏花归去马蹄香"等。由于朝廷的积极推动，两宋的绘画艺术在唐代的基础上有了很大的发展，其中以人物画、花鸟画和山水画最盛。

宋代人物画名家众多，其中以北宋中叶的李公麟最为著名。李氏博学工诗善画，尤精于画人物山水鞍马等。画作题材广泛，技法较前人有新的突破。特别是将过去只作为壁画粉本的"白画"，加以精炼提高，确立了"白描"在绘画中的独立地位。人物画家中另一位杰出代表是张择端。代表作《清明上河图》以全景式的构图和严谨精细的笔法,描绘了北宋都城汴梁汴河两岸及东角子门内外市区的风貌,画中人群熙攘,商店鳞次栉比,街道纵横交错,反映了宋代商业、运输和社会生活各个方面的内容,不仅是一幅杰出的绘画作品,而且具有很高的历史文献价值。南宋著名的人物画家还有李嵩、刘松年等人。

宋代花鸟画有两大流派,一以后蜀名画家黄荃之子黄居为代表,一以南唐名画家徐熙之孙徐崇嗣为代表。前者笔法工整,富丽堂皇,重彩浓色;后者画法落笔较重,略施丹粉,故时人有"黄家富贵,徐熙野逸"之说。著名的花鸟画家还有赵昌、崔白、易元吉、杨补之、马麟等。

宋代山水画家中,宋初有李成、关仝、范宽三大家。李成善画山水,尤喜作寒林雪景,笔势锋利简洁,有"惜墨如金"之誉。关仝山水学唐末名家荆浩,作品多描绘关中一带风景,尤其喜欢画秋山寒林、村居野渡。笔势简练而气势壮阔,被人誉为"笔愈简而气愈壮,景愈少而意愈长"。范宽的山水画受李成的影响较大,所作之画多描绘关陕地区雄奇壮美的景色。北宋中期著名的山水画家是郭熙,其绘画技法熟练,风格受到李成的影响,作品意境优美,具有强烈的感染力。他的绘画理论思想,集中在由他儿子郭思辑录的《林泉高致集》一书中。这是我国第一部系统完整阐述山水画创作规律的理论著作,在美学发展史上具有重要的意义。南宋山水画家最杰出者,当推马远和夏圭。两人所绘风光,构图别具一格,喜取"一角"、"半边"之景,人谓"残山剩水"。由此马远有"马一角"之称,而夏圭有"夏半边"之号,二人并称"马夏"。

(二)书法

两宋时期,书法的最大特色是盛行行书。这一期间书法名家辈出,而成就最高者为"北宋四大家"——蔡襄、苏轼、黄庭坚和米芾。

蔡襄书学虞世南和颜真卿,并远法晋人。真、草、行、楷诸体,皆称妙品。正楷端正沉着,行书温淳婉媚,代表作有《林禽帖》、《尺牍》和《谢赐御书诗表》等。其草书采用飞白法,风云龙蛇,随手奔腾,世称之为"飞草"。苏轼自称书法仿褚（遂良）、薛（稷）、颜（真卿）、柳（公权）之笔，明董其昌《画禅室随笔》认为苏轼更多取法于刘宋的王僧虔。苏字肉丰骨劲，笔圆韵胜，深得世人好评。代表作有法书大楷《丰乐亭记》、《醉翁亭记》，行书有《西楼帖》、《中山松醪赋》等。黄庭坚书法初以周越为师，后取法颜真卿及怀素，受五代杨凝式影响较深，尤其得力于《瘗鹤铭》，擅行草书；其行楷笔法浑圆，内紧外松，纵横奇倔，气势开张；草书随心所欲，恣肆纵横，自成风格。书迹有《松风阁诗》、《华严疏》、《苏轼寒食诗跋》、《廉颇蔺相如传》、《幽兰赋》等。米芾在徽宗时被诏为书画学博士，曾官礼部员外郎，人称"米南宫"。因其举止颠狂，又有"米颠"之号。诗文有名，书画更精。行书、草书得力于王献之，运笔具奔腾之势，中多飞白，筋雄骨毅，素有"风樯阵马，沉着痛快"之说。行书、草书作品有《苕溪帖诗》、《蜀素帖》、《珊瑚帖》、《草书九帖》等。

北宋著名书法家除四大家外，徽宗赵佶（1082～1135年）也颇有影响。《书史会要》称其"行草正书，笔势劲逸，初学薛稷，变其法度，自号瘦金体"。这种书体精神外露，极其瘦硬，深受书法家的重视。传有真书及草书《千字文卷》等书迹。

南宋书法家中成就较大者为张即之。张氏书法学米芾而参用欧阳询、褚遂良的体势笔法，行楷书注重笔画轻重对比，起落多变而归于平正。代表作有《金刚般若波罗密经》和《李伯嘉墓志》等。

除名家辈出以外，两宋还出现了大量的论书法的专著。其中最著名的是宣和年间敕撰的《宣和书谱》20卷。该书共著录书法家198人，法书1252件。分历代诸帝王书，以及篆、隶、正、行、草、八分、制诰等8门，每门前有序论，并于法书目录前系书家小传及品第风格源流，保存了十分丰富的书法史料。此外，米芾著有《书史》2卷，考订平生所见所闻的历代书法名迹真伪，并叙述其流传渊源和跋尾、装裱、摹拓等情况。曹士冕著有《书法谱系》、姜夔著有《续书谱》、陈槱著有《负暄野录》，也都是两宋论书法之名著。

第四节 教育和科举的普及与开放

一、宋代的官学及"三舍法"的施行

宋代的官学制度基本承袭唐朝。宋初因干戈扰攘之余,百废待兴,学校制度尚不完善。到宋仁宗以后,各级学校基本形成规模。

宋代京师学校皆隶属国子监,共有10类:一是国子学,收七品以上官员弟子入学。二是太学,收八品官以下弟子及庶人子孙之俊异者入学。三是四门学,收八品官以下弟子及庶人子弟入学,该学未几即废。四是宗学,收宗室子弟入学。五是武学,庆历三年(1043年)初设,旋罢。熙宁五年(1072年)复设,生员以百人为额。六是律学,熙宁六年(1073年)设,凡命官、举人皆可入学。七是算学,崇宁三年(1104年)始设,生员以210人为额。凡命官及庶人皆可入学。八是书学,也是崇宁三年所设,习篆、隶、草三体。九是画学,分佛道、人物、山水、鸟兽、花竹、屋木数门。十是医学,学生300人,分方脉、针、疡三科。在以上各类学校中,以国子学和太学最为重要。

地方州县学,在北宋初期较少。这是因为朝廷不允许地方随便立学。州县置学之始在大中祥符二年(1009年),是年朝廷许曲阜光圣庙立学,又赐应天府书院额;景祐四年(1037年),许藩镇立学;庆历四年(1044年)因范仲淹之请,许诸路州军监各自立学,学者200人以上许更置县学,宋代地方书院由此而兴。崇宁年间,因蔡京言,朝廷一度罢科举,取士一由学校,于是州县学更盛。宋代州学例置教授两员。此外,在外侨集中的广州和泉州等地,还设有"蕃学"。

就总体来看,宋代有重科举而轻学校的倾向,所以北宋大臣先后有三次较大规模的兴学活动。一是范仲淹的庆历兴学,二是王安石的元丰兴学,三是徽宗时的蔡京兴学,其中尤以王安石的元丰兴

学最有成效。在元丰兴学过程中,王安石创立了"三舍法",以严格升级考试制度。所谓"三舍法",即分太学为上舍、内舍和外舍,并制定了一套太学生的肄业、考核及出身的章程。在一定年限和条件下,外舍生可以升入内舍,内舍生可以升入上舍。最后按照科举考试法,分别规定其出身并授以官职。绍圣中,科举考试一度废止,专以三舍为取士途径。此外,元丰兴学还对教材作了更新,学生一律使用由王安石亲自改定的《三经新义》(《诗经》、《尚书》、《周官》)。该教材反对繁琐的章句之学,注重义理之学,与以前太学生们所学的教材大相径庭。

二、新型教育组织:书院

私人讲学的书院,最早出现在唐代中后期。宋朝立国后,士大夫们留意文教,热心讲学,书院因此而盛。当时著名的书院有:石鼓书院、岳麓书院、白鹿洞书院、应天府书院、嵩阳书院和茅山书院等。

石鼓书院在今湖南衡阳石鼓山上,原是唐人李宽读书之处。北宋至道年间,李士真就其址重建。

岳麓书院在今长沙岳麓山上。始建于开宝九年(976年),创建者为当时潭州太守朱洞。咸平二年(999年),潭州太守李允则扩大其规模。祥符五年(1012年)因山长周式之请,太守刘师道益广其居。八年,真宗召见周式,拜为国子主簿,使归教授,并依旧名赐额,于是岳麓书院之名闻天下。南宋时,著名理学家朱熹、张栻都曾讲学于此。

白鹿洞书院在今江西庐山五老峰下。原为南唐李善长创立的学馆,时名白鹿国庠。太平兴国三年(978年),因白鹿洞学徒人数众多,朝廷特赐九经。皇祐五年(1053年),学馆进一步扩建。南宋淳熙六年(1179年),朱熹知南康军,再次重修白鹿洞,并手定《白鹿洞学规》,亲自到书院讲学,一时从者如云,这是白鹿洞书院的极盛时期。

应天书院在今河南商丘县故城,原为五代末年戚同文隐居及讲学之处。真宗大中祥符二年(1009年),应天民曹诚就同文旧址,建学舍 150 间,聚书 1500 余卷,学者如云。朝廷特赐额曰"应天府书院"。景祐二年(1035 年),以书院为府学,给学田 10 顷。庆历三年(1043 年),又改府学为南京国子监。

茅山书院在今江苏南京,北宋仁宗时由侯遗所建。

南宋时期的书院较北宋更为发达。著名的书院有 50 余所,分布在苏州、丹阳、徽州、建阳、绍兴、道州、桂州、合州、南京等地。

宋代的书院一般都订有学规,对学生的学习和生活都提出严格的要求。朱熹所订的白鹿洞书院学规,后来成为许多书院学规的范本。书院一般有固定的学田收入作为经费的来源,藏书多为私人捐赠或朝廷颁赐。书院还聘任教学和管理人员,维持日常工作。一般主持人都是名流学者,称"山长"、"洞主"或"堂正"。其下还有副山长、助教、书讲等。宋代书院的教学具有注重学术交流、强调创新、经学与文史并重,以及教学与研究相结合的特点。

三、开放与规范:科举制的完善

隋唐以降,科举制度逐渐成为选拔官吏的主要途径。宋朝开国不久,为广泛吸收知识分子参政,太祖赵匡胤即开科取士,初步奠定了宋朝的科举取士制度。

在宋代的科举制度中,所设考试科目较多。《宋史·选举志》说:"有进士,有诸科,有武举。常选之外,又有制科,有童子举,而进士得人为盛。"除武举稍晚外,其他各科均在北宋之初已恢复起来。

宋朝进士、明经等科考试一般分为州试、省试、殿试三级。州试由通判主持进士科考试,由州之录事参军主持其余各科考试。州试录取者,称"举子"、"贡生",于冬季集中到京城参加由礼部主持的省试。礼部省试举行的正式时间一般要等到来年的春季,主考官由皇帝任命。省试录取后,考生还要通过由皇帝亲自主持的殿试。殿试始于太宗开宝六年(973 年),目的是为了避免唐代以来主考官和考生之间形成的"恩师"与"门生"的关系,防止出现新老官员之间门生故吏的宗派现象。宋太宗时,将殿试录取的进士分为三甲,即赐进士及第、赐进士出身和赐同进士出身三个等级。

宋朝的科举考试,与前代的一些做法有所不同。最主要表现在两个方面:一是取消了"公荐"和"纳公卷"。在唐五代时,知贡举的考官在主持考试时,允许重要大臣举荐考生,叫做"公荐"。这种做法使官僚之间的请托和贿赂之风盛行,考官在取舍时也经常上下其手。唐以来的科举考试中,还规定考生可以将平时所写的诗赋文章先送礼部,以便考官了解情况,此称"纳公卷"。这种做法的本意是将考生平时的作品作为考试选拔时的参考,以免只凭一次考试定考生的终身。但其弊端是容易让考生和考官作弊。因此,建隆三年(962年),宋太祖下令去掉"公荐"制;庆历元年(1041年),宋仁宗又下令取消"纳公卷"制。这是有利于公平选拔人才的。二是创立"糊名"和"誊录"之法。在宋以前,考生试卷上所写的名字和籍贯等项,考官都可以看到,作弊非常方便。太宗淳化三年(992年),因将作监丞陈靖之请,殿试开始"糊名考校"。真宗和仁宗时,考试糊名法逐步推广到省试、州试及其他考试中,由此考试制度日益完善。在糊名之后,为使考官辨认不出考生的字迹,又采用了誊录试卷的方法,即将考生试卷先派人誊抄一遍,再将誊抄的试卷送主考官评阅。真宗大中祥符八年(1015年)设置了誊录院,专管此事。宋代的科举制度为朝廷选拔人才、扩大统治基础以及巩固中央集权发挥了积极的作用。

第五节 科技发展的高峰

一、三大发明的完成

(一)活字印刷术的发明

宋仁宗庆历年间(1041~1048年),布衣毕昇在唐代后期雕版印刷术被广泛应用的基础上,发明了一种更先进的活字印刷术。这种活字印刷术的基本原理与现代铅字排印方法大致相同:先用胶泥刻字,每字一印,用火将它烧坚硬。再设一块铁板,上面均匀敷以由混合松香、蜡、纸灰等配制而成的粘胶物。印刷时,先将一个铁制的框子放在铁板上,在框子中排列胶泥活字,制成一板,再用火烤铁板,等字印底下铁板上的粘胶物逐渐熔化后,随后用另一平板压在字印上。等粘胶物品再次凝固后,字印已压平粘牢,即可上墨印刷。用毕,再用火烤铁板,就可将胶泥活字拆下,毫不玷污。为提高印刷效率,毕昇采用两块铁板交替排版和使用的办法,一板在印刷时,另一板同时排字。为了排字时便利,毕昇还发明了一种能转动的圆形排字盘。字印不用时,装在木格子里,按韵分类,并用标签注明。毕昇所发明的泥活字印刷术,是世界上最早的活字印刷,是印刷史上一项划时代的技术创新,是我国古代劳动人民对世界文明的重大贡献。

(二)指南针的广泛应用

指南针又叫"罗盘针",是利用磁极的物理性来确定方向的工具。我国最早的指南针传说是由黄帝所造的"司南"。北宋时期,人们已经掌握了利用天然磁石进行人工磁化的技术,并用以制造指南针。当时装置磁针的方法有四种:一是将磁针穿在灯心草上浮于水面;二是将磁针放在指甲上;三是将磁针放在碗边;四是用蜡将磁针粘在丝线上挂起来。经过比较,当时著名科学家沈括认为第四种"缕悬法"最为完善。此外,沈括还根据自己亲身观察的结果,发现了磁针所指的方向正南稍偏东的现象。这是世界上关于地磁偏角的最早记载。改进的指南针,在宋代得到普遍的使用。据记载,至迟在北宋末年,人们航海时已经开始使用指南针了。在南宋时,又出现了将指南针安装到刻有度数和方位的圆盘上的罗盘针。它对海上交通的发展和中外经济文化的交流作出了重大贡献。

(三)火药和火器的发展

火药是我国古代的四大发明之一。到宋代,随着采矿、冶金等手工业部门的发展和宋朝与辽、夏、金战争的频繁,火药与火器的制造技术也提高到了一个新的水平。当时北宋的官设手工业中军器监有专制火药的作坊。宋仁宗时,曾公亮、丁度等人奉命编写的《武经总要》中,记载了当时许多火药武器的名称和三种配制火药的方子。这三种火药配方分别是"蒺藜火球火药法"(内含 10 种成分)、"毒药烟球火药法"(内含 13 种成分)和"火炮火药法"(内含 14 种成分)。这是世界上最早的关于火药配方和工艺程序的记载。北宋时利用火药制造了大量的火器,常见的火器名称有火鸡、竹火鹞、铁嘴火鹞、火药鞭箭、霹雳火球、烟球等。到了南宋,还出现了管状的火器。高宗绍兴二年(1132 年),军事技术专家陈规守德安时,将火药装在竹筒内点火喷射,创造了管状火器的鼻祖——火枪。理宗时,宋军和蒙古军在淮河一线作战,寿春府(今安徽寿县)的军民创造了一种名为"突火枪"的火器,这是世界上最早的原始步枪。火器发明后,在两宋时期的战争中被广泛地利用。南宋后期,火药和火器经过中亚而相继传到了欧洲,它们对欧洲的经济和军事发展起到了重大作用,并且还震撼了欧洲的封建政治制度。

二、领先世界水平的医学

宋代的医学,是同时代世界上最发达和最完备的。

宋朝重视医学,政府设有各类医疗机构。宋朝设翰林医官院,掌供皇帝医药及奉诏治疗众疾。又承唐制设太医局,掌管官吏军民疾病的治疗。医院有官设的"太医院",有的州郡(如杭州)也有医院。北宋太医院中设医科,传授医术,有弟子 300 人。分为大方脉、小方脉、风科、眼科、产科、针灸科、金镞科、口齿咽喉科、疮肿科、折伤科九科。

宋代,中国医药学进入一个全面发展的阶段。制药有官设的"药局"。药局中保存了许多经验良方,现在中医眼科通用的"石解夜光丸"就是按药局方所制。沈括和苏轼所收的《苏沈良方》中就有不少是药局的方子。

宋代朝野汇编本草、医方成风。根据《宋史·艺文志》和《崇文总目》等记载,宋代的医学著作有500余种。由此一项,亦可见宋代医学的发达。在众多的本草著作中,首先值得注意的是由北宋名医唐慎微编纂的《政和经史证类备用本草》一书。唐慎微医术精湛,尤其对经方研究有很深的造诣。他利用行医治病的机会,广泛收集资料,于其晚年完成了这部本草学巨著。全书约60余万字,收录药物1700多种。书中除收录了宋以前诸家本草的主要内容外,又采用了古今单方,并结合百家中有关的药物,将本草与医方结合,以方证药,从而使本草学面貌一新。

南宋宁宗时宋慈的《洗冤录》,将医学原理应用于刑法的检验。宋慈(1186～1249年),字惠文,建阳(今福建建阳)人,曾四任提刑。根据多年检验工作的实践,并博览《内恕录》等多种法医学书籍,著《洗冤录》5卷。该书卷一为条令、总述,卷二专述验尸,卷三至卷五专述各种伤、死情况。其内容包括了法医学的各个主要方面,如现场检查、尸体现象、尸体检查、各种死伤鉴别等,涉及生理、解剖、病因、急救等广泛的医学知识。书中提出的迎日隔伞验伤法对骨筋损伤的检验有突出的贡献。有些方法,至今仍有一定的实用价值。《洗冤录》在世界法医学史上占有重要的地位。此书是世界最早的法医学著作,它比欧洲法医学奠基人意大利的 F. 菲德里(FedEli)的《医生的报告》要早350年。可惜《洗冤录》的原本久已失传,明清刊本渗入了无数件作(旧时官府中检验命案死尸的人)的东西,也掺有一些迷信色彩。

宋代的解剖学也有了进一步的发展。当时进行了许多尸体解剖,并描绘成图,其中还有两次解剖的图谱留传下来。仁宗庆历时,吴简曾解剖尸体56具,并绘图传世。针灸术方面,王维一等总结历代经验,铸铜人,按人身体标明穴道,作教习之用。并据此著《铜人肠穴针灸因经》,成为迄今针灸医疗的主要依据。宋人在临床辨症各方面均有新的发展。南宋有陈言著《三因一极病源论》,该书认为人们得病的根源不外是气候变化,中了寒、暑、风湿和瘟疫传染,喜怒哀乐等感情的刺激以及由饮食饥饱所引起。

中医分科日益精细。唐代中医分为医科、针灸科、按摩科等,宋代则有大方脉科、风科、针灸科、小方脉科、眼科、产科、口齿咽喉科、疮肿兼折伤科等九科。比唐代增加一倍以上。

三、宋代的百科全书:《梦溪笔谈》

沈括(1035～1095年),字存中,浙江钱塘(今浙江杭州)人。出身于封建官僚家庭,仁宗嘉祐八年(1063年)考中进士,神宗时曾参加过王安石变法运动。在宋代的政治、经济、军事和外交舞台上,沈括均有所建树。晚年定居润州,筑梦溪园(在今江苏镇江东郊),举平生见闻,撰写了后来闻名于世的《梦溪笔谈》一书。它反映了沈括在自然科学方面的杰出成就。

在天文历法方面,沈括是我国最早提倡阴历的人。他主张改革过去以月圆定月的陈法,改以二十四节气分月,很适合农事的需要。他还从理论上推导出冬至日昼夜一天的长度"百刻而有余",夏至日昼夜一天的长度"不及百刻"的重要结论。熙宁七年(1075年),沈括发明"浑仪"、"浮漏"、"景表"三仪。为了改进这三种观测天文的仪器,他用3个月时间,将极星的初夜、中夜、后夜的位置画了出来,共得图200余幅,并得出北极星距离北极相差3度多的科学结论。在算术方面,沈括创造了"隙积术",即二阶等差级数求总和的算法。另外还发明了"会圆术",即从已知圆的直径和弓形的高度,求弓形的弦和弓形弧长的方法。沈括的这两种算法,在我国数学史上有着重要的贡献。在物理学方面,沈括对指南针的装置进行了比较、改进,还发现了地磁偏角。他指出:"常微偏东,不全南也。"他通过对凸凹镜的观察和实验,得出了光线通过小孔与焦点形成"光束"的光学原理。在化学方面,沈括的《梦溪笔谈》最早记载了"胆水炼铜法"。此外,在地理学、地质学、医学和药物学等方面,沈括也都有很大的贡献。《梦溪笔谈》是沈括一生研究成果的结晶,是我国古代人民科学经验的总结,它是人类文明史上的一朵奇葩。

四、前古建筑技术的总结:《营造法式》

李诫(约1060～1110年),字明仲,郑州管城(今郑州市)人。曾任将作监主簿,主持营建了开封不少规模巨大、华丽精巧的工程,如朱雀门、景龙门、太庙、尚书省、辟雍等,积累了丰富的建筑经验。同时,他十分注意"考究群书",在北宋初年两浙著名的工匠喻皓《木经》(3卷,已佚)的基础上,最终以毕生的精力,出色地完成了《营造法式》这部建筑学巨作的编撰。

《营造法式》共34卷,始编于宋神宗熙宁年间。绍圣四年(1097年)由李诫再次重新编撰,直到宋哲宗元符三年(1100年)才最后完稿,历时30余年。该书分名例、制度、功限料例、图样四部分,其中第一、二卷专门解释建筑学上通用的名词和营建中的人工、木料计算。第三卷到十五卷记载各种建筑方法。因中国古代的建筑在宋代以前以木结构为主,故这部分对木结构的斗拱和梁架结构记载最详细。第十六卷到二十八卷记载各种建筑物的人工和各种材料的计定。第二十九卷到三十四卷绘制了建筑物的各种图样和装饰。它是我国建筑史上最详尽、最全面、最系统的建筑学手册,也是世界上最早最完备的建筑学著作。它的问世,标志着我国古代建筑技术已发展到了相当高的阶段。

五、突飞猛进:陶瓷业的发展

瓷器是我国古代的重大发明之一。发展到宋代,无论是产量还是制作技术,都较前代有了很大的提高。当时烧造瓷器的窑户,遍布全国各地,所造瓷器各具特色。北宋最著名的五大名窑是定窑、汝窑、官窑、哥窑、均窑。

"定窑"是定州窑的简称,窑址在今河北省曲阳县涧磁村、燕山村等地。定窑以白瓷著称,瓷色清白,器薄而轻,造型精巧,有划花、绣花、印花三种。除白瓷之外,定窑红瓷、黑瓷也颇著名。苏轼《试院煎茶》诗有"定州花瓷琢红玉"句,对定窑红瓷十分推许。

汝窑窑址在今河南临汝。瓷色近似"雨过天晴"之天色,是宋代北方烧制青色瓷器的开端。宋代著名学者陆游在《老学庵笔记》中说:徽宗大观年间,"定器不入禁中,惟用汝器"。汝窑的上供品,据载系用玛瑙末为釉烧成,十分珍贵。汝瓷敦厚温润,纹样有蟹爪、冰裂、芝麻花等,而以无纹为最佳。金人入主中原后,汝窑一度停废。

官窑系北宋末年所设,专烧内廷用品,窑址在开封东南之陈留。官瓷土脉细润,胎薄色青,浓淡不一。其中釉色以粉青为上,淡白次之,油灰为下。纹则以冰裂、鳝血为上,梅花片墨纹次之,细碎纹为下。

哥窑以章氏兄弟两人之兄章生一命名,窑址在今浙江龙泉。兴于五代末年,后逐渐取代了越窑。哥窑的"百圾碎"皆浅白断文,冠绝当世。另弟窑章生二所烧之瓷晶莹剔透,犹如美玉,也与哥窑瓷器齐名。

均窑窑址在今河南禹县。它是北宋末年继汝窑而起的一处大型彩色瓷窑,釉色种类较多。有兔丝纹、火焰青,"红如燕支(胭脂),青若葱翠,紫若墨黑",而色纯不杂者为上品。

除五大名窑外,北宋有名的瓷窑还有陕西的耀州窑,河北的磁州窑,河南的唐州窑、邓州窑,安徽的宿州窑、泗州窑等。这些瓷窑的产品种类丰富,从生活用品到工艺性的玩具、文具等,一应俱全。宋瓷不仅是生活日用品,而且是精美的工艺品。

南宋的制瓷业在北宋的基础上有了进一步的发展。有的大窑占地数十亩,高20米。北方的一些官瓷因宋室的南迁也移到了南方,如临安凤凰山下的修内司官窑,所烧瓷器"极其精制,釉色亦莹澈,为当时所珍"。景德镇的制瓷业,在南宋发展更快。景德镇之瓷在当时有"饶玉"之称。另外,浙江所产传统青瓷,仍为当时上品。宋瓷在当时曾大量运销海外。《萍州可谈》记载,宋代商船出海,"货多陶器(即瓷器),大小相套无少隙地"。这说明在海外贸易中,瓷器是宋朝主要的输出商品之一。

第六节　宋人的风俗习惯

一、宋代的章服和民间衣着

宋代的服饰，基本上承袭了唐代封建等级的服饰制度，对皇帝、太子、宗室、品官、士庶、军兵等各种各样服饰的式样、颜色以及附加装饰品等都作了进一步的具体规定，以求显示各种人物的不同身份。《宋史》记载，北宋初期君臣服饰较为简朴，北宋末年日趋奢靡。靖康之难，宋室南渡杭州之初，又恢复了简朴的传统。

宋代品官服饰分为朝服、常服与祭服和时服四大类，视不同场合、仪式，须穿不同的衣裳，这是古代官员服饰的基本特点。朝服，是朝会所穿的官服或礼服，视品秩高低而不同。朝服的式样、颜色是品官等级的标志之一。一般来说，上身用朱色，下身系朱裳，即穿绯色的袍与裙。里面衬以白花罗的中单禅衣，束以罗大带；腰挂玉剑、玉佩、锦绶，著白绫袜和黑皮屦。常服，即品官平时所穿戴的衣冠服饰，相对说来，较为随意，宋人又称"省服"、"公服"，也以不同颜色区分品官的高低。祭服，是朝廷举行各种祭天地、祭祖先时穿的服饰，品秩高低也有差异。由此可见，服饰已成为宋代官品高低的标志。时服，宋代每逢端午与十月一日分别赐百官过夏、过冬的衣服。

关于宋代官服总的特点，《宋史·舆服志》有简要记述："朝服：一曰进贤冠，二曰貂蝉冠，三曰獬豸冠，皆朱衣朱裳。"《宋史》指出穿官服时须配戴进贤、貂蝉、獬豸三种冠。貂蝉冠，又叫"笼巾"。是宋代达官显贵所戴的冠帽。用藤丝织成，外涂上的二片，饰以银，前有银花，上缀以黄金附蝉，左右各为三小蝉、御玉鼻，左插貂尾、故名为"貂尾笼巾"。进贤冠，第一等七梁冠，也加貂蝉笼巾、貂鼠尾、立笔。

《后汉书·舆服志》说貂蝉冠始于战国赵武灵王效胡服,金珰首饰,前插貂尾,为官员冠饰。秦灭赵国,赐于近臣。汉时为武官饰,隋赐近臣,以示宠耀。獬豸冠,为进贤冠之一,冠高五寸左右,其梁上刻木为獬豸角,碧粉涂之。冠之梁数多少由官品而定。獬豸冠是法冠,秦汉时御史所戴,唐宋承之,相传獬豸是一种神羊,仅有一角,形如麒麟,它能分辨曲直是非。官品不同,冠顶一角的质料也不同,分别用金、犀牛角、羚羊角等制作。

《宋史·舆服志》谈及宋与隋唐官品不同时说:"隋唐冠服皆以品为定,盖其时官与品轻重相准故也。今之令式,尚或用品,虽因袭旧文,然以官言之,颇为舛谬。"因此,元丰官制改革时,统一分官为七等,以梁多者官位高,少者官位低。

宋代的低级胥吏、从事农工商的百姓及艺人穿戴的服饰与品官服饰大有区别,受到很大限制。宋代朝廷规定一般人衣服颜色"只许服皂、白衣";幞头巾子,高不得超过二寸五分。宋人记载:太平兴国(976～984年)中,大臣李昉曾建议:"举人听服皂,公吏、工商、伎术,通服皂、白二色。至道(995～997年)中,弛其禁令,胥吏宽衫,与军伍窄衣,皆服紫。"景祐三年(1036年)朝廷又诏令:"臣庶之家,毋得采捕鹿胎制造冠子。"天圣三年(1025年),仁宗诏令:在京士庶,不得衣黑褐地白花衣服,并蓝、黄、紫地撮晕花样;妇女不得将白色、褐色毛段(缎)并淡褐色匹帛制造衣服,令开封府十日断绝。宋代士庶百姓与低级公吏及一般士大夫等的服装样式,男子主要有深衣、紫衫、凉衫、帽衫、襕衫等几种。深衣,用白细布所制,其上衣与裳(裙)可连的服饰,为士大夫家冠婚、祭祀、宴居、交际服饰。紫衫,短窄色紫而名,是一种前后有衩,无袖头而又较短的衫式,便于戎事。紫衫在宋时为军校服,南宋文官也服紫衫。帽衫包括帽与衫两种,帽用乌纱,衫用宽皂罗,配套而成。这是北宋开封府士大夫交际时常穿的服装。宋代妇女日常衣裳,上身大多是穿袄、襦、衫、背子、半臂等,下身束裙子、裤。两宋都城妇女的服饰是相当华丽奢侈的。相对说来,比男子服饰式样花色多。乾德三年(965年)太祖规定:

品官妻子的服色皆从夫之服色,庶民之家不得服绫缣五色华衣。

当时的衣料,多为罗、纱、锦、绫、绢等,棉布不普遍,毛织物也不多见。

二、饮食起居

我国饮食,源远流长。以五谷为主食,以蔬菜、鱼肉为副食的独特饮食结构,形成于秦汉,发展于唐宋。两宋的300多年是我国古代饮食史上承前启后的重要阶段。两宋的饮食品种和烹饪技术均超过了唐代。

宋代的主食品种有饭、粥、面食及糕点等几大类。在继承隋唐的基础上,饭与粥的品种大大增多,烹饪技术也逐渐提高,基本适应了宋代城乡居民的需要。两宋时期,饭的品种增多,配料奇巧精美,尤其是利用多种原料合在一起的精制饭品更具特色,有盘游饭、红饭、蟠桃饭等。盘游饭又名"团油饭",是唐宋时期流行于岭南地区(今广东、海南一带)的风味饭品。据唐代段公路《北户录》载,它是用煎虾、炙鱼、鸡、鹅、猪羊肉灌肠等配料,用姜、桂、盐、豉为调味,与饭一起合成的一种饭,是富家女子做产妇时的营养食物。红饭是由大麦、杂小豆合制的饭。蟠桃饭是一种以桃肉和稻米煮成的特殊饭品,在两宋桃乡较为流行。

粥,相传是黄帝创始。据宋代文献《太平圣惠方》、《圣济总录》、《养老奉亲书》三书的记载,食疗之粥品多达306种。北宋文人张耒撰写了《粥记》的专文,盛赞食粥的好处。粥在宋代也成为供奉佛祖的虔诚食品。

两宋面食品种繁多,制作技术日益精细,而且还出现专门的面食店。不仅北方人常食,在南方也逐渐被推广成为最常见的点心食品。面食品种大大增多,有面条、馄饨、包子、馒头、饼等。两宋菜肴与唐代相比大有进步:不仅品种多,而且讲究色、香、味、形。

从两宋300余年的烹饪史来看,宋代经济的繁荣,为饮食发展提供了良好的物质基础;都城饮食市场的形成,有利于烹饪技艺的日益提高;多种饮食著作的刊印,促进了烹饪经验的总结与交流;许多佳肴名点经过劳动人民的改进,成为今天著名的传统食品,在我国独特的烹饪技艺中占有重要的地位。

三、岁时节令

我国四时节日,大致形成于汉代,经魏晋南北朝民族风俗的大融合至唐宋而定型。节日的庆祝活动丰富多彩,形式多种多样,反映了我国宋代封建社会高度发展。

元旦,新一年的开端,是古代最大的节日。宋代亦然。"正月朔日,谓之元旦,俗呼为新年。一岁节序,此为之首"(《梦粱录》卷一)。北宋政治家王安石在《元日》诗中描述道:"爆竹声中一岁除,春风送暖入屠苏。千门万户曈曈日,总把新桃换旧符。"从除夕夜到元旦开门,均要放爆竹。放爆竹之俗,始见汉代东方朔《神异经》的记载。宋代发明火药后,改用厚纸包裹火药,制成"爆仗"。全部用红纸制作,燃放后,红纸片遍地散满,寓意求吉利。爆仗一声响,不仅能赶走邪恶,而且增加了节日的热闹气氛。

正月初十为立春,北宋汴京与南宋临安的风俗差不多,主要有鞭打春牛,表示迎接春天到来之意,故称"鞭春"。

正月十五为元宵节,又名上元节,这是道教的节日。大约始于汉代,初有祭门神、招蚕种、迎紫姑等习俗。唐代时,灯节为3日。宋初延长为5日。宋代皇帝多强调元宵节"与民同乐",举行张灯、观灯活动。元宵节灯品种繁多,样式多变,可谓琳琅满目。

寒食与清明,原为两节日,因时间相近,唐宋时,逐渐合二为一。关于寒食节,说法有两种,两者在时间上相差一天。一种说法为冬至以后105天。《荆楚岁时记》说"即有疾风甚雨,谓之寒食",故古人称为"百五节"。第二种说法是"去冬至一百四日,即清明节前日为寒食节"(《岁时杂记》)。关于寒食节的由来,《后汉书·周举传》记载:春秋时晋国介子推辅佐重耳(晋文公)回国后,隐于山中不仕,晋文公烧山逼他出来,介子推抱树烧死。晋文公为纪念他,在介子推死日禁火煮食,只吃冷食,后人称为"寒食节"。寒食节前,宋人有家家折柳插门的习俗,江淮之间尤盛。因寒食禁火,只好节前储备食品,节日到时冷食。各地习俗不一,冷食品种略同。寒食、冬至与元旦为宋代三大节。寒食的第三天,是古代节气之一清明。古人认为"万物生长此时,皆清洁而明净",故称为"清明"。据《癸辛杂识》记载,清明节,南宋太学生放假三日,武学(军事学校)放假一日。清明节主要有钻木取火、扫墓祭祖、举行冠礼以及打秋千等活动。

端午节,据宋人《岁时杂记》记载,汴京人称五月初一为端一,初二为端二,依次以至五,谓之端五。端是开端之意,五与午通用,故称"端午"。这一天不仅是纪念爱国诗人屈原的日子,而且是驱逐瘟神的节日。端午这一天,节日活动内容丰富多彩,如包粽子、饮雄黄酒、写端午贴词、挂占命缕等。五月气候炎热,是百病丛生的节气,因此有辟邪驱病之俗,如悬插菖蒲、艾草等。菖蒲挂在门楣上,像一把锋利的宝剑,鬼就不敢登门骚扰了。亲友之间,多以辟邪之物作为礼品互相赠送。僧、道中人也以经竹筒、辟邪符袋分送施主。而医家则以香囊、雄黄等馈送有交往的顾主,以祝贺节日。

中秋在夏历八月十五日,正是"三秋恰半",故名"中秋"。中秋节有赏月、赏桂、观潮、插茱萸等习俗。宋太宗时把中秋与新年、端午列为三大节日。八月中秋,云雾稀少,月亮最为皎洁、明亮。两宋赏月之风盛行,祭月食品有石榴、梨、栗、枣与饼等。

重阳节在九月九日,登高、插茱萸、赏菊花、吃重阳糕等风俗,从秦汉以来逐渐形成,至宋代仍然兴盛。中秋与重阳均是秋天的重大节日,两宋的民俗尤为注重。

冬至与除夕是我国最古老的节令,"冬至十一月之中气也。言冬至得极也,太阴之气,上干于阳;太阳之气,下极于地;寒气已极,故曰冬至。"(《岁时广记·冬至》)两宋的都城,把"冬至"节日,视为"小过年",成为最重要的节日之一。节日活动有"祭天"扫屋宇等。饮食有稀豆粥等。除夕是十二月最后一天,古人说是"月穷岁尽之日"。这一天正是辞旧迎新之日,他们希望这一夜驱除疫病恶鬼,迎来新年的喜庆丰收,故名"除夜"、"除夕"、"除日"。正如古人所说:"一夜连两岁,五更分二年。"这一天,活动内容丰富,主要有贴桃符、守岁夜等,其目的是辞旧迎新、驱恶迎善。

第七节 对外文化交流

一、与朝鲜、日本的交流

两宋时期,中国和朝鲜、日本的交流继续发展。

北宋建立后和高丽关系密切。高丽屡次向北宋遣使,并派遣留学生来中国学习。高丽王朝自上至下所受的正式教育,都以儒家经典为教材。国王一般都定期举行祭孔典礼。北宋末年,高丽派遣进士权适等五人至宋太学学习,后经徽宗亲试于集英殿,权适被授中华之籍贯,其余四人,也均赐"上舍及第"。另外,宋和高丽之间书籍的交流是经常性的。宋商把有价值的书籍带到高丽,高丽朝廷往往予以厚赏。北宋也经常向高丽赠送书籍等物品。早在淳化二年(991年),宋政府就将《大藏经》送给高丽,以后陆续送给高丽《史记》、《汉书》、《后汉书》、《册府元龟》等史书。宋帝赠送给高丽王的书籍,内容涉及面很广。在艺术领域,宋与高丽双方的交流也很频繁,高丽是唯一传入中国古典大晟乐的国家,其传入在宋徽宗政和四年(1115年)。高丽青瓷受到了宋越州瓷的影响。活字印刷术在13世纪传入高丽,受毕昇胶泥活字的启发,高丽发明了金属活字。两国的贸易往来也非常频繁,特别是民间贸易非常兴盛。山东、福建、两浙的港口多有来往船只。

从五代、北宋直到清代鸦片战争前夕,尽管这一时期日本走上了与中国不同的发展道路,但中日仍有许多共同点,中国文化对日本列岛的影响一直存在并占有极其重要的地位。南宋乾道三年

(1167年),日本平氏执政,通过双方僧侣、商贾的互相往来,迎来了中日文化交流的新高潮。此后,在学术方面,宋明程朱理学、清乾嘉考据学都在日本扎根,深刻地影响了一大批维新志士和国学家。佛教方面,根据中国佛经创立的日本净土宗,信徒很多,而中国的禅宗因为适合日本民族刻苦自励、淡泊宁静的性格,所以在日本也备受欢迎。中国书籍不断传入日本,给日本文化发展带来了深刻影响。日本僧荣西将茶种带回国,并积极宣传茶的作用,推广种茶。至于在绘画、建筑以及陶瓷的烧制方面,中国对日本的影响也非常明显。

二、与东南亚、南亚诸国的交流

宋代中国和东南亚、南亚的许多国家都有贸易往来和文化的交流,这些国家主要有柬埔寨、印度、尼泊尔、越南、缅甸、菲律宾和马来西亚等。

宋代中越两国贸易有"大纲"和"小纲"两种。大纲是在朝贡形式下的官方贸易,小纲是在两国接壤地方的民间贸易。终宋元之世,交趾的朝贡次数在50次以上,在东南亚地区首屈一指。中柬两国的朝贡贸易,早期贡品仅限于珍禽异兽、琉璃宝玩和香料、佛像等,回赐品大多为绸绫等物。当时广东钦州既是两国使节的出入地,又是两国的贸易中心。在民间贸易上,北宋时柬埔寨商船同中国的贸易主要在交州、广州进行,南宋后则在泉州进行。邕州右江永平寨也是中柬民间货物的重要集散地。南宋通过海道与交趾和占城进行市舶贸易,中国商船曾到达越南当时的重要港口云屯(今广宁省锦普)。民间富商进行贸易,或以蜀锦与交趾香料互换,动辄值数千缗。由唐到明,柬埔寨供给中国的主要商品有象牙、香料、黄蜡、生丝等。此外还有火齐珠、蔷薇露、佛像、甘蔗、胡椒、抱香履等,甚至还有乐工、白头人、象奴、番奴等。中国供给柬埔寨的商品则有金银、瓷器、锦、凉伞、皮鼓、酒、糖等物。当时柬埔寨贵族的仪仗用伞,都是用中国红绢制成的。在音乐方面,宋代曾在越南找到中国已经失传的杖鼓曲《黄帝炎》。越南陈朝时,乐歌有《庄周梦蝶》、《白乐天母别子》等,乐器有琵琶、一弦等,都是从中国传去的。后黎朝太宗御用音乐,也是参照中国音乐制定的。此外,在历法、建筑、医药、手工艺、文学、史学、科举、官制、种植、珠算、数学等方面,越南无一不受中国文化深刻影响。同时,越南人民对中国文化的发展也作出了巨大的贡献,如北宋真宗时,从越南传入的占城稻,不仅迅速推广于福建、两浙、江淮一带,还传播到北方。又如越南的造纸、丝织、火器制造、建筑、造船技术,虽说皆源自中国,但对中国也有反向的影响。

北宋嘉祐二年(1057年),缅甸蒲甘王阿奴律陀占领了地处东西方海上要塞的直通和丹那林沙沿海地区,开始以海路为主,同中国开展海上贸易。宋徽宗崇宁五年(1106年),蒲甘第一次正式遣使入宋,走的是海路。南宋绍兴六年(1136年),蒲甘第二次遣使由陆路入宋,进表两匣、金藤织两个、金银书《金刚经》3卷等。宋廷计价优与回赐。蒲甘同中国大理地方政权,关系也很密切。早在阿奴律陀王时期,蒲甘王就曾亲去大理,得大理国王赠送一尊碧玉佛像,一直把它当作圣物供奉在蒲甘王宫里。蒲甘和宋廷之间的交往,大多是通过大理来进行的。蒲甘献给大理的,有犀象、香药,向大理索求的,则有经籍药书等。在蒲甘的出土文物中,有汉文的碑铭等。蒲甘时期,还建造了中国式的佛塔,留下了酷似中国唐、宋人作品的壁画。

宋初曾模仿唐朝派遣僧人赴印取经,招揽天竺和尚,建立译经院和印经院。但自仁宗宝元二年(1039年)最后一次派和尚西行求法之后,宗教渠道就永远失去了其优势。在印度,婆罗门教日益兴盛,伊斯兰教传入,佛教逐渐式微。由此,主要通过佛教而进行的中印文化交流就不再出现,海上交通转而日益昌盛。宋代市舶司专管对外贸易。印度的很多小国都和中国有贸易关系。13世纪中叶,中国有不少人留居南印度。当时印度的故临(今奎隆)是海运枢纽,是中国同大食交通必不可少的中转站。

宋代,中尼的交往持续不断。西藏阿里地区的漾绒巴胜慧曾赴尼,回藏后复兴了律学。拉朵地区的卓弥释迦智先后在尼泊尔和印度学习13年,回西藏后创萨迦派。

三、与阿拉伯世界、非洲诸国的交流

两宋时期,中国和阿拉伯国家关系有了进一步发展。

从唐代到宋代,东非的象牙、犀角、香料,陆续流入中国。中国人民不仅利用象牙制作多种器皿,而且还制造出精美绝伦的牙雕工艺。非洲象牙及牙雕技术的传入对中国古代牙雕工艺取得辉煌的成就,起了相当重要的作用。

两宋时期,中国的丝绸继续对非洲起着重要作用。而比起丝绸来,中国陶瓷对非洲的影响大有后来居上之势。瓷器自唐代开始输入非洲后便深深进入了非洲广大地区各阶层人民的生活中,甚至影响了他们的建筑风格。利用中国瓷器作为建筑物的装饰品,成为中世纪东非沿海地区的一种特有的风俗习惯。今天,在非洲许多地方仍可以发现我国宋代的瓷器和瓷器的碎片。

大食一些舶主经常代表国主向宋廷馈赠大批礼物。从宋太祖开宝元年(968年)到南宋孝宗乾道四年(1168年)的200年间,以诃黎佛(即哈里发)等名义来华贡献的有49次之多。宋代对大食商人采取较为宽厚的政策,如其同类相犯,多由蕃长处理。大食有许多人在中国留居,神宗熙宁五年(1072年),阿拉伯勿巡(阿曼)人卒押陀罗曾请求出资助修广州城壁。他还曾被封为归德将军。很多大食人因久居中国或通晓中国事务而获得了"中国"这一附名。如著名的圣训学家阿卜·阿姆尔·哈米德被称为"中国的哈米德"。来华的大食人人数既多,每遇伊斯兰节日则需有会场或代用的建筑物,12世纪以来,广州、泉州、扬州等地所建清真寺不下六七座。此外,泉州还有蕃商的公墓。

第七章

辽夏金元：冲突震荡　汇聚交融

辽夏金元在我国历史上是一个特殊的时期。朔方草原的游牧民族对中原农耕世界发动了一次异常剧烈的撞击。契丹、党项、羌、女真、蒙古相继建立政权，这四个朝代共统治了450多年。13世纪初叶，蒙古族统一了全国，建立了中国历史上第一个由草原游牧民族统治的疆域空前辽阔的大帝国。

这四个朝代的统治者都是少数民族，他们长期生活在北方边陲，形成了自己特有的草原文化。这与传统的中原文化存在着很大的差异。因此辽夏金元时期文化的基本特征即表现为，游牧民族的草原文化与中原文化的和光同尘与互相杂糅。先进的文化必然会融合落后的文化，且必然会带动落后的文化向前发展。少数民族的传统文化与汉文化的交融，促进了这一时期经济文化的发展。最终形成了以汉文化为核心的多样性文化，中华文化在互相交融的过程中，展示出了海纳百川的大度和生机勃勃的活力。

第一节　制度文化的震荡和更新

一、军事上的征服与文化上的被征服

游牧民族以其锐不可当的铁蹄横扫整个中原大地,所向披靡,然而这种政治上、军事上的冲突恰恰促进了各民族之间文化上更为深刻的交融。辽金元的统治者们在踏上中原土地的那一刻起就已经陷入了这种文化上的交融之中,不知不觉间就步入了另一种被征服的轨道。

辽、金的统治者都将儒家文化作为发展本朝政治文化的主导思想。辽建国后不久,其开国者耶律阿保机和诸大臣展开了一场讨论,史籍记载:"太祖问侍臣曰:'受命之君,当事天敬神。有大功德者,朕欲祀之,何先?'皆以佛对。太祖曰:'佛非中国教。'倍(耶律倍)曰:'孔子大圣,万世所尊,宜先。'太祖大悦,即建孔子庙,诏皇太子春秋释奠。"(《辽史·义宗耶律倍传》)这则史料说明阿保机欣然接受了耶律倍将儒学放在第一位的建议,而没有理睬众人的"皆以佛对",从而确立了儒学在辽朝的地位。此后这个主导思想一直为辽历代统治者所遵循。在统治者的大力倡导下,汉文化渗透到辽代社会的各阶层,被广泛地吸收与移植。当时中原的诗在辽国大受欢迎,苏轼、李白、白居易、陶渊明等著名的汉族诗人为辽人所熟悉和喜爱,辽代君主亦"雅好词翰,咸通音律,文学之臣皆淹风雅"(沈德潜《辽诗话·序》)。

辽朝灭亡后,女真人在北方建立起金国。入主中原之后,金统治者也建立了以汉文化为主干的文化结构。金太祖在对辽、宋的战争中特别注意对文物典籍的保护和搜寻,他们还采取强硬手段从南方掠去大量的士和艺人,尽管手段粗暴,但是对加快女真文化的封

建化进程意义重大。汉族的制度文化、教育科举、文学艺术都是金人强烈渴求与学习的内容。在文化的主导思想上,金人亦尊崇儒家文化。金熙宗在位时曾亲祭孔庙,"款谒先圣,北面如弟子礼"(《金史·世宗纪》),体现了金国统治者以儒为尊的意向。

相对于契丹和女真,蒙古人"汉化"的道路走得要艰难一些。蒙古地处北亚,与突厥系民族一脉相通,长期以来受西域文化的影响非常深,蒙古族的盖世英雄成吉思汗就比较亲近于畏兀儿文化,对中原文化比较陌生甚至排斥。他一生征战无数,一直将他在漠北的游牧宫帐作为大后方,对已经占领了的中原地区并无兴趣,只是用西域人以西域法或蒙古法加以治理。例如窝阔台时,蒙古大臣别迭等人就主张"汉人无补于国,可悉空其人以为牧地"。尽管一向为成吉思汗所欣赏的汉化契丹贵族耶律楚材极力反对用西域法治理汉地,但终究势单力薄,孤掌难鸣。

直到忽必烈建立元朝后,这种情况才开始扭转。在成吉思汗一系的众多亲王中,有的远离中原,有的一直在蒙古本土,因而都不可能对中原文化产生爱慕,只有忽必烈一人对汉文化采取了接受的态度,因而他的身边聚结了大批儒生,并不断向其进言施行"汉法"。至元元年(1264年)徐世隆进言:"陛下帝中国,当行中国事。"(《元史·徐世隆传》)至元二年(1265年)汉族著名的理学家许衡上疏:"考之前代,北方之有中夏者,必行汉法乃可长久。故后魏、辽、金,历年最多。他不能者,皆乱亡相继,史册具载,昭然可考。使国家而居朔漠,则无事论此也。今日之治,非此悉宜?"(《元史·许衡传》)在儒生士大夫们的劝说下,再加上当时蒙古已经统治了中原地区,为了加强中央集权,巩固统治,忽必烈改革旧俗,大量任用汉人,采用汉法。这里所谓的"汉法",包括一整套先进的生产方式和与之相适应的上层建筑。汉法的采用加速了蒙古的封建化进程,也得到了汉族地主的支持。

在农耕世界的包围下,游牧民族的汉化是一个必然趋势,尽管各族统治者并非心甘情愿放弃本族的传统,但在这种切肤彻骨的文化交融中,军事上的征服者最终成为了文化上的被征服者。汉民族也因此更加生机勃勃。

二、官以类分:辽、金、元的官制

在辽的统治范围内,有从事农耕的汉人和渤海人,也有从事游牧的契丹、蒙古、回鹘、女真等族人。因此,根据这种两元化的经济和民族结构,辽的统治者设立了南、北面官两大系统。南面官用汉官管理汉人,几乎没有实际权力;北面官用辽官管理契丹人,是实际执掌权力者,"北面治宫帐、部族、属国之政,南面治汉人州县租赋、军马之事"(《辽史·百官志序》)。北面官设有北、南枢密院,长官有枢密使、知枢密院事等。北枢密院掌管全国军政,南枢密院掌管选拔、丁赋等事。枢密院下设有北、南宰相府(虽然有北南之分,但他们都是北面官),北面宰相例由皇族耶律氏或后族萧氏所把持,是大权在握的最高官职。此外还有北、南大王院、宣徽院、敌烈麻都司、夷离毕院等。南面官多仿效唐制设有三省六部,各台、院、寺、监、卫等官,多用汉人担任。地方实行州、县两级制,州级长官为节度使,县级长官为县令。

西夏官制仿效宋制,官号有汉名和蕃名两种。汉名官号有枢密使、三司使、御使大夫等。蕃名官号有宁令、丁卢、祖儒、枢铭、领卢、春约、祝能、令能、昂聂、吕尼等等。其地方机构亦分州、县两级,州设刺史,县设县令,各级官员都是蕃、汉人杂用。

金代不设中书、门下两省,最高的权力机构是尚书省,长官尚书令即是宰相,例由皇族担任。其次设左右丞相、平章政事和左右参知政事。六部长官为尚书。枢密院长官为都元帅。此外还有大宗正府、御史台、国子监、谏院、诸寺、监。地方机构设有路、府、州、县。路设转运司、按察司,长官为转运使、按察使,府的长官为府尹,州的长官为刺史,县的长官为县令。

元代的中枢权力集中在中书省、枢密院和御史台。《元史·百官》对当时的职官制度有这样的记载:"其总政务者曰中书省,秉兵柄者曰枢密院,司黜陟者曰御史台。体统既立,其次在内者则有寺、有监、有卫、有府;在外者则有行省、有行台、有宣慰司、有廉访司。其牧民者则曰路、曰府、曰州、曰县。官有常职,位有常员,其长则蒙古人为之,而汉人、南人贰焉。"这段记载十分详细地介绍了元代的官制。

元代在中央设中书省总理全国事务,枢密院掌管军事,御史台负责监察。中书省的长官为中书令,定由皇族成员担任,是虚职,实权掌握在其下的左右丞相手中,左右丞相以右为上,必以蒙古人充任。枢密院是全国最高的军事机构,枢密使也是由皇族成员担任,亦是虚职,实权通常由枢密院副使把持。御史台是全国最高的监察机构,长官为御史大夫和御史中丞,下设殿中司和察院。

元代在地方上设立行中书省,简称"行省",长官为丞相,掌管全省军政大事。元世祖时全国设立了10个行省,即岭北、辽阳、河南、陕西、四川、甘肃、云南、江浙、江西、湖广。行省制度的确立是我国政治制度史上的一次重大变革,它从政治上巩固了国家的统一,使中央集权在行政体制上得到了保障。行省下又设有四级行政机构:路、府、州、县。路级长官为达鲁花赤,由蒙古人来担任;府州县级长官分别为知府、知州、知县,一般由汉人担任,但也有由蒙古人担任的。

三、原始遗风:辽、金、元兵制

辽金元之初都实行部落兵制,原始色彩浓郁。辽初兴起时,其御帐亲军、宫卫军、大首领部族军等都是以部族为基础。契丹法规规定,凡男子在15岁到50岁之间的,都要隶属兵籍,计正兵一人,马三匹,打草谷、守营铺,家丁各一人,实行全民皆兵,实际上也就是生产战争一元化、兵民不分的制度。

金代原为女真部落,其兵制也是如此,出则为兵,入则为民,战时各部落男人一起出征,打完仗以后,再回到原来各自的部落继续从事正常的生产和生活,将领就是部落的首领,也就是"猛安谋克"

制。部落首领"孛堇"在出征时就兼为军队的"谋克",也就是百户长的意思,下辖300户,十"谋克"为一"猛安",相当于千户长,这是女真族最基层的军事制度。猛安之上有军帅,军帅之上有万户长,万户之上有都统,都统之上有都元帅,是最高的军事长官。金朝在灭宋入主中原之后,补充了宋兵,因而也就兼用了北宋的兵制。

元朝初期也是实行部落兵制——"那可儿"制。"那可儿"意即帐下亲兵,蒙古法规规定,凡男子在15到70岁之间的一律有服兵役的义务,而且也是出则战、入则耕的兵民合一制。忽必烈入主中原之后,吞并许多他族兵丁,形成蒙古军、探马赤军、汉军、新附军四个兵种。探马赤军是蒙古灭金时组成的以蒙古人为主体,包括色目、汉人在内的一支先锋军。汉军是以中原汉人为主,经过整编而成的。新附军是南宋灭亡后改编而成的。其中蒙古军和探马赤军是主干。随着军事力量的强大和兵种的复杂,忽必烈实行了军民异籍、军民分治的政策,改变了以往那种兵民一体的状况,使军职不得干预民事。元中央设中、前、后、左、右五卫,统领诸军,每军设亲军都指挥使、副使,下设千户、百户、牌头。这些官职虽然都是世袭,但军队的调遣、军官的任命,都由军事机构枢密院直接掌控,这样做既打击了割据势力,又保障了政治上的统一。

四、元朝的民族歧视政策

元朝统治者为了保障蒙古贵族的特权,建国初就开始实行民族歧视和压迫政策。当时全国有四等人:第一等是蒙古人;第二等是色目人,包括我国西北地区各族和从中亚、东欧来到中国的人;第三等是汉人,指原来金统治下的汉人和女真、契丹、渤海、高丽等族人;第四等是南人,指南宋灭亡后南方的汉人和西南各少数民族。这四等人在政治、经济各方面所受的待遇有很大的差异。

元朝法律规定这四等人犯了罪,分属不同的机构审理,蒙古人殴打汉人,汉人只能申诉,不能还手,而蒙古人失手打死汉人,只需为其出一份安葬费即可。汉人、南人不准集体聚会,不准私持武器。

在政府机构里,正职永远都是由蒙古人充任,掌握实权,而汉人和南人只能充当副职。即使在地方上,为了严防汉人,各路都设有蒙古人担任的达鲁花赤,职权在汉人担任的总管和同知之上。在缴纳赋税方面也是按照等级征收。

另外,元朝的科举制度也鲜明地体现了这种民族歧视政策。世祖即位之初,汉人官员就不断建议实行科举取士,但是当时国家的重要官职都是由蒙古和色目贵族来担任,是否实行科举,对他们并无多大意义。所以这个建议一直悬而未决。直到仁宗年间才正式实行,这一拖就是40余年。元朝的科举三年一次,分为乡试、会试和殿试,每级考试,蒙古、色目人都会与汉人、南人分开考,而且在乡试和会试时,蒙古和色目人只考两场,汉人和南人却要考三场。殿试的时候,虽然都是考策问一道,但蒙古、色目人500字即可,汉人、南人却要在千字以上。在发榜时,蒙古人和色目人为一榜,称"右榜"(蒙古人以右为上),汉人和南人另为一榜,称"左榜",较之右榜低一级。蒙古人通过科举考试步入仕途者,一经任用就是从六品,而色目、汉人、南人依次递降一级。

上述所有规定都体现了元朝统治者的民族歧视意识。蒙古统治者之所以最终施行科举也不过是为了笼络汉族的中小地主和知识分子,从而巩固自己的统治。此外,他们也需要利用科举宣扬儒家文化,从而控制人民的思想。

第二节 宗教与哲学的兴盛和发展

一、元代宗教的兴盛

辽、夏、金、元时期,各朝的宗教政策都十分宽松,宗教十分兴盛。各种宗教在这一时期都有很大的发展。尤其在元朝,除了一直很有势力的佛教、道教继续发扬光大之外,基督教、伊斯兰教以及摩尼教、婆罗门教、犹太教也都随着西域人的大量东来而遍及沿海和内地许多城市。在当时的元大都,各种宗教活动场所林立,呈现出一派兴旺的景象。

元代最盛行的宗教是佛教中的喇嘛教。喇嘛,是西藏佛教僧人的专称,意为上人,即长老之义。喇嘛教是佛教传入西藏后与西藏原有的本教相互影响、融合而形成的一个教派。喇嘛教的教派主要有萨斯迦、噶举、噶当、宁玛等。至元六年(1269年),萨迦派领袖八思巴因创制蒙古文字有功,被封为帝师。自此,元朝历代皇帝都尊喇嘛为帝师,并亲自受戒。帝师领宣政院事,不但是吐蕃地区的政、教首领,而且是全国佛教的最高统领。帝师制度极大地提高了藏传佛教领袖的政治地位。除了政治上的扶持,元统治者给喇嘛教经济上的待遇也非常优厚,所以元代喇嘛教的势力空前壮大,因而喇嘛们骄横不法、为非作歹的事也屡见不鲜。

除了喇嘛教,元代内地流行的佛教还有禅(即禅宗)、教(指天台、法相等宗)、律(即律宗)三大派。各派特点是:"禅尚虚寂,律严戒行,而教则通经释典"。其中最大的是禅宗中的曹洞和临济两家。曹洞宗在元初北方势力较大,代表人物有万松行秀、福裕等人。临济宗在元代有南北二系,南方的临济宗著名人物有雪岩祖钦、高峰原妙、中峰明本;北方的临济宗代表人物有海云印简等人。

辽、夏、金、元时期,在北方活动的道教,主要有太一、大道、全真等新创诸派和固有的正一道。其中全真教对后世影响最大。全真教的创始人是金代道士王重阳。他著有《立教十五论》,主张儒、释、道三教一家、三教同源,倡导清静自然,重视心性、性命的修养。王重阳有七大高徒:马钰(号丹阳真人)、谭处端(号长真真人)、刘处玄(号长生真人)、丘处机(号长春真人)、王处一(号玉阳真人)、郝大道(号广宁真人)、孙不二(号清静散人),后世称之为"全真教七真人"。其中对全真教发展贡献最大的是丘处机一脉的"龙门派"。王重阳死后,丘处机曾隐居苦修数年,后元太祖成吉思汗召之,因为太祖讲解修身养命之道受到太祖的赏识和宠遇,被赐号"神仙",爵"大宗师",并受命掌管天下道教。全真教因此广泛传播,盛极一时。太一道是金天眷年间道士肖抱珍在卫州(今河南汲县)所创的道教流派,其教法以笃人伦、翊世教为本,禁止道士饮酒、食鱼肉及娶妻。太一道在元代得到很大发展,七传之后始渐衰落。大道教为金初刘德仁所创,蒙哥汗时改为真大道教。它以《道德经》的清静无为为中心,兼收佛教的"五戒十善"要素和儒家的忠、孝、仁、义等,具有明显的儒、释、道三教合一的倾向。真大道教一度与全真、正一两派不相上下,后经十余传而衰落。这一时期,在南方活动的道教主要是正一道,又称"玄教"。元成宗大德八年(1304年)世居龙虎山的第38代天师张与材因以道术治潮患有功,被封为正一教主,主领龙虎山、阁皂山、茅山三山符箓。正一道讲究斋醮祈禳、符咒印剑,天师的职位世袭。与全真道不同,正一派道士可以娶妻生子,不必出家。全真道与正一道是道教后期的两大主要派别。

辽、夏、金、元时期除佛教、道教之外,基督教也十分流行。元代称基督教为"也里可温"、"也立乔",意为信仰基督之人。其时中国的基督教有两派。一派是聂士脱里派,随波斯商人由泉州、广州等沿海城市传入内地;一派是天主教的圣方济各派,主要在大都附近传教,第一任总教主是奉教皇之命来华的意大利传教士约翰·孟德高维奴。元代基督教在全国各地都有信徒,比较集中的地区是唐古特、汪古、大都及江南沿海。在沿海及内地,基督教徒修建了众多的教堂。

伊斯兰教在元代也很流行。其信徒在汉文史籍中称"回回人"。元代回回人足迹遍天下,他们主要来源于蒙古西征时从中亚、波斯等地俘掠的工匠或平民,先后签调来的军队,入仕于元朝的官员和学者,来中国经商因而留居的商人,以及少部分在前代即已寓居中土的波斯和大食人后裔。元代伊斯兰教主要就流行于这些回回人中。蒙古贵族中仅有忽必烈之孙阿难答是回教徒,阿难答自幼受伊斯兰教熏陶,他继位安西王后,曾使部下15万大军改信伊斯兰教,天下震动,使得伊斯兰教在西北地区流行一时。

此外,在辽、夏、金、元时代活动的宗教还有:犹太教,其教徒元时称为"术忽"或"主吾"。今开封犹太教教堂的明朝碑刻《重建清真寺记》,证明该寺初建于金,复修于元,重建于明。摩尼教,主要流传于东南沿海一带。珊蛮教,是漠北游牧民族和东北诸部落中十分流行的宗教,元代还进入了宫廷。

二、元代的理学三大家

理学兴起于北宋,宋、金对峙期间,理学在南方继续发展,而北方因"南北道绝,载籍不相通",很少能见到南宋理学家朱熹、陆九渊等人的著述。首传理学于北方者,是湖北德安(今湖北安陆)人赵复。赵复,字仁甫,学者称"江汉先生",是朱熹门生谢梦先的学生。赵复于公元1234年被俘至燕京,忽必烈专门请他讲授程朱理学。赵复以其所记程朱所著诸经传注,选取遗书8000余卷,对孔孟之道、程朱理学的书目、宗旨、师承关系作了全面介绍,培养了一大批理学家。理学在北方由此而得到传播。在元代众多理学家中,最著名的是许衡、刘因、吴澄。

许衡(1209~1281年),字仲平,因其所置斋名曰鲁,故学者称"鲁斋先生"。河内(今河南沁阳)人。曾官至左丞、国子祭酒。他热心事功,主张"践履"以进,积极向忽必烈陈《时务五事》,推行汉法,与刘秉忠、张文谦在元朝开国之际立朝仪、定官制。在兼管太学期间,许衡著《中庸直解》、《大学直解》等书,并以此为课本,选其主要弟子12人分任各书院山长,教授蒙古子弟,传播朱熹哲学,"使天下人皆诵习程朱之书"。在确立朱熹学说正统地位和传播朱子学方面,其功甚伟。在哲学思想上,许衡一生"以朱子之言为师",以朱熹为宗。他继承了朱熹"天即理也"的思想,以理为最高本体。认为事物的变化是由阴阳、刚柔之间"相感应"、"相胜负",这种既统一又斗争的关系推动的。他用自然现象推论社会现象,强调"自古到今,天下国家唯有个三纲五常是治乱之本",还认为社会的治乱和历史的进退,都由"命"支配的"时"、"势"决定。在政治上主张"王道"、"仁政",认为"衣食以厚民生,礼义以养其心"。(《农桑学校》)因许衡在理学方面的重大成就,卒后赠光禄大夫、司徒,谥文正,从祀孔庙。许衡有《鲁斋遗书》传世。

刘因(1249~1293年),一名骃,字梦吉,号静修,雄州容城(今河北保定徐水)人。自幼从国子司业砚弥坚学训诂疏释之说,后从赵复学,始得程朱之书,研习义理之学。在乡邦授徒讲学,从者日众,被视为元初北方大儒。因祖父本为金朝人,刘因遂以亡金的遗民自视,除至元十九年(1282年)有一次短暂的应召之外,"遗世独往",不肯仕元,谓"不如此,则道不尊"(《辍耕录·片聘》)。刘因认为遵道未必用世,达道不在治功,而在于自身德性修养。既主张读六经圣贤之书,以复全材善性;又强调视物若无,专务其静,反求本心。著有《四书精要》30卷、《丁亥集》15卷、《易系辞说》等,均已失传,仅存《静修文集》。

吴澄(1249~1333年),字幼清,抚州崇仁(今属江西)人。所居草屋,同门程钜夫题曰"草庐",故学者称"草庐先生"。15岁始读朱熹《大学章句》,16岁拜新安理学家程若庸(徽庵)为师,系朱子四传弟子。吴澄后又师从晦静学派程绍开,为象山私淑。在元代,吴澄是名重一时的南方大儒,与许衡并称为"南吴北许"。他曾四入京师,历官至翰林学士。为学折中朱(熹)陆(九渊)而倾向于朱。认为"理在气中,原不相离",而"理"是"气"的主宰。主张为学至要在于"心","学必以德性为本"。推崇朱熹的"格物"、"诚意"之说。吴澄对《礼经》研究颇深。他将《礼经》内容按朱熹之意整理修编,分别将《仪礼》、《大戴礼记》、《小戴礼记》、郑玄《三礼注》梳理成《仪礼》、《仪礼逸经》、《仪礼传》,在经学史上有突出的贡献。吴澄卒后,被追封为临川郡公,谥文正。主要著作有《五经纂言》、《老子注》等,后人辑有《草庐吴文正公全集》。

在以许衡、刘因、吴澄三大家为代表的元代理学家大力弘扬下,理学由南而北,遍及全国。三家虽互有矛盾,但基本观点完全继承了宋代理学。元代的理学在宋明之间起了承上启下的作用。自元代始,理学真正确立了"显学"的地位。

三、"异端"思想的遗世独立

元代社会思想的主流是儒、佛、道的三足鼎立。元朝统治者在意识形态领域的控制比较宽松,因而在元代思想界出现了一些反对理学、不信佛道的"异端"思想家。邓牧就是其中突出的一位。

邓牧(1247～1306年),字牧心,钱塘(今浙江杭州)人。南宋亡后,游历四方,誓不仕元,晚年隐居在余杭大涤山中的洞霄宫。大德九年(1305年),元廷诚请邓牧出山做官,邓牧坚拒不行,自称"三教(儒、佛、道)外人",以示不入任何"正宗"行列。又曾号九鉴山人,世称"文行先生"。他的代表作有《洞霄图志》、《伯牙琴》。

邓牧的哲学思想集中反映在《伯牙琴》一书中。在亡国的悲痛中,邓牧对现实社会有十分强烈的对抗情绪,并进而大胆揭露封建君主"以四海之广,足一夫之用","夺人之所好,取人之所争","竭天下之财以自奉"(《伯牙琴·君道》)。他还痛斥贪官污吏"与虎豹蛇虺均为民害"(《伯牙琴·吏道》)。对人民群众的反抗斗争寄予了深切的同情,邓牧说:"夫夺其食,不得不怒;竭其力,不得不怨。人之乱也,由夺其食;人之危也,由竭其力。而号为理民者,竭之而使危,夺之而使乱!"这种"官逼民反"的见解是具有进步意义的。

邓牧对于当时社会的剥削与压迫现象揭露得很深刻,但是他将这种不合理性归结于秦朝的统一与秦始皇。他认为秦始皇的统一破坏了分封制,拢天下为一,竭天下之财。又焚书坑儒,严刑苛律,为一己之私无所不用其极,这样的江山当然不可能长久。这种见解是错误的,秦的统一是一个巨大的进步。他还没有认识到剥削压迫存在的真正根源。

邓牧的宇宙观基本上来源于道家的学说。在《伯牙琴·昊天阁记》中,邓牧说:"太极之动生阳,而静生阴。阳轻清,上为天,日月星辰、雷电风雨丽焉;阴重浊,下为地,丘陵山岳、川泽江海丽焉。阳变阴化,其气冲和则为人。其两间莫不有主宰者焉。"在这里邓牧将宇宙万物的生成,看做"太极"之动静生阳阴而成,与道家的观点基本一致。他还把自然界的运动、人类的生养,完全归功于"玉皇上帝"。邓牧说:"慕惟昊天玉皇上帝陛下,位三极之尊,御万有之众,凡天地所以覆载,日月所以照临,星辰所以运行,雷电风雨所以薄激荡沃,丘陵山岳之所以郁盘,川泽江海之所以流浸,生人之类所以相生相养,万古而不息,熟知乎帝力哉"!由此可见道家思想对邓牧的影响。

他还受道家"小国寡民"思想的影响,幻想重新出现一个"天下无乐乎为君"的像尧舜时代那样的社会。在这个社会里,"君子道高而愈谦,德尊而愈慕。其于人也,遏恶而扬善;人之有善,若己有之,唯恐其不得闻,而以为己所不逮;不幸闻人之过,则亦含容覆护,不忍其不得为君子"。人们都有很高的精神境界,君民之间相安无事,选用真正的贤才充当官吏,废除冗繁的机构,不设县令,让天下人自己管理自己。这个理想社会无盗贼、无战争、无剥削压迫,人人各操其职,自食其力。然而历史的车轮不能倒转,邓牧这种乌托邦式的思想,自然只能是一种幻想。

第三节 文史艺术的曲折发展

一、俊逸清丽、豪迈奔放的金、元诗

在金、元的诗坛中涌现出了许多出色的汉族和少数民族诗人,他们创造出了大量脍炙人口的佳作。

在金初诗坛上最有影响的诗人是宇文虚中。宇文虚中,成都人,字叔通,原为南宋官员,后奉旨遣金,被扣留不得归,虽被金国尊为国师,但他仍然心系故国。因此在他的诗中充满了对故国的思念

和对现实的悲愤之情。如《又和九日》：

> 老畏年光短，悲随秋色来。
> 一持旌节出，五见菊花开。
> 强忍玄猿泪，聊浮绿蚁杯。
> 不堪南向望，故国又丛台。

金代其他著名诗人有高士谈、元好问等。高士谈字子文，仕宋、金两朝，与宇文虚中一样，以宋臣的身份仕金，因而在他的诗中也充斥着进退失意的苦闷心情。元好问，字裕之，是金朝亡国后的遗民。他的诗也多为哀时愤世之作。

元朝前期出现了一大批优秀的诗人，如虞集、杨载、揭傒斯、萨都剌、耶律楚材等等。汉族诗人的诗俊逸、委婉，但多模仿唐宋。这一时期，少数民族诗人的诗作成就也很高，可与汉族著名诗人的诗相媲美。

萨都剌，蒙古族，字天赐，雁门（今山西代县）人，因极富才气，被称为"雁门才子"。他的诗收在《雁门集》中。萨都剌的诗清而不佻，丽而不缛，还带有西北少数民族质朴的风格，题材多样，表达细腻。元末杨维桢评萨都剌诗曰："其诗风流俊爽，修本朝家范。"

耶律楚材，契丹族，博学多才，精通文理，成吉思汗时被召，很受成吉思汗的赏识，成为蒙古建国的功臣，著有《湛然居士文集》。他的诗清新自然，真情流露。

除了上述所举，元代较有影响的诗人还有刘因、方回、辛文房、杨维桢、王恽等。

二、马端临及其《文献通考》

马端临（1254～1323年），字贵与，饶州乐平（今江西乐平）人，是元代最有影响的历史学家。宋亡后隐居不仕，专心治学。历时20余年，于大德十一年（1307年）著成《文献通考》一书，这是继《通典》、《通志》之后又一部专门论述历代典章制度的巨著，在我国古代史学史上占有重要地位。

第七章 辽夏金元：冲突震荡 汇聚交融

马端临认为断代史不能起到很好的借鉴作用，而一般的通史著作又过于偏重对政治事件的描述和评价，而少于记载典章经制方面的内容。《通典》虽为此类著作，但也有"未明备"、"欠精审"之处。基于这一看法，马端临以《通典》体制为蓝本并予以丰富扩大，写成《文献通考》，断限起自上古迄于宋宁宗嘉定末年。全书共分24门，即田赋、钱币、户口、职役、征榷、市籴、土贡、国用、选举、学校、职官、郊祀、宗庙、王礼、乐、兵、刑、舆地、四裔、经籍、帝系、封建、象讳、物异。前19门乃《通典》旧有，只是对其门类进行了更为合理细致的划分，并加以调整和补充。后5门则为马端临新创。

在编纂方法上，马端临创造了"文"、"献"、"注"三者相结合的编纂形式，较《通典》更为条理化。"文"即指"叙事"，这一部分顶格排行，"本之经史，而参之以历代会要以及百家传记之书"，宋代部分内容则多取之于宋代的四部国史及历朝会要。"献"即"论事"，这一部分低一格排行，"先取当时臣僚之奏疏，次及近代诸儒之评论，以至名流之燕谈、稗官之纪录"。马端临在《通考》中引用宋人的评论，较多的有沙随程氏（程迥）、石林叶氏（叶梦得）、致堂胡氏（胡寅）、山斋易氏（易袚）、止斋陈氏（陈傅良）、水心叶氏（叶适）、东莱吕氏（吕祖谦）等。他还引用了不少宋人的笔记，如吴曾的《能改斋漫录》、洪迈的《容斋随笔》、沈括的《梦溪笔谈》、王明清的《挥尘录》等。"窃著己意"部分，低二格排行，谓之"注"或"考"。这部分是马端临对"史传之记录而可疑"、"先儒之论辨未当者"的考订。这部书以其丰富的史料和完整的体系，为我们今天研究宋以前的历代典章制度提供了翔实的资料。

在治史的指导思想及方法论上，马端临较前代学者有很大的进步。首先，他注意对封建社会结构进行全面考察。比如，在杜佑《通典》中的"食货"部分共一典12卷，而在《文献通考》中，马端临将其扩充为八考27卷，并置于首位，以详尽的内容全面地展现了封建社会的结构。其次，马端临特别注意历史变革的阶段，在《自序》中，马端临提出：历代典章制度"其变通张弛之故，非融会错综，原始要终而推寻之,固未易言也"。在掌握了演变原因的基础上,马端临对变革的各阶段提出了自己的见解。这种注意历史变革阶段的史学思想,有助于全面深刻把握历史问题。再次,马端临具有无神论思想,专立《物异》考,述历代史籍中记载的灾异等事,保留了许多自然界反常的资料,对自然历史进行了客观记录。

《文献通考》材料丰富,内容详备,体例合理,尽管因出自一人之手,难免有详略失当、遗漏疏忽之处,但从总体上来看,本书仍不失为当时有关典章制度和其他史事的集大成之作。

三、辽、金、元的官私史籍

辽、金、元三朝都是少数民族入主中原,他们的修史制度多模仿汉族。辽、金两代的史官制度与宋代大体相同,也分国史院和起居注,国史院有监修国史、史馆学士、史馆修撰、修国史等官。起居注则由起居郎与起居左右二史职掌。元代起于漠北,制度也仿宋朝,设有翰林国史集贤院,置修撰、编修、检阅等官。另外秘书监设有著作郎二员,著作佐郎二员。总之,辽、金、元三朝都有比较完备的修史机构。但是由于种种缘由,辽、金、元三朝所修《实录》、《国史》及前代诸史均已散佚,现存官修的重要史籍有:《宋史》、《辽史》、《金史》、《元朝秘史》、《大元一统志》等。

《宋史》496卷,由元相脱脱及阿鲁图先后领衔,揭傒斯、欧阳玄、张起岩等总裁编撰,为二十四史中篇幅最大的一部。全书记载了宋太祖建隆元年(960年)至南宋帝昺祥兴二年(1279年)共320年的历史。《宋史》的修纂以宋代国史为稿本,包括宋代实录、会要、编年著作、典章奏议、地理方志、野史笔记及文集等数百种,保存了丰富的史料。《辽史》116卷,由元脱脱等奉敕撰。在编修过程中,依据辽代耶律俨编纂的国史和金代陈大任纂修但未最后完成的《辽史》。此外还引用了其他资料。它是现存唯一系统记载辽朝历史的书籍,因此是研究辽代历史的最基本也是最重要的史料。《金史》135卷,也是元脱脱等奉敕撰,它以金朝实录和国史为主要依据,又利用了王鹗等人收集的大量金史原始资料及刘祁、元好问等人有关金朝历史的著作。由于金代史籍大都失传,因此《金史》具有更为突出的价值,是研究金代历史最主要的资料来源。

《元朝秘史》是13世纪蒙古汗国官修的史书,又称《蒙古秘史》,作者佚名。该书记载了成吉思汗祖先的谱系、蒙古各氏族部落的源流、成吉思汗的生平事迹以及窝阔台统治前期的活动,是研究12~13世纪前半期蒙古族社会历史的最重要的资料。此书原为畏兀儿体蒙古文;明朝初年,由于教学需要,翰林院译员将该书翻译成汉文。后来畏兀儿体蒙古文本散佚,只有汉字标音本辗转传抄流传。《元朝秘史》也是蒙古族的第一部文学作品,对研究古代蒙古文学和蒙古文字具有很高的价值,书中还记录了许多成吉思汗以少胜多、出奇制胜的精彩战例,在军事史研究方面也具有重要价值。

《大元一统志》787卷,是元代全国性的地理志书。全书共600册,1300卷,除文字外,还有不少彩绘的地理图。编撰目的是"大集万方图志而一之,以表皇元疆理无外之大",内容则包括"天下路府州县、古今建置沿革及山川、土产、风俗、里至、官迹、人物"等。这部卷帙浩繁的官修地理著作有许多内容取材于前人的志书,也有相当部分内容是当代所作的记录。它不仅有山川、形势、物产方面的记载,也保存了阶级斗争、城市生活和宗教方面的丰富资料,是我国封建社会后期方志学和地理学的重要著作。

和宋代相比,这一时期私家修史之风并不盛行。但仍出现了一些著名的私人编撰的当代史书,其中最著名的有《国朝名臣事略》、《庚申外史》等。

《国朝名臣事略》15卷,苏天爵编。苏天爵(1294~1352年),字伯修,元真定(今河北正定)人。曾历官江南行台监察御史、山东等地肃政廉访使、江浙行省参政等。《国朝名臣事略》成书于元文宗天历二年(1329年)以前,全书收录了元代前期和中期著名政治家、军事家、学者共47人的有关资料,每卷一人或数人,在每人名下按时间先后将有关资料加以编排。当时苏天爵所选的资料,来自120余篇碑传和其他文字,其中有不少篇今已失传,赖此书而得以保存。因此该书具有很高的史料价值。

《庚申外史》2卷。作者权衡,字以制,江西吉安人,元末农民战争期间流落到河南、山东一带,明初返归故里。这部根据作者亲身见闻而写作的《庚申外史》主要记载了元顺帝一朝史事,叙事上起元统元年(1333年),下至至正二十八年(1368年)。记录了许多关于元宫廷轶事和上层官僚贵族之间的纷争,不少为《元史》和其他史籍所无,对研究元末农民战争和当时元朝统治集团内部各派势力之间的斗争,有很重要的价值。

除上述两部史书外,元代私人史著还有《平宋录》和《北巡私记》。《平宋录》1卷,作者刘敏中,曾任翰林学士。该书专记元朝平定南宋经过,是研究南宋史和宋元关系史的重要史书。《北巡私记》1卷,作者刘佶。此书专记至正二十八年(1368年)明军逼近大都,元顺帝仓皇北逃以及最后死去的经过。关于这一段史实,《北巡私记》是唯一的汉文记载。

四、戏曲艺术领域的空前伟业:杂剧、散曲、南戏

戏曲是元代的一绝。文学史上向来将唐诗、宋词、元曲并称。元曲包括剧曲和散曲两种。剧曲在当时称为"杂剧"。元代杂剧融歌曲、宾白、舞蹈、表演于一体,是一种综合性的戏剧艺术。杂剧的剧情大致分为"起、承、转、合"四部分。演员角色基本有五种:末、旦、外、净、杂。其中"正末"和"正旦"分别为男女主角,其余的是配角。杂剧的题材广泛,内容丰富。据统计,元代有姓名可考的剧作家有80多人,其中最著名的是关汉卿、白朴、马致远、郑光祖。他们被誉为"元曲四大家"。

关汉卿,号已斋。《析津志》称他"生而倜傥,博学能文,滑稽多智,蕴藉风流,为一时之冠"。他是元代最伟大的杂剧作家,一生共创作了63个杂剧剧本,现存《窦娥冤》、《救风尘》、《拜月亭》、《调风月》、《望江亭》、《单刀会》、《蝴蝶梦》、《玉镜台》、《金钱池》、《谢天香》、《绯衣梦》、《西蜀梦》、《哭存孝》等十几种。其中《窦娥冤》是关汉卿杂剧中最出色的代表作。该剧描写寡妇窦娥受流氓张驴儿迫害,被诬控杀人,官府判窦娥死刑,临刑前窦娥指天为誓:死后必血溅白练、六月降雪、大旱三年,以白己冤。后来窦父天章为官,予以昭雪。剧本塑造了窦娥这一善良正直、在黑暗势力下敢于抗争的妇女形象,反映了元代社会的混乱与腐朽。该剧的思想性与艺术性,在元代杂剧中都十分突出。

白朴(1226~约1306年),字仁甫、太素,号兰谷先生。父白华为金枢密院判官。蒙古灭金,白朴终身不仕。曾在大都参加著名的"玉京书会"。作品存目16种,今存2种,一是《墙头马上》,讲述了主人公李千金敢于和她的公公斗争,最后与裴少俊重做夫妻的故事。作品与《西厢记》相似,主题是歌颂男女自由恋爱、反对封建礼教。二是《梧桐雨》,描写的是唐玄宗和杨贵妃的故事。

马致远(？~1321年),号东篱。曾任江浙行省官员。著有杂剧16种,今存《汉宫秋》、《荐福碑》、《岳阳楼》、《任风子》、《陈抟高卧》、《青衫泪》以及与他人合著之《黄粱梦》7种。最杰出的作品是《汉宫秋》,描写王昭君出塞和亲的故事,慨叹汉元帝的懦弱,情调伤感,曲词华美,有极强的艺术感染力。

郑光祖,字德辉,生卒年不详。曾任杭州路吏,卒于杭州,葬于西湖灵芝寺。所作杂剧有18种,今存《倩女离魂》、《王粲登楼》、《周公摄政》、《三战吕布》等8种。其代表作是《倩女离魂》,它根据唐人传奇《离魂记》改编,描写了张倩女灵魂出壳追随王文举进京的爱情故事,表现了张倩女追求爱情自由的强烈愿望。

除"元曲四大家"外,王实甫也是元代知名的杂剧家。王实甫名德信,元大都人,生平事迹不详。剧作存目14种,其代表作《西厢记》通过描写张生和崔莺莺的爱情故事,表达了王实甫"愿普天下有情人终成眷属"的理想,抨击了封建的伦理道德。该剧在人物形象刻画和艺术表现手法上,突出了莺莺和红娘在剧中的位置,使其性格更加鲜明。全剧情节生动,主题突出,文字优美,在戏曲文学发展史上有深远的影响。

元代的散曲，实际上是元代的民歌，属于市井产物，因此有深厚的群众基础，一般市民都喜欢其简单的形式、清新活泼的风格和坦率真挚的内容。散曲包括"小令"和以小令联组而成的"套数"两种。流传至今的元代散曲，多数以男女恋情、风花雪月为主，曲调优美动人但思想性稍逊。元代著名的散曲家，前期有关汉卿、马致远、张养浩、卢挚和王和卿等人。其中关汉卿的散曲现存套数10余套、小令50余首；马致远的散曲有辑本《东篱乐府》，以散套《天净沙·秋思》最为著名；张养浩的作品对现实有所揭露，如《山坡羊·潼关怀古》、《一枝花·咏喜雨》等；卢挚的散曲今存者皆为小令，多写闲情。后期的著名散曲家有刘致、张可久、乔吉等。其中刘致的作品与现实社会贴得较近，如《端正好·上高监司》揭露了天灾人祸、民不聊生的社会状况，而张可久、乔吉的作品则多写封建文人的闲情逸致。

南戏是用南方的语言、歌曲所组成的一种民间戏曲，内容通俗，具有民间文学的本色，在南宋时已十分流行，入元以后，南戏得到了进一步发展。它的突出特点就是具有南方韵味，以南曲为主。现存宋元南戏剧本10余种，其中最著名的是"四大传奇"——《荆钗记》、《白兔记》、《拜月亭》和《杀狗记》。

《荆钗记》，作者柯丹丘，讲述了士子王十朋中状元后，拒绝丞相逼婚，被贬潮州，妻钱玉莲因受富豪孙汝权的逼迫，投江自尽，幸被人救起，最后夫妻团圆的故事。剧本抨击了富豪的罪恶，反映了封建时代妇女的痛苦。

《白兔记》，原名《刘知远》，作者不详。该剧取材于民间传说，写刘知远家贫外出投军，妻李三娘在家受尽折磨，生下儿子派人送交刘知远抚养。十余年后，其子射猎时追踪白兔而巧遇母亲，全家最后得以团圆。该剧反映封建社会农村妇女的痛苦状况。

《拜月亭》，作者施惠（君美），剧本所写故事与关汉卿同名杂剧情节基本相同，讲述一位书生在战乱中遇一少女，结为夫妇后遭到夫家反对，结果书生考中状元，两人终得团圆。表现了封建社会妇女的苦闷和反抗精神。

《杀狗记》,原名《杀狗劝夫》,作者不详。写孙华同兄弟孙荣不和,孙华妻用杀狗之计,使兄弟和好的故事。元杂剧也有同名剧本。明冯梦龙有改编本。

南戏是我国戏剧文学中的一颗明珠,它发展到明初,成为全国性的戏剧"传奇",为明代传奇奠定了坚实的基础。

五、绘画与小说

元朝取消了五代、两宋时期在中央设置的画院制度,没有正式设立图画院,但这并没有妨碍绘画艺术的发展。元代的绘画在此期间取得了突出的成就,涌现出大批著名画家和优秀作品。

元初的绘画,仍以山水画为主。当时最杰出的画家当推赵孟頫。赵孟頫(1254~1322年),字子昂,号雪松道人。在绘画与书法上都有极高造诣,元人称:"孟頫以书法称雄一世,画入神品。"(陶宗仪《辍耕录·赵魏公书画》)作画提倡"贵有古意,若无古意,虽工无益。"他还强调画中用笔的书法趣味,在《疏竹秀石图》后曾自题诗云:"石如飞白木如籀,写竹还应八法通。若也有人能会此,须知书画本来同。"他清远的画风,上追北宋山水画成熟时的风格,下启整整一代元人的逸韵。传世的山水画有《幼舆丘壑图》、《鹊华秋色图》、《水村图》、《重江叠峰图》和《吴兴清远图》等。

继赵孟頫之后,元代出现的著名山水画家有黄公望、吴镇、倪瓒和王蒙,他们被称为"元四家"。

黄公望(1269~1354年),字子久,号大痴,又号一峰道人。黄氏山水画有水墨和浅绛两种,前者苍茫简远,传世精品有《富春山居图》、《溪山雨意图》、《九峰雪霁图》等;后者笔势雄伟,传世名作有《丹崖玉树图》、《天池石壁图》等。吴镇(1280~1354年),字仲圭,号梅花道人。善画山水竹木,笔法凝练劲爽,水墨圆润苍劲。所作多幅《渔父图》幽静脱俗,配以秀劲、潇洒的书法题词,堪称绝品。倪瓒(1301~1374年),字元镇,号云林。绘画初宗董源,后参以荆、关画法,首创了"折带皴"。画风简淡幽雅,萧索苍凉,在元代画家中最具特点。画作多写平远山林、枯木竹石,传世作品有《水竹居图》、《安远斋图》、《渔庄秋霁图》、《江岸望山图》和《春山图》等。王蒙(？～1385年),字叔明,号香光居士,赵孟𫖯的外甥。其山水画作融各家之法而独创一格,取景多山重水复,特点是笔墨繁而不乱、构图满而不臃、结构密而不塞,代表作有《青卞隐居图》等。

元代的花鸟画家中,早期名家有钱选(约1239～1299年),字舜举,号玉潭。讲求作画要有"士气",画风于严谨精细之中包含清丽古拙。传世花鸟画作品有《花鸟三段卷》。赵孟𫖯夫人管道昇(1262～1319年),字促姬,世称"管夫人",亦以善画墨竹著称,有《墨竹卷》等作品传世。李衎(1244～1320年),字仲宾,号息斋,曾官至吏部尚书、集贤殿大学士,也以画竹著称。传世作品有《沐雨竹图》、《纡竹图》、《四清图》等,画面体现了"清而真"的风格。高克恭(1248～1310年),字彦敬,号房山,曾官至刑部尚书,所画墨竹笔法厚重,在形态上更多表现主观意象。作品有《云横秀岭图》、《春山晴雨图》、《墨竹坡石图》等。

元代的寺庙壁画艺术亦有很高的成就。今存元代寺庙壁画主要有:敦煌莫高窟元窟壁画、山西稷县兴化壁画、山西芮城的永乐宫壁画、山西洪洞广胜寺元代杂剧壁画等。尤其是永乐宫壁画,在我国古代绘画史上占有十分重要的地位。永乐宫是一组元代道观建筑,主要有龙虎殿、三清殿、纯阳殿和重阳殿。这些建筑均绘有各种壁画,其规模之大、数量之多、成就之高,世所罕见。画面色彩丰富绚丽,线条流畅自如,绘画技法的运用已到了炉火纯青的境界,整幅壁画一气呵成,气势磅礴,代表了中国古代壁画的最高水平。

小说在这一时期也有较大的发展,出现了中国古典小说中的两部经典名作:《水浒传》和《三国演义》。

《水浒传》,作者施耐庵。书成于元末,是作者将《第五才子书水浒传》、《大宋宣和遗事》、民间讲说、民间传说、元杂剧等糅合在一起,加以整理创作而成的。《水浒传》讲述了宋江领导的农民起义的故事。它歌颂了梁山农民英雄的反抗斗争,揭露了封建统治的残暴和腐朽,揭示了当时的社会矛盾,因而小说具有较高的思想性。在艺术表现手法上,《水浒传》塑造了宋江、林冲、李逵、鲁智深、阮氏三兄弟等108将的鲜明人物形象,故事情节安排扣人心弦,语言生动有力,生活气息浓厚,深受各阶层人民的喜爱。当然,小说歌颂和美化宋江,只反贪官,不反皇帝,宣扬"忠义",也反映了作者的思想局限。

《三国演义》,作者罗贯中,这部小说以战争为题材,主要描写了东汉灵帝中平元年(184年)到西晋武帝太康元年(280年)将近一个世纪的军事斗争和政治斗争的复杂多变。小说根据陈寿《三国志》和裴松之注,以及范晔《后汉书》、《元代三国志平话》和某些有关传说,再创作而成。小说揭露了封建统治者凶残狡诈、贪得无厌的本质,反映了普通百姓在连年战乱下的悲惨生活,刻画了400多个栩栩如生的历史人物形象。全篇结构宏大,层次清楚,语言流畅,情节曲折,是我国历史小说中的精品。《三国演义》的局限和不足之处是,书中通过尊刘抑曹的描写,表现出封建的正统观念,并对黄巾农民起义有所诋毁。

除上述两部,其他脍炙人口的小说还有《武王讨纣平话》、《西游记平话》等。元代小说在中国小说发展史上起着承上启下的作用,明中叶吴承恩创作的文学巨著《西游记》,就是在元代《西游记平话》的基础上完成的。

第四节　科技新篇章

一、农业生产科学经验的总结

元代由于各民族融合的加剧,农业生产技术得到了广泛传播和交流,有很大的进步。这一时期出现了三部重要的农书:《农桑辑要》、《农书》和《农桑衣食撮要》。

《农桑辑要》成书于元世祖至元十年(1273年),由孟祺、畅师文等人参与编纂和修订。世祖至元七年(1270年)朝廷专设司农司,管理农桑水利之事。司农司为推广当时先进的耕作技术,遍求古今农书,删其繁芜,择其切要,编成此书,颁发各地。全书共分7卷,包括典训、耕垦、播种、栽桑、养蚕、瓜菜、果实、竹木、药草、孳畜、岁用杂事等各方面,内容丰富。该书总结了13世纪前我国农业生产的经验,是一部通俗易懂的普及读物。元代曾多次刊印此书,仅文宗至顺三年(1332年)印数就有1万册,于此可见其影响和流传之广。《农桑辑要》不仅在国内流行,还远传海外。朝鲜《李朝实录》中就有推行《农桑辑要》经验的记载。

《农书》是一部从全国范围内对整个农业作系统研究的农学巨著,是农学著作中成就最突出的一部。作者王祯,字伯善,东平(今山东东平)人。曾任宣州旌德(今安徽旌德)县尹6年,于大德四年(1300年)由旌德调任信州永丰(今江西广丰)县尹。《农书》的编撰,始于任旌德县尹时,两年后完稿。皇庆二年(1313年),在作了修改和增加附记后出版刊行。全书约136000多字,插图281幅。分为三大部分:第一部分《农桑通诀》,综述我国农业发展的全貌,包括耕垦、耙劳、播种、锄治、粪壤、灌溉、收获、植树、畜牧、蚕缫等。第二部分《百谷谱》,分别叙述各种农作物、蔬菜、瓜果、树木的栽培方法。第三部分《农器图谱》,对各种农具、水利机械、手工业加工工具等均有详细的图谱,并附以文字说明其构造和使用方法。全书的主要特点:一是贯串了"天时不如地利,地利不如人事"的思想。作者认为只要注意耕作方法,"不违农时",是可以克服天灾而夺得丰收的。二是注意总结普通百姓的生产经验,特别是改进农具的经验。三是注意推广各地的生产经验。王祯不仅是一位农学家,同时也是一位有正义感的地方官,他在书中表露出了对普通百姓的深切同情和对贪官污吏横征暴敛的义愤。除撰有《农书》外,王祯还设计过木活字和转轮排字架。他的《造活字印书法》一文,附于《农书》之末,是目前所知的系统叙述木活字印刷术的最早文献。

《农桑衣食撮要》,作者为畏兀儿族农学家鲁明善,曾担任过安丰路(今安徽寿县)肃政廉访使。他利用职务便利,走访调查,研究当地的农业情况,并结合前人的研究成果,深思熟虑,写成这部颇具分量的著作,并于延祐元年(1314年)刊行。该书是一部按月令记述我国各族人民农事活动的专著。它继承了东汉崔寔《四民月令》的传统,"分十二月令,件系条别,简明易晓,使种艺敛藏之节,开卷了然,盖以阴补《农桑辑要》所未备。亦可谓留心民事,讲求实用者矣"(《四库全书总目提要·子部·农家类》)。书中所记内容分12个月,将每月应做和应注意的事项都予以详细阐明。该书以中原地区农事为主,兼及西北少数民族地区的农业和畜牧业经验。全书文字通俗,简明扼要,讲求实际,实用性很强,流传甚广。

二、郭守敬及其《授时历》

元代在天文学方面取得了巨大的成就,突出的表现是《授时历》的编定以及一批精密的天文仪器的创制。早在至元四年(1267年),元朝廷就任用西域人札马鲁丁修订历法,制定出"万年历"。后来认为不够准确,至元十三年(1276年),忽必烈下令成立太史局(后改为太史院)重制新历,并命郭守敬、王恂、许衡、杨恭懿等人主持其事。

郭守敬(1231~1316年),字若思,顺德邢台(今河北邢台)人。其祖父郭荣精通水利、算数,郭守敬受家学影响较大。后师从当时地理学、天文学的名家刘秉忠,因学有所精,被荐之于朝,受到忽必烈的任用,出为同知太史院事。

郭守敬认为,要制定新历,首先必须创制精密仪器,进行天文测量,获得准确数据。因此,在三年的时间里,郭守敬、王恂等人创造了简仪、仰仪、圭表、景符、窥几、正方案、候极仪、立运仪、证理仪、定时仪、日月食仪、悬正仪、座正仪等数十种精密的天文仪器。《元史·天文志》称这些仪器"皆臻于精妙,卓见绝识,盖有古人所未及者"。比如简仪,在元以前浑仪的基础上改制而成,专用于天体坐标的测量。它精简了浑仪的黄道坐标,并把地平坐标与赤道坐标分为两个独立的装置,既方便了观测,也提高了精密度。为便于赤道圈旋转,简仪还应用了滚珠轴承的装置,使之灵活转动。简仪的发明,比欧洲16世纪末丹麦天文学家第谷·布拉赫(1546～1601年)发明的同样仪器早300多年。又如圭表,是我国古代一种观测日中影长变化以决定春分、秋分、夏至、冬至时刻的天文仪器。"圭"与"表"是其中的两个部件。郭守敬改制的圭表将宋代8尺长的表增加到36尺,表上再以二条铜龙抬着一根细长的横梁,使梁心到圭面达40尺,由此提高了仪器的精确度。圭的刻度十分精细,可读到毫的单位。

至元十六年(1279年),郭守敬在朝廷的支持下,组织了一次规模空前的天文实测活动。这次实测共设立了27所观测台、站,设专职检测人员"监侯官"14人前往各地具体指导操作,实测范围"东至高丽,西极滇池,南逾朱崖,北尽铁勒"。其最北的北海测景所,据推算已在北极圈附近,而最南的南海测景所则在占城(今越南南方)。今河南登封县东南15公里的告成镇(即古阳城)仍有当年阳城测景所的遗址。这次天文实测获得了一批珍贵精确的数据。

依靠这些精密的仪器和精确的数据,郭守敬等人经过精密计算和综合研究,在宋代《统天历》的基础上,于至元十七年(1280年)完成了历法的改造。命名新历为《授时历》,取"敬授民时"之意。《授时历》是我国古代最卓越的一部历法。它以365.2425日为1年,和地球绕太阳的实际周期相比只差26秒,同现在世界上公用的阳历(格里哥莱历)一岁周期相同。但《授时历》比后者早了300年。此外,《授时历》推算的黄赤交角同理论值相比,仅差1分多,精密程度远超前代各朝的历法。《授时历》颁布后,施行了364年,是我国古代使用最久的历法。

三、地理学

元朝统一中国后,空前广阔的版图和畅达的交通,为元代地理学的发展提供了有利的条件。这一时期出现了一批著名的地理学著作,包括朱思本的《舆地图》、官修《大元一统志》、周达观的《真腊风土记》和汪大渊的《岛夷志略》等。

朱思本的《舆地图》是元代地理学上的一项重大成就,是同时期地理学著作中的集大成之作。朱思本(1273~1333年),字本初,号贞一,临川(今江西抚州)人。他是道教正一教派中心信州龙虎山的道士。大德三年(1299年)曾奉命至大都,协助玄教大宗师张留孙、吴全节处理道教事务。元武宗、仁宗时,朱思本多次奉命代天子祭祀五岳四渎等名山大川,因而得以旅行各地,实地考察地理状况。据载,朱思本在将近20年的时间里,足迹遍及今华北、华东、中南地区,"跋涉数千里间"。他总结了前人的经验,利用当时保存的图籍,更依据自己实际调查研究,前后花费了10年的时间,绘制了一幅《舆地图》。该图长宽7尺,图幅很大,详细注明了元代地理的风貌。尽管朱思本仍采用了计里开方的绘法,但该图的精确度远远超过了以前的地图。他工作认真细致,凡是不熟悉的地方,概不轻易画在图上。《舆地图》因篇幅过大,不便保存,现已佚。明代罗洪先据《舆地图》增广以成《广舆图》,现从罗图中尚可见朱图之大概。在绘制《舆地图》之前,朱思本还编写过一部80卷本的《九域志》,已佚。

《大元一统志》是一部全国性的地理著作,大德七年(1303年)由孛兰肹、岳铉等人奉命纂修。该书对后世地理著作的编撰,影响巨大。明修一统志,其体例就依照此志,书名亦沿用不变。原书已佚,仅《永乐大典》中有些许佚文保留,可略窥其体制。

《真腊风土记》,作者周达观,永嘉(浙江温州)人。元贞元年(1295年)随元朝外交使节到真腊(柬埔寨)访问,第二年回国后,写成此书。该书1卷,记载了真腊风土人情以及元朝与之交往的情况。《元史·外国列传》无"真腊"条,周达观此书可补其阙。

《岛夷志略》,作者汪大渊,字焕章,江西南昌人。自幼好游,至元初年以前,年方20岁,就曾随我国商船两度运航,到过东南亚、波斯湾、阿拉伯半岛等数十国,归国后写成《岛夷志略》1卷。该书记载了所历各国的地理状况及风土人情,是一部极有价值的中西交通史资料书。

元代还成功地实现了对黄河源头的探索。元朝以前,因边塞交通的阻塞,对黄河发源地的探索,都没有获得圆满的结果。元朝一统中国后,对边区的管理大大加强,沿途设有驿站,交通十分便利,为探索河源创造了有利条件。元世祖希望找到黄河的源头,利用黄河将西藏与大都联系起来,便利货物的中转,同时加强中原与边疆的联系,但苦于一直没有合适的人选。至元十七年(1280年),元世祖发现了女真人蒲察都实,他既懂多种语言,又精通地理,是很合适的人选。于是元世祖派遣都实佩金符西行勘察河源。都实曾三次到达吐蕃,成为我国历史上少数民族的杰出旅行家之一。他西行的路线由现在宁夏回族自治州启行,向南经甘南藏族自治州,再到青海果洛藏族自治区,历时4个多月,终于发现了黄河的源头"火敦脑儿",即星宿海。都实的考察,后经同行的阔阔出(都实之弟)口述,由翰林学士潘昂霄撰成了一部《河源志》。该书对河源地区的地形、水系、植被、动物、人口及聚落分布作了简明扼要的描述和介绍,是我国现存有关河源勘察的最早报告。

四、水利工程和水利著作

元代在水利工程方面规模最大、成就最高的两项工程是开凿大运河和治理黄河。

元代修凿完成的大运河,全长3000余里,北起大都,南至杭州,沟通了海河、黄河、淮河、长江、钱塘江五条大河。大运河由通惠河、会通河、济州河、扬州河、江南河等河段组成。元代开凿的运河,主要是济州河、会通河、通惠河三段。在开凿会通、通惠二段河道时,修凿者采用了不少新技术。尤其是为解决会通河河道越岭和通惠河水位落差问题,在宋代复式船闸技术基础上,工程采用了梯级船闸,最终解决了通航的困难。据记载,元代开凿的会通河共长250里,其间设有船闸13座。通惠河设有船闸10座,由著名天文学家、水利专家郭守敬设计制造。这些船闸修建后,通过闸的启闭,调整两闸之间的部分水位,保证了该段运河的基本通航。这在中国水利史上是一个创举。元大运河的疏通,促进了南北经济文化的交流和贸易的发展,影响深远,意义重大。

元代河患严重,决口频繁,总计200余次。黄河之灾,成为元朝的心腹之患。至正四年(1344年),黄河又一次决口北徙,顺帝甚为忧虑,命令贾鲁治理黄河,杜绝水患。时任都水监的贾鲁顺着河道考察地形,往返数千里,在掌握了大量资料,向朝廷提出两条建议:一是修筑北堤,制止黄河水横溢,其用功省;二是"疏塞并举,挽河东行,使复故道,其功数倍"(《元史·贾鲁传》)。至正九年(1349年)脱脱为相,任用贾鲁为工部尚书、总治河防使,采纳其第二策,发汴梁、大名十三路民工15万、庐州戍军2万治河。贾鲁采取疏、浚、塞并举的方法,自4月22日开工,在170天的时间里,先后动用人力近20万,疏浚河道280多里,堵塞大小决口107处,修筑堤防770里,终于使黄河故道复通,取得了治河的成功。贾鲁治理黄河,是中国水利史上罕见的巨大工程。

随着水利工程技术的进步,这一时期出现了许多水利工程学著作。

王祯所著《农书》,不仅是一部农学著作,也是一部水利著作。他认为,我国水利资源十分丰富,合理利用对农业、对国家都极为有利。王祯还总结了江南农田水利的灌溉方式有两大类:一类是自流灌溉,一般水源高于耕地,以修陂塘蓄水为主;一类是机械灌溉,一般水源低于耕地,用翻车、筒轮、戽斗、水车等机械或用打井的方法予以解决。此外,《农书》对圩田、围田等也有介绍。

瞻思,字得之,回回人,祖先来自中亚,数迁之后定居真定(今河北正定)。瞻思自幼博览群书,经学、文史、水利、天文、地理、算数无所不通。在水利方面的最大贡献是将宋人沈立的《河防通议》、南宋周俊所著《河事集》和金朝都水监的《河防通议》，合而为一，削去冗长，考订舛讹，重编体例，改编为《重订河防通议》2卷。即便观览，又资实用。至正年间黄河决堤，瞻思曾应诏参加讨论治河方案。

任仁发，松江(今上海松江)人。针对吴淞江淤塞原因及浙西治水方法，任仁发曾向朝廷上奏所著《浙西水利议答录》。文中大胆批评了朝廷治河不力，提出"浚河港必深阔，筑围岸必高厚，置闸窦必多广"的治水之法。

元代其他和水利工程有关的著作还有：欧阳玄的《至正河防记》、周文英的《论三吴水利》、王喜的《治河图略》等。《至正河防记》是一部总结元末贾鲁治河经验和记载其治河经过的水利著作。书中积极肯定了贾鲁用的疏、浚、塞三种治河的方法。

五、金、元医学

金元时期的医学较之前代有很大的发展。首先体现在医学分科更加系统和完整，金代医学的分科在传统分科的基础上，达到了10科，元代分科更细，共有13科：大方脉科、杂医科、小方脉科、风科、产科兼妇人杂病科、眼科、口齿兼咽喉科、正骨兼金镞科、疮肿科、针灸科和祝由科。其次是新的医学理论的提出，其中最著名的是金元四大医学流派的形成。这四大流派的创始人物分别为：刘完素、张从正、李杲、朱震亨，这四人被中医界推为张机以后的四大名医，即所谓"金元四大家"。

刘完素(1120～1200年)，字守真，金代河北河间人。他认为人的寿命固然与自身的运动有关，但死也是自然规律，"人既有形，不能无病，有生不能无死"。他主张治病应用良药，认为六气皆由火化，治病根源要在抑火，益肾水。著有《素问玄机原病式》、《素问病机气宜保命集》、《素问药证》等书。后人称之为"寒凉派"。

张从正(1156～1228年)，字子和，金代河南考城人。师从刘完素，用药多寒凉，但其方多取医书。认为治病应主去邪，临床着重用

"汗、下、吐法","不当汗者,汗之则死;不当下者,下之则死,不当吐者,吐之则死,各有经络脉理"。著有《儒门事亲》15卷。后人称之为"攻下派"。

李杲(1180~1251年),字明之,号东垣,金代河北真定人。长于医治伤寒、痈疽、眼目病。他以《内经》为理论依据,认为正常人生病是因为体内的元气受到了损伤,只有补好脾胃,才能药到病除,恢复元气,因此被后人称之为"温补派"。著有《脾胃论》、《伤寒会要》等。

朱震亨(1281~1358年),字彦修,号丹溪,元代浙江义乌人,曾跟刘完素门徒罗知悌学医,对医学理论颇有研究,创立了"阳常有余,阴常不足"的理论,自成一派。治病主张以养阴为主,精于伤寒科、肺痨科、妇科等。著有《格致余论》、《局方发挥》、《伤寒辨疑》等书。后人称之为"滋阴派"或"养阴派"。

除金元四大家之外,这一时期的名医还有:危亦林(1277~1347年),字达斋,江西南丰人。他集五代祖传医方,写成《世医得效方》19卷,于1345年刊行。其中关于麻醉药物的使用记录,是世界上最早的全身麻醉记载。书中所记治疗骨折、脱臼,特别是脊椎骨折的方法,达到了很高水平。危氏的悬吊复位法,与现代外科的整复手术基本原理一致。在针灸学方面,成就最大的学者是滑寿。滑寿,字伯仁,号樱宁生,先世襄城(今河南襄城)人,徙江苏仪真,后又迁浙江余姚。所著《十四经发挥》3卷,发展了太祖忽必烈的《金兰循经》(已佚)理论,对十四经穴循行部位、所主病症和奇经八脉均作了专题论述,是一部对后世有较大影响的针灸学专著。在营养学方面有突出贡献的名医是忽思慧。忽思慧,回回人,延祐中曾任饮膳太医,天历三年(1330年)编成《饮膳正要》一书,对养生、避忌、妊娠、食忌、营养疗法、食物卫生等有详细论述,记录了我国各民族在烹调方面的宝贵经验。这是我国古代最著名的营养学专著之一。

此外,因元代与欧亚交通的发达,阿拉伯医学也在这一时期传入了中国,新型医疗机构"广惠司"的设置,就是阿拉伯式医院组织的移植。1292年,大都和上都设立了回回药物院,并译了《回回药方》等医书,使民族间的医药经验得以交流。同时,中国的医药也传入阿拉伯及亚非地区,这些交流大大丰富了中国传统医学。

第五节 空前开畅的文化交流格局

一、"伊斯兰世界的旅行家"——马可·波罗

马可·波罗(1254~1324年)是意大利威尼斯人。在他出生后不久,其父尼柯罗及其叔马泰奥赴东方贸易,于至元二年(1265年)到达中国的上都。元世祖忽必烈接见了波罗兄弟,向他们详问了欧洲的情况,并派出一位使臣出使罗马教廷,要尼柯罗兄弟为副使代表朝廷随行。他们于至元六年(1269年)到达地中海东岸的阿克尔(今以色列海法北)打算会见教皇。但适逢新教皇尚未登基的虚位期,他们只得返回威尼斯。

尼柯罗归来时马可·波罗已经15岁。他听了有关中国的见闻后,十分向往中国。至元八年(1271年)波罗兄弟携马可·波罗东行,在阿克尔谒见新教皇歌里高利十世。教皇要他们回元廷复命。他们取道伊利汗国,经都城桃里寺(今伊朗阿塞拜疆之大不里寺)至波斯湾之忽里模子,再沿古代丝绸之路经撒麻耳干(今乌兹别克斯坦之撒马尔罕)、帕米尔高原、巴达哈伤(今塔吉克斯坦之巴达贺尚省),进入元朝控制下之可失哈尔(今新疆喀什)。沿塔克拉玛干沙漠南行,经于阗(今和田)、罗卜(今若羌)等至河西,于至元十二年(1275年)抵达上都。在中国期间,马可·波罗得到元世祖的赏识,留在元朝为官,以官员的身份到过中国许多地方,游历了许多城市,如汉八里(大都)、上都、京兆(今西安)、成都、大理、济南、扬州、镇江、杭州、福州、泉州等,了解了各地的风土人情。同时他还通过多

种途径了解包括朝鲜、日本等在内的东方国家的情况。据研究证实,在中国的17年中他曾至少3次到过东南亚。

马可·波罗与其父、叔久居中国,思恋故乡。至元二十六年(1289年)伊利汗派使者来元朝请婚,忽必烈下令选少女阔阔真下嫁伊利汗。借此机会,马可·波罗一家人辗转返回威尼斯。次年,威尼斯与热那亚之间爆发战争。马可·波罗参加战斗时被俘。他在狱中讲述了自己在东方的经历,与之同狱的文学家鲁斯梯安诺笔录,于大德二年(1298年)成书曰《马可·波罗游记》。

从该书可以看到马可·波罗在自然地理学、地质矿物学等方面有独特的贡献。在途经世界最高的高原帕米尔高原时,他敏锐地观察并记录了高山对燃烧和煮物的影响。在这里就涉及燃点和沸点的问题。所以,他是世界上第一个观察、记录并基本正确地解释了燃点因高山缺氧、严寒而变化升高的人,他也是世界上第一个观察记录了高海拔处煮食物熟得慢的人。马可·波罗在华寓居17年,了解到中国人使用煤的情况。在他以前,中外各国人民都已经在用煤,各国著述家对此也有所提及。但迄至马可·波罗时期,西方用煤还非常罕见,记载更是零星。中国用煤虽相对普遍,但记载也只是只言片语。中外著述家还没有谁像马可·波罗那样详细、具体、生动地描述煤炭,马可·波罗的记述增进了西方人对煤的了解,并传播了煤炭知识,具有重要的意义。

马可·波罗是一位沟通东方和西方的伟大使者,是13世纪最著名的旅行家。《游记》是有史以来第一次以文字的形式将富饶而瑰丽的中国乃至东方展现在欧洲人的面前,从而掀起欧洲人探寻通往东方新航路的浪潮。哥伦布因为相信马可·波罗的记载而向东远航,企图到达日本,最后发现了美洲。《游记》的诞生顺应了东西方一体化的趋势,从而也加速了这一趋势的发展。

二、吸收与传播:中外科技交流

由于元朝经济的发展、对科技的重视、疆域的空前广大以及交通的发达等因素,中外科技文化的交流空前活跃,科技取得了长足的发展。元朝成为中国历史上科技发展的一个高峰期。下面从天文历法、数学、医药学、地理学、火药火器、建筑学等方面对元代中外科技交流情况予以介绍。

(一)天文历法的交流

中国历法家耶律楚材受回历中朴素的地球经度概念的启发,发现地上的距离与历法的推算有直接关系。中原的测算标准,在西域就会有误差,反之亦然。从而创造了"里差"的概念。到了元朝,蒙古统治者对西域阿拉伯天文历法更为重视,他们下令征召回回天文学家到中国,建立回回司天台等。波斯天文学家扎马鲁丁等应召东来。至元四年(1267年),扎马鲁丁撰进《万年历》,忽必烈下令予以颁行。至元八年(1271年),元政府设回回司天台,以扎马鲁丁为提点。在回回司天台里工作的还有阿拉伯天文学家马刺丁、苦思丁等人。元廷于至元十六年(1279年)在都城的"东墉下"建立了一座宏大的天文台。建台工程由段贞和尼泊尔建筑家阿尼哥负责,而著名天文学家郭守敬则新设计了一套天文仪器,总共有十七八种,也由阿尼哥监造。元朝时,中外天文历法方面的交流是相互的。元代是我国天文历法发展的高峰期,当时在世界范围内处于领先地位,所以,中国先进的天文历法理所当然对阿拉伯诸国乃至欧洲的天文历法产生了巨大影响。中亚马拉格天文台在编制《伊利汗天文表》时,由中国天文历算学家与波斯、阿拉伯学者共同研讨编制。其中明显吸收了中国天文历法的成果。法国著名的数学家、天文学家拉普拉斯也认为就日至测影而论,在13世纪当以中国四丈高表的测量最为精确。后来拉普拉斯论证自己的理论时,引用了这次测量的结果。他说:"公元1279年到1280年期间的观测之所以重要,是由于它们的高度准确性,也由于它们明确地证实了地球轨道倾角和轨道偏心率自那时迄今的缩小。"元朝著名的科学家郭守敬于1367年为重新装备元大都天文台,建造了"简仪",此举使其成为赤道式装置的创始人。这一装置在此后牛顿时代的大型望远镜中一再被证实是最有价值的。还有阿拉伯天文学家阿尔·卡西于15世纪初编制的著名的《兀鲁伯星表》4卷,第一卷就论述了中国历法。这无疑是元朝天文历法对外有重大影响的又一佐证。

(二)数学交流

13世纪中国数学领域取得了辉煌的成就,这些成就的取得亦是吸收了阿拉伯代数、历算、几何和三角的一些成果。阿拉伯数码在元朝由于回回天文台的使用,渐入中国数学界并影响了整个社会。宋元之际,中国数学家使用0表示空位就是受印度、阿拉伯数学的影响。元代时,古希腊数学家欧几里德的《几何原本》也通过阿拉伯算学著作的介绍到达中国,成了元代数学家研究的命题和解算理论。元代著名天文学家郭守敬在计算编制《授时历》时,曾受到回回历算的启发,应用球面割圆术。此术是在中国传统计算法基础上的创新。另外,郭守敬还受哈桑·马拉喀什《允解算法》的启发,在计算赤道积度和赤道内外度时,开始应用对算弧三角法。与此同时,中国数学的伟大成就也传入了阿拉伯及亚洲其他国家。印度人在沙盘中利用位值制数码进行的四则运算也和中国分数算法大致相似,分数的表示和四则运算也和中国分数算法相同。这种方法还通过印度陆续传入伊斯兰国家。

(三)医药学交流

中国与阿拉伯国家及波斯的古代医学都很发达,很早就互相进行交流。到了元代,这种交流得到了更大的发展。蒙古汗国时期,汗廷中就有不少回回医生。世祖中统四年(1263年),忽必烈命回回医生爱薛掌管西域星历、医药二事,后来在至元七年(1270年)改置广惠寺"专掌修制御用回回药及和剂",并将爱薛在大都所设的"京师医学院"并入,仍命他掌管。广惠寺的主要职官有20多人,其间任职的均为回回医生。他们用回回医法,使用回回药物,医术很高明。元代回回医药学著作也有不少传入中国。元秘书监所存回回书籍中,有一种《忒毕医经十三部》,据考证可能是阿维森纳的名著《医经》。中国医学对波斯与阿拉伯国家也产生了明显影响。前述阿维森纳在其所著的《医经》中就广泛采用了中国的脉学。唐代孙思邈的《千金方》在元代也被译成波斯文。

(四)地理学交流

元代中外地理学交流的一个突出特点是由于中外人士互相来往的频繁,出现了大批描写其所见所闻的游记性地理著作。中国人描写外国的地理著作有耶律楚材的《西游录》、李志常整理的《长春真人西游记》、周达观的《真腊风土记》和汪大渊的《岛夷志略》等。而同一时期外国人的地理著作涉及中国的有马可·波罗的《马可·波罗游记》,柏朗嘉宾的《柏朗嘉宾蒙古行纪》,鲁布鲁克的《鲁布鲁克东行记》、《鄂多立克东游录》,乞剌可思·刚扎克赛的《海屯行记》等。富有蒙古风格的中国元朝网格绘图法,经由阿拉伯传入欧洲后,直接促进了欧洲诸国实用航海图的绘制。这对安全航行,扩大海运事业,起到了积极作用。

(五)火药、火器技术的西传

我国发明的火药与火器,主要是在13～14世纪由西征蒙古军传到交战国家和地区的,后来又由这些国家和地区继续西传。阿拉伯人对中国火器进行仿造,在火药与火器的制作方面,已与中国初级火药、火器的制作方法相似。在此基础上,仿制了类似中国突火枪的木质管形射击火器——马达发。当11世纪火药在中国的战场上雷鸣般轰响的时候,西方还不知道关于火药的知识。过了200年,欧洲的学者,首先是西班牙人,通过翻译阿拉伯人的著作,才知道了火药。至于火药兵器在欧洲战场上崭露头角,已经是14世纪的事情了。13～14世纪时,阿拉伯人和欧洲的一些国家进行了长期的战争,在战斗中阿拉伯人使用过各种火药兵器,例如1325年阿拉伯人攻击西班牙的八沙城时,使用过"火球"。它可以发出雷一般的声响,是一种燃烧弹。就在和阿拉伯人的战争中,欧洲国家才接触到火药兵器,开始学习制造火药和使用火药兵器。

(六)建筑学交流

元代随着大批阿拉伯人进入中国,其建筑技术也传了过来。元大都的设计建筑就有阿拉伯建筑师的贡献。元大都的主要设计者是刘秉忠,但负责具体施工的有回回人也黑迭尔等。这一时期印度、尼泊尔等佛教区国家的建筑技术也传入中国。尼泊尔建筑师阿尼哥主持建筑的大都妙应寺白塔就是以印度的宇宙观为建筑指导思想。中国的建筑技术同样也影响了别国。中国的工匠李春建造了赵州桥,这是世界上第一座石拱桥。元朝时,意大利旅行家马可·波罗返回欧洲时带回了许多相关的信息,公元1300年后不久,意大利人效法建造了几座类似的桥,从那时起,这种造型在西方一直经久不衰。

三、元代汉文化的东流

在东亚世界中,朝鲜与日本由于和中国疆土毗邻,所以自古以来与中国的交流都十分频繁,双方在这种交流中互通有无,共同进步。汉文化在当时相对于朝鲜、日本的文化来说,属于高势能文化,因此,这种文化交流的基本特征是汉文化东流。元时期的文化交流,仍然保持着这个特征。

(一)与高丽的文化交流

元朝时期,程朱理学开始传入高丽,第一个传播者是高丽学者安珦。安珦是高丽大学士,曾出使元朝,在大都学习过中原文化。当读到新刊印的《朱子全书》后,他认为这才是儒学的正统,于是将《朱子全书》抄写回国,并在高丽太学进行讲授。他十分仰慕朱熹的为人,自号晦轩,寓意向晦庵看齐。安珦的弟子白颐还专门赴元,在大都居住了几十年,潜心钻研程朱理学,回国后继续传授。当时的高丽出现了一股学习程朱理学之风,学者蜂起,都以讲授朱子之学为己任。由于程朱理学有益于巩固封建统治,所以高丽统治者对其也十分推崇。

汉语在高丽很流行,至元十三年(1276年),高丽政府设立了通文馆,专门教授汉语语言,并且编辑了两种汉语教科书——《老乞大》和《朴通事》。"乞大"即契丹,《老乞大》采集高丽商人到元朝大都经商的沿途用语,采用两人对话的形式进行叙述,包括道路见闻、住宿饮食、买卖货物等内容。全书近2万字,分上、下卷。"通事"即翻译之意,《朴通事》采用两人对话或一人叙述的形式,介绍了元朝的社会、风俗礼仪、生产生活、买卖、游艺、词讼、宗教等多方面内容。全书2万多字,分上、中、下三卷。通文馆的设立和汉语学习教材的编辑,对高丽人研究和学习汉语,更好地和中国进行交往、交流,起到了积极的作用。

高丽人特别喜爱汉文书籍,从王室到百姓,只要有机会都会尽力购买,禅位后在元朝定居的忠宣王就曾广泛搜集中国书籍。据记载,当时高丽人购买的汉文书籍主要有儒家著作、史书、名人文集、工具书、文学作品等等。元朝皇室曾向高丽王室赠送过大量的书籍,高丽忠肃王在位期间,元朝送去的汉文书籍达4371册,共计17000卷。恭愍王从中国回国时,也带去了大量获赠的元朝绘画作品。从中国传至高丽的典籍有力地推动了高丽社会文化的进步。

除了文化上的交流,元朝和高丽的商贸往来也很密切。元朝向高丽输出大量的服饰、丝织品、瓷器、钱币、金银制品、武器、香料、葡萄酒、书籍等,高丽向元朝输出的物品有金、银、铜、铁、丝织品、黄漆、樟木、动物、人参、海产品、纸张、书籍等。1976年在朝鲜新安海底发现一艘沉船,打捞出7168件器物,其中有6457件是中国瓷器,经鉴定,这些瓷器的年代都在元代中晚期。

元朝与高丽在文化与贸易上的频繁往来促进了两国科技的交流和学习。例如,现在在朝鲜半岛遍植的棉花,就是元朝时期高丽人文益渐从中国带回去的。高丽的历法也是采用元朝的《授时历》,高丽忠宣王居住大都时,得知郭守敬《授时历》的精确,就命令随行宰相崔诚之学习,使得《授时历》传到高丽。高丽的造船业比较发达,制造的战船规模大,速度快。元世祖就曾任用高丽人金方庆为元制造战船,高丽的造船技术传到中国。高丽也曾向元朝学习制造火药和火器的技术,以提高高丽军队的作战能力。

(二)与日本的文化交流

元朝与日本的关系十分密切,尽管这一时期两国在政治上屡有冲突,至元年间,元朝曾经两次对日本发兵,但是两国在贸易和文化方面的交流却十分活跃。这种贸易往来分官方贸易与私人贸易两种形式。当时最大的官船是天龙寺船。日本对元朝输出的物品有黄金、刀剑、木材、屏风、折扇、螺钿、硫黄、铜与一些工艺品,元朝向日本输出的商品有铜钱、香药、书籍、经卷、锦绫、文房用具、绘画、茶叶、丝织品、瓷器等。

元与日本文化交流最突出的表现是两国僧侣的频繁往来。来元的日本人除了商人,最多的就是僧人了。日本幕府统治建立后,统治者就十分注意对汉文化尤其是儒学与佛学的吸收。日本人对佛教经典表现出很大的热情,入元日僧的主要任务就是历访江南的名刹古寺,修道参禅,收集佛教的经典经文和文物,同时学习中国的书法、绘画艺术、建筑技术和茶道等等。日本的圆光禅师在元朝生活了12年,开创了两国之间僧侣往来的先河。此后,来华的日本僧人越来越多。据记载,元代来华日僧多达220多人。还有不少僧人是被江南的秀丽景色所吸引,"并不仅是想要实际体验江南丛林的生活,而是羡慕江南山川风物之美,想要尽情领略它的风趣,为观光旅游的心情所驱使而去的"。

元代僧人到日本的也很多,他们有的是元政府派去的,有的是日本政府招聘过去的。其中最著名的僧人是庆元普陀寺的一山一宁。由于当时元朝与日本修恶,而一山一宁又是奉元政府之命前去日本,因而一度被当作敌国使节流放在伊豆岛的修善寺,但不久就因为其博学多识而被日本政府释放并委以重任。一山一宁不仅精通佛、儒、道及百家之学,而且熟悉野史、小说、乡谈、俚语,他先后担任建长寺、圆觉寺、南禅寺的住持,还曾在京都、镰仓的寺庙中开禅讲法。他的学问令当地的文人士绅折服,为时人敬重。一山一宁死后,日本天皇赐以"国师"的称号,并建塔纪念,宇多上皇亲书"宋地万人杰,本朝一国师"予以褒奖。一山不仅成为日本一山派禅宗的开山始祖,而且由于他对朱子学十分精通,加速了朱子学在日本的传播,他的弟子雪村友梅等人,都是日本历史上著名的朱子学者。

当时中国的茶道在日本也非常受欢迎,随着两国之间交往的加深,日本开始兴起茶会活动,并称为"唐式茶会",表示是由中国传入的。活动的大致内容是:会众到齐后,东道主奉以点心;吃完点心以后,众人起座,散步休息,然后再次入座;主人依次献茶,进行猜测茶叶产地的赌博游戏,这叫做"点茶仪式";结束后,撤去茶具,陈上美酒佳肴,众人欢饮,并以管弦歌舞助兴。这种茶会活动的内容模仿自元朝的斗茶,举行活动的茶亭,甚至茶亭内部的装饰都带有浓郁的中国特色。

第六节 社会风俗

辽夏金元时期,北方游牧、渔猎民族迭次南下,逐渐进入中原以至江南地区,在与农耕民族经过冲突与交流之后,社会风俗方面表现出了既激荡融合又异彩纷呈的特点。

一、饮食风俗

饮食风俗方面,从辽代开始,中国境内各民族多有混同居住,彼此相互影响。契丹人自古逐水草而居,牧养牲畜,饮食上多有以"肉酪",即肉食、乳制品为主,间有谷物食品,在获取幽云十六州之后,粮食作物种植面积大幅增加,契丹人对于米面食品有了更多的选择。肉食的种类多样,有牛、羊、马等诸种,同时可以产出奶制品,其他还有鹿、兔、鱼、雁、熊、骆驼等,其烹制方法包括生食、蒸煮、烧烤、腊制等。相对于肉食品种的纷繁复杂,谷物食品相对简单,主要有米粥、炒米、馒头、面饼等。西夏地当要冲,各个部族犬牙交错,多种风俗混合交杂,西夏人的食物来源同样多种多样,米、面、肉类、乳制品等皆不一而足。开封与杭州分别作为两宋王朝的政治、经济和文化中心,饮食之精致,北人概莫能比。相对于辽和西夏,金元时期,随着少数民族依次入主中原以至江南甚而岭南,与汉族的接触逐渐增多,他们受到汉人的饮食习惯影响愈来愈深,包括开封、杭州在内的许多汉地城市的饮食文化自然保留下来,成为金元时期饮食风俗的一个组成部分。当然,同样的,汉人地区也渐渐受到这些少数民族的饮食习惯影响。元代大批西域人东来中土居住,他们信奉伊斯兰教,被称为"回回人",其饮食风俗异于中原,不食猪肉,多以面食、牛羊肉为主,牲畜非手刃不食。

北方地区酷寒,其人多嗜酒,酒的饮用在辽夏金元各个朝代都是十分流行,尤其是在贵族中间,饮酒成风,以至以酒为媒,许多政治事变由此发生。当时酒的种类包括粮食酒、果酒、奶酒以及后来的蒸馏酒等,粮食酒主要依托谷物发酵酿制而成,随着各个王朝占据汉地范围的扩大,粮食酒的酿制数量也逐渐增多。果酒主要指的是葡萄酒,中原地区主要流行粮食酒,而葡萄酒更盛产于中亚地区,特别是蒙古西征,更多的葡萄美酒自西东来。草原民族最早多饮用奶酒,特备是蒙古人喜欢饮用的马奶酒。以上三种酒都是发酵酒,酒精浓度不是太高,通过加热蒸馏的方法将发酵酒提纯,可以制成蒸馏酒,这种蒸馏酒又名"烧酒",自元代开始广为传播。

茶原产于中国,多在南方暖湿地区生长。饮茶,可以解油腻、清心神、助消化,北方少数民族肉乳之物食多,菜果之类吃少,饮食结构不均衡,部分微量元素摄入不足,对于茶叶的需求度非常高。辽夏金之时,茶风如此盛行,以致正史记载:"上下竞啜,农民尤甚,市井茶肆相属"(《金史·食货志》)。当时北朝多以榷场交易方式,自南朝特别是两宋王朝获得茶叶,有诗就这样描写道:"里闾风俗乐过从,学得南人煮茶吃。"(刘迎《淮安行》)元代混一中国,茶产之地自在其统治之下,元人获取茶叶更加方便,茗饮之俗更加广为传播。

二、服饰风俗

北方地区冬季漫长,气候寒冷,人们多以游牧、渔猎为生,所以辽夏金元各朝代的早期,其族人衣服多以牲畜、野兽之皮毛制成,其后渐有丝麻纺织品出现,这些纺织品多是与汉人甚至西域人辗转交易而来,后期则因边界四扩,或由境内民众制成。入元以后,棉纺织品大兴,成为当时人们重要的制衣原料来源。各个朝代的贵族和普通民众之间,其制衣材料是有差异的,在部族肇基时期,风俗稍显蒙昧,民多淳朴,阶级和等级差异不大,反映在衣服材质和式样上,差别一开始并不明显。随着部族的崛起,阶级的分化,以及受到汉地传统服饰制度的影响,皇室贵族与普通平民之间,其服饰等级制度渐趋严格。贵族多衣锦绣绫罗,服装轻薄柔软,不再局限于蔽体御寒之用,服制开始成为"别上下,明威严"的重要表征。因为在大部分时间内是与汉地王朝地理相接,境内又是各民族混同居住,彼此风俗相互影响,辽夏金元各朝代的服装既有"胡汉并存",又有"胡汉融合"等特点。比如辽代服装有国服、汉服之别,当时称之为"北班国制,南班汉制,各从其便焉"(《辽史·仪卫制》)。既然与"汉制"相对,所谓的"国制"应当延续了契丹人传统的衣着特点。同样的,西夏人在服制上也有"蕃礼"、"汉礼"之别,金代服制因袭历代,多参酌宋制,受汉人影响很大,汉化较深。元代也受到中原王朝服制影响,不过特别注意保持"本俗",延续本民族的传统服饰特点,既"因循守旧",又"便宜行事"。

孔夫子有言:"微管仲,吾其被发左衽矣"(《论语·宪问》)。此后,"被发左衽"成为北方少数民族发型、服制的典型意象。实际上,这并不确切,随着几千年的交流融合,互相影响,许多少数民族盛衰演变,流转迁移,真实的风俗则是"被发或有,左衽未必"。其中,契丹人、党项人、女真人和蒙古人多有髡发传统,与汉人"身体发肤,受之父母,不敢毁伤"的传统有异。至于外衣袍服,这些少数民族并不拘泥于"左衽",契丹人左衽居多,但从一些辽墓壁画上看,仍有右衽的,这种右衽的服饰在一些洞窟壁画中的党项贵族像也有所反映。女真人盘领居多,亦有左衽,而蒙古人无论是从历史记载,还是一些传世图像上所呈现的信息,其服装都以右衽居多。

总的来看,辽夏金元时期随着统治范围的扩大,境内各民族之间的交流和融合更加深入,在服饰制度上也是如此,相互借鉴和仿效,少数民族身穿汉服,汉族也穿少数民族服装,少数民族之间彼此也有影响。这样的选择既缘于政治上的强制推动,也有自然环境下人们选择的结果。比如金代之时,"民亦旧习胡俗,态度嗜好与之俱化,最甚者衣装之类,其制尽为胡矣。自过淮已北皆然,而京师尤甚。"(范成大《揽辔录》)入元之后,号称"怯薛歹"的蒙古大汗番直宿卫人员,其服装样式既沿袭穿着了草原民族传统的长袍、笠帽,也因地就俗,兼采中原汉地的衣冠服饰。当时,比较有特点的还有蒙古宫廷礼仪服装"质孙服",汉语译为"一色衣",其材质不一,上下有别,等级分明,差别很大。可以说,随着社会经济的不断发展,政治局面的相对稳定,各个王朝统治阶层积累的财富日益增多,其服饰风俗多有侈靡之势,同时,其冠服制度,自然受到中原汉地的影响,也大都日益严密和等级化。

三、建筑风俗

自然地理环境的区别,社会生产习惯的差异,使得辽夏金元各个朝代的建筑风格和居住特点多有不同。比如契丹人和蒙古人最初基本上都是游牧民族,逐水于草原之上,这种生产和生活方式,客观上要求其居住场所最好是容易移动的,所谓"草居野次,靡有定所","转徙随时,车马为家"(《辽史·营卫志中》),随着牲畜的转移草场,牧人也需要随之迁徙。相对于固定的土木建筑,帐篷,又称帐幕、穹庐、毡帐、蒙古包等,更加容易拆卸、运输和搭建,也更加适合这些游牧民族。而女真人多出于莽莽林海,渔猎在山林、盆地和平原之间,相对于游牧民族而言,其建筑具有固定性的特征。《金史》上就说:"黑水旧俗无室庐,负山水坎地,梁木其上,覆以土",可见女真人建筑居住场所时,因地制宜,使用了大量的木材和一些泥土作为建筑材料。西夏则地处多股势力的交接地带,境内民族混同居住,分别从事畜牧业、农业等行业,其所居或为毡帐,或为土屋。随着统治地域的扩大,生产和生活环境的差异,部下民族的增多,这几个王朝的居室建筑样式,都是日益多元化的,特别是都城的建筑布局和设计,就受到汉人建筑传统的强烈影响,比较有特点的是辽代和金代的五京制。

五京制之记载最早源于唐代,脱胎于复都制度,其实质还是因为统治地域的扩大,各地自然、人文环境不一,为了加强和稳固统治基础,通过提升特定城池的政治地位,经由派驻军队、建筑宫室或者定期巡视,以便于宣慰部族和威慑异动,特别是北方民族逐鹿中原,贵族和平民皆有游猎迁徙之风俗,复都制度正契合其民族习性。辽代设有上京临潢、中京大定、南京幽都、东京辽阳、西京大同共五京,金代设有上京会宁、北京大定、南京汴京、东京辽阳和西京大同共五京,海陵王时自上京会宁迁都至中都燕京,前后共六京。这些都城建筑多仿中原制度,皇家宫室殿阁、官员平民宅第、城池沟道和官署寺庙,应有尽有,汉人建筑思想之影响不可谓不深。

不过,这些少数民族王朝仍然保留着自身的一些居住传统。比如,辽代皇帝虽有五京宫殿可供驻跸,但对于契丹民族长久以来在游牧生活中养成的居住习惯,仍然用一种特别的方式予以保持。史料记载:"辽国尽有大漠,浸包长城之境,因宜为治。秋冬违寒,春夏避暑,随水草就畋渔,岁以为常。四时各有行在之所,谓之'捺钵'。"(《辽史·营卫志中》)所谓"捺钵",又称"四时捺钵",指辽代皇帝居处无常,四季转徙,游牧畋猎,消寒避暑,各有其议事之所,驻扎之地。当然,辽代前后不同时期,其四时捺钵的地区也是有所变化的。至于蒙古大汗,则有翰耳朵制度。翰耳朵,又称翰儿朵、翰鲁朵、兀鲁朵、窝里陀、宫帐或金帐,是指大汗所居住的帐幕比一般牧民大很多的,这种巨型的帐幕分为固定和可移动两种。一般而言,围绕着大汗居住的翰耳朵,形成一座巨大的帐幕群落,在这座群落中,与大汗的关系亲疏与否,决定着其帐幕所在的方向和远近。大汗的翰耳朵通常居中向南,诸妃帐幕分别左右后置,官员护卫等而次之。翰耳朵制度,不止于草原存在,及元人入主中原,大都宫城之内仍有翰耳朵之设。

四、婚姻风俗

辽夏金元各个王朝,皆自一隅而逐渐崛起,统治地域日渐扩大,部下民族愈来愈多,其所领民众的婚姻、家庭风俗差异比较明显,尤其是这些游牧或渔猎的少数民族在同农耕民族不断地碰撞与纠葛的过程中,不同于武力上的后发制人,文明上的相对落差使得其相对于定居民族而言,文化和风俗方面受到的潜移默化的外来影响更为巨大,这一点在中原地区的表现来说,就是儒育理化,温文尔雅,汉化加深。当然这些变化,并不完全是在政治的强权推动下出现的,它是一种自然选择的长期过程。此一过程中,这些少数民族仍然顽强地保留着一些传统的风俗习惯,实际上,观察和比较中原民族早期历史中的社会风俗,少数民族的这些传统多有似曾相识之处,并不显得过于特立独行。不过,相对于辽夏金元时期的南方王朝和民众而言,时代的差异和视角的不同,就使得少数民族许多的风俗习惯,易染纲常是非,常让友邦惊诧。

比如收继婚制度,也有称转房婚的,"父死则妻其母,兄死则妻其嫂,叔伯死则侄亦如之"(《三朝北盟会编》),包括同辈收继和异辈收继两种,存在于不少对辽夏金元各个王朝的历史记录中,特别是在其初期发展阶段。这种婚姻制度在北方许多游牧和渔猎少数民族的风俗中源远流长,根深蒂固,不过在深受儒家礼制浸润影响的中原汉人来说,却实在是"淫秽蒸报"(《隋书·党项传》),饱受非议。事实上,这种收继婚制度,仍然保留着原始群婚制的残余,在社会生产力和整体发展水平并不太高的情况下,为了保证家族的劳动力和财产不至于向外流散,收继婚成为一种婚制选择形式,它有效地减少了整个家庭特别是财产归属发生剧烈动荡的可能。相对于收继婚,这些少数民族"姊亡妹续"的接续婚制度受到的指摘较少,它对于儒家传统伦理秩序的冲击没有收继婚那么剧烈。这种接续婚制度,实际上是原始婚制下一夫同时或者连续婚娶多个姐妹的"妻姊妹婚"向"姊亡妹续"接续婚的变异。

除此之外,还有一些婚姻制度值得注意。比如一夫多妻制度,实际上这从上面提到的收继婚和接续婚的描述中可以反映出来。娶妻数目的多少由其家庭的财产状况来决定,而妇女作为生产和家务劳动的重要提供者,具有一定的经济地位,其本身也是家庭"财力"的一个反映。普通民众要想娶妻,财产多寡成为一个必要的约束条件,而对于皇室贵族来说,财产一般不成问题,选择妻子的余地自然加大,不过他们仍然保守着一种世婚的传统。就辽人来说,皇族耶律氏和后族萧氏世代交换缔结婚姻,成吉思汗家族历世多与弘吉剌部为婚,不少元代皇后即出自该部,金代皇族完颜氏多在几个大族之家娶后,这种世婚制度有原始婚制的残余,实际上能同时达到同姓不婚和良贱不婚等多重效果,通过世婚制度,与望族缔结婚姻,交相矜尚,构成贵族婚姻圈,这一来有利于别上下、明贵贱;二来也便于达成团结部族的目的,形成坚强的族内同盟。

第八章

明清:气象万千　新旧杂存

我国封建社会发展到明清时期,已经进入了末期。时间上从明太祖朱元璋建国到鸦片战争开始,长达472年。这时期历史的主要特点是商品经济更加繁荣,出现了资本主义萌芽,封建社会逐步走向衰亡。在这种新的政治、经济格局下,中国文化开始了一种全新的历程。

随着新的经济因素的诞生,新的文化因素也应运而生,并且力图凭借其顽强的生命力冲破封建文化的母胎,求得自我发展。而封建文化势力也不甘心就这样灭亡,借助专制势力的文化政策,企图扼杀新文化因素。于是初生的新文化精神从诞生之日起就与僵死的旧文化传统展开了反复较量。因此明清文化的一个显著特点就是新旧杂存,碰撞激烈;并且在碰撞的过程中绽放出令人眼花缭乱的色彩,也给人们留下了许多深刻的历史教训和启示。

第一节　制度文化的因循与专制

一、明初的君主集权:灭异端的大一统

明朝初年,职官设置承袭元朝,中央设中书省,"百司纲领,总率

郡属",地方设行中书省,总揽一省大权。不久,朱元璋认为中书省与行中书省的权力过大,决心改革。首先,在洪武九年(1376年),他废掉行中书省,在全国设置了13个承宣布政使司,置左右布政使,管一省行政;另设提刑按察使司和都指挥使司,分管刑法与军事,即是所谓的"三司",互不统属。洪武十三年(1380年),朱元璋借口丞相胡惟庸私通蒙古及倭寇,阴谋篡权,将其处死,乘机废除了中书省和丞相制,将相权分于六部,六部尚书直接对皇帝负责。并进一步宣布丞相之职永不再置。秦汉以来实行一千余年的宰相制度,从此废除,皇权与相权的矛盾就此消失,皇帝将大权牢牢地掌握在自己手中。

丞相废除以后,太祖置内阁大学士充当他的幕僚,协助他批阅奏章,草拟诏旨。成祖时,阁臣开始参与机务。到仁宗、英宗之后,阁臣的权力更是越来越大。尽管如此,内阁毕竟不是一个正式的行政机构,也没有下属机构,它仍带有皇帝秘书兼顾问的性质。另外,洪武十年(1377年),设通政使司掌奏疏封驳之事,是一个下传上达的机构。洪武十五年(1382年),改原来的监察机构御史台为都察院,专职弹劾百司,纠举不法。又根据全国当时有13省行政区,在都察院下设13道监察御使,纠察内外百官。监察御使只有七品,但是位低权重,外出巡查,号"代天子巡狩",大事奏裁,小事立决。此外,还设立六科给事中,负责对六部进行监察。太祖时,还设立特务机构锦衣卫,负责侍卫、密缉盗贼和诏狱。通过这些监察和特务机构的设置,皇帝进一步加强了对官吏和百姓的控制。

洪武三十年(1397年),《大明律》正式颁行,这是由刑部奉旨编定,经太祖亲自裁酌,后又几经修订才正式施行的。《大明律》按照六部体制,分为吏律、户律、礼律、兵律、刑律、工律,加卷首的名例律共七律。《大明律》旨在维护君主集权,维护贵贱尊卑的封建等级制度。如《吏律》规定,大臣私自选授官吏者斩,交接朋党者斩,擅离职守、违弃制书、误犯御名庙讳、遇事应奏不奏等等都会受到相应的惩罚。《刑律》对谋反、谋大逆的量罪尤其重,不但共谋者不论首从一律凌迟处死,其祖父、父、子、兄弟,不分异姓,伯、叔、侄不限同籍,一律处斩。对于等级制度,《大明律》亦有严格的规定,如主人犯罪,奴婢不得首告,奴婢殴家长者斩,骂家长者绞,而家长殴死无罪的奴婢仅杖60、徒1年。明朝通行的律典还有朱元璋亲自编撰的《大诰》三篇,其中汇集了大量惩治官民犯罪的案例和凌迟、剥皮实草等酷刑。另外,明太祖还实行了廷杖制度,在大殿上杖责大臣,很多功名显赫的勋臣就被活活杖死在朝堂之上。明朝的法典和太祖的廷杖制度作为慑服臣民、维护皇权的重要手段,反映了封建统治者的专制和残暴。

二、清代统治机构的强化

清代的统治机构基本沿袭明朝,但清以少数民族入主中原,面对阶级关系和民族关系的新变化,清统治者不能不对其政权结构的某些方面做相应的调整和变动。

清入关前,最高的权力机构是由八旗诸王和总理旗务大臣组成的"议政王大臣会议"。军国大政,都要由它讨论决策,亦称"国议",权力非常大,是满洲贵族控制朝政、维护自己权益的特权机构。这种贵族专制形式,必然同皇权发生冲突,而且也不利于清朝取得汉族地主的支持,所以清朝在统一中国后,统治者便开始采取措施削弱议政王大臣会议的权力,并最终在乾隆五十七年(1792年)正式予以裁撤。

顺治十五年(1658年),清改内三院(清入关前的行政机构,即内国史院、内秘书院、内宏文院)为内阁,作为中央最高行政机关,设大学士、协办大学士、学士,满汉各半。内阁的职权与明朝类似,代拟批旨,传达诏令。顺治时,大学士仅为五品官,到雍正时,大学士的品级升至正一品,成为朝廷的最高级官员。不过,雍正时军机处的设立大大降低了阁臣的权力。雍正七年(1729年),当时清军正在和西北的准噶尔部交战,为了能及时处理军务,在内廷设立了军机房,雍正十年改称"军机处",承旨办理机务,取议政王大臣会议和内阁而代之,成为新的最高行政机构。军机处设"军机大臣"、"军机大臣上行走"等职,都是皇帝在满汉大学士和各部尚书、侍郎中选出充任的。军机大臣都是皇帝的亲信,完全听命于皇帝。军机处将皇帝的密旨直接寄给地方叫做"廷寄",地方上奏请重大问题也是由军机处直接呈送皇上,中间省去了内阁这道手续,所以行政效率比较高。军机处的设立,使得君主的权力空前集中。

理藩院是清朝特设的一个行政机构,为前代所无,是清代用来管理边疆少数民族地区事务的专门机构,其管辖的事务范围包括新疆、青海、西藏、四川等地区。还兼管部分外交、通商事务。其编制与六部基本相同,以尚书、侍郎为正副长官,但是只有满族、蒙古族人担任,不用汉人。理藩院的设置,说明当时的统治者十分注意对少数民族的管理。除上述机构外,清代其他的重要机构还有都察院、大理寺、通政司、翰林院、内务府、詹事府、国子监等等,都是沿袭明制,略有损益。

清代的地方行政机构分为省、府、县三级。省级最高官员为总督和巡抚,总督一般管辖两至三省,例兼兵部尚书和都察院右都御使衔。巡抚只管辖一省,例兼兵部侍郎、都察院右副都御使衔。他们都是皇帝的心腹。督抚之下,各省都设有布政使和按察使,布政使主管一省民政、财政,按察使主管一省司法、刑狱和纠察。省下设府,长官为知府,掌管一府政务,另外在省与府中间还有一级机构称为"道",长官道员,道分守道和巡道,驻守在某一地的叫"守道",专掌钱谷;可去分巡某一地方的叫"巡道",专掌刑名。还有与府同级的直隶州、直隶厅,直属于省,长官为知州、同知或通判。府下设县,长官为知县。清代地方机构的特别之处在于设置了与省平级的边疆特别行政区,与中央的理藩院相对应。清统治者在东三省、蒙古、新疆、青海和西藏等地都设有这样的行政区,采取和内地不同的管理措施。

三、明清的兵制

明朝初年,兵力都统属于大都督府。洪武十三年(1380年),随着宰相制的废除,大都督府也改为中、左、右、前、后五军都督府,分管在京各卫所及地方都司。五军都督府只管训练,无权直接统调军队,而且五府之间各不相属,只设一名中军断事官,负责五府之间的联络。军官的选授权在兵部,调遣和最高指挥权则把持在皇帝一人手中。士兵们平时由都督府进行训练,如遇战事,则由兵部奉皇帝旨调兵、选官,发给印信。战事结束,将官向都督府退还兵员,向兵部缴回印信。如此一来,除了皇帝没有任何人能够专事军权。在编制方面,明朝实行的是卫所制,卫所遍布全国,"自京师达于郡县,皆立卫所"(《明史·兵志一》)。卫所的人员编制为:每卫5600人,置卫指挥使;每卫下辖5个千户所,每个千户所有兵1112人,由千户统领;千户所下辖10个百户所,每个百户所有兵120人,由百户统领;百户所下辖2个总旗,每总旗下又辖5小旗,一小旗有兵10名。府县各卫统于各省都指挥使司,各都指挥使司又分统于五军都督府。明初士兵的来源有多种,有前朝遗留的世袭军户,有随朱元璋打天下的农民军,有敌方投降过来的归附兵,有犯罪的百姓构成的所谓长生军,还有从平民中征调的垛集军。所谓垛集,即民户3户为一垛,选出一丁多户为"军户",其余两户就叫"贴户"。军户出一人为军丁,叫"正军",正军是世袭的,如有逃亡或死绝的,就从贴户中补充。

清朝的军事制度为"八旗制"。入关前,旗兵都是由女真族人组成,先有正黄、正白、正红、正蓝四旗,后又增设镶黄、镶白、镶红、镶蓝四旗,合称"八旗"。后又立蒙古八旗和汉军八旗,共二十四旗。每旗设都统1人,副都统2人,每旗有兵7500人,下辖参领5人,各带兵1500人,每参领又辖5佐领,每佐领带兵300人。八旗军分为守卫京师的"禁卫兵"和驻防各地的"驻防兵"。"禁卫兵"又分为"郎卫"和"兵卫",郎卫挑选上三旗中成绩优异者组成,职责是保卫禁中;兵卫的建制有骁骑营、前锋营、护军营、步军营、火器营、健锐营、虎枪营等。"驻防兵"则是根据所驻防地的需要,决定驻防人数的多少。旗兵是世袭制,他们不用从事生产,一个人的兵饷就能养活全家,是清朝各种军种中待遇最好的。清人入关后还组建了绿营兵,主要由明朝降卒和各省改编军队构成,因用绿色军旗,故称"绿营兵"。绿营兵分为步兵、马兵和水师,只在土著地服役,不随军官的调动而转移,兵籍由兵部掌握。编制为镇、协、营、汛。镇的长官称"总兵";镇下设协,协的长官称"副将";协下设营,由参将、游击、都司、守备统领;营下设汛,由千总、把总分别统领。为了加强对全国各地的控制,统治者将武装力量分布在京师和各省要地,八旗军和绿营军在驻防地相互交叉,在全国构成军事控制网,有利于八旗兵对绿营兵进行监视和控制。这些军队在各地为非作歹,祸害百姓,就连清朝最高统治者也不得不承认"其为民累,更有不可胜言者"(《清世祖实录》)。

四、思想上的控制:文字狱的兴起

明清两朝的统治者都十分注意文化思想控制,对不利于其统治的思想和言行,一律进行严厉的钳制和残酷的镇压,屡兴文字狱。

明朝开国皇帝朱元璋出身低微,因此对于知识分子十分忌讳,致使大批儒生士大夫因文字而遭飞来横祸。如浙江府学教授林元亮作《谢增俸表》中,有"作则垂宪"之语;常州府学训导蒋镇为知府作《贺正旦表》中,有"睿性生智"等词,朱元璋把"则"都念成"贼",把"生"读作"僧",认为是讥讽他参加过红巾军和出过家,于是分别予以严惩。他不仅镇压任何触犯自身忌讳的文字,而且决不允许文人在著文时涉及宫廷秘事和政治弊端。洪武年间监察御使张尚礼作宫怨诗云:"庭院沈沈昼漏清,闲门春草共愁生。梦中正得君王宠,却被黄鹂叫一声。"即被太祖"投之于水"。在明代文字狱的施行过程中还辅以特务手段的运用,以士人为重点侦察对象,"飞诬立构,摘竿牍片字,株连至十数人"(《明史·刑法志》)。

清代文字狱的森严,远远超过明代。康、雍、乾三代,曾连续大兴文字狱。一切文字著述,只要清统治者认为触犯了君权,或者有碍于自己的统治,便被视为"狂吠"、"异端"、"悖逆",往往一案株连数百人。康熙年间,就出现了轰动朝野的"庄氏明史稿案"与"戴名世《南山集》案"。浙江富户庄廷鑨请人编辑《明书》,续纂天启、崇祯两朝事,名曰《明书辑略》,书成刊印,庄廷鑨已死,却被人告发,说书中称清太祖努尔哈赤为"建州都督",又将南明隆武、永历二帝视为正宗,都属大逆不道,是有意反清。结果庄廷鑨被戮尸,其父被捕,死于狱中,亦被戮尸,庄氏全族及为此书写序、校对以及买书、卖书、刻字、印刷的人"一应具斩",还有几百人充军边疆。戴名世当时是翰林院的编修,他对清初文人方孝标的著作十分欣赏,将其著作中的许多论述引入自己的著作《南山集》中,并且在《南山集》中直称南明三帝的年号。方孝标的著作多阐发民族精神,对清王朝多有微词,如《钝斋文集》、《滇黔纪闻》等。后来此事亦被告发,康熙帝大怒,将戴名世处斩。此案株连数百人,戴名世子孙数人并斩,方孝标被戮尸,方氏后人坐死者多人,当时为《南山集》作序、刊行诸人也被放逐、贬黜。

雍正六年(1728年),发生了"吕留良文选案"。吕留良是一位民族主义鼓吹者,其所著诗文和日记中有激烈的夷夏之防等言论。吕留良早死,湖南人曾静与其弟子张熙,受其思想影响,列举了雍正皇帝的九条罪状,并策动川陕总督岳钟琪起事反清。岳钟琪假意赞同,却立即上奏朝廷,将吕留良家属、师徒以及其他与此事有关的人员一律治罪,主要人物死者戮尸,活者斩首,受牵连者或杀或流,或发配为奴。

乾隆时期的文网更加严密,由于乾隆疑心汉人嘲讽清朝,酿成了许多大狱。如礼部尚书沈得潜作诗《咏黑牡丹》云:"夺朱非正色,异种也称王。"被认为是影射清朝以异族夺得朱氏正统王朝。时沈得潜已死,亦被开棺戮尸。此类案件在乾隆时期屡见不鲜,即使是那些曾经深受皇帝赏识的人,只要被认为稍有出位的言行,也会立即招来横祸。

文字狱现象是封建专制主义空前强化的结果,是统治者企图在思想文化领域内树立绝对权威的手段。文字狱的施行造成了极为恶劣的影响,影响了中国社会的进步和发展。

第二节　哲学新气象

一、王守仁之"心学"

王守仁(1472～1528年),字伯安,浙江余姚人。因曾居阳明洞,自号"阳明子",故学者称"阳明先生"。他的哲学思想凸显了心的作用,所以称为"心学",主要讲求"致良知"与"知行合一"。武宗时得罪宦官刘瑾,被贬为贵州龙场驿丞。后任汀赣巡抚,镇压了浏头八寨少数民族起义,又平定了朱宸濠的叛乱。其主要的哲学著作为《传习录》和《大学问》。

王守仁生活的时代,因商品经济的发展,已出现了"东富西贫"、"高下失均"的新的经济动向。当时土地兼并日益激烈,社会矛盾日益尖锐,农民起义此起彼伏。在各种社会矛盾的引发下,统治集团内部的矛盾也不断激化,宦官专权,藩王叛乱,王朝统治岌岌可危。目睹天下颓靡的情况,王守仁认为其时"何异于病革临绝之时"。(《王文成全书·答储柴墟》)为了维护大明帝国的统治秩序,将明王朝从"沉苛积痿"中挽救出来,王守仁不遗余力,先后平定了宁王朱宸濠的叛乱,镇压了多次农民起义。在镇压农民起义的过程中,王守仁深感"破山中贼易,破心中贼难"(《王文成公全书·年谱》),如果仅靠武力,只能从表面上暂时解决问题,而不能从根本上杜绝叛乱。因此,他抓住心物关系、心理关系和知行关系等一系列哲学问题,进行了艰苦的思想探索,建立了主观唯心主义的"心学"体系。这是其"心学"理论体系创立的社会根源。另外,王守仁的主观唯心主义思想体系,深受先秦思孟学派和佛教禅宗的影响。先秦思孟学派的"尽心知性知天"、唐代禅宗的"明心法起灭天地"以及南宋陆九渊的"宇宙便是吾心,吾心即是宇宙"都具有比较系统的"心本论"的理论观点。王守仁博大的唯心主义"心学"体系,实际上是集我国古代唯心主义思想之大成。

王守仁的哲学理论基础是"心即理",这也是其宇宙观方面最重要的命题。这里所说的心,"不是一块血肉",不是物质的心,而是一个能主宰一切的精神实体。他认为,人心是一切事物的本源,没有人的意念活动,便没有客观事物。他说:"心之所发便是意,意之本体便是知,意之所在便是物。"(《王文成全书·语录》)在王守仁看来,事物之"理",并不存在于客观事物之中,而是存在于人们的心中。所谓"夫物理不外于吾心,外吾心而求物理,无物理矣"。他用了一个非常著名的"山花明寂"的比喻来说明这种心与物的关系,"你未看此花时,此花与汝心同归于寂;你来看此花时,则此花颜色一时明白起来,便知此花不在你的心外"。(《王文成全书·语录》)在认识论上,王守仁提出了主观唯心主义的"致良知"认识论。他认为,要认识"理",即所谓"致良知",其途径不是通过实践,而是到心中去体验。王守仁也讲"格物致知",但他所谓的"格物",实际上成了"格意"、"格心"。他说:"格者,正也。正其不正以归于正之谓也。正其不正者,去恶之谓也;归于正者,为善之谓也。"(《王文成全书·大学问》)王守仁的这一套认识论,全部是在人心与意念上做文章,与客观唯心主义者朱熹的认识论方法完全不同。在知行关系的问题上,王守仁反对朱熹的"先知后行",主张"我今说个知行合一,正要人晓得一念发动处便是行了"(《王文成全书·语录》)。就是说人们内心一旦有某种念头,同时也就是人的"行"了。即言知即有行在,言行即有知在,知行只是一个功夫。这在某种意义上混淆了知与行的界限,抹杀了它们之间的区别。

王守仁的"心学"体系,比陆九渊的心学更为广泛和完善,是中国古代主观唯心主义发展的顶峰。它强调充分发挥人的主观能动性,对当时僵化的理学是有力的冲击和突破。但是另一方面,由于它过于强调主观精神的作用,从而脱离了对客观事物的研究和探讨,不利于认识的发展和提高。阳明心学这种理论上的内在矛盾促使了这个学术体系最终走向分化,为明清之际启蒙思潮的兴起准备了理论条件。

二、平民阶层思想的萌芽:王艮及其思想

王艮(1483~1540年),字汝止,号心斋,泰州安丰场(今属江苏东台县)人。出身盐丁,壮年才读《大学》、《论语》等书。后拜王守仁为师,习王学,学成后长期在小生产者中讲学,创立泰州学派,在王学诸多弟子中,影响最大。这一学派的特点是具有浓郁的平民化色彩,注重对自我价值的追求。其著作被后人辑为《王心斋先生遗集》。

王艮虽然拜王守仁为师,但是在为学宗旨上他仍有自己的独立见解,王艮在接受王守仁主观唯心主义的"良知"学说之前,有自己的"格物说"。他说"格物就是止至善",凡符合封建道德标准的就是"至善",与王守仁的观点较为接近。拜王守仁为师后,他将自己的"格物说"与王守仁的"良知说"结合起来,提出了"复初说"。王艮认为,要治理天下,首先应端"本",也就是"诚其心",意思是注重个人的道德修养。"诚心"指"知不善之动而复之,乃所谓致良知而复其初也"(《王心斋先生遗集·复初说》)。"复初说"实际上是一套修身说。他十分注意"身"的作用,将它视为"本",而以天下国家为"末",要从自我出发去矫正天地万物,使之皆符合封建社会的道德标准。

王艮认为,做学问的目的就在于明白"身安而天下国家可保"的道理。由此,他进一步提出了"明哲保身"的观点。在《明哲保身论》中,王艮说:"知保身者,则必爱身如宝,能爱身则不敢不爱人。能爱人,则人必爱我,人爱我,则吾身保矣,能爱人,则不敢恶人。不恶人,则人不恶我,则吾身保矣"。王艮的"爱"与"恶",都是超乎阶级之上的,带有幻想地宣扬阶级调和。王艮及其泰州学派的重要并不

在于其理论上的成就,而在于其所倡导的平民化儒学在社会下层的影响。王艮长期在下层民众中讲学,提出了"百姓日用即道"的观点,认为"百姓日用之条理处,即是圣人之条理处"(《王心斋先生遗集·语录》)。百姓日用即是判断是否符合圣人之道的标准,他把圣人与百姓等同起来,这种思想易为下层人民所接受,体现了泰州学派平民化的特点。

从整个思想体系来说,王艮并没有超出其师阳明心学体系的框架,但他敢于体现自己的特色。王艮所收门徒甚众,且收学生不论地位、不问身份,其中不乏高官显贵,但以平民百姓居多。在王艮门下的下层劳动者中,曾涌现了不少杰出的平民思想家,如樵夫朱恕、窑匠韩贞等。他们经常用通俗易懂的诗歌,向不识字的田夫野老宣传封建的道德伦理以及安分守己的人生态度。如"世路多歧未许游,得休休处且休休";"人生安分且逍遥,莫向明时叹不遭"等,规劝人们安分守己、清心淡泊。这在一定程度上磨灭了人们的进取意识,故其为泰州学派的局限之处。

三、明清的异端思想——李贽的社会政治观

李贽(1527~1602年),号卓吾,又号温陵居士,福建泉州人。青年时代饱受生活奔波之苦,中年以后做了20多年的小官,亲身感受了明末社会的黑暗和官场的腐败。晚年毅然辞官,专事著述。他的学术思想颇杂,非儒非释非道,又亦儒亦释亦道。他的唯心主义哲学思想属于王守仁学派,但其反对封建正统思想的"异端"学说,则是王守仁学派所没有的。其讲学内容多与封建保守势力相抵触,因而被当权者以"敢倡乱道,惑世诬民"的罪名关押在京师狱中,最终自杀身亡。

李贽的著作反映了作者强烈的反抗封建正统思想的倾向,因而生前和死后其著作多次遭到统治者的禁毁。但其重要著作《焚书》、《续焚书》、《藏书》、《续藏书》仍得以流传下来。

李贽的进步社会观,集中表现在敢于打破千百年来对孔子的迷

信。宋明理学家一直将孔子思想化为万古不朽的教条,视孔子为万世宗师。而李贽对孔子的圣人形象提出了质疑,他认为孔子是人而非神,如此尊奉只是后人的盲目崇拜。由此,李贽对儒家经典也做了重新估价。认为这些"经典"不过是史官过分的"赞美之语"和孔孟之徒"记忆师说"的残缺笔记而已。根本不能成为"万世之至论"。李贽认为,千百年来,人们在孔子的权威面前,闭塞耳目,造成了孔子后"千百余年而独无是非"的文化沉闷局面。对此,李贽提出了"是非无定质、无定论"的观点,强烈反对"以孔子之是非为是非",充分表现出其离经叛道的"叛逆"精神。

李贽的批判锋芒,还接触到了封建礼教和等级制度。他反对封建社会根深蒂固的男尊女卑观点,在《焚书·答以女人学道为见短书》中,李贽从人的认识能力角度来阐述男女平等的思想,认为"谓人有男女则可,谓见有男女岂可乎?谓见有长短则可,谓男子之见尽长,女子之见尽短,又岂可乎?"他认为"人人皆可以为圣","圣人不曾高,众人不曾低","庶人非下,侯王非高",因此以高低贵贱来划分人等是不符合"致一之理"的。李贽还特别强调"率性之真",他主张要"各从所好,各骋所长",充分发挥人的才能和个性。这一思想贯彻到文学创作上,李贽提出了"童心说"。"童心"即真心,是人生之初纯真无瑕本质的体现,是一种真实的思想感情。李贽认为,凡是"天下之至文,未有不出于童心焉者也"(《焚书·童心说》)。因此在文学创作上,李贽尤为反对"文假文"、"言假事"的文风。针对当时文坛出现的复古派拟古摹古风气,李贽认为"诗何必古选,文何必先秦",把传奇、院本、杂剧、《西厢记》、《水浒传》等传统封建文人认为是不登大雅之堂的作品列为"古今至文",打破了传统的偏见。

在中国思想史上,李贽是一位具有重要地位的启蒙思想家。沈瓒在《近事丛残》中评论李贽"好为惊世骇俗之论,务反宋儒道学之说",客观反映了李贽斗争的锋芒主要指向宋明理学以及被道学先生们所美化的封建伦理道德。他的思想,根植于明代后期新的经济变动之中,构成了一种反叛传统的文化模式,具有新的时代特征。

四、明清之交的三大启蒙思想家

明末清初,封建制度衰落,民族矛盾和阶级矛盾十分尖锐,社会危机加深,资本主义萌芽也开始出现在某些地区的某些行业。在这种动荡的时代背景下,学术领域也掀起了一股新思潮,出现了一批具有强烈民族意识和民主色彩的学者和思想家,其中杰出的代表人物有黄宗羲、顾炎武和王夫之,因他们在思想方面的杰出贡献,后人称之为"明末清初三大家"。

黄宗羲(1610～1695年),字太冲,号南雷,别号梨洲,浙江余姚人,是阳明学派刘宗周的高徒。其父黄尊素,系东林党著名领袖。黄宗羲青年时代承父遗志,成为"复社"领袖,以反阉党名闻全国。明亡后,又组织"世忠营",开展抗清斗争。失败后,拒绝出仕清朝,而致力于著述。主要著作有《明儒学案》、《宋元学案》和《明夷待访录》。

黄宗羲的宇宙观带有唯物主义色彩。他认为:"通天地,亘古今,无非一气而已。"(《宋元学案·濂溪学案下》)人和物都是由气产生的。"无气则无理","理"不过是"气"的条理和秩序,"气"日新不已,而"理"也会随之日新。这是对宋明理学中气本体论的继承。但在认识论上,他的观点又流于唯心主义了。他说:"我与天地万物一气流退,无有碍隔,故人心之理即天地万物之理。"因此,在黄宗羲看来,"穷理者尽其心也",即通过人心穷究天理。这是唯心主义先验论的观点。

黄宗羲的杰出贡献在于其具有丰富而深刻的社会政治思想。首先,黄宗羲强烈反对君主专制制度。他说:"古者以天下为主,君为客,凡君之所毕世而经营者,为天下也。今也以君为主,天下为客,凡天下之无地而得安宁者,为君也。是以其未得之也,屠毒天下之肝脑,离散天下之子女,以博我一人之产业,曾不惨然。曰:'我固为子孙创业也。'其既得之也,敲剥天下之骨髓,离散天下之子女,以奉我一人之淫乐,视为当然。曰:'此我产业之花息也。'然则为天下之大害者,君而已矣。"(《原君》)这是对封建君主专制主义的严厉批判。其次,黄宗羲揭露了"天下之法"与"一家之法"的矛盾,对封建专制主义的法制进行了深刻的批判。倡导限制君权,实现"天下为主,君为客"的理想。此外,黄宗羲还提出了"工商皆本"的口号,主张改革币制、整顿市场、调整物价、扩大贸易,以推动工商业的发展。这一思想反映了农民和新兴市民的要求,符合资本主义萌芽发展的需要。

顾炎武(1613～1682年),字宁人,号亭林,江苏昆山人。青年时代入复社,清兵入关后,参加抗清起义。失败后,致力于学术,至死不仕清朝。主要著作有《日知录》、《天下郡国利病书》、《音学五书》和《亭林诗文集》等。

在宇宙观方面,顾炎武赞成张载关于"太虚"、"气"、"万物"三者统一的学说,主张"气"是宇宙的实体,所谓"盈天地之间者,气也"。(《日知录·游魂为变》)他认为道存于器,提出"非器则道无所寓"的观点。从总体来看,顾炎武的哲学思想具有唯物主义的倾向。

顾炎武思想的闪光点还体现在其社会政治思想上。他将封建社会中的"亡国"与"亡天下"作了区别,认为"亡国"只是"易姓改号",而后者则是"仁义充塞,而至于率兽食人,人将相食"。在此认识的基础上,顾炎武提出了"保国"与"保天下"的不同:"保国者,其君其臣肉食者谋之",普通人无须介入;"保天下者,匹夫之贱,与有责焉耳矣",应该是人人关心。同时,顾炎武也是一个君主专制的反对者。他主张限制君权,要求"众治",说"人君之于天下,不能以独治也,独治之而刑繁矣;众治之,而刑措矣"。认为"以天下之权,寄之天下之人"(《日知录》),才能达到"天下治矣"的目的。同时,在治学方面,顾炎武反对空谈心性义理,重视践履的优良学风,提倡经世致用的治学方法。他的治学思想,对清代学术思想的变化产生了巨大的影响。

王夫之(1619～1692年),字而农,湖南衡阳人。清兵入关后,曾领导衡山抗清起义,失败后隐居在衡阳船山著书立说,学者称为

"船山先生"。主要著作有《张子正蒙注》、《周易外传》、《读四书大全说》、《读通鉴论》和《宋论》等,后人辑为《船山遗书》100 余卷。

王夫之是明清之际最杰出的唯物主义思想家。首先,在宇宙观上,他发展了张载的"气本论",认为宇宙万物都是由物质性的气构成的。提出"气者,理之依也","气外更无虚托孤立之理"(《读四书大全说》)。也就是说,气是基本的,理是气的秩序,理离不开气。在道器问题上,王夫之主张"天下唯器而已,道者,器之道;器者,不可谓道之器也"(《周易外传》)。就是说,规律性的"道"不能离开客观事物的本身而独立存在。其次,在认识论上,他认为人的知觉由形(身体)、神(感觉和思维)、物(外在的客观世界)结合而产生。他强调人的认识来源于客观对象,而客观对象独立于人而存在。再次,在知行关系问题上,王夫之批判了朱熹的"知先行后"和王守仁的"知行合一"学说,提出了"行先知后"的唯物主义知行说,主张"知行相资以为用",即知行互相依赖,互相作用,而"行"是起决定作用的主导方面。最后,在方法论上,他认为世界上的一切事物都处在对立统一之中,都处在不停息的运动变化之中。动是绝对的,静是相对的。这种变化不是旧事物的重复,而是"推故而别致其新"(《周易外传·无妄》)。因此,历史的发展也有一定的规律可循,人们可"在势之必然处见理"。

五、颜元、李塨的反理学思想

清初意识形态领域新旧杂存,理学在这一时期虽仍居支配地位,但社会上出现了一批进步思想家,他们反对理学,倡导重实践、尚事功的实学。颜元、李塨是其中重要的代表人物。

颜元(1635～1704 年),字易直,又字浑然,号习斋,河北博野人。一生从事教书、行医,主要著作有《四存编》、《四书正误》、《朱子语类评》、《习斋记余》等。颜元对宋明理学进行了深刻的批判。在宇宙观上,他赞成气本论,并进一步提出理气合一的唯物主义观点。他用"气即理之气,理即气之理"的理论批驳程朱的"理在气先"的唯心主义"天理"论，他认为气是最根本、最具体的，而理具有抽象性，并不是永恒存在的先天道德，而是具体事物的道理、条理。因此，理在事中，决不能离开事物去求理。对宋明理学家先验论的认识论，颜元也予以大力抨击。他指责陆王心学的"悟道"之功，有如镜花水月，"若去镜水，则花月无有矣。即对镜水一生，徒自欺一生而已矣"。他认为认识的真正对象是客观存在的具体事物，如果没有客观事物作为认识对象，那么认识就会变得毫无意义。此外，他还认识到实践是检验认识是否正确的标准。颜元十分强调"习行"、"践履"对认识的重要性，认为只有通过亲身的习行、践履，求诸实际事物，才能得到正确的认识。在社会政治思想方面，颜元提倡经世致用的实学，主张"正其谊以谋其利，明其道而计其功"，主张效法三代，有以更张。

李塨（1659~1733年），字刚主，号恕谷，保定蠡县（今属河北）人。少时师从颜元，后人因有"颜李学派"之说。史学家万斯同见李塨所著《大学辨业》后，盛赞为"圣学真传"。晚年修葺习斋学舍，讲学其中，从游弟子甚多。著作有《恕谷集》等。在理气关系问题上，李塨继承并发挥了其师的思想。他认为朱熹的"理在事上"颠倒了理事的关系。他主张"理在事中"，认为"夫事有条理曰理，即在事中。今曰理在事上，是理别为一物矣"，"离事物何所为理乎？"（《传注问》）在经世主张方面，李塨较颜元有进一步的发挥。他十分注重实际知识，认为"纸上之阅历多，则世事之阅历少；笔墨之精神多，则经济之精神少"（《恕谷先生年谱》）。在李塨看来，明亡的根本原因在于理学家的空谈致虚。

后人将两人的著作合编为《颜李丛书》。颜元、李塨之学形成后，在北方传播较广，有一定数量的信仰者。因其敢于"开二千年不敢开之口，下二千年不敢下之笔"，所以遭到顽固派的谩骂，被攻击为"霸学"。

六、富有战斗精神的唯物主义哲学家——戴震

戴震(1723～1777年),字东原,安徽休宁人。曾六次进京参加会试,均名落孙山。乾隆三十八年(1773年),国家开《四库全书》馆,戴震以举人特招入馆,乾隆四十年(1775年),奉旨参加殿试,赐同进士出身,授翰林院庶吉士。其后两年,病逝于书馆中。其著作内容包括算学、天文、地理、声韵、训诂、哲学等方面,后人编为《戴氏遗书》。哲学代表作有《孟子字义疏证》、《原善》等。他是我国18世纪的著名学者,是一位富有战斗精神的唯物主义哲学家。

戴震继承和发展了张载"气本论",认为宇宙的本体和动因都是"气",万物由"气"之分化而成。他疏证"理"之字义,乃是"察之而几微必区以别之名也,是故谓之分理;在物之质,曰肌理,曰腠理,曰文理;得其分则有条不紊,谓之条理"(《孟子字义疏证》)。将理学核心"理"放入平凡的物质界考察,从而否定以"理"为世界本原的学说。在理气关系上,戴震提出"理在气中"、"理在物中"的命题,认为理不能脱离气而独立存在,理存在于万事万物之中,万物各具其理而各为其物。在认识论上,戴震认为物质是感觉的来源,感觉是物质引起的结果。他说:"味也、声也、色也,在物而接于我之血气,理义在事而接于我之心知。"同时,他还指出,人与自然界的区别在于人有"神明","神明"是"心知"的发展,而"心知"又以血气为基础。人的意识依赖于肉体,感官是沟通主观与客观的门户。这种认识论是以承认认识对象的客观性和可知性为前提的,具有唯物主义倾向。

戴震对理学家将天理与人欲对立起来的观点,提出了尖锐的批判。他认为,情感、欲望、理智乃是人的"自然"本性。所谓"理",应当是用来"通天下之情,遂天下之欲",使天下都能满足求生存的欲望。在戴震看来,宋儒的"存天理灭人欲"之说,无疑是"以理杀人"。而这种"以理杀人"比"以法杀人"更为残酷。他说:"尊者以理责卑,长者以理责幼,贵者以理责贱,虽失,谓之顺;卑者、幼者、贱者以理争之,虽得,谓之逆……人死于法,犹有怜之者,死于理,其谁怜之!"

(《孟子字义疏证》)这是对封建礼教最强烈的抗议。

戴震是皖派经学的开山始祖,在治学方法上,强调以"小学"为基础,从音韵训诂、字义名物、典章制度等方面阐明经典大义。他认为:"经之至者,道也;所以明道者,其词也;所以成词者,字也。"所以阐述义理须从字入手,"由字以通其词,由词以通其道"(《戴震文集·与是仲明论学书》)。他培养了一大批以"求是"为宗旨、以考据为学术特色的经学家。

第三节　文史艺术的绚丽风采

一、明清小说

中国的小说在明清进入到一个新的历史发展时期。这一时期出现了大量的以历史、神怪、公案、言情和市民日常生活为题材的长篇章回小说和短篇的话本、拟话本。创作于元末的《三国演义》、《水浒传》等中国古典名著,在明代又有了进一步的完善和广泛的流传。明代新创作的小说中,最具代表性的是《西游记》、《金瓶梅》和"三言二拍"。

《西游记》是一部积极反映资本主义萌芽时期新旧势力斗争的浪漫主义长篇神话小说,作者吴承恩。唐僧取经的故事一直在民间广为流传,吴承恩在民间流传的基础上重新组织创作了《西游记》。全书共100回,可分为两大部分:前7回主要写孙悟空大闹天宫;第7回之后则讲述了唐僧、孙悟空、猪八戒、沙僧师徒四人去西天取经的故事。《西游记》具有丰富而奇特的想象,通过对神魔世界的描写,曲折地反映了现实生活。作者热情歌颂了孙悟空自由不羁、机智乐观、不怕艰险的性格和精神,作者创作的孙悟空上闹天宫,下闹九幽十八界,将封建神权蔑视得一文不值,且有"皇帝轮流做,明年到我家"的大无畏气概,体现了作品的进步思想和作者对于封建统治深刻的揭露与批判。《西游记》具有幽默与诙谐的艺术风格,书中人物形象刻画鲜明,情节构思精妙,文笔清新洒脱,是一部融浪漫与现实为一体的佳作,流传广远。

《金瓶梅》的成书年代,约在隆庆至万历年间,作者署名"兰陵笑笑生"。全书共100回,从《水浒传》引申而来,通过对富商、恶霸、官僚三位一体的封建势力代表者西门庆肮脏丑恶生活的描写,揭露了封建市侩和官僚士大夫勾结起来欺压百姓、作威作福的事实,在一定程度上表现了自明代中期之后的社会现实。但作者对于他所揭露的西门庆荒淫无耻的生活缺乏应有的批判,全书不仅充满了因果报应的迷信思想,还有大量淫秽的描写,大大降低了这部作品的思想性。后人将《金瓶梅》与《三国演义》、《水浒传》、《西游记》并称为"四大奇书"。

"三言两拍"是明代短篇小说的代表作。"三言"指晚明冯梦龙编纂的《喻世明言》、《警世通言》、《醒世恒言》三部短篇小说集,共收集作品120篇,或描写下层妇女的悲惨地位以及她们在黑暗中对自由和幸福的向往与追求,或揭露封建权贵的祸国殃民和纨绔子弟的荒淫卑鄙,或歌颂青年男女坚贞不渝的爱情,或赞扬下层平民的善良和纯朴,都有一定的进步意义。"二拍"是《初刻拍案惊奇》和《二刻拍案惊奇》两部短篇小说集的合称,作者凌濛初。"二拍"与"三言"不同之处是,前者是凌濛初的个人创作,而后者只是冯梦龙的汇编和加工。"二拍"共收小说78篇,或揭露了封建统治者的贪婪恶毒,或反映明代社会商人的生活和心理,某些篇章还抨击了科举制度和封建司法制度的弊病,反映了丰富的社会内容。但两书都掺杂不少落后和庸俗的思想,如宣扬封建伦理、进行低级趣味的色情描写等。

入清以后,在清初至乾隆末年,中国古典小说达到了极盛时期。其中最著名的有蒲松龄的《聊斋志异》、吴敬梓的《儒林外史》和曹雪芹的《红楼梦》。

《聊斋志异》是一部以浅近的文言写成的短篇小说集,共有小说490余篇。作者蒲松龄,山东淄川人。一生穷困潦倒,以教书为业。他创造性地用传奇志怪的手法,借妖狐鬼怪的故事形式,倾吐自己的"孤愤"之情,因而作品有强烈的现实性。《聊斋志异》中描写最多的是鬼狐精怪与人的恋爱故事,作者通过曲折奇异的爱情故事,歌颂男女之间的真挚爱情,揭露封建礼教的虚伪本质。其他的作品有的暴露了当时社会的黑暗和政治的腐败,猛烈抨击了贪官污吏、土豪劣绅的罪恶行径,对百姓的不幸遭遇寄予深切同情;有的深刻揭露和批判了科举制的弊端;有的寄寓了深刻的人生哲理。《聊斋志异》刻画了许许多多典型的人物形象,布局巧妙,结构严密,文笔流畅,语言生动,代表了中国文言短篇小说的最高成就。

《儒林外史》是一部优秀的长篇讽刺小说。作者吴敬梓,安徽全椒人,出身没落官僚地主家庭。全书以反对科举和功名富贵为中心,描绘了秀才、举人、进士、翰林等儒林群丑的可笑形象,进而对整个封建社会和科举制度进行无情的抨击。在作者笔下,儒林人物的虚伪嘴脸暴露无遗。《儒林外史》还成功塑造了杜少卿、沈琼枝等一系列市井小民的形象,肯定了他们反礼教、要求平等自由、个性解放的精神,这些人物形象是作者理想的化身。全书没有主要人物和中心事件,但是主题突出,层层递进,语言精练,形象生动,是谴责小说的优秀范本。

《红楼梦》作者曹雪芹,满洲正白旗人。出身贵族世家,少年时富贵,后因抄家,穷困潦倒,生活发生了急剧的变化,《红楼梦》就创作于这一变故之后。全书以贾宝玉、林黛玉的爱情悲剧故事为主线,描写了一个贵族大家庭由盛而衰的变迁,揭露了封建社会后期的种种黑暗和罪恶,客观上揭示出封建社会终将覆亡的历史命运。作者塑造了众多不朽的人物形象,脍炙人口,深入人心。全书规模宏大,脉络纵横却又清晰贯通,浑然天成。其语言风格平淡含蓄、通俗典雅,既有浓厚的生活气息,又有诗一样的美感。《红楼梦》是一部划时代的不朽巨著,其成就达到了我国古典小说的最高峰。

二、明清的诗词与散文

在明初诗坛上具有代表性的诗人有刘基、宋濂和高启等,他们都亲身经历过元末动乱,因此诗歌内容大都反映民生疾苦。其后以内阁大学士杨士奇、杨荣、杨溥为首的"台阁体"诗派风靡一时,内容多以歌功颂德、粉饰太平为主。弘治、正德年间和嘉靖、万历年间分别出现了"前七子"和"后七子",他们都对这种"台阁体"进行了猛烈的抨击,"前七子"指李东阳、何景明、徐祯卿、边贡、康海、王九思、王廷相;"后七子"是李攀龙、谢榛、梁有誉、宋臣、王世贞、徐中行、吴国伦。他们提出复古的文学主张,提倡"文必秦汉,诗必盛唐",在其倡导下,明代诗坛拟古之风极盛。继之而起的"唐宋派"、"公安派"则与复古派针锋相对,"唐宋派"以王慎中、唐顺之、茅坤等为首,他们认为秦汉与唐宋文章各具时代特色,不应谤伤唐宋诸名家,因而结成"唐宋派"。"公安派"的代表人物有袁宗道、袁宏道、袁中道,因他们都是湖北公安人,故称。他们反对"裂古人语言之迹",主张"独抒灵性,不拘套格"。在明末的诗坛上还出现了如陈子龙、夏完淳等一批关注社会、关注现实的诗人,他们发出了挽救民族危亡的呐喊。

清代著名的诗人有钱谦益、吴伟业、王士祯等。钱谦益字受之,号牧斋,是当时诗坛的领袖,诗习杜甫,功力极深,著有《初学集》、《有学集》等。吴伟业,字骏公,号梅村,其诗多寓身世之感,擅长歌咏明清之际时事,善七律与七言歌行,代表作有《圆圆曲》、《楚两生行》等。王士祯,字贻上,号阮亭,诗风清俊,内容以日常琐事和个人情怀居多。清代杰出的词人有纳兰性德、陈维崧等。纳兰性德,字容若,号楞枷山人,词以小令为佳,多伤感情调,亦有雄浑之作。陈维崧,字其年,号迦陵,风格以豪放为主,多感怀旧情之作,也有少数反映民间疾苦的作品。雍、乾年间,诗坛形成两大派别:一是以沈德潜为首的"格调说"派,主张写诗要师法古人,讲求"温柔敦厚"的风格;一是以袁枚为首的"性灵说"派,主张写个人的性情遭遇。两派在创作方面各有成就。

清代散文的主流是桐城派,影响深远。因其创始人方苞、刘大櫆、姚鼐等人都是安徽桐城人,故名"桐城文派"。方、刘、姚三人被称为"桐城派三祖"。

方苞,字凤九,号望溪。自幼聪明好学,曾在乡试中名列第一,在清代文坛久负盛名。方苞曾因戴名世《南山集》一案牵连入狱,被判死刑,后康熙读了他的文章,感于他的才气,免死起用。方苞出狱后写了一系列文章,系统地提出了他的散文理论——"义法"说。"义法"说的核心,就是要以清雅简练的语言,借具体可稽之事,阐明封建伦理纲常。方苞的"义法"说,是桐城派散文理论的基础。

刘大櫆,字才甫,号海峰,师从方苞。仕途坎坷,仅做过黟县教谕。在桐城派的发展历程上,刘大櫆是上承方苞、下启姚鼐的中坚人物。他在散文艺术方面提出"神气音节"说。"神气"指文章的神志气势和作家的精神气质,而这种"神气"又通过文章的"音节"来表达,因而创作时要注重文章音节的和美、字句的平仄有秩。刘大櫆的"神气音节"说丰富、发展了桐城派的散文理论。

姚鼐,字姬传,一字梦古,因其室名"惜抱轩",故时人称"惜抱先生",师从刘大櫆,是桐城派的集大成者。姚鼐仕途通畅,中年后辞官,致力于文学活动和学术研究。在文学理论方面,姚鼐在前辈的基础上提出了义理、考证、文章三者合一的主张,义理指文章的观点,考证指文章的材料,文章即辞章,指艺术形式,"三者苟善用之,则皆足以相济;苟不善用之,则或致于相害"(《惜抱轩集》)。同时,在文章的风格方面,主张应以阳刚和阴柔相区分,提出古文写作,内容与形式应该辩证统一。桐城派的文学理论经姚鼐的发挥和深化,更加完善。

桐城派发展至姚鼐时进入成熟期,一时风靡天下,门庭若市,门徒遍天下,有"天下文章,尽出桐城"之说。然而19世纪中叶以后,随着清王朝的覆灭,桐城派失去了政治依托,开始走向衰落,最终在五四新文化运动浪潮的冲击下走向终结。

三、明清史学盛况

史学在明代的发展有四个标志:第一,私人著述增多。明代私人修史蔚然成风,并涌现出大批知名的史学家。第二,史学著作数量浩繁。据李晋华的《明代敕撰书考》统计,官修的书籍有200多部。私人著述则根本无法确切统计。第三,史书体裁相当完备。如纪传、编年、纪事本末、杂记、志书、舆图、类书、丛书等,无所不有。第四,史书内容丰富。这些卷帙浩繁的各种著述,所反映内容极其广泛,包括政治、经济、典章制度、农民起义、民族关系、对外关系、思想文化、科学技术等各方面。

有关明代历史的著名的官私史籍有《明实录》、《元史》、《明史纪事本末》、《国榷》等。

《明实录》共3045卷,是明代历朝官修的编年体史书。明朝定制,凡新皇帝即位,即命史官根据档案撰修前朝皇帝实录。《明实录》中的史料十分广泛、丰富,包括一朝的诏敕令旨、政务活动、财政赋役、政治制度、典章制度的变化、官吏的升迁,以及重大的历史事件和民族关系等,都以编年体的形式,不间断地记载下来。尽管《明实录》中记事有曲笔讳饰之处,但仍是今天我们研究明史最有价值的资料。

《元史》210卷,包括本纪47卷、志58卷、表8卷、列传97卷,明宋濂等奉敕修。记载了从成吉思汗元年(1206年)到元顺帝二十八年(1368年)共160余年的历史。该书系以元朝十三代"实录"为依据修撰而成,其中保存了许多为他书所不见的原始材料,有较高的史料价值。因成书仓促等原因,该书也存在记事芜杂、考订未详等问题。

《明史纪事本末》80卷,清谷应泰著。书成于顺治十五年(1658年),就明代历史中的80个重要事件或问题,按时间前后编排叙述。其成书时间早于《明史》,史料收集亦很丰富,叙事简明扼要,首尾一致,因此具有一定的史料价值。缺点是有意回避明满关系,对这一段历史所叙不详。

《国榷》108卷,谈迁著。这是一部编年体的明史,按年、月、日记载明朝一代的重要史实。该书的特点有:一是敢于秉笔直书;二是善于评论;三是详于考订史实。这些特点使这本书的记载可补其他史书之不足,是一部有价值的史学著作。

清代也是史学发展较快的时期。处于社会大变动的明清之际,许多著名的学者如顾炎武、王夫之、黄宗羲等人,同时也是知名的史学家。他们紧密联系斗争实际,记录了不少有关明清之际的人物和事件,在史学方面取得了杰出的成就。有关方志学的研究,在清代也达到了前所未有的高峰,还出现了一些像章学诚那样的方志学大师。嘉、道以后,重视经世致用风气再次浓厚起来,史学中的边疆史地的研究十分引人注目,出现了许多优秀的著作。如徐松的《西域水道记》、祁韵士的《皇朝藩部要略》、张穆的《蒙古游牧记》、何秋涛的《朔方备乘》等。这些成果,至今仍有较高的学术价值。清代的官修史籍,虽有不少问题,但可取之处也甚多,史料价值丰富。

清代出现的著名的官私史籍有:《明史》、《明史稿》、《续资治通鉴》、《明纪》等。

《明史》共236卷,清张廷玉等奉敕撰。该书是我国历史上纂修时间最长的一部官修纪传体史书,记载了明代近300年的史事。主要取材于《明实录》、档案、文集、奏议、图经、志书、传记、邸报等有关著述和材料,经一些著名的史家,如万斯同等人的整理和考订,体例严谨、叙事清晰、文字简明、编排得当,引述丰富,因此有很高的史料价值。在体例上,《明史》有不少创新之处。比如它专立了《阉党传》、《流贼传》和《土司传》,用以反映明代社会的突出问题。

《明史稿》310卷,王鸿绪撰。王鸿绪,字季友,号俨斋,松江华亭(今上海市松江)人。康熙年间的榜眼,历官至户部尚书。所著《明史稿》在万斯同《明史稿》基础上略加删削而成,计有本纪19卷、志77卷、表9卷、列传205卷,外加目录3卷。除本纪外,大多整理有序。张廷玉等纂修《明史》时,采纳甚多。

《续资治通鉴》220卷,毕沅主编。毕沅,字秋帆,号灵岩山人。乾隆时状元及第,官至湖广总督。该书为宋、元两代的编年史,上起宋太祖建隆元年(960年),与《资治通鉴》相衔接,下迄元顺帝至正三十年(1370年)。参与《续资治通鉴》编撰工作的,还有章学诚、邵晋涵等名家,因而在《资治通鉴》的众多续修工作中,该书堪称上品。

《明纪》60卷,是清人陈鹤、陈克家编撰的有明一代编年体史书,清同治以后,常与毕沅的《续资治通鉴》一并刊行。亦是一部研究明史的重要著作。

四、反对空谈义理:考据学的兴起

考据学是清代学术的主流,又称"汉学"、"朴学"。其内容主要是从文字音韵、名物训诂、校勘辑佚等方面从事经书古义的考证,并由此而推广到其他书籍。

清初考据学的创始者及代表人物应首推顾炎武和黄宗羲等人。他们针对宋明学者空谈义理的弊端,提倡汉学,主张学术要有关当世之务。顾炎武说:"凡文之不关于六经之指、当世之务者,一切不为。"(《亭林文集·与人书三》)他们反对宋明理学家对《六经》的任意主观阐述和发挥,主张从"小学"即字义名物的训诂入手,以求经典之旨。随着清廷统治的稳定,统治者一面大兴文字狱,加强思想钳制;同时又提倡整理考订古典文献,以转移人们反清斗争的目标,将学者的目光从社会引向故纸堆。在这种背景下,当年顾炎武、黄宗羲等人思想中"经世致用"的内容被后人忽略了,而其倡导的考证之风则被清初学者发扬光大。其中具有代表性的有阎若璩、胡渭。

阎若璩(1636~1704年),字百诗,号潜丘,山西太原人,迁居江苏淮安。他深于经史,亦精于地理。年轻时读《尚书古文》,怀疑其不可信,于是潜心研究30年,著成《古文尚书疏证》8卷,用比较严谨的考据方法,证明古文尚书系东晋人伪造。又撰《四书释地》,校正前人关于古地名附会的错误。

胡渭(1633~1714年),初名渭生,字胐明,号东樵,浙江德清人。精于经义,尤精舆地之学。所著《禹贡锥指》搜集方志舆图,阐释《尚书·禹贡》,对九州分域、山水脉络的沿革,详加说明,其中尤重治水。又著《易图明辨》,考定宋儒所谓"河图"、"洛书"之误。在辨别古书真伪和提倡疑古精神方面,胡渭作出了重大贡献。在胡渭与阎若璩之后,逐渐形成了一种脱离社会现实、为考据而考据的学风。这种学风在乾隆与嘉庆时期最为流行,形成了考据学派,史称"乾嘉学派"。

乾嘉考据学派主要分为吴、皖两大派。吴派以苏州元和人惠栋(1697～1758年)为首。惠栋,字定宇,号松崖,著有《九经古义》等书,治学方法是信家法而尚古训。其言:"汉人通经有家法……是故古训不可改也,经师不可废也。"(《九经古义》)主张一切务在恢复汉学。学者认为惠栋使断绝千年的汉学得以复继,但是其过于株守汉学,全盘接收,不加甄别,所学杂乱。《四库全书总目》评价说:"其长在博,其短亦在于嗜博;其长在古,其短亦在于泥古。"这种不足导致吴派的成就不如皖派。

皖派的代表人物是戴震。戴震(1723～1777年),字东原,安徽休宁人,不但如前所说是一位启蒙思想家,也是一位杰出的考据学大师、经学大师。该派在治学上富有创造性,不拘泥于一家之言。戴震曾说:"汉儒训诂有师承,有时亦傅会。"(《戴东原集·与某书》)所以在《答郑用牧书》中,他主张从事考据必须有"不以人蔽己,不以己自蔽"的求实精神和严谨态度。他们采取的考据方法是"由声音文字以求训诂,由训诂以寻义理,实事求是,不偏主一家"(《潜研堂集·戴先生传》)。戴震考据学的著作有《声韵考》、《声类表》、《考工记图注》。皖派其他重要的人物的著作在当时也很有影响,如段玉裁(1735～1815年),撰有《说文解字注》,在文字方面获得了很高成就。王念孙(1744～1832年),有《广雅疏证》和《读书杂志》,也是乾嘉时期有关训诂、校勘的代表作。

清代考据学的兴起,一反明朝浮泛的学术风气,主张经世致用,具有进步意义,这一点我们不能抹杀。但是随着考据学的发展,乾嘉考据学派形成,出现了"为考据而考据"的倾向,终日只在书本内下工夫,学术完全脱离了实际生活,烦琐的考证之风日甚一日,阻碍了进步思想的发展。

五、明清的绘画艺术

在明代各种画科中,以山水画的成就最为辉煌。明初著名的山水画家王绂,是宫廷画家,博学工诗,继承了"元四家"中王蒙、倪瓒的画风,善画竹石,特别是墨竹,被誉为"明朝第一"。宣德时,浙江钱塘人戴进宗法南宋李唐、刘松年的院体画风,兼融各家之长,形成自己劲健豪放的风格,一时群起响应,人称"浙派"。后人吴伟受其影响又建立了浙派的支流"江夏派",吴伟的山水画挥洒放纵,孝宗赐他"画状元"称号,名噪一时。

明代中期,江南地区涌现了大批杰出的画家,时人称之"吴门画派",代表人物有沈周、文徵明、唐寅和仇英,并称"吴门四家"。他们广泛吸取了唐、五代、宋、元诸派之长,形成了各具特色的绘画艺术。沈周,字启南,号石田,晚号白石翁,出身诗画世家。师承"元四家"而远绍董源、巨然。其绘画作品多描绘江南胜景,布局疏朗,用笔刚健有力又浑朴天然,被公认为吴门画派的开创者和领袖人物。代表作有《青园图卷》。文徵明,字征仲,号衡山居士。早年师从沈周学画,画风较沈周更加文秀细润,他的山水画亦多描绘江南风光,代表作《金焦落日图》、《古木寒泉图》,妍丽稳健,清和淡雅。唐寅,字子畏,一字伯虎,号六如居士,出身商贾家庭。画技全面,山水、人物、花鸟、楼阁无所不工,尤善美人图,笔下仕女造型优美,光彩动人。代表作有《秋风执扇图》、《事茗图》、《西洲话旧图》等。仇英,字实父,号十洲,工匠出身,苦学成才。擅长人物、山水、花鸟,尤长临摹。能熔各派之长于一炉,形成自己清劲潇洒的风格。代表作有《桃源仙境图》、《修竹仕女图》、《职贡图》等。吴门除上述四家外,较有成就的画家还有文嘉、文伯仁、钱谷、陆治、谢时臣等。

明末董其昌创"松江派",成为画坛主流。董其昌师承"元四家",擅水墨画,兼擅泼墨,作品优雅,烟云流畅,但气魄不大。明末其他著名的画家还有陈洪绶、崔子忠、曾鲸等。

清代在绘画方面也取得了很大的成就。清初的王时敏、王鉴、王翚、王原祁、恽阁、吴历并称"清初六大家",是当时画坛的代表人物。"四王"都师承与追随明代董其昌的绘画技艺,故在艺术风格上,刻意工整稳健、明净清润;在绘画技法上,则把仿古、临古放在第一位,轻视从生活中获取真实感受,因而作品较多书卷气,缺乏源自生活的自然情趣。恽格是清初影响很大的花鸟画家。在绘画技法上兼取诸家之长,色调雅致清新,风格放逸清苍。吴历的山水画重于实景取材,不拘古法,有新意,中年后到澳门学习,受西洋画的影响,讲究明暗远近,结构严谨。以上六大家合成了清代正统派的风格。

清代画坛上还出现了以朱耷、石涛、肖云从等人为代表的"野逸派",与正统派相对峙。朱耷等人都是明代遗民,入清后隐居不仕,通过绘画来慰藉自己的内心。他们的作品也因此带有反对清朝民族压迫的寓意,有着旺盛的艺术生命力。清中期以扬州画家为代表的"扬州八怪"画派,指金农、郑燮、罗聘、李鱓、黄慎、李方膺、高翔、汪士慎八人为首的一批画家。他们敢于摆脱清初以来的临古风气,创造了个性鲜明、风格怪异的艺术,在清代画坛上独树一帜。他们的作品多取材梅、兰、竹、菊等,寓意深刻,有较强的思想性。

第四节　科举教育的畸形发展

一、"八股"取士

科举考试在明清两朝成为广大士子进入仕途的唯一出路。为了牢固地控制人民思想,遏制各种反抗精神,明清统治者规定考试中必须采用八股文体做文章。

八股文体规定一篇文章必须要由破题、承题、起讲、入手、起股、中股、后股、束股八部分组成,破题即点明题目要旨;承题即承接破题做进一步的说明;起讲、入手都是进入正题前所做的铺垫;而起、中、后、束股四部分则是整篇文章正式的议论,每部分都要用两相比偶的文字写成,部分之间还要用固定的虚词诸如"今夫"、"苟其然"、"也乎哉"等连接,结构非常死板。统治者还规定八股文的命题必须出于四书之中,而且须以朱熹的集注为准。知识分子们根本不能有自己的思想,也绝不可以联系社会实际进行发挥,只能"代圣贤立言",学着古人的语气去宣扬封建伦理道德。统治阶级给读书人的唯一出路就是科举考试,而八股文又是在科举考试中脱颖而出的唯一工具,因此许多读书人把一生的精力都用来钻研这种毫无价值、空虚无物的八股文体,死啃经书,到头来反倒把自己变成了迂腐不堪之人。

八股取士是统治阶级用来愚弄和钳制人们思想的一种专制手段。对于八股取士的危害,一些思想进步的学者、思想家们已经有了清醒的认识。明末清初思想家顾炎武指出:"愚以为八股之害等于焚书,而败坏人才,有甚于咸阳之郊。"(《日知录》)他认为八股取士的危害甚至超过了秦始皇的焚书坑儒之举。清代学者徐大椿(字灵胎)也对八股文予以了深刻的讥讽:"读书人,最不济。背时文,烂如泥。国家本为求才计,谁知道变做了欺人技。三句破题,两句承题。摇头摆尾,便道是圣门高第。可知道三通、四史是何等文章?汉祖、唐宗,是哪一朝皇帝?案头放高头讲章,店里买新科利器。读得来肩背高低,口角嘘唏。甘蔗渣儿嚼了又嚼,有何滋味。辜负光阴,白白昏迷一世。就教他骗得高官,也是百姓朝廷的晦气!"

八股文的危害确实如此,在明清两代实行八股取士的 500 年间,八股文所坑害的年轻士子何止千万,他们执着于四书五经,因循守旧,愚昧不堪。这种科举制度也是最终造成中国近代自然科学落后于西方的重要原因之一。封建统治者们希望利用八股取士来巩固他们的统治,可惜却事与愿违,从八股文堆中挑选出来的那些腐朽官僚们,文不能安邦,武不能定国,只会加速封建王朝的覆灭。

二、禁毁书院

书院在明朝兴起于成化、弘治年间,发展于正德、嘉靖以后。明中叶以后,由于科举日重,学校日轻,学子们无心向学,读书之事已失本意。面对这种情况,理学家们为了拯救时弊,纷纷创立书院,弥补学校教育的不足,故书院教育迅速发展起来了。

明代书院的教育形式大体有两种:考课式和会讲式。考课式书院以服务科举为宗旨,教学以学习制艺为主,这类学院实质上与官办学校的性质差不多,是科举制的附庸。会讲式书院则是以发扬学术为宗旨,主要的研究对象是理学。明中后期,会讲式书院是书院教育发展的主流。关于书院教育的作用,《明德书院记》中有这样一段记载:"凡以萃俊而专业也。业专则理明,理明则士习端,而知向方。是书院者,辅学以成俊者也。"书院的兴盛是由讲学之风的兴盛所带动的,它的设立是为了更好地服务于教育实践,并且它也确实起到了这个作用。

但是书院在明代的发展不是一帆风顺的,统治者为了制造有利于其统治的思想氛围,对书院教育进行了残酷的镇压。嘉靖以后曾发生过四次对书院的禁毁。嘉靖十六年(1537年),御史游居敬弹劾吏部尚书湛若水、王守仁私创伪学,倡导邪说,要求将他们罢黜,并禁毁他们的著作及其门人私创的书院,朝廷认为他们的著作并非邪说,不宜禁毁,但仍"罢各处私创书院"。这是禁毁书院的第一次,范围与影响都不大。第二次在嘉靖十七年(1538年),吏部尚书许瓒上书指出有些地方擅自私立书院,刻印书籍,"供亿科扰",应予以撤毁。明世宗"即命内外严加禁约,毁其书院"。第三次是在万历七年(1579年),张居正执政,对士大夫竞相讲学的风气极为厌恶,他认为书院讲学是"徒侣众盛,异趋为事"、"摇撼朝廷,爽乱名实",是掌管天下教化之人所应深深忧虑的,于是奏请朝廷禁毁天下书院。

这次禁毁的规模之大远远超过前两次,手段也更为严厉。第四次是天启五年(1625年),时宦官魏忠贤专权,东林党人利用书院讲学讽议朝政,为了打击东林党人,镇压不同政见,不仅屡兴杀戮,所有的书院也被一律严令禁毁。

书院是弘扬和研讨学术的专门场所,同时书院教育也是学校教育的一个补充形式,对文化的传播和人才的培养都是具有积极意义的。明代对书院的四次禁毁,都是统治者为了遏制思想的自由发展,力图加强专制统治的极端行为。这对于思想文化的自由传播和发展都是大不利的。这种对书院教育的压制和打击一直影响并持续到清初。

三、沿袭损益:明清的学校

明清的学校教育形式多样,中央与地方都设有学校,中央有国子监,地方上有府、州、县学。

明初设立了三处国子监,即南京国子监、中都国子监和北京国子监,但是中都国子监只存在了16年,所以明代的国子监就剩下了南、北两监,亦称南北两雍。清朝建立后,把原明朝的北监加以修缮,作为其中央最高学府(南监改为府学),亦称太学。清朝国子监生源的类别与明朝基本相同,略有损益,现以清代为例略加说明。

清代国子监的学生有监生、贡生两大类。监生有四种:特由皇帝恩赐入监的叫恩监;祖、父辈对朝廷有功绩,其子孙因而得以入监称荫监;由增生、附生选优入监的称优监;由优秀童生援例抱捐的监生称例监。贡生包括岁贡、恩贡、拔贡、优贡、副贡、例贡6种。岁贡指各省学政在自己所辖府、州、县学生员中按资历选送到国子监的学生。一般情况下,府、州、县学的学生至少要有10年以上的学龄,才有参加岁贡选拔的资格。恩贡是指国家每逢遇有重大事件,如皇帝登基等庆典,为显示皇恩浩荡,特别恩赐到国子监学习的学生。拔贡,也叫选贡,即地方学校选拔品学兼优者送入国子监深造。优贡,指地方学校不拘资历,只凭生员文行,择优选送到国子监学习。

副贡,指各省乡试,有文理优长者,取做副榜,由副榜贡入国子监。例贡,指由增生、附生援例抱捐贡生的。监生可享受免除赋役的优惠照顾,另外,在监的监生每月能领取一定的月俸,岁时节令还会发给布帛和赏钱。他们学习的内容以四书、五经、《性理》、《通鉴》为主。国子监负担着为国家培养人才的重任,明朝的监生入仕的很多,监生做官没有一定的次序和范围,他们几乎无官不做,大到从二品的布政使,小到九品县主簿。

明清的地方设有府、州、县学。府、州、县学的学生称为生员,生员也享有很多特权,因此,地方学校的生源都是供大于求。生源的入学都要经过严格的考试,明朝最初是由三司和府、州、县官共同主持考试,后来在布政司下设立儒学提举司,专门管理地方学校。清代在每省设提督学政一人,掌管学校的政令及岁、科考。初入学的生员称附学生员,俗称秀才。秀才亦是功名,与一般老百姓是不一样的,如果秀才犯事,见官时,只需打躬而不用下跪,严重时也须先革去功名,然后才能按老百姓处理。地方学校的学习内容也是以四书、五经、《性理》、《通鉴》为主。

此外,还有一些特殊的教育形式。明朝设立了许多培养专门人才的机构,如武学、医学、阴阳学等,武学是培养武职人员的,医学和阴阳学则属于自然科学领域。

第五节 科技新成就

一、前古农业科学的集大成之作:《农政全书》

明代的农业科学有所发展,当时出现的关于农业方面的著作多达130多种,其中以徐光启的《农政全书》最负盛名,堪称我国古典农业科技史上最完备的一部总结性著作。

徐光启(1562～1633年),字子先,别号玄扈先生,上海人。万历二十五年(1597年)南闱解元,继成进士,历官庶吉士、太子赞善。其时欧洲正进入资本主义时期,天文、地理、数学、机械力学等知识有了很大发展。当时意大利耶稣会士利玛窦等人东来传教,徐光启在与利玛窦等人的接触中,成为当时理解并掌握西方文化的第一人。他组织明朝"历局"工作人员,编制了当时最完备的恒星图,并采用新的测算法,使日食月食的推测,较以前更加精密。他还主持编纂了《崇祯历书》137卷,并先后进呈《日躔历法》、《测天约说》、《日躔表》、《割圆八线表》、《测候四说》等9种天文学研究成果。他与利玛窦等人合译了《几何原本》、《测量法义》、《泰西水法》等书,成为介绍西方近代科学的先驱。在徐光启的多方面贡献中,有关农学的成就最大,即其所著《农政全书》。

《农政全书》共60卷,分农本、田制、农制、水利、开垦、树艺、蚕桑、牧养、酿造、造房、家庭日用、荒政12个部分,凡与农业有关的政策、制度、措施、工具、作物特性和技术知识等,应有尽有。它总结了我国古代劳动人民的生产生活经验,其中也不乏作者自己亲身试验的成果。为了证实北方生产粮食作物的潜力,徐光启在天津屯田,亲自制造水具,种植水稻,并获得了成功,他还将当时刚刚传入闽广一带的甘薯引种到上海,于田中试种,也获得了成功。尤为突出的是,《农政全书》中还融合了部分外来的农业知识,如《水利部》就编进了徐光启和意大利传教士熊三拔合译的《泰西水法》,专门介绍17世纪初西方水力学原理和新式提水工具。该书还反映了徐光启重视实践及人定胜天的思想。他批判了以往保守的"风土论",认为只要钻研耕作技术,通过不断的实践摸索,就能打破风土界限,北方可以种水稻,薄地也可种棉花。另外,书中还记载了作者对白蜡虫和蝗虫的研究,这是我国历史上关于蝗虫的首次详细记述。

二、手工业生产技术的综合性著作:《天工开物》

《天工开物》是明代关于农业和手工业,特别是手工业生产技术的一部综述性著作,作者宋应星。字长庚,江西奉新人,万历时举人。曾任江西分宜教谕、福建汀州府推官、南京亳州知州等职。崇祯十七年(1644年)弃官回乡,不再出仕,专心著述,约卒于清顺治年间。著有《天工开物》、《野议》、《论气》、《谈天》等书。其中影响最大、成就最高的是《天工开物》。

《天工开物》共3卷18篇,内容包括了当时农业和手工业的各种技术,如农作物的种植、收割和加工,制盐、制糖、制油、制酒及制衣服之法,砖瓦、瓷器、纸张的生产,五金采冶、器具锻铸,石灰、矾石、硫黄和煤炭的利用,车船、朱墨和珠宝的制作等,并附有图录132幅。在养蚕技术上,宋应星总结出了培育优良蚕种和防治蚕病的经验,指出早雄与晚雌蚕蛾进行交配可使蚕种变异,从而获得优良的新品种,将黄茧蚕和白茧蚕杂交,可育出褐茧蚕种。还提出根据蚕体的变态、行为反常和食欲不振来判断病蚕的方法,并建议及时将它们淘汰以免传染蔓延,这些理论和方法都是科学的。

宋应星对农业和手工业中各种简式机械的制造和使用十分重视。在《天工开物》一书中专门记载了各式的机械工具,如制盐的凿井机、吸卤机,制糖的糖车,榨油的榨油机,纺织的花机、腰机,农业灌溉使用的筒车、牛车、踏车等。在书中,作者还注意利用数据来说明生产的质量和效率,这在以前是不多见的,反映了宋应星在研究方法上较古人已有突破,比较接近近代科学研究的方法。宋应星生平专心实学,对士大夫们轻视生产的态度深为不满。他认为,对客观事物的认识和掌握,必须通过实践。他在《天工开物·序》中说:凡事"必待口授目成而后识之",认为在"为方万里中,何事何物不可见见闻闻"。因此他在书中的文字说明,都是在经过了实实在在的调查研究之后写成的。书中还对一些长期流传的错误观点,如"珍珠出自蛇腹"、"沙金产自鸭屎"等,都一一予以驳正。由于时代的局限,该书也存在一些失实和错误的地方,但是不影响总体,就全书来看,《天工开物》不愧是一部伟大的科技巨著。

三、医学、药物学的总结与发展:《普济方》、《医学金鉴》和《本草纲目》

明清两代医学有了很大的发展,出现了不少对后世极有影响的医学著作。有些著作对前代的医学和药物学作了总结性的研究。其中重要的著作有《普济方》、《医宗金鉴》和《本草纲目》。

《普济方》共 426 卷,永乐四年(1406 年)由朱橚(周定王)、滕硕、刘醇所纂。该书分类按宋人《惠民和剂局方》中所收的医方典籍分法,有总论、脏腑、身形、伤寒、杂病、外科、妇儿、针灸等科,其中论 1960 篇、类 2175 则、法 778、图 239 幅、方 61739 首,前古医书所载及民间流传的单方,作者都尽量搜集予以记载。许多宋元失传的方剂,亦保存于其中。有不少方子,现在仍然有很好的疗效。《普济方》是我国现存最大的一部方书,资料翔实而丰富,对研究中国古代医学有极为重要的价值。

《医宗金鉴》90 卷,由吴谦等人主持编著,是清代官修的医学专著,成书于乾隆七年(1742 年)。其中内容有订正仲景全书、删补名医方论、四诊新法要诀、运气要诀、伤寒心法要诀、杂病心法要诀、妇科新法要诀、儿科心法要诀、针灸心法要诀、正背心法要诀等。这是一部以"经方"为主、汇集各家学说写成的简明扼要的中医手册。该书最大的特色在于为方便学者记忆,作者将大概的内容编为各种歌诀,易于传诵。

《本草纲目》52 卷,作者李时珍。李时珍(1518～1593 年),字东璧,号濒湖,湖广蕲州人。出身医学世家,父亲李闻言系明代蕲州名医,李时珍耳濡目染,自小对医学就很感兴趣。在长期行医实践中,李时珍发现过去"本草"中记载的中药,尽管多达千余种,但对药性、药名的记载和分类仍存在不少错误,一些民间流传的有效医方也未被收录,缺漏之处甚多。因此,他决定重新整理和编纂一部新药典。李时珍穷毕生精力,费时 30 年,先后批阅 800 余家著作,并亲自到北京、河南、江西、南京等地考察,遍访民间,大量收集单方,采集标本,并根据自己的实际经验,前后三易其稿,终于写成了《本草纲目》。该书内容列水、火、土、金石、草、谷、菜、果、木、服器、虫、鳞、介、禽、兽、人16部,每部又分若干类,共60类。每类下列出该类所属药物,全书共收药物1892种,其中由李时珍总结民间经验而增加的有300多种。书中还附有处方11096条,插图1000多幅。《本草纲目》对每种药物的名称、性能、用途和制作都作了说明,并订正了历代相沿的某些错误。它是我国16世纪以前医药学丰富经验的总结,是我国医药宝库中的一份珍贵遗产,对后世药物学的发展做出了重大贡献。该书已被译成日文、拉丁文、法文、德文、英文等多种文字流传于世。

明代的名医,除李时珍外,还有张景岳、薛立斋、赵养葵等人,处方以温补为主。清代名医最有影响的是叶天士、薛生白、吴鞠通、王孟英"温病四大家"。

叶天士(1667～1746年),本名桂,字香岩,号天士,江苏吴县人。其家世代为医,家学渊源深厚,又能虚心求教、受教,最终集各家之大成,创立了温病学说,并著有《温热论》。擅长治奇经八脉、脾胃和小儿科的病。薛生白(1681～1770年),原名雪,自号一瓢,江苏吴县人。博学多通,尤精于医学。曾选辑《内经原文》,重为删述,成《医经原旨》。该书广集诸家之说,按阴、阳、藏象、论治、疾病等分为14类,是一部重要的医学著作。吴鞠通(1758～1836年),本名塘,江苏淮阴人。在江苏、浙江一带长期行医,治人无数。其学本于叶天士,又在叶氏的基础上采历代著述,间附自己行医经验,创温病三焦辨证。所著《温病条辨》,对温病的诊断与治疗颇有创见。王孟英(1808～1867年),名士雄,晚号梦隐,又号潜斋,浙江海宁人,后迁居上海。曾著《霍乱病》一书,详辨霍乱、热症。又有《温热经纬》,阐述各家温病理论,影响很大。

四、《徐霞客游记》的诞生

明代地理学的发展达到了高峰阶段,其标志是在这一时期诞生了一部领先世界的地理学巨著——《徐霞客游记》。

《徐霞客游记》,作者徐宏祖(1586~1641年),字振之,号霞客,江苏江阴人。因不满明末政治黑暗,遂决意科举,将毕生的精力都献给了旅行考察事业。从 22 岁开始,到 56 岁逝世,他以艰苦卓绝的精神,"不避风雨,不惮虎狼",登悬崖,临绝壁,涉洪流,探洞穴,足迹遍及今天的江苏、浙江、福建、山东、河北、陕西、河南、湖北、湖南、江西、广东、广西、云南等地。《徐霞客游记》就是其 30 多年地理考察和探险旅行心血的总结。

《徐霞客游记》是我国最早的一部野外考察记录,记载了丰富的内容。它详细地记载了分布于我国湖南、广西、贵州、云南等西南地区岩溶的状况、类型、成因及农业利用。这是世界上岩溶考察的最早文献。由于受《禹贡》中"岷山导江"记载的影响,长期以来人们一直把岷江或嘉陵江视为长江上源。徐霞客经长期实地考察,在《游记》中认定金沙江发源于昆仑山南麓,比岷江长 1000 余里,它才是长江的上源。徐霞客还是世界上最早提出分水岭、流域面积的科学家之一,其《游记》中指出"三分石"就是三条水系的分水岭。《徐霞客游记》中还对流水侵蚀原理的三种机制——下蚀、旁蚀和溯源侵蚀,作了明确记载。这比西方最早认识这一原理的郝登早了 100 多年。《徐霞客游记》中还有大量关于农业、手工业、矿产、交通运输的记载,是我们研究明代历史的重要资料。此外,游记中有关苗、瑶、果罗(彝)、摩些(纳西)、壮、白等少数民族经济、历史、地理和风俗习惯,村落城镇的盛衰,名胜古迹的演变等记载,更是研究我国民族和历史地理的珍贵资料。《徐霞客游记》不仅是一部地理科学著作,也是一部文学名著,其文笔清丽、气势雄伟,是我国文化史上的宝贵遗产。

第六节 "靡然向奢"社会风气的形成

一、华夏衣冠之多姿多彩

明朝的服饰基本上仍是沿袭前朝,并根据本朝的特点,加以损益。明初的服饰从帝后、公卿到平民百姓,都有严格的规定。

皇帝的服饰主要有冕服、通天冠服、牟服和常服等。冕服来源于周制,原意为"士夫以上冠也",不是君王的专用品。前代有五种,明太祖认为五种太繁琐,废去其中四种,只留衮冕一种,并且将其列为皇室的专用服饰,在皇帝祭天地和宗庙时穿戴。通天冠服则是承袭唐制,通常在祭祀社稷和皇子、王公大婚的场合穿戴。牟服包括皮牟服、武牟服和燕牟服,在视朝、降诏、进表、四夷朝贡等场合穿皮牟服;亲征和遣将时则穿武牟服;燕居时穿着燕牟服。常服即为皇帝平时穿戴的衣饰。皇后、妃子的服饰主要有礼服、常服两大类。礼服在受册命、祀庙、朝会时穿戴,常服穿于平时。明朝官员的服饰有朝服、祭服、公服和常服。朝服用在重要节日及颁诏、开读、进表等场合;祭服用在陪祀郊庙和社稷等场合;公服用在奏事、谢恩、见辞、侍班等场合;常服是常朝视事时的着装,用乌纱帽、团领衫和束带。明初规定士庶服装不准用黄色,农民可穿细纱绢布,衣长须去地五寸,袖过手两寸,广一尺,不能穿靴子,只能穿皮扎。民间妇女的主要服饰有衫、袄、背子、比甲、裙子,限用紫、绿、桃红和各种浅淡颜色,严禁服用大红色和锦罗丝缎。

明初对于服饰的这些规定,到了明中后期,随着商品经济的活跃、生活水平的提高,屡屡被违反和打破。这种单调的程式被冲破,人们实际的着装随时变化,服饰文化呈现出更加绚丽多姿的风采。

清朝建立后,基本废除了汉装,只是在某些方面有所保留。因此清朝的服制既不失本民族的习俗礼仪,又保留了汉族传统服制的某些特点。

清代皇帝的服制主要有:朝服,在国家大典和祭祀天地时穿戴;吉服,在吉庆宴会、接见臣僚时穿着;常服,穿戴于一般性公共场合;行服,用于出巡、狩猎、亲征等场合;雨服,在下雨时穿戴。皇后的一整套冠服包括朝冠、吉服冠、金约、耳饰、朝褂、朝袍、龙褂、龙袍、领约、朝服朝珠、朝裙等。清代官员的服饰最具代表性的是"补服",可以看出品官职务、身份的高低。清朝规定,皇帝宗室用圆形补子,绣龙蟒图案。一般官员用方形补子。文官用禽纹,武官用兽纹。分别为:文一品,仙鹤;武一品,麒麟;文二品,锦鸡;武二品,狮;文三品,孔雀;武三品,豹;文四品,云雁;武四品,虎;文五品;白鹇;武五品,熊;文六品,鹭鸶;武六品,彪;文七品,㶉𫛶;武七品,犀牛;文八品,鹌鹑;武八品,犀牛;文九品,练雀;武九品,海马。长袍马褂、马蹄袖是清代普通百姓的典型男装,马蹄袖因袖口的出手处上长下短,像马蹄形而得名,也称箭袖,是满族人在明朝服饰基础上的改革。女子的服饰有两大种,汉族女子仍着汉装,只在局部上有小的改动,常见的有袄、衫、背心和裙子,满族妇女则着满族传统服装。

二、明清饮食文化的变迁

明代的饮食文化较前代有所进步和创新。明代饮食分中原和少数民族两大块,中原膳食以粮食、菜蔬为主,肉食为辅,其中南方主米,北方主面;边疆的少数民族则以肉类为主,以米面、菜蔬为辅。

明代饮食文化发展的一个显著表现是各地的特色食品和风味小吃有了很大发展,花样种类更加丰富多彩了。例如普通的家畜就可以被做成种类繁多、令人眼花缭乱的各类小吃,如烧猪羊肉、冷片羊尾、猪灌肠、爆炒羊肚、羊肉猪肉包、糟腌猪蹄尾耳舌、羊双肠、烧笋鹅鸡、鸡醯汤等等。北京西四牌楼南的沙锅居白肉店,就是明朝时开设的。明代还出现了许多记载地方饮食发展情况的专著,如《清嘉录》就记述了很多苏州的名小吃。

明代饮食文化发展的另一个表现是四大菜系的形成,即鲁、川、淮扬、粤四大菜系。这是以地域为基础来划分的。鲁菜源于山东地区,以"咸鲜"为主,其烹饪技术也非常纯熟,上至达官贵人,下至平民百姓,都非常喜爱。川菜源于四川,特点是"辛、香、辣",并以此闻名全国。淮扬菜,源于长江下游地区,其主要烹饪技术为炖、焖、煨、焐,最具代表性的是"扬州三头",流传至今。粤菜,源于广东,广东人历来喜食蛇鼠等物,因此粤菜的用料十分的广博奇异,其烹饪技术也很有特点,讲求清鲜,原汁原味。除此之外,其他各地的地方菜也都有自己的特点,如江西菜、湖南菜、苏州菜、徽州菜、杭州菜、山西菜等等。

明代的酒文化和茶文化较之唐代有所发展。酒和茶是明代的主要饮品,所谓"无酒不成席,无茶不会友"。当时南方所产的黄酒有十几种,以绍兴的女儿红最有名。明朝的士大夫们以豪饮为荣,歌舞伴酒,美人侑酒,以行酒令助酒都是当时酒文化的特色。另外在遇到重大节日和事件时,摆酒饮酒都是不可少的。品茶也是当时士大夫们生活的一大乐趣,喜欢品茶的士人们还结成茶人集团,定期举行茶会,茶文化成为当时生活文化的一个重要组成部分。

清朝,汉族传统的饮食结构发生了一些变化。满族的饮食文化与汉族的饮食文化发生了交汇,这种交汇最直接、最有特色的表现就是满汉全席的出现。据记载,乾隆时期,满汉全席的菜肴至少有130件以上,还不包括饮料。满汉全席的特点就是把汉族的传统菜肴,如山珍海味等,与满族的特色菜点如烧烤等,结合而成,代表了当时饮食文化的最高水平。

清代的菜系在明代四大菜系的基础上不断地丰富和完善,发展成为鲁、川、扬、粤、湘、闽、徽、浙八大菜系。徽菜在清代成为颇有影响的著名菜系之一,其主要烹饪技术为烧、炖,讲究火候,注意提鲜,菜成之后能保持原汁原味。这八大菜系都各有特色,自成体系,名扬天下。

茶和酒在清代依然是主要的日常饮品。浙江的龙井、四川的蒙顶、江西的云雾、福建的乌龙等都名满天下,不仅茶讲究色、香、味、形,连茶具都要求精致得体。当时的士大夫们还把品茶活动上升到理论高度,追求所谓的茶道。清人饮酒之风很盛,南人尚黄酒,北人喜烧酒,贵州的茅台、山西的汾酒、四川的五粮液、安徽的太白等等都是当时的名酒。遇逢红白喜事、重大节日,饮酒必不可少。士大夫们更将酒文化进一步发展,把饮酒作为一种精神追求。

三、明清的婚丧概况

在明代的婚姻礼仪中,等级色彩森严。分为礼、雅、俗三个层次,礼指帝后的婚仪,雅指宗室和百官阶层,俗则是指庶民百姓了。婚礼的过程都是遵照传统的纳采、问名、纳吉、纳征、请期、亲迎六礼习俗。其中皇帝的婚礼规模最大,礼仪最多,耗费也最为巨大。而普通百姓则将这六礼合并为纳采、纳币、请期三个环节。明代婚姻重门第、重财礼,婚姻包办是普遍存在的现象,"父母之命,媒妁之言"是婚姻程序的前提,婚姻当事人无权做主,就算父母已故,也须由当事人的其他亲人,如伯、叔、姑、兄、姐来操纵。皇室的婚姻意在通过血缘和裙带关系来达到屏藩社稷的目的,政治色彩十分鲜明,百姓的婚姻也不是出于爱情,其首要目的是为了繁衍后代,继承香火,大多建立在政治、经济利益的基础上。

清朝建立以后,婚俗更加丰富多彩了。满族的传统婚俗是由部族首领包办的"栓婚",定都北京以后,受汉族婚俗的影响,近支宗室的婚姻都由皇帝和太后指定,叫做"指婚",若是皇子、公主则为"特旨指婚"。另外,还改变了早期婚嫁中不论辈分、不分宗族的族内婚旧俗。汉族的婚礼仍是按照传统的"六礼":纳采,即男方通过媒人向女方求婚,女方如果答应,再正式求婚;问名,男方通过媒人询问女方的姓名及生辰八字,拿去卜算双方的命相;纳吉,男方把卜算的结果告知女方,并备礼到女方家去订婚;纳征,男方将聘礼送去女方家,女方接受以后,立即回定礼;请期,即选择完婚日期,并征得女方同意;亲迎,指用轿前往女方家迎娶。清代婚姻仍很讲究等级差别,不同阶级和等级之间决不允许通婚。

丧礼也是风俗礼仪的一个重要方面。在封建社会,丧礼也带有鲜明的阶级性,皇室、百官和庶民的葬仪都有明确的规定,帝、后的死叫国丧,全国上下要停止一切娱乐活动,所有的人都须服丧戴孝,其墓地陈设之豪华、陪葬之丰厚,无人能及。

所谓"生有所养,死有所葬",人们对死者后事的处理都非常看重,明清的丧葬习俗仍沿袭《周礼》,并在长期的发展过程中,逐渐地完备。当时的葬礼程序大致包括停尸、吊丧、殡仪、送葬等。停尸,即把尸体放在规定的地方,换上寿衣,盖上敛被,尸停东西向,停尸过程中有供饭和点灯仪式;吊丧,即先由死者家属向亲族报丧,穿上丧服,设置灵堂,接待宾客吊唁,朝夕宾至都要哭拜。吊丧期间,家属亲友非丧事不谈,女子忌脂粉,粗食淡饮以示哀痛;殡仪也称入殓,先给死者净身更衣,写好铭和柩位,择吉时入棺,由亲属守在左右,还要放入铜钱、银币等陪葬物,殓后举行奠礼;送葬是整个葬礼的最后一步,送葬的日程、行列、祭品都各有讲究,日程一般由卜卦来决定,祭品有定制,送葬行列仪式亦十分的繁杂,有先导的"打路鬼"、各种仪仗、僧道鼓乐、灵柩队伍等等,浩浩荡荡。服丧的期限,父母为三年,其他的一年。

另外,在明代的丧葬习俗中还存在殉葬的陋习,殉葬就是用活着的人去殉死去的有特权的人,其实是变相的人殉。这种风气在明代宫廷十分盛行,明太祖的孝陵有40位嫔妃殉葬,成祖的长陵有16位嫔妃殉葬,其他的皇帝、王公贵族殉人的现象也很普遍。这种风气蔓延开来,民间也相继效仿。这种风气给正常的社会生活造成了很大危害。

四、拜金主义之风盛行

明代前期,上至天子下至百姓,都崇尚节俭,社会风气淳朴,贵贱尊卑有别。朱元璋出身寒苦,深知物力艰辛,生活中注重节约,尚朴素,并经常以此训导臣子。天子尚且如此,民风亦纯。当时各地地方志对此都有明确的记载。以山西为例,当地民俗的基本状况是"其风勤俭,不好词讼"(嘉靖《太原府志》)。山西民风自古如此,如朱熹《诗集传》记载:山西"土脊民贫,勤俭质朴,忧深思远,有尧之遗风"。《隋志》有载:"人物殷阜,然不甚机巧,其于三圣遗风尚未澌灭。"明初各地风俗大同小异,都是如此。

然明代中叶以后,由于社会经济的发展,社会风气也随之一转而下,一反明初的节俭风尚,靡然向奢,以俭为鄙。并随着社会风气的转变,人们的价值观念也随之发生变化,拜金主义之风盛行,对金钱的追求高于一切。

当时的缙绅士大夫们,以奢为荣,衣食住行各方面莫不极尽奢华。他们的住所必要雕梁画栋,必有花石园林。饮食也奢侈无度,一席之间,山珍海味,水陆珍馐,必应有尽有,对饮食器皿也十分讲究,动辄靡费上万。对于服饰美的追求,更成为一种时尚,一掷千金,毫无节制。服饰的用料由朴实转向考究,式样由规整刻板转向新奇复杂。士大夫阶层相互攀比,充当了"导奢导淫"的先锋队。当时的工部侍郎徐渔浦"每客至,必先侦其服何抒何色,然后披衣出对,两人宛然合璧,无少差错"(沈德符《万历野获编·士大夫华整》)。这种奢靡的风气,由上至下侵染,以至"人皆志于尊崇富奢,不复知有明禁,群相蹈之"(张瀚《松窗梦语·风俗纪》)。消费生活的发展,加速了对礼制的逾越和突破,例如,服饰中的龙纹最为高贵,向来是人君至尊的象征。但明末时,团龙、立龙已成为寻常百姓常用的服饰花纹。明初还规定,只有官宦家的贵妇人才能用金珠翠玉做头饰,但明末的娼妓都可以顶着满头珠翠,招摇过市。

明代中后期拜金主义之风兴盛,突出表现在末业观念的改变上。由于崇尚金钱,人们开始羡慕物质生活优裕的商人,感叹他们"嵯峨大船夹双橹,大妇能歌小妇舞,旗亭美酒日日沽,不识人间离别苦"。社会各阶层对商人的观念都发生了改变,当时社会上出现了崇商的趋势。"土田不重,操赀交接,起落不常"、"末富居多,本末益少"的现象非常普遍。全国各地从商成风,"洞庭之民,鲜务农耕,多商于远","山东博平"逐末游食,相率成风",河北南宫"多去本就末,以商贾负贩为利",山西汾州"民率逐于末作,走利如鹜","勤于商贾,勇于商贾"。时人感叹说:"昔日逐末之人尚少,今去农而改业为工商者三倍于前矣。"(《四友斋丛说摘抄》)《二刻拍案惊奇》中描写了这样一段故事,一个浙江籍客商蒋某,专在湖广、江西一带贩卖丝绸绫绢,路过汉阳马口时,看上了当地缙绅马某的千金小姐云容,蒋生对自己的商人身份感到羞愧,说自己"经商之人,不习儒业,只恐有玷门风"。但马缙绅却不以为意,说"经商亦是善业,不是贱流"。将蒋生招赘为婿。这则故事反映了当时人们道德标准的变化,婚姻中的门第观念在金钱的刺激下,已经不是那么严格了,商人的社会地位有了很大的提升。

在社会关系中,金钱成为衡量一切的标准,即使是名流士绅,没有钱,照样被人瞧不起,受人冷落,在这种风气的刺激下,士绅大夫无不竞相追逐金钱,甚至不惜贪赃枉法,传统的政风、民风被破坏殆尽。

第七节 中华文化的自身融会与对外交流

一、满汉文化的交流

在与满族的文化交流中,汉族占据着主导地位,满族文化在吸收汉族先进文化的基础上发展了本族文化,当然这种交流是双向的,汉族文化也从满族文化中吸取了营养,丰富了自己。

在清入关前努尔哈赤的时代,汉字就在女真人中广泛流传,随着与汉族交往的增多,后金统治者注意到精通汉文的重要性。努尔哈赤聘请大量的汉族知识分子讲授汉文。当时满族学者的翻译水平高超,汉族许多经典书籍都被翻译成满文,如《武经》、《三国演义》、《资治通鉴》、《性理经义》、《古文渊鉴》等,达海曾经受命翻译过《明会典》、《素书》、《三略》等书籍,户部郎中曹和素翻译过《西厢记》、《金瓶梅》诸书,当时无论是翻译机构还是翻译人员都盛极一时。文化典籍的大量翻译,带去了汉文化的精髓,潜移默化地影响和改变着满族人的文化心理。努尔哈赤曾经就被《论语》中的人伦、孝悌理论所吸引并用以教导大臣。汉族的古典小说《三国演义》更是在满人中广为传播,深入人心,关羽这位忠烈骁勇的英雄也成了满族人崇拜的神人,统治者为其修建了许多祀庙,并追加封号为"忠谊神武灵佑仁勇威显护国保民精诚绥靖翊赞宣德关圣大帝"。

清朝建立以后,大量的满族人离开东北的白山黑水,移居到中原和汉族人及其他少数民族人民杂居,满族统治者也迁移了大量的汉族人口到边疆,因此,满汉两族人民有了更为频繁和亲密的接触,为文化的进一步交流创造了条件。为消除汉族人民的反抗情绪,巩固自己的统治,清代的皇帝从未放松对汉文化的学习。顺治和康熙就是这方面的典型,顺治帝曾苦读汉文书籍长达九年之久,涉猎广泛,深得儒家文化的奥妙;康熙对汉文化的学习也很认真,他采用前朝的做法,请经学家讲解四书五经,对儒家思想也深有体会,他还十分推崇程朱理学,汉族的封建思想已经为满族统治者所精熟和运用。他们还利用手中的权力,通过教育措施,将汉族文化推广到满族生活的各个领域,让满族贵族们系统地学习汉族文化。另外大量的汉族儒生士大夫入仕清廷,也是满汉文化交流的一条重要途径。这些汉族官僚和士大夫对汉族传统文化的各方面都有非常深的研究,因此,当他们参与到清朝的管理体制中,为清王朝出谋划策时,汉文化会很自然地融入到满族文化系统内。

除此之外,汉文化对满文化的影响还体现在宗教、艺术、风俗等各方面。满族原有的婚姻制度还保留了一些氏族社会的习俗,族内婚很普遍,随着汉文化中伦理观念的深入,清统治者开始约束这种现象的发生,"礼义之国,同族从不婚娶,若娶族中妇女,与禽兽何异?"并明令禁止,渐渐地族内婚现象基本消失。清军入关后对妇女的节操问题也日渐重视,各地都开始旌表节孝,广立贞节坊,摆放节妇、烈妇、贞女的牌位。甚至连汉族女子裹足的陋俗也为满洲女子所效仿。在混居的生活中,满族人的生活习俗和汉族人越来越接近。

在汉文化深刻影响满族文化的同时,满族文化也影响着汉族文化,这种交流是双向的。这种影响集中表现在语言、服饰方面。以北京话为基础方言的普通话,吸收了许多满族语的词汇,例如"妞儿"、"爸爸"、"萨其马"等。清代汉人服饰的最后定型既保留了汉族宽衣大袖的传统样式,也吸收了满族服装的特色。满族妇女的旗袍,因能充分展现女性的体态风韵而在汉族妇女中广为流传。清中叶,满族妇女的发饰也为汉族妇女所模仿,有诗云:"凤髻盘出两道齐,珠光钗影护蟠蟀。城中何止高于尺,叉子平分燕尾低。"(《清宫词》)

二、藏传佛教——喇嘛教的流播

所谓藏传佛教指主要在藏族地区形成、发展的西藏语系佛教,俗称喇嘛教,是明清时期佛教中的重要组成部分。喇嘛教教派众多,主要有红教(宁玛派)、花教(萨迦派)、白教(葛举派)、黄教(格鲁派)。其中以黄教势力最为强大,处于统治地位,创始人为宗客巴,因教中喇嘛都穿戴黄衣、黄帽,故称黄教。万历六年(1578年),蒙古土默特部首领俺答汗在青海湖畔的仰华寺会见了当时黄教寺庙集团首领锁南嘉错,并赠予他"圣识一切瓦齐尔达喇达赖喇嘛"的尊号,意即无所不知、坚强如大海般的高僧。锁南嘉错即为第三世达赖喇嘛。

清统一中原以后,对喇嘛教也大力提倡。太宗崇德年间,达赖五世和班禅四世遣使向清廷进贡,皇太极以隆重的礼节款待了使者,向他们回赠了金碗、银盆等。顺治九年(1652年),达赖五世进京觐见顺治皇帝,顺治在紫禁城太和殿举行大礼,盛情接待,并册封他为"西天大善自在佛所领天下释教普通瓦赤喇怛喇达赖喇嘛",并赐印信。康熙年间,又册封黄教的另一活佛转世系统首领班禅为"班禅额尔德尼",意为智勇双全的珍宝般的学者。由此,达赖和班禅成为黄教正式的两大系统,代代相传,同为黄教教主。雍正年间,雍正继承其祖、父的政策,继续尊奉喇嘛教,把自己以前的王府更名为"雍和宫",视其为京城内喇嘛教的中心寺院。并册封蒙古大喇嘛哲布尊丹巴为"启法哲布尊丹巴喇嘛",赐予金印和敕书。乾隆帝也非常重视喇嘛教,在平定西藏农奴主叛乱后,设置了"金奔巴",用金瓶掣签的方式选出正式的灵童来继承达赖或班禅,杜绝了弄虚作假和宗派斗争。

清政府不仅在政治上给予喇嘛教以大力扶持,对他们的宗教活动也持鼎力相助的态度。每逢"腊八"日,皇帝御宫内中正殿的佛堂前会临时搭建黄毡圆帐房,由御前大臣侍奉,众多喇嘛在帐外念经,有时还请达赖喇嘛和蒙古活佛为皇帝拂拭衣冠,以示拔除不祥。统治者还在各地大兴土木,耗资巨万来修建喇嘛庙,著名的有北京的西黄寺、雍和宫,承德的外八庙,多伦的汇宗寺、善因寺,外蒙古的庆宁寺,五台山的咸通寺等等。在朝廷的支持下,喇嘛教在清代流传广远,喇嘛教徒急剧增长,寺庙权威迅速扩大,全国形成了四大喇嘛教首领,即达赖喇嘛、班禅额尔德尼、哲布尊丹巴呼图克图和章嘉活佛,分别主持前藏、后藏、漠北和漠南的宗教事务。

乾隆初年,黄教下辖寺院总数达3500余所,僧人306200余人。这些寺院集以往各教派组织制度之大成,形成了十分完备、典型的藏传佛教的僧侣组织制度,具有代表性的有拉萨三大寺:甘丹寺、哲蚌寺、色拉寺。在这三大寺中,每寺都下设教授一人,负责全寺的诵经、受戒、讲学和考试等事务,他们由达赖喇嘛考选任命,任期七年;襄佐四人,管理经济事务,任期也是七年;正副监寺二人,负责寺院的秩序、诉讼及僧侣纪律等事务,任期一年。如有人想入教,先得拜师,穿上喇嘛服装,学习藏文学和佛经,经考试合格后,才能获得"喇嘛"或"格西"的称号。在戒律修行方面,藏传佛教的红、白、花教派都不实行禁欲主义,僧徒可以娶妻生子,但黄教的规定有自己的特点,即教徒不允许娶妻生子,传宗接代,也不准从事生产劳动。

喇嘛教的流传就像一条精神纽带,将满、蒙、藏、汉联系在一起。

三、郑和下西洋

明初封建国家的统一和社会经济的恢复与发展为明朝对外关系的发展提供了更优越的条件。

明成祖即位之后,为了扩大明王朝的对外影响,派宦官郑和出使西洋。郑和原姓马,小名三宝,回族人,祖居云南,明太祖统一云南后,郑和被阉入宫。靖难之役中,从燕王起兵有功,成祖赐姓郑,并提拔他为内官监太监。从永乐三年(1405年)到宣德八年(1433年),郑和先后七次下西洋,创造了中国航海史上的空前伟绩。郑和率领规模浩大的船队,乘坐着中国制造的船只,往来于东起琉球、菲律宾和马鲁古海,西至非洲东海岸的广大地区,对占城(越南)、真腊(柬埔寨)、暹罗(泰国)、满剌加(马六甲)、彭亨(马来西亚)、榜葛剌(孟加拉)、古里、苏门答腊、旧港、爪哇、锁里、柯枝、加异勒(印度半岛)、锡兰山(斯里兰卡)、溜山(马尔代夫)、忽鲁谟斯(波斯湾口)、祖法儿、阿丹(阿拉伯半岛)、木骨都束、卜剌哇、竹布(索马里)、麻林(肯尼亚的麻林迪)等几十个国家和地区进行了友好访问。郑和第一次出航的船队有船只62艘,船上的工作人员共有27000多人,包括水手、船师、卫兵、工匠、医生、翻译等。最大的船长44丈,宽18丈,可以容纳1000多人,是当时海上航行的最大的船只,并且具有当时世界上最先进的航海设备和技术。

郑和的船队满载中国的特产,如瓷器、茶叶、铁器、农具、丝绸、金银等等,以换取沿途各国的土特产,如非洲和阿拉伯地区的乳香、香脂、宝石、珊瑚、象牙、犀角、名马、颜料,波斯湾的珍珠、碾花玻璃,叙利亚的拂郎双刃刀,孟加拉的糖霜,印度的棉布、绒布等等,所以当时人们把郑和的船叫做"宝船"。郑和每到一国,就把中国出产的礼物送给国王以示友好,同时和各国商民交换货物,进行和平贸易。如在印度古里按照当地贸易的习惯,定价时以在众人面前拍掌为誓,"自后价有贵贱,再不改悔"。此外,郑和到斯里兰卡时,还向岛上的寺庙布施大量的金银贡器,并立碑留念。郑和七次下西洋给亚非各国人民留下了良好的印象,他们所到之处,受到当地人民的热情接待,有些国家至今仍保存着纪念郑和航海的文物与古迹。

郑和船队远航亚非各国,除物质上的交流外,更重要的是增进了各国政治、经济和科技上的联系。郑和下西洋之后,亚非许多国家都先后派使节与明朝贸易。永乐二十一年(1423年),古里等16国使臣和商人来到南京,一次就达1200人。中国先进的造船技术传到欧洲,影响了欧洲的船舶设计,郑和船队的船一般有五桅,同时期欧洲的船只有两桅,在郑和船队船只的启发下,16世纪的荷兰人造出了一种具有前后牙樯的四桅帆船。郑和还把阿拉伯的玻璃工匠带到中国,让他们向中国工匠传授西方烧制玻璃的新工艺,使得中国玻璃制造技术得到突飞猛进的发展。郑和船队带到亚非各国的青花瓷器,特别受当地人们的欢迎,成为明代大宗出口货物,同时青花瓷器的烧制技术也因此传到亚非各国。与郑和随行的学者费信著《星槎胜览》,马欢著《瀛涯胜览》,巩珍著《西洋番国志》,记载了所到各国的概况,加深了中国人民对亚非各国人民生活习俗及社会生产等方面的了解,是研究中外关系的重要资料。

郑和的七下西洋,为明朝对外关系的发展作出了重大贡献,同时也为航海事业作出了巨大贡献,是世界航海史上的壮举。

四、中西文化的交汇和冲突

新航路开辟后,中国与欧洲的文化交流更为畅通。当时的罗马教廷为扩大自己的势力,不断地派遣传教士前往南美、亚、非各洲,幅员辽阔,物博天华的中国首当其冲,成为其扩张的重点对象。

在众多的传教士中,最著名的是意大利人利玛窦,他十分虔诚于传教事业,少年时代就立志要献身"上帝的事业"。利玛窦来华前曾受过良好的教育,精通自然科学的各个领域,有着渊博的学识。利玛窦来华传教的宗旨是学习汉学,传播西学,因此他的到来引起了当时一批中国先进知识分子的注意和重视,他们频繁接触,互相学习,建立了深厚的友谊。其中具有代表性的是徐光启。徐光启深为利玛窦的博学多才所折服,他在京师翰林院供职期间,经常向利玛窦求教。他们通过合作,把欧洲古典数学名著《几何原本》翻译成汉文,还合作编写了《测量法义》、《勾股义》等书。通过东西方学者的共同努力,西方先进的科学技术开始在中国流传并影响和推动了中国科技的发展。

西学的传播在清初呈现出更为活跃的势头,并且方式也有一些变化。明末传教士的活动范围只局限在士大夫阶层,而清初传教士的活动范围则上升到了宫廷,和皇帝直接接触和交流,使得西学的传播更为迅速和有效。清朝最著名的传教士是汤若望和南怀仁。多尔衮一掌权,就召见汤若望,委任他主编新历,即《时宪历》,并任命他为钦天监监正。顺治帝对汤若望也是优礼有加,他称汤若望为"玛法",即满语的"爷爷",并免除其觐见时的跪拜礼。汤若望居住在北京宣武门内时,顺治在两年内亲自去看望过他24次,在其住所内吃饭、喝茶,这是以前任何君主都没有过的行为。康熙对西方文化的兴趣更为浓厚,亲政之初,就任用传教士南怀仁主持钦天监工作,并通过南怀仁的推荐,招聘了更多的西方人才,给予他们非常优厚的待遇,康熙曾致信罗马教廷,表示:"凡擅长天文学、光学、静力学、动力学等物质科学之耶稣会士,中国无不欢迎。"(日后藤末雄《康熙大帝与路易十四》)康熙对于外域文明的热忱欢迎,显示出一种锐意进取的文化精神及开放的心态,由于统治者的鼎力扶持与推动,西方科技在中国得到了广泛的传播及应用。

明末清初传入中国的西学主要指西方文艺复兴时期的自然科技成果,包括数学、化学、物理学、天文历法、地理学、机械工程学等等。在欧洲科技传入中国之际,中国文化也经由西方传教士这个媒介,在西方传播开来。利玛窦就曾把中国的古代经典"四书"翻译成拉丁文寄回意大利,这是欧洲传教士编译中国典籍的开始。来华的传教士还通过书信和著作,向本国广泛介绍中国的历史、地理、学术、制度和风俗习惯等。康熙还曾通过传教士将大量的中国书籍赠送给法国君主。中国的瓷器、漆器、丝绸、轿子、折扇等,在这时期也传到欧洲。特别是瓷器和漆器,深受欧洲人的欢迎,从明末到康熙前期,仅荷兰东印度公司从中国输往欧洲各国的瓷器就多达1600万件以上。中国的园林建筑艺术,使欧洲人大为惊叹。圆明园建筑的雄伟壮丽和精巧自然使得来华的传教士们用惊奇的心情赞叹和钦佩中国工人的才能。英国建筑师前柏兹来中国参观以后,著有《东方园林》一书,并为肯特公爵在伦敦附近修建了一所模仿中国园林的克幽花园,当时被称为"中英式花园"。

以耶稣会士来华为中介的西学东渐与中学西渐,对中欧历史文化的发展具有积极意义。

主要参考书目

梁漱溟:《中国文化要义》,上海:上海人民出版社,2005年。
张立文等主编:《传统文化与现代化》,北京:中国人民大学出版社,1987年。
柳诒徵:《中国文化史》,上海:上海古籍出版社,2001年。
李宗桂:《中国文化概论》,广州:中山大学出版社,1988年。
阴法鲁、许树安:《中国古代文化史》,北京:北京大学出版社,1991年。
胡世庆:《中国文化通史》,杭州:浙江大学出版社,1997年。
张岱年等主编:《中国文化概论》,北京:北京师范大学出版社,1994年。
刘蕙荪:《中国文化史稿》,北京:文化艺术出版社,1990年。
谭家健:《中国文化史概要》,北京:高等教育出版社,1997年。
冯天瑜:《中华文化史》,上海:上海人民出版社,1999年。
张凯:《中国文化史》,北京:燕山出版社,1992年。
吴荣政等:《简明中国文化史》,长沙:湖南师范大学出版社,1991年。
裘士京等:《中国文化史》,合肥:安徽大学出版社,1998年。
张海鹏等主编:《中国传统文化论纲》,合肥:安徽教育出版社,1996年。

房列曙等主编:《中国文化史纲》,北京:科学出版社,2001年。

宋镇豪:《夏商社会生活史》,北京:中国社会科学出版社,1994年。

万绳楠:《魏晋南北朝史论稿》,合肥:黄山书社,1989年。

朱大渭等:《魏晋南北朝社会生活史》,北京:中国社会科学出版社,1998年。

李斌城等:《隋唐五代社会生活史》,北京:中国社会科学出版社,1998年。

朱瑞熙、张邦炜等:《辽宋西夏金社会生活史》,北京:中国社会科学出版社,1998年。

陈宝良:《社会生活史》,北京:中国社会科学出版社,2004年。

李平:《中国文化概论》,合肥:安徽大学出版社,2002年。

任继愈:《中国佛教史》,北京:中国社会科学出版社,1985年。

汤用彤:《汉魏两晋南北朝佛教史》,北京:北京大学出版社,1997年。

卿希泰等:《道教史》,北京:中国社会科学出版社,1994年。

李兴华等:《中国伊斯兰教史》,北京:中国社会科学出版社,1998年。

周一良主编:《中外文化交流史》,郑州:河南人民出版社,1988年。

后 记

2006年5月,为满足高校开设中国文化史课程的需要,我们编撰了《中国传统文化史》一书。该书是在我们此前编撰的两部中国文化史教材的基础上,再次修订体例,重新编排内容后由安徽大学出版社出版的。省内外不少高校延用至今,已近10年。现安徽大学出版社策划出版《中国传统文化史》的修订本,一是为适应新形势下高校中国文化史教学之需,二则希望反映中国文化史学科发展的现状。为此,我们主要做了三方面的修订工作:首先,增加了部分原先未及的内容,如第七章辽夏金元时期新增"社会风俗"一节;其次,吸收近10年来中国文化史研究的新成果,对部分观点的表述进行了修改;再次,查校引文,统一标注格式,纠正了原先印刷中出现的讹误。我们期望修订本的出版,能够为高校中国文化史的教学以及大众中国传统文化知识的普及,起到积极的作用。

《中国传统文化史》原先由周晓光、裘士京教授和孙华莹副教授组织编撰,支小勇、苏惠慧、裘凤、唐丽丽、张卫东、刘美、苏平、汪俊武等同志参加了材料的收集和部分章节的撰写,全书最后由周晓光、裘士京修改并总其成,谈菁女士担任责任编辑。修订本的修订工作由周晓光负责,张燕华、孟凡胜增补、修订了部分内容,安徽大学历史系周致元教授校阅了全部书稿。在修订工作中,我们吸收了近年来学术界的相关研究成果,因限于体例,未能一一注明,谨此致谢。同时,感谢安徽大学出版社康建中社长和编辑王娟娟同志对修订工作的鼎力支持,感谢诸位参编作者的积极参与。书中若存在不足和错误,欢迎读者批评指正。

周晓光

2014 年 5 月于安徽大学磬苑寓所